CHE GUEVARA

CHE GUEVARA
e o debate econômico em Cuba

Luiz Bernardo Pericás

2ª edição, revista e ampliada

BOITEMPO

Direção editorial Ivana Jinkings
Edição André Albert
Assistência editorial Artur Renzo e Thaisa Burani
Preparação Silvana Cobucci
Revisão Thaís Nicoleti de Camargo
Coordenação de produção Livia Campos
Capa Collecta Estúdio
sobre fotografias do Museo Che Guevara (capa e quarta capa) e de Alberto Korda (internas)
Diagramação e tratamento de imagens Antonio Kehl

Equipe de apoio: Allan Jones, Ana Carolina Meira, Ana Yumi Kajiki, Bibiana Leme, Carolina Yassui, Eduardo Marques, Elaine Ramos, Frederico Indiani, Heleni Andrade, Isabella Barboza, Isabella Marcatti, Ivam Oliveira, Kim Doria, Luciana Capelli, Marlene Baptista, Maurício Barbosa, Renato Soares, Thaís Barros, Tulio Candiotto

CIP-BRASIL. CATALOGAÇÃO NA PUBLICAÇÃO
SINDICATO NACIONAL DOS EDITORES DE LIVROS, RJ

P519c
2. ed.
Pericás, Luiz Bernardo
Che Guevara e o debate econômico em Cuba / Luiz Bernardo Pericás. - 2. ed., rev. e ampl. - São Paulo : Boitempo, 2018.

Inclui bibliografia e índice
ISBN 978-85-7559-637-1

1. Guevara, Ernesto, 1928-1967 - Contribuições em economia. 2. Cuba - Condições econômicas. I. Título.
18-50539 CDD: 330.97291
CDU: 330(729.1)

1ª edição: 2004 (Xamã Editora)
2ª edição, revista e ampliada: agosto de 2018

BOITEMPO EDITORIAL
Jinkings Editores Associados Ltda.
Rua Pereira Leite, 373
05442-000 São Paulo SP
Tel.: (11) 3875-7250 / 3875-7285
editor@boitempoeditorial.com.br | www.boitempoeditorial.com.br
www.blogdaboitempo.com.br | www.facebook.com/boitempo
www.twitter.com/editoraboitempo | www.youtube.com/tvboitempo

Sumário

Troca de fachada da Cuban Telephone Company durante processo de nacionalização das empresas de eletricidade e telefonia, até então propriedades de companhias estadunidenses. Crédito: Arquivo da Revista *Bohemia*, c. 1960.

Prefácio

Michael Löwy

O livro de Luiz Bernardo Pericás é uma importante contribuição para a compreensão das ideias econômicas de Che Guevara. Mostra, com muita habilidade, que o debate entre reconhecidos economistas marxistas europeus, como Ernest Mandel – a favor de Guevara – e Charles Bettleheim – contra –, se referia não apenas às particularidades do caminho cubano rumo ao socialismo como também a problemas mais gerais da teoria e da prática econômicas marxistas: a persistência ou não da lei do valor em um processo econômico socialista; a relação entre planificação e mercado; a autonomia econômica das empresas e sua rentabilidade. Analisa o caráter paradigmático do modelo soviético do "socialismo realmente existente", que Che não aceitava. Embora Ernesto Guevara soubesse muito pouco a respeito das ideias de Leon Trótski, Luiz Alberto Moniz Bandeira destaca corretamente, no posfácio a esta edição, a similaridade entre seus conceitos e os do teórico da revolução permanente.

A argumentação de Che Guevara em defesa da planificação socialista e contra o uso contaminante dos instrumentos do mercado é muito poderosa e persuasiva. Em minha opinião, no entanto, uma deficiência importante em seu discurso é que suas ideias sobre a relação entre democracia e planificação foram insuficientes. Sua afirmação de que a planificação (e não as categorias do mercado) tinha extrema importância adquire nova relevância à luz do *argot* neoliberal dominante, com sua "religião de mercado". Porém, as perguntas políticas fundamentais persistem: quem realiza a planificação? Quem determina as opções principais do plano econômico? Quem prioriza a produção e o consumo? Sem uma democracia genuína – isto é, sem a) pluralismo político, b) uma discussão aberta das prioridades e c) a liberdade da população para escolher entre as distintas propostas e plataformas econômicas em debate –, a planificação se transforma, inevitavelmente, em um sistema burocrático e autoritário de "ditadura sobre as necessidades" (como demonstra amplamente a história da antiga União Soviética). Em outras palavras: os problemas econômicos criados pela transição ao socialismo são inseparáveis da natureza do sistema político. A experiência cubana das últimas três décadas revela as consequências negativas da ausência de instituições socialistas democráticas. Ainda assim, Cuba conseguiu evitar as piores aberrações burocráticas e totalitárias dos outros Estados do chamado "socialismo realmente existente".

Este debate se relaciona com o problema das instituições da Revolução. Guevara recusava a democracia burguesa, mas – apesar de sua sensibilidade antiburocrática e igualitária – não tinha uma visão clara da democracia socialista. Em *O socialismo e o homem em Cuba* (1965), Che reconhece que o Estado revolucionário pode cometer erros, provocando, assim, uma reação negativa das massas e forçando o Estado a fazer correções (cita a política sectária do Partido sob o comando de Aníbal Escalante entre 1961 e 1962). No entanto, assinala: "É evidente que o mecanismo não basta para assegurar uma sucessão de medidas sensatas e que falta uma conexão mais estruturada com a massa". A princípio, parece satisfeito com uma vaga "unidade dialética" entre líderes e massas; porém, algumas páginas adiante, confessa não estar nem perto de encontrar uma solução adequada para o problema do controle democrático efetivo: "Essa institucionalidade da Revolução ainda não vingou. Buscamos algo novo [...]"*.

Sabemos que, nos últimos anos de vida, Ernesto Guevara se distanciara bastante do modelo soviético, em sua rejeição da "imitação e cópia" do "socialismo realmente existente". Mas grande parte de seus últimos escritos, em particular seus comentários críticos à edição de 1963 do *Manual de economia política* soviético, permaneceram inéditos por muitos anos.

Essas notas críticas foram publicadas em Cuba em 2006**. Foram escritas durante sua estada na Tanzânia e em Praga, entre 1965 e 1966, após o fracasso de sua missão no Congo e antes de rumar para a Bolívia. Esse documento ficou "invisível" por quatro décadas. Depois da dissolução da União Soviética, alguns pesquisadores cubanos receberam permissão para consultar esses escritos e fazer anotações limitadas. Só quarenta anos depois essas notas críticas extraordinariamente significativas foram publicadas em Cuba, junto com materiais do mesmo período.

Esse material revela a independência intelectual de Guevara e sua busca de uma alternativa radical ao modelo soviético de "socialismo realmente existente". Sua oposição ao stalinismo é evidente: as anotações contêm esta afirmação crua:

---

* Ernesto Guevara, "El socialismo y el hombre en Cuba", em *Obras 1957-1967*, v. 2 (Paris, Maspero, 1970), p. 369 e 375.

** Idem, *Apuntes críticos a la economía politica* (Havana, Ocean Press/Editorial de Ciencias Sociales, 2006).

"O horrendo crime histórico de Stálin foi ter desprezado a educação comunista e instituído o culto irrestrito à autoridade".

Guevara continua defendendo a planificação como elemento-chave do processo de construção do socialismo, porque "libera o ser humano de sua condição de coisa econômica". Mais uma vez, quem deve planificar? No debate de 1963-1964, ele não respondeu a essa pergunta. As notas críticas de 1965--1966 contêm algumas ideias novas. Um parágrafo relevante mostra que, em seus escritos políticos posteriores, Guevara se aproximou do desenvolvimento de uma teoria completa de democracia socialista, um processo democrático de planificação no qual as próprias pessoas, os trabalhadores ("as massas", para usar sua terminologia), tomarão as decisões econômicas mais importantes.

Em contradição com uma concepção do plano como decisão econômica das massas conscientes dos interesses populares, oferece-se um placebo, no qual somente os elementos econômicos decidem o destino coletivo. É um procedimento mecanicista, antimarxista. As massas devem ter a possibilidade de dirigir seu destino, de decidir qual parte da produção irá para a acumulação e qual será consumida. A técnica econômica deve operar nos limites dessas indicações e a consciência das massas deve assegurar sua implementação*.

Podemos considerar estas notas uma etapa importante no caminho de Guevara rumo a uma alternativa radical ao modelo soviético (stalinista). Em outubro de 1967, as balas dos assassinos da CIA e seus aliados bolivianos interromperam esse trabalho de "criação heroica" – como diria José Carlos Mariátegui – de um novo socialismo revolucionário e um novo comunismo democrático.

---

* Ibidem, p. 132-3.

Observar, aprender e pensar, não copiar ninguém, e depois começar a caminhar, esta é a forma que nós aplicamos.

Che Guevara

AGRADECIMENTOS

Foram várias as pessoas que me apoiaram ou auxiliaram, de diferentes maneiras, durante o processo de elaboração deste trabalho. Sem querer me estender mais que o necessário, gostaria de agradecer a meus pais e avós, a Graziela Forte, Osvaldo Coggiola, Werner Altmann, José Tabares del Real, Patrícia Murtinho Pericás, Bernardo Ricupero, Alexandre de Freitas Barbosa, Rafael Soler, Paulo Barsotti, Esther Lobaina, Jorge Grespan, Marco Fernandes Brige, Paulo Martinez, Wilson Barbosa, Antonio Rodríguez Ibarra, Jacob Gorender, José Wilson Moreira, Miriam Berrios Gonzalez, Orlando Borrego, Jorge Ferrera, Robério Paulino, Susi Dorothea, Gladys Rocha, Mauro Azeredo, Hugo Rodas, Herbert Amaral, Carlos Mallorquín, Colin Danby, Roberto Massari, Expedito Correia, Rodolfo Alpízar Castillo, Michael Löwy, Ivana Jinkings, Ruy Braga, Julio Travieso, Tirso Sáenz, Marly Vianna, Ramón Peña Castro, Lincoln Secco, Angelo Segrillo, Bibiana Leme, Kim Doria, Yumi Kajiki, Artur Renzo, André Albert, Sofia Manzano, Angélica Lovatto, Antonio Carlos Mazzeo, Milton Pinheiro, João José Reis, Roberto Fernández Retamar, Jorge Fornet e Luiz Alberto Moniz Bandeira.

Caminhada realizada em Havana, em 5 de março de 1960, para homenagear os mortos na explosão do navio francês *La Courbre*. Da esquerda para a direita: Fidel Castro, Osvaldo Dorticós Torrado, Che Guevara, Augusto Martínez Sánchez, Antonio Núñez Jiménez, William Alexander Morgan e Eloy Gutiérrez Menoyo. Crédito: Museo Che Guevara (Centro de Estudios Che Guevara en La Habana, Cuba).

Introdução

O caráter "dependente" do capitalismo cubano em relação aos interesses dos monopólios norte-americanos durante a primeira metade do século XX constituiu um sério entrave ao pleno desenvolvimento das forças produtivas da ilha e impôs obstáculos aos diferentes governos daquele período para a alocação de recursos a projetos que promovessem efetivamente uma ampla diversificação agrícola e industrial no país. Os indicadores econômicos, mesmo apresentando, em algumas instâncias, relativas variações favoráveis, exemplificam o estado crônico de atraso em que Cuba se encontrava e o labirinto complexo das relações bilaterais com o "Colosso do Norte", o que dificultava uma saída "autônoma" para oxigenar as demandas daquela sociedade por maior liberdade de ação no nível das decisões de Estado.

É certo que não se pode falar de aspectos econômicos sem associá-los ao âmbito político. Fatores internos, como a situação social, o quadro partidário e as diretrizes técnico-administrativas, assim como externos, na esfera mais ampla das relações internacionais, principalmente no campo comercial, inter-relacionam-se e sobrepõem-se, constituindo aspectos importantes para que se compreenda melhor a dinâmica político-econômica de qualquer país. Em Cuba houve um ambiente favorável para a acumulação e a ampliação do capital estadunidense por meio de acordos assinados por dignitários locais, em geral vinculados a Washington ou a empresas norte-americanas, que apenas contribuíram para manter inalterado o estado geral da "nação". Com isso, durante décadas, o que se pôde constatar foi uma deterioração de diversos índices sociais, principalmente nas áreas rurais, e parca, se não ínfima, eficiência econômica global.

A partir de 1934, frustraram-se quaisquer possibilidades de efetivo desenvolvimento industrial, a partir do tratado de reciprocidade comercial assinado naquele ano com os Estados Unidos, o que reforçou a posição da ilha basicamente como país consumidor de produtos manufaturados e exportador de açúcar. Seguiram-se o aumento da repressão aos opositores do regime instaurado após a derrubada de Gerardo Machado e a promoção de algumas concessões reformistas à população em geral, mascarando a democracia e dando ao governo um verniz supostamente nacionalista e de defesa dos interesses dos trabalhadores. Assim, iniciava-se um novo momento da economia local, já que os EUA – impulsionados pelo *New Deal* rooseveltiano –, juntamente com a oligarquia interna, interromperam o processo revolucionário de 1933 e inauguraram uma política de incremento de exportações de produtos acabados, impedindo uma maior industrialização e estimulando a continuidade da produção de açúcar, ao conceder a Cuba algumas vantagens comerciais.

A Lei Costigan-Jones pôs no papel a reformulação da tradicional dependência, ao outorgar poderes a Washington para controlar a indústria açucareira não apenas dos Estados Unidos mas também de suas "possessões", autorizando o governo norte-americano a fixar cotas de importação de açúcar. Nesse sentido, foi imposta à *"mayor de las Antillas"* uma cota de 1,9 milhão de toneladas anuais – o que calcificou as vendas do produto para o exterior em níveis abaixo de sua capacidade –, e reduziu-se em 22% a de açúcar areado, prejudicando os refinadores endógenos. O novo "tratado comercial", por sua vez, concedeu taxas de importação preferenciais a 550 produtos norte-americanos, com diminuição tarifária de 25% a 60%, em troca da redução dos encargos alfandegários de mais de 20 artigos cubanos, entre os quais o açúcar, com um decréscimo de US$ 1,50 para US$ 0,90 a libra; o rum, de US$ 4 para US$ 2,50 o galão; e o tabaco, de US$ 1,90 para US$ 1,50 a libra. Assim, garantia um maior influxo de materiais dos Estados Unidos em Cuba, ao mesmo tempo que facilitava a compra dos principais artigos daquele país em bases vantajosas. O fato é que, a partir de então, a ilha tinha de reduzir impostos de produtos norte-americanos no mercado interno e não podia impor restrição quantitativa aos itens mencionados no acordo[1].

Por outro lado, as altas taxas sobre alguns gêneros fizeram com que empresas norte-americanas transferissem suas filiais para o país de origem; paralelamente, não ocorria o desenvolvimento de indústrias locais de processamento e acabamento de produtos ligados a outros setores, como o mineiro – controlado por proprietários estrangeiros e consequentemente sem interesse maior no progresso econômico local. Isso levou à manutenção do *status* da ilha como nação basicamente voltada para a agricultura[2]. Como o açúcar era o produto mais rentável em curto e médio prazo, investimentos significativos deixaram de ser feitos na indústria de forma geral. Por outro lado, com a cota de importação imposta sobre aquele item pelos Estados Unidos, começou a haver, paradoxalmente, dificuldades não apenas de industrialização mas também de maior comercialização e de expansão de lucros provenientes do próprio açúcar. É verdade que alguns capitalistas norte-americanos começaram a aplicar recursos em outros setores, como o elétrico e o mineiro (algumas vezes em parceria com o governo em Havana), em grandes lojas, como a Sears (que garantiam a entrada de mercadorias estrangeiras na ilha), e na criação de gado. Esses "novos" investimentos, contudo, que entre 1946 e 1956 chegaram a US$ 700 milhões, foram revertidos quase por inteiro para os bancos do país de origem, considerando que somente US$ 100 milhões foram reinvestidos de fato no setor produtivo cubano[3]. Já o aumento relativo do estrato assalariado nos setores de serviços, comércio e administração pública se deveu, em parte, ao crescimento do aparato da burocracia do Estado e de seu interesse em interferir cada vez mais nas questões econômicas, sempre ligadas aos EUA, que acreditavam ser importante manter a estabilidade política na "pérola do Caribe" para proteger seus investimentos e garantir um ambiente lucrativo para suas exportações, bem como uma fonte de açúcar não refinado para abastecer seu mercado consumidor.

Após a Segunda Guerra Mundial, setores "industrialistas" da numericamente pequena elite econômica interna, insatisfeitos com a corrupção e a irresponsabilidade de seus mandatários e preocupados com o quadro de instabilidade política, depositaram sua confiança em Eduardo Chibás, candidato do Partido Ortodoxo. Com a lacuna aberta após o suicídio do dirigente populista, esse grupo começou a apoiar Fulgencio Batista, que garantia um clima favorável para o influxo de investimentos norte-americanos no país. A classe média burocratizada e a burguesia endógena eram ideológica e economicamente vinculadas aos EUA, e a ideia de "desenvolvimento" estaria invariavelmente atrelada a um posicionamento próximo àquele país. Como o fraco setor "industrialista" não conseguiu se firmar, houve espaço para que se mantivessem intactos os interesses ligados à agricultura e à produção mineira.

Alguns autores chegaram a caracterizar o Estado cubano dos anos que precederam a revolução como administrativo, redistributivo e burocrático[4]. Tal tendência aumentou com o tempo, a ponto de, em 1950, cerca de 80% do orçamento nacional ser utilizado para o pagamento de salários de cargos burocráticos, pouco sobrando ao setor produtivo. Aproximadamente 186 mil pessoas, ou 11% da força de trabalho, estavam empregadas no governo naquele mesmo ano[5].

Em 1948, houve um reajuste com o Acordo Geral sobre Tarifas e Comércio, que substituiu o tratado comercial de 1934, garantindo que uma cota de compra do "ouro branco" seria decidida pelo Congresso norte-americano, mantendo, portanto, os privilégios das empresas dos Estados Unidos no mercado interno da ilha. A adesão ao GATT e a lei de cotas açucareiras (do mesmo ano) resultaram, no interregno entre 1948 e 1958, num déficit de US$ 603,4 milhões na balança comercial de Havana em relação a Washington, relativamente compensado no mesmo período por um saldo favorável com outros países[6].

No final da década de 1950, a situação de dependência de Cuba podia ser explicitada em diversos indicadores. Em 1958, por exemplo, 40% da produção açucareira, 90% dos serviços elétricos e telefônicos, 50% das ferrovias e 23% das indústrias não açucareiras eram de propriedade norte-americana, enquanto o capital bancário em mãos locais, que atingia o nível dos 60%, era utilizado basicamente para favorecer as corporações monopolistas estrangeiras[7]. Naquele ano, o volume de investimentos dos Estados Unidos na ilha chegou a US$ 1 bilhão, só inferior, no continente, ao feito na Venezuela e no Brasil. O fato é que, entre 1950 e 1958, houve um aumento de 52% nas inversões de companhias ianques na "*mayor de las Antillas*". Essas empresas construíam e equipavam as unidades produtivas, e suas matrizes na "metrópole" estabeleciam todas as normas e instruções na filial cubana.

A unidade típica na sociedade capitalista monopolista não era representada, portanto, pela firma pequena, responsável pela fabricação especializada e em volume reduzido de algum artigo, mas pelo empreendimento de larga escala, que controlava uma parcela substancial da produção de determinada indústria – ou de várias delas – e, consequentemente, os preços de seus produtos, o volume de seu *output* e o planejamento eficiente de seus investimentos[8]. Esse modelo estava consolidado em Cuba, mesmo com a existência de milhares de *chinchales*, e serviu de base, após a revolução de 1959, para experiências defendidas por alguns dirigentes e intelectuais, como Che Guevara e seu grupo. Por conseguinte, muitas empresas haviam sido implantadas na ilha durante o governo de Batista, desde fábricas de produtos lácteos até as de refrigerantes. Instalaram-se: International Telephone and Telegraph, Esso, Texaco, Sinclair Oil, Lone Star Cement, U. S. Rubber, Firestone, American Agricultural Chemicals, Procter and Gamble, Continental Can Corporation, Reynolds Aluminum Co., Sherwin-Williams, Gliden e Dupont, entre outras. O capital aplicado nas indústrias, como se pode constatar, retornava ao país de origem na forma de lucros. É importante lembrar que essas firmas já surgiram "grandes" na ilha. Não houve um processo de concentração e centralização com a expropriação, fusão e substituição de pequenos empreendimentos ao longo do tempo em alguns setores da economia: as companhias norte-americanas já entraram em Cuba consolidadas[9].

Como aponta o historiador Francisco López Segrera, a produção de borracha e pneus estava monopolizada pela U. S. Rubber e a Firestone; aproximadamente 80% da fabricação de sabão era controlada pela Palmolive e pela Procter and Gamble; em torno de 80% das máquinas para engenhos eram produzidas por uma só empresa em Sagua la Grande; duas fábricas de papéis de Havana supriam a demanda do país; a American Agricultural Chemicals elaborava quase a totalidade dos fertilizantes usados na ilha; toda a produção de *rayon* estava nas mãos da Rayonera de Matanzas (controlada pelo *businessman* Burke Hedges); e praticamente toda a indústria têxtil era dominada pela Textilera Ariguanabo[10]. Além disso, as embalagens metálicas (incluindo as de alumínio) eram feitas pela Continental Can Corporation e pela Reynolds Aluminum Co., enquanto a fabricação de tintas era realizada pela Sherwin-Williams, pela Glidden e pela Dupont[11]. Esses monopólios controlavam diversos ramos da produção e fixavam preços, com a conivência e o apoio do governo local[12].

Análises politicamente mais conservadoras apontam para uma interpretação diferente dos anos que antecederam a revolução. Em 1952, Cuba tinha a terceira maior renda *per capita* na América Latina; era o segundo país com maior consumo *per capita* de carne da região, o segundo em quilômetros de estradas pavimentadas por mil quilômetros quadrados de território, o segundo na proporção de médicos em relação à população e o terceiro no nível de salários pagos a 500 mil trabalhadores na indústria açucareira. Superava todas as repúblicas da América Central juntas em volume de exportações e ainda havia paridade do peso com o dólar[13]. Um relatório do Banco Internacional para Reconstrução e Desenvolvimento publicado em 1951 declarava o seguinte:

> A impressão geral dos membros da Missão, oriunda das observações e viagens por toda Cuba, é a de que o nível de vida dos fazendeiros e dos trabalhadores dos campos, das indústrias, dos armazéns e de outros é mais elevado, em todos os sentidos, que o de grupos semelhantes de outros países tropicais.[14]

O documento sugeria, por outro lado, que a nação caribenha: se tornasse menos dependente do açúcar e privilegiasse a diversificação de atividades; expandisse e criasse novas indústrias de produtos derivados ou que usassem o açúcar como matéria-prima; promovesse exportações de outros artigos para reduzir sua condição de país monoprodutor, ajudando, assim, a aumentar a renda total nacional e a incrementar o número de empregos em setores variados, como o mineiro e o de processamento de alimentos; e ampliasse a produção para consumo interno[15]. A missão Truslow, por fim, indicou que

> o atual nível de vida do cubano [...] depende principalmente de uma indústria que há muitos anos deixou de crescer. Alguma atividade tem-se expandido [...], mas, com relação à necessidade de emprego da população atual e futura, o crescimento das empresas tem sido desalentadoramente baixo.

Não só isso. Os membros do grupo apontaram também a falta de laboratórios adequados de pesquisa aplicada, tanto no setor público como no privado, o que mostrava a total subordinação técnica em quase todas as áreas[16].

Já o Departamento de Comércio dos Estados Unidos, em 1956, apresentava Cuba como detentora de uma renda nacional que proporcionava ao povo um dos mais altos padrões do continente[17]. Mas recordava que o único desenvolvimento importante na primeira metade daquela década havia ocorrido com a mecanização da indústria de exportação de charutos – com um aumento nas transações externas – e a venda para outros países de cera feita a partir da cana-de-açúcar[18]. A dependência em termos de matérias-primas, de fontes energéticas importadas e de tecnologia, especialmente de seu vizinho do Norte, era, portanto, significativa.

A classe trabalhadora cubana era relativamente grande no conjunto da população. De acordo com o censo de 1953, havia 327.208 operários nas indústrias, 395.904 funcionários no setor de serviços, 232.323 no comércio e 104.003 nos transportes, totalizando 1.059.438, enquanto na agricultura laboravam 818.906 pessoas, mais que em qualquer outro ramo individualmente, mas menos que a soma dos demais[19]. Na época, a ilha tinha população de aproximadamente 6 milhões de habitantes, enquanto os sindicatos diziam contar em seus quadros em torno de 1 milhão de filiados. No final da década, havia no país um automóvel para cada grupo de 39 pessoas e um aparelho de rádio em cada grupo de 5. Em torno de 57% da população era urbana, sendo que mais da metade vivia em cidades com pelo menos 25 mil habitantes e um terço, nas quatro metrópoles com cifra superior a 100 mil pessoas. Um sexto da população residia em Havana, e um terço de toda a população nacional era considerada de classe média. As habitações dos estratos médios urbanos eram relativamente confortáveis, embora as moradias dos indivíduos de baixa renda, especialmente no campo, fossem de qualidade bastante inferior. Assim, alguns autores – como Theodore Draper, Harry Oshima, Felipe Pazos e Eugene Stanley – rejeitavam o termo "subdesenvolvimento" para o caso cubano, pois, para estes, as diferenças econômico-sociais dos países do Terceiro Mundo eram tantas que a designação não poderia abarcar todas as situações. Pazos chegou a dizer que Cuba deveria ser classificada como país "semidesenvolvido". De acordo com Draper, em 1958 a renda *per capita* anual da república caribenha era de US$ 356, maior do que, por exemplo, a do México, de US$ 263 naquele mesmo período, o que para o estudioso era um sinal favorável para a economia. O país tinha a terceira maior renda *per capita* da América Latina, superado apenas por Argentina e Venezuela. Já a expectativa de vida era de 58,8 anos. Em torno de 70 jornais eram editados na "*mayor de las Antillas*", 18 dos quais em Havana. Os periódicos de maior tiragem publicavam 580 mil exemplares diariamente. Os índices de 1957 mostram que havia um médico para cada 998 pessoas, um dentista para cada grupo de 3.052 habitantes, 24 telefones para cada mil indivíduos e 176 aparelhos de rádio para o mesmo número de cidadãos[20].

Os autores mais conservadores discordavam também do rótulo de país "monoprodutor". Os trabalhadores dos ramos de açúcar, níquel e tabaco recebiam salários equiparados aos dos operários norte-americanos desses setores. Essas indústrias supostamente representariam uma diversificação na produção, juntamente com outras menores, também com salários "altos", como as de fibras sintéticas, detergentes, vidro, refino de petróleo, refrigerantes, rum e cerveja. Cuba ainda produzia têxteis, calçados e minérios, com uma base salarial menor[21]. Portanto, os críticos admitiam a possibilidade de haver um modelo "monoexportador", mas não "monoprodutor". Em 1954, por exemplo, a parcela de contribuição de todo o setor açucareiro foi de 25% da renda nacional, apesar de esse item representar em torno de 80,2% do volume de exportações cubanas[22]. Por outro lado, especialistas locais observavam que os indicadores *per capita* favoráveis de Cuba antes da revolução não espelhavam a realidade, tendo em vista que redistribuíam para toda a população supostos benefícios de um grupo específico, ligado à classe média dependente das grandes empresas ou do setor burocrático estatal, não correspondendo ao que ocorria de fato no restante do território[23].

Na prática, a situação mostrava-se bastante complexa. O desemprego era um problema crônico para a saúde econômica nacional. Cerca de 25% da força de trabalho encontrava-se desocupada no começo dos anos 1950, enquanto 75% dos *obreros* tinham emprego em base anual. Isso demonstrava que uma significativa parcela da população dependia de atividades sazonais ou temporárias. O açúcar representava mais de 75% das exportações, mas a mão de obra só era necessária durante um período de três ou quatro meses durante o ano. Entre 1956 e 1957, o desemprego foi de 9% durante a safra e 20% depois dela[24]. Em 1958, numa força de trabalho de 2,204 milhões de trabalhadores, 549 mil, em média, encontravam-se desocupados[25]. Num painel de investimentos globais de US$ 650 milhões, aproximadamente US$ 300 milhões vinham diretamente de empresas norte-americanas, que controlavam pelo menos 30 das 161 usinas açucareiras da ilha[26].

A renda *per capita* média anual dos trabalhadores cubanos entre 1950 e 1954, de acordo com números apresentados por Leo Huberman e Paul Sweezy, era de aproximadamente US$ 312, o equivalente a cerca de US$ 6 por semana[27]. Já o índice de crescimento econômico médio anual de Cuba estava em torno de 1,5%, um dos mais baixos do planeta[28]. O informe de 1957 da Comissão Econômica para a América Latina afirmava que, de um total de US$ 58,5 milhões em investimentos diretos efetuados na república caribenha no ano anterior, US$ 41,4 milhões haviam sido transferidos novamente *overseas*; enquanto isso, a dívida externa se elevava a US$ 788 milhões na mesma época[29]. Os empréstimos forâneos de curto e médio prazo obtidos pelos bancos oficiais, que haviam atingido US$ 90,9 milhões em 1955, seriam reduzidos para US$ 23 milhões em 1956, chegando a US$ 27,1 milhões em 1957, o que mostra o grau de insatisfação dos credores estrangeiros com o governo do país[30]. Já as reservas internacionais foram de US$ 500 milhões em 1952 para US$ 100 milhões no final da década[31]. Isso enquanto os principais grupos monopolistas dos Estados Unidos investiam e controlavam grande parte do setor produtivo cubano. O grupo Rockefeller era o mais importante acionista de Moa Bay Mining, Freeport Sulphur Co., Nickel Processing Corp., Goodyear Tire and Rubber, Standard Oil e Chase Manhattan Bank; a Morgan, de Sun Oil, Coca-Cola, Cuban Tobacco, B. F. Goodrich e Procter and Gamble; a Sullivan & Cromwell, de King Ranch, Pepsi-Cola, Sears, Woolworth; o First National Bank, além do banco homônimo, de Grace and Co., Owens Illinois Glass, Phelps Dodge e Compañia Cubana de Teléfonos; o Grupo de Chicago, da Swift and Co. e da Armour and Co., assim como da Liquid Carbonic of Cuba; os Manufacturers Hanover Trust, da Compañia Cubana de Electricidad, da Colgate e da Palmolive; entre outros conglomerados[32]. Todas essas companhias também tinham capital aplicado na produção açucareira. As novas indústrias implantadas em Cuba durante o governo de Batista utilizavam, de forma geral, 74% de matérias-primas importadas. Isso correspondeu, de 1948 a 1958, a um aumento de 32% para 35% na utilização desses materiais[33].

Paralelamente, faltava uma política de localização racional do parque industrial da ilha. Em 1958, a província de Havana, que concentrava 25% da população, tinha nas mãos 75% de toda a produção industrial não açucareira do país[34]. Além disso, havia na república caribenha em torno de 1 milhão de iletrados (o índice de analfabetismo na população rural maior de 10 anos, a partir do censo de 1953, era de 41,7%). Somente 717 mil estudantes realizavam seus estudos primários, enquanto "metade das crianças em idade escolar estava fora do sistema"[35]. Segundo Tirso Sáenz:

> a educação técnica de nível médio era muito escassa, concentrada nas chamadas Escolas de Artes e Ofícios. A educação superior não estava preparada para satisfazer às demandas de um processo de desenvolvimento, tanto em termos de quantidade como dos perfis necessários e da qualidade requerida para os especialistas que deveriam ser formados. Na distribuição das matrículas, a área de humanidades alcançava 23% e a de tecnologia só 11%. A formação era muito teórica, alijada da prática e desvinculada da realidade do país.[36]

A falta de pesquisa tecnológica ou acadêmica de ponta nas universidades, portanto, era patente. Vale notar que o censo de 1953 indicara que somente 3,5% da população recebera educação pré-universitária (nível médio) e apenas 1% tinha o curso superior.

Para completar, não custa recordar que o país havia passado por uma progressiva descapitalização, através de gastos excessivos, expansão do crédito e desvio de verbas por parte da ditadura batistiana. Em 1952, a dívida pública era de 177 milhões de pesos, mas no final de 1958 a cifra chegaria a 1,24 bilhão (destes, 788 milhões eram do Estado e 450 milhões em emissões de instituições públicas garantidas por ele, ainda que boa parte fosse de origem privada). A corrupção era explícita, e o enriquecimento ilícito, um dos resultados desse painel.

A necessidade de real diversificação e criação de um mercado interno amplo era clara e explicitada em vários documentos de diferentes organismos internacionais. Poder-se-ia questionar, contudo, se essas medidas efetivamente ocorreriam no estado em que se encontrava aquele país, marcado pela excessiva ingerência dos Estados Unidos em seus assuntos internos. Dificilmente a ilha conseguiria um desenvolvimento relativamente independente sem uma mudança real nas instâncias de poder e na relação com os norte-americanos. Somente uma revolução poderia alterar *profundamente* as estruturas agrária e industrial, afetando os interesses dos monopólios externos, e direcionar os investimentos para áreas estratégicas tanto no setor social como no produtivo. Isso implicaria uma modificação no relacionamento entre classes sociais, internamente, e entre países, no campo da política externa, o que era algo delicado e difícil de fazer em outras circunstâncias.

A revolução que triunfou em 1º de janeiro de 1959 trouxe essa possibilidade de mudanças, que não viriam facilmente. Naquela época, entre 75% e 80% do comércio exterior de Cuba se dava com os EUA, que controlavam mais de 75% das exportações da ilha[37]. Nos primeiros meses após a entrada dos barbudos em Havana, apesar de fazer declarações em diversos órgãos públicos sobre a reforma agrária e a industrialização do país, Fidel Castro ainda tentou uma aproximação com a Casa Branca. Seus discursos, até então, não haviam preocupado demasiadamente os monopólios norte-americanos[38]. Em sua visita a Washington, manteve conversas – principalmente sobre o comércio de produtos como o tabaco e o açúcar – com o secretário de Estado Christian Herter, sem, contudo, se aprofundar nelas[39]. De forma geral, o governo dos Estados Unidos não deu a devida importância à visita do "líder máximo": Dwight Eisenhower deixou de se encontrar com Fidel supostamente porque estaria jogando golfe. O então vice-presidente Richard Nixon foi designado para acompanhar Castro em sua estada e concluiria que ele era "controlado por comunistas"[40]. De qualquer forma, nessa viagem o dirigente cubano conversou com o embaixador Mikhail Ménchikov, o que representou seu primeiro encontro com uma autoridade soviética[41].

Os interesses dos monopólios do "Colosso do Norte" seriam abalados por uma série de leis de desapropriação e nacionalização de terras e empresas. Como afirmamos anteriormente, somente uma revolução poderia tocar profundamente na relação de classes e na propriedade dos meios de produção no país. Como o açúcar era o principal produto local e como boa parte da população era composta por um campesinato sem-terra e um proletariado rural desempregado, seria fundamental modificar a estrutura agrária. Apenas 114 latifundiários ocupavam 20% de todas as áreas cultiváveis de Cuba, e 30% das pessoas dedicadas à agricultura eram proprietárias do solo[42]. Aproximadamente 100 mil cubanos encontravam-se em categorias como arrendatários, subarrendatários e precaristas. Havia cerca de 159 mil fazendas na ilha, numa área total de 676 mil *caballerías*[43], sendo que 20% destas – ou seja, 32 mil propriedades – representavam, juntas, apenas 6.410 *caballerías*: menos de 1% do total nacional. Outras 30 mil fazendas – em torno de 19% do total – perfaziam 15.700 *caballerías*, ou 2,32% da terra. Isso significa que 39% das fazendas ocupavam apenas 3,27% de toda a área agrícola do país. No âmbito mais geral, 157 mil fazendas compreendiam 359 mil *caballerías*, ou 53% da área total. Já aquelas entre 75 e 372 *caballerías* eram controladas por 780 proprietários, aproximadamente 0,5% do total, que concentravam a posse de 107 mil *caballerías*, ou 16% da área agrícola[44]. O novo governo iria modificar essa situação.

A primeira lei de reforma agrária, de 17 de maio de 1959, proibia o latifúndio, indicando como o "mínimo vital" por proprietário duas *caballerías* – o equivalente a 27 hectares – e um máximo de 30 *caballerías*, ou 402,6 hectares. Toda propriedade que excedesse esse limite seria expropriada e distribuída para o campesinato despossuído. As terras com até 30 *caballerías*, por outro lado, não seriam expropriáveis, com exceção das partes utilizadas por arrendatários ou precaristas. Havia ainda um limite de 100 *caballerías*, ou 1.342 hectares, para propriedades que produzissem arroz e cana-de-açúcar, já que o rendimento dessas áreas chegava a ser 50% superior à média nacional; proibiam-se contratos de parceria; dividia-se o país em 28 ZDAs, unidade administrativa intermediária entre a municipalidade e a província; previa-se o fornecimento de créditos estatais para cooperativas e a indenização dos donos de herdades desapropriadas num prazo de até 20 anos, com juros de 4,5% anuais, com os chamados "Títulos da Reforma Agrária". Além de eliminar o latifúndio, a lei redistribuiu aproximadamente 67% das terras para os pequenos produtores e para o governo revolucionário. Também isentou os camponeses de pagar aluguel, assim como acabou com a exploração de intermediários e usurários. Possibilitou a ampliação de um mercado interno a partir de uma redistribuição de renda mais equitativa e ajudou a diminuir no curto prazo o desemprego crônico no campo.

Esse processo também criou o Instituto Nacional de Reforma Agrária, uma instituição poderosa que funcionava quase como um governo paralelo; formou "tribunais da terra"; expropriou propriedades ociosas por dois anos; e limitou a transferência de títulos de terra a casos de herança: as vendas só poderiam ser feitas para o Estado ou com a autorização do Inra, órgão competente na questão. De acordo com a nova legislação, somente cubanos poderiam adquirir terras, mas estrangeiros não eram proibidos de manter suas fazendas, desde que estivessem nos limites estipulados. Todas as divisões, subdivisões e vendas de possessões rurais ocorridas após a revolução foram consideradas nulas.

As expropriações começaram lentamente e, dez meses depois da lei, apenas em torno de 850 mil hectares haviam sido confiscados e 40.200 hectares, distribuídos a 6 mil beneficiários[45]. A partir de janeiro de 1960, contudo, o ritmo de desapropriações e distribuição de terras aumentou. Até junho de 1961, 3,8 milhões de hectares já haviam sido expropriados[46]. De acordo com números do governo cubano da época, essas medidas beneficiaram 55.785 colonos (89,55% do total), 74.415 criadores de gado (82,74%), 50 mil cafeicultores, arrozeiros e produtores de frutas, assim como 50 mil trabalhadores rurais[47]. A reforma agrária fez com que 85% dos agricultores deixassem de pagar aluguel de terras e aumentou em 60% o poder aquisitivo do campesinato de forma geral[48]. Ainda que a diversificação agrícola não tenha sido tão profunda a ponto de mudar radicalmente o painel econômico do país, foi significativa em comparação com os anos anteriores, tendo em vista que, de 1958 a 1960, a produção de arroz cresceu 28%, a de milho, 26%, a de algodão, 400%, a de feijão, 39%, a de batata, 21%, e a de tomate, 108%[49]. É bom recordar que, antes da revolução, o rendimento por *caballería* era menor do que sua capacidade real. As empresas monopolistas acabavam adquirindo propriedades como reserva de valor, subutilizando o solo (podendo servir para futuras expansões, quase sempre para a produção de açúcar). Um melhor uso do terreno possibilitava maior produtividade por hectare e, consequentemente, a liberação do restante das áreas para outras culturas.

A lei de reforma agrária e outras medidas nacionalizantes foram suficientes para preocupar os investidores norte-americanos, que consideraram as deliberações muito mais "drásticas" do que imaginavam (acreditavam que potencialmente poderiam prejudicar não só as companhias dos Estados Unidos como a própria economia local, ao desestimular inversões estrangeiras)[50]. Isso poderia levar o Congresso em Washington a revisar a lei açucareira e a reduzir a cota de importação do produto. Em 21 de maio de 1959, numa reunião ordinária da Cepal que se realizava no Panamá, a delegação cubana, presidida pelo então ministro da Economia, Regino Boti, recomendou que a reforma agrária recente fosse considerada um dos principais meios de melhorar e ampliar a produção agrícola, elevar o nível de vida do campesinato e preparar o caminho para a industrialização. A proposta foi aprovada por unanimidade, com exceção dos EUA, que sugeriram incluir a expressão "sempre que apropriado" na parte do documento referente à reforma agrária como um dos instrumentos adequados para o desenvolvimento econômico dos países do continente[51]. Uma nota diplomática assinada pelo então secretário de Estado Christian Herter e enviada às autoridades da ilha expressava preocupação em relação às compensações dos cidadãos norte-americanos cujas fazendas haviam sido desapropriadas, lamentando que os novos dirigentes não tivessem ouvido o critério dos investidores afetados[52]. Em carta àquele dignitário, o então ministro das Relações Exteriores de Cuba, Raúl Roa, respondeu que a destruição do latifúndio e a redistribuição de terra eram fundamentais para que a ilha não continuasse economicamente estancada e o ritmo de desemprego não se elevasse. Recordou os enormes fundos retirados do país e depositados em bancos estrangeiros e não admitiu nenhuma sugestão ou proposta que pudesse fragilizar a soberania nacional[53].

Com o aumento das pressões de Washington sobre Havana, a American and Foreign Power Company, subsidiária da Electric Bond and Share e matriz da Compañia Cubana de Electricidad, cancelou, no final de agosto de 1959, um financiamento de US$ 15 milhões, em virtude da redução em 30% nas tarifas de eletricidade, o que representara uma perda de 20% de seus lucros. No início de setembro, Al Powell, diretor da zona do Caribe do escritório de Comércio Exterior dos Estados Unidos, informou que os interesses dos produtores de arroz norte-americanos estavam comprometidos – já que exportavam US$ 37,5 milhões por ano a Cuba –, e também os dos investidores do ramo têxtil, que se preocupavam com os rumos tomados. No início de janeiro de 1960, um grupo de assessores jurídicos do governo dos EUA recomendou o decréscimo do preço que Washington pagava pelo açúcar cubano – o que representaria uma perda imediata de US$ 150 milhões –, assim como o congelamento dos fundos da "*mayor de las Antillas*" naquele país e a proibição de viagens turísticas de seus cidadãos à nação caribenha.

Alguns observadores, contudo, eram mais cautelosos. Um artigo do *New York Times* de 8 de janeiro daquele ano advertia de que tais medidas poderiam fortalecer Castro e seriam um indicativo do fracasso da "tradicional" política de "boa vizinhança". O senador Kenneth Keating, apesar disso, sugeriu que os Estados Unidos comprassem menos açúcar de Cuba como represália ao confisco de propriedades de compatriotas, enquanto outro congressista, o deputado Keith Thompson, elaborou um projeto de lei que propunha privar a ilha de qualquer participação no eventual aumento do consumo do produto em seu país[54]. Naquele mesmo mês, o senador George Smathers, em visita ao Equador, conversou com o presidente Camilo Ponce Enríquez sobre a possibilidade de incremento da cota açucareira para exportação ao "Colosso do Norte".

Washington começava a preparar uma série de medidas contra Havana. Os projetos tinham como objetivo: robustecer a influência sobre outros governos do continente para conter os "impulsos" de Fidel Castro e seu grupo; escrever uma nova lei açucareira, para dar aos EUA poderes de reduzir ou eliminar subsídios; estabelecer uma tarifa de US$ 1,25 para o açúcar; usar o total de sua arrecadação para indenizar os investidores nacionais prejudicados; e criar uma rádio para promover propaganda contra o novo regime[55]. Diante disso, Cuba começou a procurar alternativas para seu comércio exterior. A União Soviética seria a opção.

A URSS reconheceu o governo revolucionário em 10 de janeiro de 1959 e comprou naquele ano em torno de 500 toneladas de açúcar, aproximadamente o mesmo volume de 1955, o que era muito pouco em termos gerais. Uma delegação operária soviética foi convidada para o Primeiro de Maio em Havana, mas não compareceu por não conseguir os vistos a tempo. Embora alguns sindicalistas, assim como um alto funcionário do serviço de inteligência daquele país, tenham ido à ilha, a relação entre os dois governos ainda era tímida. Somente em outubro de 1959 é que começaram a ocorrer tentativas de aproximação mais sólidas, a partir de um encontro entre Fidel Castro e Aleksandr Alekséiev, agente da KGB e correspondente da agência de notícias Tass, enviado pelo PCUS como negociador. Foi nessa reunião que pitorescamente se estreitaram os laços de amizade entre as duas nações e se iniciaram as conversas para acordos comerciais importantes. Na ocasião, surgiu a ideia de convidar Anastás Mikoian (então primeiro vice-presidente do Conselho de Ministros) a Cuba depois que ele inaugurasse no México, em novembro, uma exposição industrial, que poderia depois ser levada para Havana. Isso estimulou Alekséiev a ir ao país vizinho para conversar pessoalmente com o antigo militante bolchevique armênio, que aceitou a proposta, chegando à ilha em 4 de fevereiro de 1960, para uma visita de nove dias. Nesse período, deu início à exibição soviética de ciência, tecnologia e cultura no Museu de Belas-Artes da capital – evento que duraria 21 dias –, visitou cooperativas em Pinar del Río, Camagüey e Oriente, esteve em Ciénaga de Zapata e na ilha de Pinos* e, pouco antes de partir, assinou um comunicado conjunto com as autoridades locais, no qual afirmava a intenção de ampliar e fortalecer os vínculos entre ambos os Estados nos campos de cooperação econômica, ajuda técnica e intercâmbio cultural. Também foi firmado um acordo comercial formalizando a compra por Moscou, no período entre 1960 e 1964, de 5 milhões de toneladas de açúcar a um valor que equivaleria a 325 milhões de pesos, com uma média anual de 65 milhões de pesos. Entre outros produtos, seriam vendidos à URSS frutas diversas, sucos, conservas, couro e pimenta, o que resultaria num saldo líquido de US$ 36,5 milhões em 1960 e de até US$ 15 milhões anuais nos anos subsequentes. Além disso, o Krêmlin concedeu um empréstimo de US$ 100 milhões a Cuba, com juros de 2,5% ao ano e um prazo de pagamento de 12 anos.

---

* Hoje denominada ilha da Juventude. (N. E.)

Os convênios causaram especulações na imprensa ocidental e em Washington, que acreditavam estar ocorrendo uma "manobra" da URSS para expandir seus estoques de açúcar, revender o produto a outros países ou tentar elevar o padrão de vida de seus cidadãos. Na realidade, a União Soviética era o maior produtor de açúcar do mundo, com mais de 6 milhões de toneladas anuais. O consumo interno do artigo, contudo, era baixo, apenas 21 kg por pessoa ao ano. De acordo com o plano septenal, em 1965 o país deveria estar produzindo 10 milhões de toneladas, o que não significava que isso supriria por completo o mercado interno e eliminaria as importações da ilha, uma vez que a intenção era também aumentar o uso *per capita* para 44 kg. Devemos recordar que, na época, entre os países desenvolvidos, apenas Estados Unidos, Inglaterra e Canadá tinham consumo anual *per capita* de açúcar acima dos 40 kg. Nações como Itália, com 19 kg, Alemanha, com 30 kg, e França, com 31 kg, mantinham níveis inferiores. Assim, para que a "pátria do socialismo" pudesse igualar os níveis de consumo norte-americanos, teria de continuar importando o item[56]. Isso significava que Moscou não apenas manteria a compra de açúcar cubano como sua cota poderia até subir para 3 milhões de toneladas anuais depois de terminado o acordo. Fosse como fosse, o compromisso com os soviéticos garantiria até 1964 uma venda anual antecipada de 1 milhão de toneladas, o equivalente à metade de todas as exportações cubanas desse artigo para o mercado mundial em 1959. Já as críticas ao tratado eram inconsistentes, considerando que várias de suas cláusulas demonstravam explicitamente o caráter das negociações. Os termos do documento afirmavam que todo o açúcar adquirido pela URSS seria destinado ao mercado interno, e não reexportado, ou seja, não seria desviado para outros mercados importadores habituais desse item[57].

De 1955 a 1959, Moscou adquirira açúcar cru da ilha por US$ 165 milhões, sem que Havana comprasse nenhum artigo da União Soviética. Por isso, os cubanos decidiram também abrir seu mercado para os novos *counterparts,* com um compromisso de gastar 80% dos valores recebidos do açúcar em mercadorias daquele país e desembolsar os outros 20% em dólares[58]. Já o crédito de US$ 100 milhões não era novidade para Moscou, que pouco antes negociara um abono do mesmo valor com a Argentina, para financiar a produção petrolífera e reparos na malha ferroviária. Os juros da amortização começariam a ser saldados apenas sobre parte do crédito. Esse pagamento não seria em divisas, mas com produtos. Como não conseguia obter ajuda financeira do Bird e de outros organismos internacionais e antes recebia apenas empréstimos de companhias norte-americanas com interesses no país – o que era, de acordo com o governo revolucionário, um atrelamento excessivo ao capital estrangeiro –, Cuba decidiu aceitar a oferta dos soviéticos[59].

É interessante lembrar que, de 1948 a 1960, o Krêmlin proporcionou aos países do bloco socialista mais de 28.800 documentos técnicos para a fabricação de diferentes máquinas, equipamentos e aparatos. Em 1955, a soma total de créditos e outras obrigações financeiras da URSS na prestação de assistência econômica e técnica às nações em desenvolvimento era de algumas dezenas de milhões de rublos. No início dos anos 1960, superou 10 bilhões de rublos em divisas, com juros de 2,5% ao ano[60]. Na época, havia na União Soviética 206 mil empresas industriais e mais 100 mil em fase de construção; aproximadamente 200 milhões de consumidores e US$ 120 bilhões anuais em operações no mercado interno; e um orçamento, no final dos anos 1950, em torno de US$ 140 bilhões – quase o dobro daquele dos Estados Unidos –, sendo que metade de seu capital era reinvestido na expansão industrial[61].

O fato é que, apesar de o país supostamente ser uma superpotência econômica e militar, boa parte de seus habitantes ainda vivia com dificuldades. Se considerarmos que havia falta de diversos bens de consumo e que sua qualidade era duvidosa, podemos imaginar que esse capital investido no exterior ou emprestado poderia ter sido utilizado internamente para elevar o nível de vida da população. Isso pode demonstrar, até certo ponto, um interesse político do PCUS em garantir vínculos com as democracias populares e nações em desenvolvimento.

Alguns críticos ocidentais também viam na aproximação de Moscou uma forma de ter maior influência na ilha. Mesmo assim, o governo cubano tentou manter relações "normais" com os Estados Unidos, que paulatinamente endureciam suas posições. Em diversas cartas trocadas entre autoridades de alto escalão dos dois países, pode-se notar a deterioração gradual das relações entre Havana e Washington, com todos os pedidos de auxílio econômico dos dirigentes da ilha sendo ignorados ou recebidos de forma áspera pelos vizinhos do Norte. A partir dos primeiros meses de 1960, as solicitações de compra de helicópteros para uso agrícola e até mesmo as de ajuda humanitária foram sistematicamente rejeitadas pela Casa Branca.

Enquanto isso, ocorria um intenso processo de nacionalização e estatização de empresas. Uma série de indústrias passou para a esfera pública, com uma produção total de US$ 2,933 milhões na época, como: a Textilera Ariguanabo, com 3.049 trabalhadores e uma produção equivalente a US$ 1,5 milhão; a Betroma, com 679 operários; a Concordia Textil, com 635 funcionários; a Fábrica Cubana de Tecidos, com 589, entre outras. Também foram para o Estado a Cubanitro, com 270 trabalhadores, e a Rayonera de Matanzas, com 1.308, assim como a Antillana de Acero, a Fábrica Cubana de Acero e a Aceros Unidos de Cuba. Até meados de 1960, o governo já controlava 40% das terras, 37,6% da indústria açucareira e grande parte da produção industrial[62]. Desde o começo de 1959, haviam ocorrido: intervenções na CCE e a subsequente diminuição nas tarifas elétricas; corte de até 50% no pagamento de aluguéis; a instituição de um imposto de 25% sobre a exportação de minerais, a ser pago pelos monopólios; a aprovação da Lei n. 851, de 6 de julho de 1960, confiscando e nacionalizando todas as companhias estadunidenses[63]; e, até o final daquele ano, a promulgação da lei de reforma urbana e a nacionalização de todos os bancos e de praticamente todas as firmas monopolistas estrangeiras. O crescimento industrial, que em 1959 havia sido de 17%, chegou a 25% no ano seguinte. A elevação do PIB, por sua vez, atingiu os 10,5% anuais nos dois primeiros anos após o triunfo dos barbudos[64].

O acirramento das tensões internas – com elementos contrarrevolucionários utilizando propaganda e sabotagens dentro do país –, o apoio "implícito" de agências do governo norte-americano a esses atos e o endurecimento do embargo e pressões econômicas sobre a ilha contribuíram para o rompimento diplomático mútuo, em 3 de janeiro de 1961, e para o início do bloqueio (*Foreign Assistance Act*), em 4 de setembro do mesmo ano (a *Proclamation 3447* seria, depois, assinada pelo presidente Kennedy em fevereiro de 1962, ampliando sua influência "*on all trade with Cuba*")[65]. Devemos lembrar que, durante o governo Batista, o sistema de crédito e pagamentos era padronizado, mas, depois da vitória da revolução, os Estados Unidos exigiram que o país quitasse imediatamente todas as suas dívidas pendentes – o que era inviável naquelas circunstâncias –, fazendo com que o regime de Castro declarasse que, durante 1960, não pagaria seus credores.

Em decorrência de diversas pressões externas e em nome de uma eficiência econômica interna, os dirigentes cubanos haviam começado, desde 1959, a discutir a possibilidade de implantação de um sistema de economia planificado, que já apontava, de alguma forma, para um posterior encaminhamento ao socialismo, pelo menos no que diz respeito aos grupos que comandariam esse aparato e aos moldes dessa nova estruturação. Cada vez mais influente ideológica e politicamente, o PSP insistia na introdução da planificação na ilha. De acordo com Blas Roca:

> É necessário que toda a produção e todo o desenvolvimento econômico se realizem conforme um plano traçado com vistas a satisfazer as necessidades da sociedade, a incrementar a riqueza e a elevar a produtividade do esforço social.
> Este plano é vital para o desenvolvimento do socialismo, pois sem ele não se podem dominar as forças econômicas; pelo contrário, são as forças econômicas que dominam a sociedade. Sem o plano, a anarquia da produção e a desordem das forças e dos recursos sociais se impõem. Somente a economia planificada pode, de um lado, evitar ou combater a escassez de um ou vários produtos e, de outro, evitar o excesso de produção de outros, sem os transtornos e as crises que provoca a produção sem plano nem concerto dos capitalistas privados.[66]

Em janeiro de 1960, Aníbal Escalante, outro importante líder do PSP, também sugeriu que a planificação econômica fosse efetivada. Ele dizia que "Cuba tem agora de pôr mãos à obra na grande tarefa de formular um plano para o desenvolvimento de sua economia, visando racionalizar o gigantesco projeto de transformação no qual embarcou"[67]. É preciso lembrar, contudo, que inicialmente a maior parte dos membros do gabinete cubano e, em seguida, das ORI e do Purs, era do M-26-7, ou seja, mesmo que os comunistas tenham sugerido a planificação, foram os elementos do movimento que tiveram mais importância na implantação posterior dessa modalidade no país[68].

Assim, a partir de uma resolução do Conselho de Ministros, de 19 de fevereiro de 1960, foi criada a Juceplan – em certa medida moldada a partir da Gosplan soviética –, efetivada em 11 de março do mesmo ano e que, naquele momento, teria apenas a função de coordenar a política econômica do governo[69]. Esse foi o primeiro organismo de planejamento constituído formalmente pelo governo revolucionário. O Conselho Nacional de Economia, que precedeu a nova instituição, fazia alguns trabalhos de projeções, muitas vezes independentes, na época da constituição do Inra. Mas o trabalho de planificação em larga escala começou com a Juceplan, que teve Regino Boti, então ministro da Economia, como primeiro secretário técnico. De acordo com a Lei n. 757, de 11 de março de 1960, seria necessário

> estabelecer um Organismo Central encarregado de fixar os objetivos gerais da ação do Estado em matéria econômica, formular planos de desenvolvimento, centralizar a pesquisa econômica, estatística e tecnológica, prestar assessoria aos organismos executores dos planos e vigiar sua adequada realização, supervisionar a assistência técnica prestada por organismos internacionais e coordenar as atividades dos distintos organismos encarregados da política econômica.[70]

Assim, essa instituição teria como função fixar, orientar, supervisionar e coordenar a política econômica dos diversos órgãos do governo e entidades autônomas. Também deveria indicar as normas gerais para regular o setor privado. Com sua criação, houve maior coesão de critérios e de ação entre os vários organismos econômicos do governo revolucionário[71]. A junta, que se reunia uma vez por semana em sessões que poderiam durar até doze horas seguidas, era integrada pelo primeiro-ministro, Fidel Castro, por um vice-diretor, seu irmão Raúl, pelos ministros da Fazenda, do Comércio, de Obras Públicas e do Trabalho e pelo presidente do Banco Nacional, assim como por um representante do Inra e pelo ministro da Economia, que seria seu secretário técnico. Essas personalidades participariam do órgão por sua importância política e por sua capacidade e autoridade para implantar a planificação.

Em sua estrutura, a junta era composta pela secretaria técnica (que se subdividia nas direções nacionais de Planificação, de Estatística e de Organização

Econômica) e por um escritório central de serviços, que prestava auxílios diversos a ela[72]. A Direção Nacional de Estatística tinha como função elaborar um aparato de recensão confiável, já que até aquele momento Cuba era considerado o país com as piores informações estatísticas do continente. Assim, deveria ter a capacidade de captar e elaborar dados econômicos e disponibilizá-los de maneira eficiente para a preparação do plano. Para ajudar na estruturação desse sistema, foi convidado o mexicano Sergio Beltrán, diretor do Centro de Cálculo Eletrônico da Unam. A Direção Nacional de Organização Econômica, por sua vez, tinha o objetivo de controlar e observar a execução dos planos, e a de Planificação devia estudar as questões relativas ao desenvolvimento da economia e fazer sugestões à junta sobre projetos, alocação de recursos, perspectivas de exportação e de investimentos setoriais. Para Juan Noyola, a planificação deveria ser ambiciosa e, ao mesmo tempo, realista. Assim, todo cuidado devia ser tomado ao definir os objetivos e seria crucial estabelecer com grande precisão os meios de atingi-los, assim como os recursos, os métodos e os instrumentos necessários. Só com toda a economia planificada em cada detalhe seria possível atingir os propósitos aproximados do plano de longo prazo[73]. Mas, para ele,

> o fato de haver uma direção central absolutamente necessária na planificação (porque, entre outras coisas, para planificar é necessário ter centralizada a informação, ter uma visão de conjunto da economia, ter uma visão de conjunto de como se distribuem os recursos produtivos entre os distintos setores, como se distribui a população trabalhadora entre os distintos setores, como se distribuem o equipamento e a maquinaria entre os distintos setores, como se distribui geograficamente a produção, portanto é necessário que as diretivas gerais venham de cima, de onde se tem a perspectiva global) não quer dizer que a planificação realmente efetiva, realmente popular e democrática, não exija e suponha a participação de todo o mundo.[74]

Em outras palavras, mesmo que no processo de planificação participassem principalmente o organismo central, os órgãos de execução e as empresas, os trabalhadores também teriam um papel essencial a cumprir. Seria igualmente mister subdividir a planificação em global, setorial e regional, com o fim de criar maiores possibilidades de detalhamento, ao mesmo tempo que essas diferentes modalidades deveriam se interconectar.

Vale ressaltar que, na época da criação da Juceplan, Cuba ainda não era socialista. Para muitos especialistas de então – ou para os que se destacaram nos anos posteriores –, seria imprescindível que a planificação fosse feita dentro do socialismo, o que reforça a ideia de uma transição natural àquele sistema pela própria estruturação do aparato de gestão econômica. Assim, a ilha já se aparelhava ideológica e institucionalmente nesse sentido, mesmo que ainda não se vislumbrasse esse horizonte de maneira tão nítida. Para José Luis Rodríguez,

> a planificação em seu sentido pleno só é possível no socialismo. No capitalismo pode haver processos parciais de planificação, quando uma empresa se planifica, e pode haver uma planificação indicativa do Estado, mas não mandatória como no caso de uma economia socialista. Ou seja, podem ser traçados grandes parâmetros de como se deve desenvolver a economia para que o setor privado tenha em conta suas estratégias [...]. Não há possibilidade de desenvolver o socialismo sem planificação, e essa é a definição mais simples e também mais completa do que é a planificação.[75]

De acordo com esse autor, mesmo que a planificação tivesse diversos aspectos técnicos, era principalmente uma medida política indispensável. Podemos perceber que, durante esse período, o governo revolucionário gradualmente se radicalizou e implantou providências capazes de modificar efetivamente a base econômica da ilha. A transição para o socialismo foi se delineando, portanto, quase como algo necessário. As relações difíceis com os Estados Unidos e as necessidades objetivas internas, assim como a influência ideológica dos comunistas, fizeram com que o governo visse naturalmente naquela modalidade e, logo em seguida, no sistema socialista – com todas as suas implicações – as soluções mais factíveis e práticas para aquele momento de extremas dificuldades.

Che recebe Simone de Beauvoir e Jean-Paul Sartre em seu escritório em Havana em 1960.
Crédito: Alberto Korda.

1
Desenvolvimento econômico e industrialização

Ainda que a decisão de tornar Che Guevara presidente do Banco Nacional de Cuba e, mais tarde, ministro de Indústrias tenha sido muito mais política que técnica, o fato é que ele teve um papel fundamental na gestão econômica e nas discussões sobre a transição ao socialismo naquele país. É sabido que o "guerrilheiro heroico" não tinha formação acadêmica de economista, mas, para se sentir à altura do cargo que lhe fora confiado, esforçou-se para superar suas deficiências e em pouco tempo adquiriu o instrumental mínimo para conduzir as instituições sob sua responsabilidade. Contudo, a falta de um preparo formal nesse ramo seria um dos motivos das críticas que alguns membros do governo cubano lhe fariam nos anos posteriores.

É conhecida a declaração do pai do revolucionário argentino quando este foi nomeado presidente do BNC, em 26 de novembro de 1959. Ele teria dito, surpreso, que Fidel devia estar louco ao fazer aquilo. Afinal, "cada vez que um Guevara abre um negócio, vai à bancarrota"[1]. É também famosa a piada, contada pelo próprio Che, sobre sua nomeação:

> Durante a reunião para formar o primeiro governo revolucionário, pouco depois da entrada do Exército Rebelde em Havana, Fidel fazia a distribuição dos ministérios aos comandantes, mais ou menos de acordo com as profissões que haviam exercido antes da guerra:
> – Fulano, que é agrônomo, será o ministro da Agricultura. Beltrano, que é engenheiro, será o ministro das Obras Públicas. Sicrano, advogado, ministro da Justiça.
> Dessa maneira, Fidel foi formando o governo, sem problemas. Até que chegou o momento de escolher o presidente do Banco Nacional de Cuba. Fidel ficou indeciso, olhou para todos os presentes e finalmente perguntou:
> – Quem é economista aí?

Imediatamente respondi:
– Eu!
Fidel me encarou, surpreso. Ruborizou-se, baixou a cabeça, pareceu contrariado, e disse:
– O presidente do Banco Nacional de Cuba será o Che.
A designação me surpreendeu muito. E também a todos os outros. Pensei em recusar. Mas não o fiz. Aquele momento histórico não nos permitia rejeitar qualquer tarefa imposta pela revolução. Fiquei calado.
Terminada a distribuição de cargos do governo, Fidel deu por encerrada a reunião, mas pediu que não me retirasse, pois queria falar comigo.
Logo que os outros saíram, Fidel exclamou:
– Che, eu sempre soube que tu és médico! Que negócio é esse de seres também economista? Eu não sabia e tampouco sabiam os demais!
– Economista? Mas Fidel, ouvi perguntares quem é comunista!
E foi assim que me tornei presidente do Banco Nacional de Cuba.[2]

Essa anedota tornou-se célebre nos anos posteriores à gestão do Che, mas a nomeação de Guevara como presidente do BNC, longe de ter um motivo tão extravagante, foi uma mensagem clara de Fidel Castro a seus inimigos políticos internos e externos. O banco, anteriormente nas mãos de "liberais", de "especialistas moderados", como Felipe Pazos e Justo Carrillo, não implementava as medidas necessárias para alavancar de vez o processo que ocorria em Cuba em todas as instituições de Estado. É bom recordar que, em 1957, por sugestão de Frank País, personalidades como Castro, Raúl Chibás e Pazos se reuniram para delinear o futuro da ilha durante e após a luta revolucionária. Depois do triunfo do Exército Rebelde, uma nova composição governamental começou a ser constituída. Na área econômica, Raúl Cepero Bonilla, a quem haviam sido confiados os cargos de ministro do Comércio e interino da Fazenda, argumentou que estava sobrecarregado. Com isso, deixou a segunda pasta com Rufo López-Fresquet, considerado um *expert* em finanças, mas também um defensor dos interesses da antiga classe dominante cubana. Já Pazos tornou-se presidente do Banco Nacional. Apesar de aparentemente estranhas, essas nomeações tinham como objetivo "acalmar" possíveis problemas com as elites locais. O fato é que essas eram figuras proeminentes, que conservavam algum prestígio institucional e poderiam ser importantes num período de transição[3].

Com uma reestruturação gradual do governo, contudo, a partir da radicalização nos caminhos da revolução, seria fundamental a presença de homens de confiança de Fidel nos principais cargos políticos. Assim, Raúl Castro se tornaria ministro da Defesa; Augusto Martínez Sanchez, ministro do Trabalho; Ramiro Valdés, ministro do Interior; José Abrahantes Fernández, vice-ministro do Interior e chefe nacional do Departamento de Segurança do Estado; Manuel Piñeiro Losada, também vice-ministro do Interior e chefe nacional da Direção Geral de Inteligência; Osmany Cienfuegos, ministro de Obras Públicas; e Rolando Díaz Aztaraín, ministro da Recuperação de Propriedade Roubada ("bens malversados"), entre outros. A formação intelectual de Guevara, na época com 31 anos, e sua proximidade com *El Jefe* foram importantes para que fosse escolhido para uma posição tão importante no governo. Ele havia sido um dos principais líderes durante o período da guerrilha e comandante de La Cabaña, e também já tinha certa desenvoltura nos negócios do Estado, pois havia atuado, mesmo que por pouco tempo, como diretor do Departamento de Industrialização do Inra, a partir de 8 de outubro de 1959.

O Departamento de Industrialização, oficialmente codificado na Resolução n. 94, de 21 de novembro de 1959, havia sido criado como uma resposta direta à necessidade de desenvolvimento industrial decorrente da reforma agrária e tinha como objetivo inicial administrar diversas fábricas que haviam sido submetidas à intervenção do governo, quer porque seus proprietários eram ligados ao antigo regime e enriqueceram com dinheiro público, quer porque seus donos deixaram o país e as abandonaram. Na ocasião, Fidel Castro (presidente do Inra) e Antonio Nuñez Jiménez (seu diretor executivo) consideraram que o Che seria o homem ideal para ocupar tal cargo, mesmo que muitos o considerassem uma posição de pouca importância para alguém com sua estatura política[4].

A equipe do DI, além do próprio "guerrilherio heroico", foi composta por Aleida March, José Manresa, César Rodríguez, Francisco García Vals, Calixto Morales, Jorge Ruiz, Omelio Sánchez, Alfredo Menéndez, Juan Borroto e Orlando Borrego Díaz. De acordo com este último, o grupo começou a trabalhar muito rapidamente e dependia quase exclusivamente das novas ideias propostas por Guevara. Elaborou-se uma estrutura organizacional, com a criação das seções de administração, contabilidade, compras, vendas, jurídica, de pessoal, de supervisão e de inventores e inovadores[5]. Nessa ocasião, o comandante argentino disse, numa carta aos progenitores, que "o Departamento de Industrialização foi minha própria criação. Eu como que o expeli, com o sofrimento de um pai exausto, para mergulhar no meu dom, aparentemente dado por Deus, para as finanças"[6].

Em pouco tempo, foram feitas intervenções em fábricas cubanas (muitas das quais privadas, que haviam deixado de receber investimentos dos capitalistas nacionais ou estrangeiros descontentes com os rumos da revolução), com base na Lei n. 647. Esta colocava todo tipo de interferência sob a jurisdição do Ministério do Trabalho para, de acordo com as disposições desse regulamento, evitar "qualquer atividade que de forma direta ou indireta possa alterar o equilíbrio econômico do país, assegurando a produção necessária à cidadania, às fontes de trabalho e ao auge e desenvolvimento da economia"[7]. No início desse processo, o Mintrab enviava à empresa um funcionário que fazia um inventário, congelava sua conta bancária e designava uma comissão operária, junto com um interventor, para administrar os procedimentos. Caso o dono da fábrica admitisse voluntariamente ter agido de forma "equivocada" e comprometido a economia nacional, o ministério permitia que continuasse como funcionário da empresa, mas recebendo apenas um salário mensal. Na maioria das vezes, os proprietários eram proibidos de continuar atuando em suas antigas companhias e partiam.

Com o aval do Ministério do Trabalho, Guevara pôde agir como achasse necessário para intervir e gerenciar o parque industrial[8]. Isso significava que o departamento poderia interferir em qualquer empresa, assumindo sua gestão. Os objetivos principais seriam evitar a descapitalização, a sabotagem na produção e possíveis abusos de seus donos. Mesmo assim, em alguns casos, estes ainda tinham o direito de receber os lucros das companhias. Essa política durou até o final de 1960, quando a maioria das indústrias cubanas passou para as mãos do governo. No fim de 1959, contudo, o departamento já controlava 41 pequenas e médias empresas.

Quando assumiu seu cargo no Banco Nacional de Cuba, o Che ainda manteve formalmente seu posto no Inra. Na prática, porém, o departamento seria conduzido por seu amigo e colaborador Orlando Borrego, juntamente com César Rodríguez, Juan Borroto e Juan Valdés Gravalosa. Durante esse período, a instituição cresceu e, em meados de 1960, administrava mais de 60% de todas as indústrias da ilha. Sua principal função naquele momento era elaborar projetos que tivessem como objetivo complementar a reforma agrária e diminuir a pressão na balança de pagamentos. Com o crescimento do DI e uma quantidade de indústrias que sobrecarregava o Inra, mais tarde criou-se o Minind, que supostamente teria mais condições de assumir tais funções. O Departamento de Industrialização controlava, até o final de 1960, a Administração-Geral de Engenhos, com 161 engenhos em todo o país, o Instituto Cubano do Petróleo, que dirigia as quatro refinarias existentes, e o Instituto de Mineração, que se encarregava das principais minas nacionalizadas de Cuba[9]. A nova classificação das indústrias na jurisdição daquele órgão indicava três modalidades: as fábricas confiscadas dos colaboradores do antigo regime, transferidas para o "departamento" pelo Ministério de Recuperação de Bens Malversados; aquelas sob intervenção ou onde ocorreram disputas trabalhistas por falta de pagamento de salário pelos antigos proprietários, as quais eram repassadas para aquela instituição pelo Mintrab; e finalmente as plantas nacionalizadas que entraram diretamente em sua esfera administrativa.

Já o Banco Nacional de Cuba – criado em dezembro de 1948, mas que só começou a funcionar em abril de 1950 – era composto de um departamento de auditoria e de um de pesquisas econômicas e tinha talvez o quadro de funcionários de maior prestígio no governo. Quando Guevara assumiu a instituição, mudou seu caráter: criou estímulos para mobilizar créditos para as atividades que mais interessavam aos novos dirigentes, assim como permitiu a emissão de moeda para cobrir os déficits orçamentários. De acordo com a nova lei orgânica do BNC, de fevereiro de 1961,

> o Banco Nacional de Cuba, com caráter de Banco do Estado, com personalidade jurídica e patrimônio próprio, exercerá a soberania monetária da Nação e o monopólio da emissão; centralizará os recursos monetários temporariamente livres dos organismos, das empresas e da população; exercerá o crédito em curto e longo prazo e o financiamento dos investimentos de capital; realizará as operações e ajustes com o exterior; custodiará as reservas monetárias e de divisas e será o único centro de ajustes de pagamentos do país.[10]

O banco converteu-se, portanto, no fiscalizador da atividade econômica dos órgãos do governo, assim como das empresas do Estado, desenvolvendo, por outro lado, uma política de créditos para o setor privado. No âmbito estatal, deveria fiscalizar o cumprimento dos planos das empresas, exigir a utilização racional dos recursos e acompanhar o aumento da produtividade[11]. Assim como o BNC, outras instituições creditícias e de política de investimentos foram modificadas.

Durante o mandato de Prío Socarrás, havia sido instituído o Banco de Fomento Agrícola e Industrial de Cuba, que, com um capital de US$ 26 milhões na época, mais tarde teve uma de suas seções incorporada pelo Che ao Departamento de Industrialização. A Divisão Agrícola do Banfaic, dirigida por Justo Carrillo, supostamente incentivou associações de crédito rural, tentou melhorar as facilidades de armazenamento e refrigeração, financiou a mecanização da produção de arroz e de outros setores e estimulou pesquisas sobre diversos produtos agrícolas. Já o Departamento Industrial da mesma instituição direcionava empréstimos e "encorajava" empresas estrangeiras a se instalarem em Cuba. O Banfaic lidava prioritariamente com o setor industrial, em contraposição à maior parte dos investimentos dos bancos particulares, que ia para a área agrícola, especialmente a açucareira. Entre 1950 e 1958, pôde-se constatar um aumento de 28,6% para 55,6% nos empréstimos a indústrias não açucareiras. Em grande parte, as inversões foram para a Central Hidrelétrica Cubana, na província de Las Villas. Depois da revolução, o novo regime outorgou-lhe recursos financeiros de 10 milhões de pesos para promover seus objetivos. A Administração de Estabilização do Arroz começou também a cooperar com o Banfaic, concedendo-lhe créditos a serem repassados a produtores desse grão da província do Oriente que quisessem aumentar a safra. Mais tarde, o Banfaic foi incorporado ao Inra, com a intenção de lhe dar mais coesão e eficiência.

Também foi criado em Cuba, desta vez no governo Batista, o Banco de Desenvolvimento Econômico e Social. Constituído a partir do Decreto n. 1.947, de janeiro de 1955, tinha como função principal distribuir recursos a entidades de *préstamos* já existentes, para facilitar as operações creditícias de curto, médio e longo prazo voltadas para o desenvolvimento econômico e a diversificação da produção. Essa instituição foi abolida em fevereiro de 1960, pois o governo considerava que o BNC e o Inra poderiam assumir suas atribuições e responsabilidades. Entre oito e dez empresas antes financiadas pelo Bandes (que acarretavam prejuízos ou, no mínimo, não eram lucrativas) foram nacionalizadas e começaram a apresentar índices favoráveis, tais como a Técnica Cubana (de papel), a Rayonera de Matanzas e a Antillana de Acero. O capital investido nessas indústrias durante os anos 1950 muitas vezes fora desviado e não chegara a ser utilizado em sua ampliação e modernização[12]. Em suma, o Bandes era um exemplo de mau uso do dinheiro público, um organismo repleto de casos de corrupção. Outras empresas, não necessariamente vinculadas aos fundos daquele banco, como os Laboratórios Gravi – que integravam o Consolidado da Indústria Química –, expandiram a produção em 38,58% três meses depois de passarem por intervenção, em comparação com os três meses anteriores. A fábrica de vidros Owens Illinois teve um acréscimo de 6,5% já no primeiro mês após ser estatizada, enquanto a Firestone viu um crescimento de produtividade de 18% e os Laboratórios Reinaldo Márquez, de 19,6%[13].

Igualmente haviam surgido nos anos 1950 a Financeira Nacional de Cuba – que ajudou a custear o túnel sob o porto de Havana, construído pela Societé des Grands Travaux de Marseille, no valor de US$ 30 milhões – e o Banco Cubano do Comércio Exterior. Em 1956, podia-se constatar um influxo de capitais externos de aproximadamente US$ 35,3 milhões na ilha; dois anos mais tarde, indústrias avaliadas em US$ 15 milhões começaram a funcionar no país. Em 1958, foram concedidas autorizações para a instalação de plantas no valor de US$ 42 milhões – incluídas aí uma de produção de amoníaco anidro, de US$ 18 milhões, e uma de ácido sulfúrico, de US$ 7,2 milhões – e foi erguido o hotel Havana Hilton, que custou US$ 24 milhões, mais tarde nacionalizado[14].

Na realidade, até o final de 1960, todos os bancos cubanos e estrangeiros foram nacionalizados, com base na Lei n. 891, com o objetivo de garantir ao governo o controle da política de divisas e de créditos, assim como a distribuição de recursos[15].

Guevara "revolucionou" o estilo do BNC, preocupando seus funcionários mais antigos, não acostumados com a forma de atuação do argentino. Durante os catorze meses em que o Che permaneceu na instituição, demonstrou seu jeito pouco ortodoxo de trabalhar. Da metade da manhã até altas horas da madrugada, passava o dia despachando, conversando, discutindo e estudando, sempre com seu característico uniforme verde-oliva. Muitas vezes recebia seus convidados e visitantes fumando charutos, com os pés em cima da mesa de trabalho[16]. Isso enquanto enchia o local de assistentes e guarda-costas, em geral garotos do interior, de cabelos compridos, vestindo uniformes militares. Apesar de acumular funções – pois mantinha sua patente e suas responsabilidades militares, era o encarregado da formação cultural do Exército, diretor do Departamento de Industrialização do Inra e presidente do Banco Nacional –, fazia questão de receber apenas 440 pesos por mês, seu salário de comandante. Também mostrou certo desprezo pelo dinheiro, ao começar a assinar apenas como "Che" as notas emitidas pela instituição da qual era responsável.

Em abril de 1959 haviam sido retiradas de circulação todas as cédulas de mil e de quinhentos pesos, e, cinco meses depois, promulgou-se uma lei para punir a especulação monetária. As medidas visavam conter a fuga de capitais, mas foram insuficientes. Era fundamental, portanto, colocar alguém com um posicionamento mais enérgico na direção do BNC.

Durante sua gestão, Guevara introduziu licenças de importação-exportação, retirou Cuba das instituições financeiras internacionais controladas por Washington (FMI, Bird e BID), presidiu uma comissão para constituir o Bancec e impulsionou a nacionalização do sistema bancário. Nesse sentido, entre setembro e outubro de 1960, foram confiscadas as filiais do First National Bank of New York, do First National Bank of Boston e do Chase Manhattan Bank, que, juntos, possuíam 12,5 milhões de pesos em capital ou reservas. Em seguida, mais três bancos estrangeiros, 44 comerciais nacionais e cinco instituições creditícias foram nacionalizados. Embora apenas seis bancos na ilha fossem de origem externa, eles detinham 32% do capital e reservas, controlando 35% dos depósitos de pessoas físicas, 31% de investimentos em títulos do Estado e 41% dos empréstimos bancários. Além disso, segundo John Gerassi (que durante algum tempo respondeu pela editoria de América Latina das revistas *Time*, *Newsweek* e *Ramparts*, além de ser correspondente do *New York Times*),

> a primeira coisa que ele [Che Guevara] perguntou a seus subordinados quando assumiu o cargo foi onde Cuba tinha depositadas suas reservas em ouro e seus dólares. Quando lhe disseram que era em Fort Knox, tomou a decisão imediata de vender e converter em outras moedas as reservas em ouro, que foram transferidas a bancos canadenses ou suíços. Graças a sua capacidade de previsão, Cuba não se viu de mãos e pés atados.[17]

O BNC ainda estava repleto de funcionários da antiga gestão de Felipe Pazos, que não se adaptaram aos novos rumos da política econômica cubana. Com a demissão e partida de muitos deles para os Estados Unidos, Guevara teve de buscar assessores fora da ilha. Gradativamente uma nova equipe se consolidou. Eram professores e economistas latino-americanos, majoritariamente marxistas, que lecionavam ao líder revolucionário, além de auxiliá-lo nas questões pertinentes à instituição (é só lembrar, por exemplo, o chileno Albán Lataste, que trabalhou na Juceplan e no Minind). Antes mesmo de assumir seu posto, o Che assistiu a palestras sobre *O capital*[18] proferidas por Anastasio Mansilla (doutor em Ciências Econômicas e professor do Instituto de Ciências Sociais de Moscou e da Universidade de Lomonossov)[19] e teve cursos de matemática avançada com Salvador Vilaseca (que incluíam álgebra, trigonometria, equações diferenciais, geometria analítica, cálculo diferencial e cálculo integral) e com Hugo Pérez Rojas; depois, teve lições de contabilidade com Harold Anderson. As aulas de economia, por sua vez, seriam ministradas pelo chefe da missão da Cepal no país, o mexicano Juan Noyola[20].

De acordo com este último, uma política de desenvolvimento deveria cumprir diversos requisitos, como a plena utilização dos recursos produtivos. Isso significava acabar com o desemprego e com as causas da subutilização da terra e melhorar o setor industrial nos aspectos de geração de energia, transportes etc. Também seria importante aumentar a taxa de formação de capital, o excedente econômico, os recursos destinados ao investimento, assim como direcionar essas inversões de forma mais adequada. Em outras palavras: implantar um processo de reforma agrária, uma política tarifária mais protecionista e uma política de Estado que procurasse intervir nos pontos de estrangulamento financeiro, ampliando a base produtiva da economia[21]. Nesse sentido, seria preciso elevar os usos e a produtividade da indústria açucareira, utilizando o açúcar como subproduto, desenvolver a indústria siderúrgica e alguns ramos da mecânica, absorver nos setores industrial e de serviços toda a população empregada e desempregada nos dez anos seguintes e expandir a produção agrícola sem ampliar o número de pessoas envolvidas nessa atividade[22]. A necessidade de formar economistas nas universidades cubanas estava clara para o Che:

> Quando nós não temos senão chilenos, mexicanos, argentinos, venezuelanos, peruanos ou qualquer compatriota da América como assessores econômicos, enviados pela Cepal ou [trazidos] pelo Inra (Instituto Nacional de Reforma Agrária), e inclusive nosso ministro da Economia foi formado em universidades estrangeiras, simplesmente a pergunta sobre se faz falta uma Escola de Economia é óbvia: faz uma falta enorme, e com professores qualificados, e além disso com professores capazes de interpretar o ritmo e a direção do desenvolvimento de nossa Revolução.[23]

Naquele momento, contudo, os assessores estrangeiros ainda eram fundamentais para apoiar Guevara e sua equipe. A presença de visitantes que prestavam algum auxílio nos debates sobre os rumos econômicos da ilha também foi significativa. Entre eles estavam intelectuais como Leo Huberman, Paul Sweezy e os outros marxistas norte-americanos da *Monthly Review*, assim como René Dumont, Michał Kalecki, Jacques Chonchol e Jean-Paul Sartre. Economistas cubanos conhecidos, como Raúl Cepero Bonilla e Regino Boti, também foram extremamente influentes nos direcionamentos econômicos de Cuba no começo da revolução. Foi-se consolidando uma linha política dentro do BNC e do governo em geral que mais tarde influenciaria as opiniões de Che na época do "grande debate".

Apesar de ter aumentado entre 1959 e 1960, o fundo de reservas disponíveis ainda era muito reduzido, o que levou o núcleo dirigente a tentar acelerar o processo de substituição de importações para garantir uma estabilidade duradoura na balança de pagamentos, reduzindo gastos de divisas por meio da balança comercial favorável. Para começar um processo de industrialização, só no setor químico, no primeiro quinquênio, seriam necessários cerca de US$ 150 milhões apenas para suprir as importações de material, sem contar o trabalho humano e os insumos domésticos. Os investimentos para o autoabastecimento de papel, com polpas totalmente produzidas em Cuba, seriam da ordem de US$ 90 milhões[24]. Para isso, o governo tentou estimular a criação de um fundo de poupança nacional. Entre diversas medidas, promulgou-se a Lei n. 447 de reforma tributária, que tinha como objetivo criar uma política fiscal que acelerasse o desenvolvimento econômico, tentando sobretaxar produtos supérfluos e incentivar a produção de interesse social. Assim, o governo taxou em 20% os automóveis e relógios e em 15% a cerveja e outros itens. Os impostos eram de 3% sobre o total dos salários anuais para as pessoas que recebessem até US$ 4 mil por ano e 60% para aqueles que ganhassem mais de US$ 500 mil anuais[25]. Outra medida solicitava aos trabalhadores que doassem voluntariamente 4% de seus salários mensais para um fundo estatal.

Pode-se perceber, assim, a influência do pensamento cepalino naqueles primeiros momentos da revolução. De acordo com os principais teóricos da comissão, seria necessário fazer um recondicionamento estrutural das relações de troca com os centros, combinando racionalmente as exportações industriais com a substituição de importações[26]. Raúl Prebisch comentava que seu objetivo era a transformação do sistema por meio de soluções concretas, a partir da socialização do excedente econômico, corrigindo, consequentemente, as imensas desigualdades no campo social e acelerando o ritmo da acumulação[27]. Octavio Rodríguez, outro teórico dessa escola, expôs as principais ideias da instituição nos anos 1950: era preciso elevar o bem-estar material da população, que, por sua vez, seria um reflexo do aumento da renda *per capita* real e do crescimento da produtividade média do trabalho[28].

No campo internacional, as relações entre centro e periferia estariam consolidadas, na época, em um esquema em que os países subdesenvolvidos teriam a função de produzir e exportar matérias-primas e artigos não acabados, ao passo que as nações de capitalismo avançado estariam encarregadas dos bens industrializados. Para que um progresso real pudesse ocorrer em regiões atrasadas economicamente, seria preciso modificar esse painel histórico, com políticas internas que garantissem acumulação, avanço técnico e aumento significativo na ocupação de trabalho. A única forma de sair dessa posição seria, necessariamente, investir em projetos de industrialização, o "caminho obrigatório" para esses países e a forma "principal" e "necessária" para o crescimento das nações do Terceiro Mundo[29].

Mas certamente as dificuldades nesse novo "período" seriam grandes, considerando, entre outros fatores, que o excesso de mão de obra deslocado de ramos tecnicamente atrasados para novas unidades de produção com tecnologias modernas demandaria uma fase de adaptação que poderia levar a uma diminuição inicial do *output*. Nessa primeira etapa, portanto, o desemprego, mesmo que reduzido, continuaria existindo, assim como desequilíbrios intersetoriais. A expansão da esfera industrial seria importante para levar a periferia a crescer num ritmo maior que o centro; ao mesmo tempo, em razão de um possível desequilíbrio externo, seriam necessárias políticas restritivas de importação de determinados artigos, de modo a impedir a entrada de itens supérfluos, e incentivando a produção interna dos demais, mudando a característica dos bens trazidos de fora e promovendo e aprofundando gradualmente a substituição de importações.

No âmbito da política de Estado, seria necessário implementar a planificação econômica, ou seja, uma ação consciente e sustentada do governo para garantir que os recursos fossem alocados de maneira correta. De acordo com a Cepal, portanto, era fundamental a promoção de iniciativas capazes de aumentar a poupança nacional, criar mecanismos eficazes de política fiscal, controlar e alocar os recursos creditícios, captar capital externo, investir em setores-chave da economia – tanto em infraestrutura como na produção direta –, deslocar gradualmente a mão de obra da agricultura para o setor industrial e investir no campo tecnológico.

Mesmo que Guevara tenha afirmado que o "doutor Prebisch" estava "claramente do lado dos deserdados", a postura do revolucionário argentino sempre foi mais vinculada às concepções leninistas (anteriores à NEP) do que às cepalinas[30]. Além disso, muitos de seus assessores eram membros do PC chileno e da União Soviética. As ideias da Cepal tiveram influência em um período inicial, pois compunham um arcabouço teórico interessante que, na época, não podia ser deixado de lado. Mas o Che estava ciente de que o desenvolvimento "autônomo" não poderia ser levado a cabo com a condescendência de potências estrangeiras, que tinham interesses na ilha. Seria muito difícil um avanço em novos moldes, inclusive os propostos pela "comissão", no painel mais amplo do capitalismo monopolista[31]. Por ser dinâmico e heterodoxo, o pensamento de Guevara estava aberto a sugestões e à aplicação de ideias que fossem mais eficientes para a economia cubana. Mas isso em termos estritamente técnicos. Conceitualmente, ele não admitiria que medidas tão profundas pudessem ser implementadas nos marcos do imperialismo contemporâneo.

Antes mesmo da revolução, algumas personalidades conservadoras ligadas ao governo Batista, assim como críticos progressistas, já apontavam para a necessidade de promover a industrialização e para as diferenças de conceituação do termo "desenvolvimento" no caso cubano. Em seu *Plano nacional para o fortalecimento e desenvolvimento da economia de Cuba*, de maio de 1958, o dirigente sindical Eusébio Mujal sugeria: reforma agrária; implementação de tetos para preços de produtos; elaboração de uma política comercial agressiva para estimular a diversificação nas exportações; incentivo à substituição de importações; aumento do imposto de renda; fim das taxas indiretas; criação de tarifas protecionistas, principalmente em relação a produtos alimentícios e bens de consumo acabados dos Estados Unidos; e preparação de um projeto de habitação popular amplo para os camponeses e trabalhadores das cidades[32].

Carlos Rafael Rodríguez, membro graduado do PSP, atacava aqueles para quem "desenvolvimento" corresponderia a crescimento de atividades de exportação ou processo contínuo de investimentos internos e externos que, supostamente, ao aumentar a quantidade de capital *per capita* do setor produtivo, elevaria a produtividade do trabalhador, a capacidade de poupança e o consumo. A seu ver, a ideia de "desenvolvimento" associada ao aumento da produção açucareira também significaria um desvio de rota e o afastamento de seus pressupostos[33]. De acordo com esse autor, as diferentes definições do termo não discutiam seu problema básico, ou seja, a conformação estrutural da economia, já que um país sem forças produtivas avançadas não poderia progredir. A economia cubana podia ter "crescido" nos anos anteriores à revolução, mas não se "desenvolvera" de fato. Para Rodríguez, isso não poderia acontecer sem certo nível de industrialização, em que houvesse um crescimento simultâneo em diversos ramos do setor produtivo[34]. Ele também acreditava que, entre os "teóricos burgueses", Raúl Prebisch delineara o quadro mais correto sobre esse processo, com o qual o membro do PSP dizia concordar "sem reservas". No caso cubano, contudo, a questão deveria ir além da mera tecnificação na agricultura, ou da industrialização reduzida a produtos agrícolas[35]. De acordo com ele:

> Só que nós vamos um tanto mais longe que Wallich, mais longe que Pazos e mais longe que Prebisch e os técnicos da Cepal. Estes últimos, em sua contribuição

mais recente, *Analysis and Projections of Economic Development* [Análise e projeções de desenvolvimento econômico], destinam ao Estado [...]: utilizar os instrumentos monetários fiscais e creditícios, criar um ambiente propício à empresa privada e realizar aquelas obras básicas que por uma ou outra razão a empresa privada não pode fazer. A nosso juízo, dadas as condições históricas de nosso desenvolvimento, o Estado terá de ir um pouco além, não só no terreno do investimento, mas também no da política regulatória. [...]
Devemos ir mais longe. É possível que certos setores industriais que são de enorme importância estratégica para o desenvolvimento do país só possam operar inicialmente com perdas líquidas. E que, por sua importância para o próprio processo da economia, tenham de ser, apesar disso, desenvolvidos. Nisso, como já fizeram notar numerosos economistas, não é possível tomar como índice o que resulta decisivo para o empresário privado, ou seja, a produtividade marginal da empresa, senão a produtividade social. Uma planificação de desenvolvimento terá de adotar as medidas necessárias para transferir os lucros das empresas estatais rentáveis a outras que não o são, ou empregar fundos estatais obtidos mediante empréstimo, para sustentar, temporariamente, enquanto se consolidam, esses setores.[36]

Já antes do triunfo do exército rebelde, Rodríguez defendia a nacionalização dos bancos estrangeiros e dos serviços públicos. Também apoiava o controle do comércio exterior e dos câmbios. Para ele, medidas fiscais, de contingência ou câmbios múltiplos seriam fundamentais para inibir ou proibir o consumo de alguns produtos de luxo, assentando novas bases para o comércio exterior, incentivando a indústria nacional, aumentando o consumo interno e estimulando a diversificação na produção[37]. Também seria necessário o aumento da população, tendo em vista que Cuba necessitava ampliar tanto a mão de obra como seu mercado consumidor (a seu ver, a falta de um mercado interno teria sido uma das causas do pouco desenvolvimento do país). Na prática, não poderia haver uma economia próspera se quase a metade da população não participava do consumo. A capacidade de produção da indústria de calçados nos anos 1950, por exemplo, foi aproximadamente de 24 milhões a 32 milhões de pares de sapatos, enquanto, nos melhores momentos, o consumo em Cuba nunca chegou a ultrapassar a casa dos 12 milhões de pares[38]. O país, com aproximadamente 6 milhões de habitantes, só tinha uma capacidade global de produção para 3 milhões de pessoas. A maioria das indústrias de Cuba eram pequenas. Entre as catorze maiores, com mais de quinhentos trabalhadores, estavam a Textilera Ariguanabo, a Cervecera Nacional Hatuey, a Compañia Nacional de Alimentos, a Crusellas y Compañia, a Polar, a Tropical e a Nickaro Nickel Company, ou seja, com exceção da última, empresas que produziam artigos de consumo pessoal, muitas vezes supérfluos ou pelo menos não essenciais, e que não representavam a base para a construção de uma estrutura apta a impulsionar um verdadeiro salto industrial[39].

Para Rodríguez, uma elevação significativa na produção exigiria pelo menos US$ 500 milhões anuais para investimentos em maquinaria e mais US$ 200 milhões para manter o aparato industrial existente no país[40]. Regino Boti e Felipe Pazos, por outro lado, esboçaram, no fim dos anos 1950, uma análise sobre a quantia de poupança interna necessária para financiar inversões num prazo de dez anos e assim, em teoria, eliminar o problema do desemprego. Utilizaram para isso modelos ideais a partir de estimativas de capital existente nos fundos do governo, índices de trabalho na agricultura e indústria, capacidade ociosa nas instalações locais e baixa produtividade do capital social. Os economistas acreditavam que seriam necessários US$ 200 milhões anuais, o equivalente ao total de fundos do Banco Nacional na época[41].

Pode-se observar que o projeto econômico pós-revolução foi muito influenciado pela Cepal – que tinha muitas de suas ideias sendo discutidas em Cuba nos anos 1950 –, assim como pela linha preconizada pelos comunistas. Na prática, as propostas eram muito parecidas; a principal diferença, no início do processo, estava na ênfase no aprofundamento das medidas, não necessariamente em seu conteúdo. Mas, como vimos, a própria formação de Guevara e de muitos de seus assessores contribuiu para que, ao longo do tempo, o "guerrilheiro heroico" propusesse projetos mais radicais e originais.

Para o Che, havia várias razões para o estancamento dos países subdesenvolvidos, intrínsecas à própria "natureza" do sistema capitalista avançado, que se expandia, entre outros fatores, pelo controle da produção e do comércio das matérias-primas e pela penetração do capital como condição para se estabelecer a dependência econômica. Esta se apresentaria em formas "abertas", como empréstimos, investimentos, controle do comércio exterior por monopólios internacionais e utilização da força e por formas mais "sutis", como o emprego de organismos internacionais financeiros e creditícios para interferir e controlar as economias nacionais e o comércio externo dos países atrasados[42]. Para Guevara:

> O Fundo Monetário Internacional é o cão Cérbero do dólar no campo capitalista. O Banco Internacional para Reconstrução e Desenvolvimento é o instrumento de penetração dos capitais norte-americanos no mundo subdesenvolvido, e o Banco Interamericano de Desenvolvimento cumpre essa triste função no âmbito do continente americano. Todos esses organismos se regem por regras e princípios que se pretende apresentar como salvaguardas da equidade e da reciprocidade nas relações econômicas internacionais, quando, na realidade, não são mais que fetiches atrás dos quais se escondem os instrumentos mais sutis para a perpetuação do atraso e exploração. O Fundo Monetário Internacional,

velando supostamente pela estabilidade dos tipos de câmbio e pela liberalização dos subsídios e prêmios internacionais, não faz mais que impedir as medidas mínimas de defesa dos países subdesenvolvidos frente à competição e à penetração dos monopólios estrangeiros.[43]

Entre 1951 e 1954, por exemplo, os rendimentos dos monopólios estrangeiros na América Latina chegaram a US$ 3,276 bilhões, enquanto a entrada de capitais nesses países foi de US$ 662 milhões. Já o total global de investimentos norte-americanos entre 1957 e 1960 em todas as nações em desenvolvimento aumentou US$ 1,83 bilhão, enquanto os lucros foram de US$ 6 bilhões no mesmo período. Os emolumentos transferidos da América Latina para os Estados Unidos foram de US$ 761 milhões em 1962, de US$ 801 milhões em 1963, e de US$ 965 milhões em 1964[44].

O que se pode constatar é que, na época, os EUA recebiam lucros muito superiores aos capitais exportados para os países do subcontinente, que em seu conjunto tinham uma dívida externa de US$ 10,5 bilhões em 1964[45]. Com a prática do *dumping*, respaldada pela Lei n. 480, Washington minava as economias latino-americanas, tendo em vista que o envio de excedentes de produção – com o financiamento de exportações por conta do próprio orçamento e mediante acordos de "ajuda" e "reciprocidade" – apenas dificultava a alavancagem da produção nacional. Os monopólios, por sua vez, controlavam diversos ramos do setor industrial e determinavam produtos e preços, atrelando a eles o avanço desses países e garantindo o escoamento da produção para outros mercados com preços vantajosos. Com políticas protecionistas, o governo norte-americano fixava limites e imposições tarifárias para determinados itens visando salvaguardar setores internos. Caso não houvesse garantias para o pleno funcionamento da estrutura monopolista e de relações privilegiadas entre Estados, países como os EUA viam-se no direito de intervir militarmente ou apoiar grupos de oposição que restaurariam o *status quo* e um painel favorável a seus interesses.

Os mecanismos de crédito internacionais também eram utilizados para manter uma contínua dominação dos países atrasados. O Bird, criado oficialmente em 1945 após ter suas linhas gerais esboçadas em Bretton Woods no ano anterior, teve um montante inicial de subscrição de US$ 9,1 bilhões, dos quais US$ 3,175 bilhões fornecidos pelos Estados Unidos, US$ 1,3 bilhão pela Inglaterra, US$ 450 milhões pela França, US$ 325 milhões pelo Canadá, US$ 225 milhões pela Bélgica, US$ 275 milhões pela Holanda e US$ 200 milhões pela Austrália. Cada associado teria de início 250 votos, mais um voto por "fração" de US$ 100 mil de seu depósito inicial, o que fez com que os EUA controlassem a instituição[46]. Em 1963, as partes de subscrição dos países-membros chegaram a US$ 20,7 bilhões, enquanto o montante de capital da adesão do "Colosso do

Norte" atingiu US$ 5,715 bilhões[47]. Já os lucros líquidos do banco foram de US$ 558 milhões em 1963, repartidos entre todos os participantes. Os empréstimos para as nações necessitadas se davam com juros de 5% a 7% ao ano. Entre 1960 e 1965, somente os pagamentos de países periféricos a título de reembolso foram da ordem de US$ 627 milhões[48]. As análises da situação econômica interna e as possíveis soluções para os problemas de subdesenvolvimento elaboradas e enviadas pelos governos devedores precisavam ser aprovadas pelo Bird e se conformar aos modelos por ele determinados para que os créditos fossem concedidos, com garantias de que o empréstimo seria pago. Cuba, desde 1960, já não estava mais ligada a essa instituição.

O Banco Interamericano de Desenvolvimento, por sua vez, foi constituído em 1959 como análogo regional do Bird, com cláusulas coincidentes com as da organização anterior. O artigo 1º da carta de fundação do BID atribuía à instituição o papel de estimular investimentos privados no continente. Com um fundo inicial de US$ 800 milhões, ele tinha uma estrutura que também privilegiava o controle norte-americano, na medida em que cada país-membro tinha direito a 135 votos de início, mais 1 voto por ação, e Washington possuía 35 mil ações, o equivalente a 40% do total[49]. Entre os outros componentes, somente Brasil e Argentina detinham cota um pouco acima das 10 mil ações. Embora um comitê de administradores* se reunisse anualmente, o mando na prática estava nas mãos do conselho de diretores, assim como de seus adjuntos, que podiam votar em nome dos Estados que os escolheram para ocupar tais posições. O BID, que começou a funcionar efetivamente em 1961, utilizava capital emprestado de bancos de países de capitalismo avançado com juros de até 8% ao ano[50].

E, finalmente, o Fundo Monetário Internacional (FMI), que foi esboçado durante a conferência de Bretton Woods, em 1944, e fundado em 27 de dezembro de 1945, iniciou suas atividades efetivas em 1º de março de 1947, com um capital original de US$ 8,8 bilhões. Detendo uma cota de US$ 2,75 bilhões na instituição – muito superior à dos outros associados –, os Estados Unidos garantiram 27.750 votos, ou 37,9% dos votos dos membros fundadores. Em 1959, ano do triunfo da Revolução Cubana, ocorreu uma ampliação das cotas dos integrantes originais do FMI, que até 1963 subiram de US$ 9,228 bilhões para US$ 14,261 bilhões. A cota norte-americana chegou a US$ 4,125 bilhões. Em 1965, houve um novo aumento de cotas das nações desenvolvidas, de aproximada-

---

* A chamada Assembleia de Governadores é composta de representantes de todos os países-membros, cujo poder de voto é proporcional ao capital subscrito ao banco. Já os diretores-executivos – os responsáveis, na prática, pela gestão do BID – são em número reduzido e, portanto, não necessariamente garantem representação a todos os países. (N. E.)

mente US$ 3 bilhões, enquanto as de 74 países "atrasados" (com exceção da África do Sul e da Índia) chegaram a uma cifra um pouco superior a US$ 1 bilhão[51].

De 1947 a 1965, o total de empréstimos do FMI atingiu US$ 10,8 bilhões. Com uma dívida externa de US$ 36,4 bilhões em 1965, os países da América Latina eram obrigados a pagar US$ 1,7 bilhão na época[52]. Entre 1953 e 1963, o volume de comércio mundial de matérias-primas e produtos semiacabados aumentou 5,3%, com uma diminuição de 4% nos preços, enquanto o de produtos industrializados cresceu 6,8%, com um incremento de 8% nos preços, ou seja, um balanço nitidamente favorável aos países industrializados[53]. Para resolver os problemas na balança de pagamentos, as nações do Terceiro Mundo foram obrigadas, portanto, a aumentar seus pedidos de empréstimo. Assim, em 1964, o FMI concedeu a esses pleiteantes o equivalente a US$ 180 milhões em *loans*[54]. Entre as medidas preliminares exigidas pela instituição para concessão de créditos estavam reformas monetárias (como a desvalorização da moeda local), congelamento de salários, destruição das "indústrias artificiais" – ou seja, aquelas que em geral não utilizavam matérias-primas endógenas –, libertação da economia do controle estatal, equilíbrio do orçamento do Estado, eliminação da burocracia. Todas essas medidas tinham caráter impositivo, obrigando em grande medida os governos nacionais a restringir sua atuação e agir de acordo com os interesses dos credores.

Para Guevara, o subdesenvolvimento era decorrente da troca desigual entre os países produtores de matérias-primas e os "centrais", que tinham condições de controlar mercados e criar obstáculos para a melhoria das condições econômicas em outras regiões do planeta. Para resolver essa situação crítica de intercâmbio desigual e empobrecimento do Terceiro Mundo, era preciso implementar uma série de medidas para o pleno *desarrollo* dos "atrasados", de modo que se estabelecessem, no plano continental, mecanismos de defesa e união contrários aos interesses norte-americanos e, no global, se propusesse uma definição diferente do comércio exterior, por meio de uma "nova ordem econômica mundial" que teria como pressupostos: eliminação de todas as discriminações comerciais; trato equitativo; uma nova divisão internacional do trabalho (com o aproveitamento total dos recursos naturais locais) e uma elaboração técnica "avançada"; restituição dos mercados tradicionais; e formas concretas de uso dos excedentes de produção[55]. Como se pode imaginar, muitos viram nesses postulados certa dose de idealismo. Em 18 de janeiro de 1965, contudo, ao conceder uma entrevista à revista *Prensa Latina* e ao jornal *L'Étincelle,* Guevara esclareceu a polêmica e desmentiu a interpretação de que queria criar um "mercado comum" na América Latina:

> Eu não disse isso. De fato, a América Latina está dominada pelos Estados Unidos, e nestas condições é impossível fazer um mercado latino-americano de caráter progressista. Os países latino-americanos poderão unir-se numa zona produtiva

> quando se libertarem e chegarem ao socialismo. Essa é uma realidade inevitável, mas pertence ao futuro da unidade dos movimentos revolucionários da América Latina, e prever o caráter dessa união (se através de um governo central latino-americano ou de outra forma) não teria sentido. Primeiro é necessário alcançar esse ponto. São problemas longínquos. Falar da concepção de um governo central latino-americano hoje seria arriscado.[56]

Guevara insistia que entre as providências mínimas para o desenvolvimento acelerado de determinada economia não estava necessariamente a tomada, pelo Estado, de todos os meios de produção, mas acreditava que "essa medida contribuiria para solucionar os graves problemas que se debatem, com maior eficiência e maior rapidez"[57]. Em relação ao caso específico da industrialização em Cuba, ele dizia:

> Ainda hoje, apesar do esforço realizado – que, creio, tem sido muito grande e bastante bem administrado –, não podemos dizer que haja uma indústria integralmente projetada e construída pelo Instituto Nacional de Reforma Agrária no âmbito de seu Departamento de Industrialização; pois estas são, como já disse, tarefas longas. Há uma tecelagem que vai começar a funcionar dentro de uns quatro ou cinco meses; uma fábrica de lápis que entrará em funcionamento dentro de dois ou três meses... Mas, como vocês veem, o esforço rende muito menos que na agricultura. Ademais, os investimentos são grandes, e, não obstante, o número de trabalhadores empregados é comparativamente muito menor que o possível na agricultura e na pesca, por exemplo. Precisamos também destruir completamente esse câncer da economia cubana que é o desemprego. Ou seja, temos de dar muita ênfase à agricultura, à pesca, a todos os tipos de atividades – [mesmo] dentro da indústria – que possam garantir um nível de emprego alto com um nível de investimento relativamente baixo.
>
> Por isso, mesmo sabendo que a base da industrialização é a indústria pesada, temos dado passos mais lentos em relação à indústria pesada e nos dedicado mais a desenvolver a pequena indústria, a indústria manufatureira, aquela que permite empregar mais trabalhadores que essa outra indústria, muito pesada, muito tecnificada, muito produtiva – em termos de capital e de produto em si –, mas que emprega pouca gente. Além disso, essas indústrias são muito tecnificadas, ou seja, teríamos de contar também com técnicos estrangeiros.[58]

Durante todo o período em que esteve à frente do Banco Nacional, Guevara cumpriu intensa agenda de compromissos, que culminou com sua viagem, a partir de 21 de outubro de 1960, a vários países do bloco socialista, quando liderou uma delegação comercial[59]. Ao longo de mais de dois meses, ele percorreu a Tchecoslováquia, a União Soviética, a Alemanha Oriental, a Hungria, a Coreia do

Norte e a China. Naquela ocasião, foi acompanhado por seu segurança, Leonardo Tamayo, pelo subsecretário de Relações Exteriores, Héctor Rodríguez Llompart, e por alguns economistas marxistas latino-americanos que o assessoravam. Sua atuação como chefe de delegação foi importante naquele momento.

Em Praga, Guevara visitou uma fábrica de tratores e conseguiu um crédito de US$ 20 milhões para a instalação, em Cuba, de uma montadora desse tipo de veículo, além de caminhões e motores, estendendo o acordo já firmado pelo ministro do Comércio Exterior tchecoslovaco na ilha. Também foram assinados convênios para a instalação de pequenas oficinas, como uma de parafusos, construída em Santiago de Cuba na época.

Em seguida, foi à União Soviética, onde permaneceu de 29 de outubro a 14 de novembro de 1960. Moscou comprometeu-se a comprar 2,7 milhões de toneladas de açúcar e a fazer prospecções geológicas na ilha para encontrar riquezas minerais como cobre, níquel e manganês. O Krêmlin concordou com construir uma fábrica de limas e uma de peças de reposição (as quais, para o Che, seriam "estrategicamente fundamentais"), assim como uma refinaria de açúcar completa, com capacidade para 1 milhão de toneladas anuais[60]. O presidente do BNC também quis negociar uma usina siderúrgica com capacidade para produção de 1 milhão de toneladas de aço e obter um financiamento para aumentar a produção de aço de 70 mil toneladas para aproximadamente 1,5 milhão de toneladas no curto prazo. O guerrilheiro argentino acreditava que, em uma década, Cuba seria um dos dez maiores produtores de aço do continente[61].

Em 17 de novembro a delegação chegou à China, onde obteve um crédito de US$ 60 milhões sem juros, a serem saldados num período de 15 anos após a efetuação do empréstimo. Essa atitude, fundamentada em bases políticas, impressionou Guevara, que afirmou:

> Com o primeiro-ministro Chu En-lai tivemos uma discussão, porque se assinou um comunicado conjunto. Nesse comunicado conjunto, a delegação cubana colocou em um parágrafo: "A ajuda desinteressada dos países socialistas". Isto provocou uma longa discussão filosófica, porque se negaram absolutamente a admitir a palavra "desinteressada". Eles disseram que de maneira nenhuma, que eles davam sua ajuda, mas uma ajuda interessada e que era uma ajuda interessada mesmo, não havendo interesses monetários, porque Cuba era nesse momento um dos países que estavam na vanguarda da luta contra o imperialismo e o imperialismo é o inimigo comum de todos os povos, que ajudar Cuba era o interesse de todos os países socialistas. Assim, a expressão "ajuda desinteressada" foi mudada para "ajuda" somente.[62]

O Che foi para Pyongyang em 3 de dezembro, descrevendo a Coreia do Norte como um dos lugares mais "extraordinários" que havia visitado. O interesse de

Guevara parece ter sido, naquela ocasião, de ordem muito mais moral que econômica. O que lhe chamou a atenção foi principalmente a habilidade da população em reconstruir a nação após vários anos de guerra. Ao falar na televisão cubana em 6 de janeiro de 1961, ele tentou mostrar que a RPDC, mesmo tendo um território relativamente pequeno – aproximadamente 110 mil quilômetros – e apenas 10 milhões de habitantes, havia conseguido superar enormes adversidades, graças principalmente ao "espírito" do povo local, que lutara contra a dominação estrangeira, a seu sistema político e a dirigentes "extraordinários", como o marechal Kim Il-sung, que transformaram a Coreia do Norte em um país industrializado.

Guevara voltou a Moscou no dia 8 do mesmo mês e seguiu pouco depois para a Alemanha Oriental, onde conseguiu empréstimos equivalentes a 10 milhões de pesos. Para o "guerrilheiro heroico", este foi um gesto extremamente significativo, uma vez que a RDA passava por dificuldades financeiras. A atitude dos germânicos teria sido um exemplo de "solidariedade" socialista.

A comitiva cubana regressou à Tchecoslováquia, conseguindo uma ampliação dos créditos obtidos na primeira visita. De lá, partiu para a Hungria e então retornou a Cuba. Mais tarde, Guevara afirmou que, se Antonio Nuñez Jimenez – que estivera no bloco socialista antes dele – havia sido apelidado de "Alice no país das maravilhas", de tanto ter elogiado aquelas nações, então ele próprio, depois de seu giro internacional, ficou ainda mais impressionado e deveria ser apelidado de "Alice no continente das maravilhas"[63]. Como sabemos, algum tempo depois ele mudaria bastante de opinião. Mas, naquele momento, o comandante acreditava que os acordos haviam proporcionado condições para que, até 1965, Cuba deixasse de ser um país exclusivamente agrário e se tornasse, pelo menos, uma nação agrária e industrial[64]. Embora na prática não tenham sido tão profundos a ponto de mudar radicalmente a estrutura econômica interna, eles foram importantes para o estreitamento dos laços comerciais com as nações socialistas.

O Che na fábrica de tratores Zetor, durante sua primeira visita oficial à Tchecoslováquia, em 1960.

2
Administração, planificação e produtividade

Che Guevara deixou o cargo de presidente do Banco Nacional pouco depois de sua viagem pelos países socialistas e, em 23 de fevereiro de 1961, tornou-se ministro de Indústrias de Cuba. Novamente seu prestígio interno e sua experiência no Departamento de Industrialização do Inra e no BNC ajudaram na decisão. Além disso, mantinha-se sempre preocupado com questões relativas ao desenvolvimento da ilha, e sua atuação como chefe da delegação comercial contou bastante no momento em que assumiu o novo posto.

Sua primeira tarefa foi nomear um conselho diretor, que incluía velhos conhecidos, como Orlando Borrego, Gustavo Machín, Juan Valdés Gravalosa, Júlio Cáceres, José Manresa, Enrique Oltuski Osacki e Alberto Mora. Com essa equipe, ele tentou gerir as empresas herdadas do antigo DI, assim como várias outras recentemente nacionalizadas. Ficaram de fora de seu esquema todas as indústrias agropecuárias, nas mãos do Inra, e o setor de construções, na esfera do Ministério de Obras Públicas. Mas Guevara teve de se preocupar em administrar os *chinchales* – pequenas fábricas artesanais, como as de calçados e as tabaqueiras –, o que era algo difícil de fazer. A mecanização e a racionalização do trabalho nesse caso desempregariam milhares de trabalhadores. Assim, entre 5 mil e 6 mil operários ligados ao ramo calçadista tiveram de ser transferidos para unidades maiores ou para outras áreas até 1964, com a ampliação do setor industrial. Muitos *chinchales* foram eliminados e outros, modernizados. Isso significa dizer que, na prática, foram aglomerados e receberam tecnologia mais moderna, mesmo que muitos operários ainda não estivessem adaptados a essa nova modalidade.

Em 1954, havia em Cuba: 830 "indústrias" com no máximo 5 trabalhadores, 45,1% do total do país; aproximadamente 333 pequenas fábricas com 6 a 10 funcionários, representando 18,2% do geral; outras 320, ou 17,3%, com um número que variava de 11 a 25; em torno de 250 indústrias operavam com

26 a 100 trabalhadores, o equivalente a 13,6%; eram 67 as que tinham de 101 a 250 operários, 3,6% do geral; apenas 26 tinham em seus quadros de funcionários entre 251 e 500 trabalhadores, ou 1,4%; e só 14 tinham mais de 500, o que representava 0,8% do total[1]. A partir dessa reorganização, o número de empregados nas fábricas passou de 112 mil para 155 mil entre 1962 e 1963, ou seja, um aumento de 38%[2]. Assim, já em 1962, por exemplo, as fábricas com no máximo 5 trabalhadores eram apenas 97, o que significava 8% do total; as de 6 a 10 eram 102, ou 8,5% do painel industrial cubano; em torno de 259 tinham de 11 a 25 funcionários, o equivalente a 21,7%; as de 26 a 100 eram 532, ou 44,4% do total; as com 101 a 250 operários foram para 140, ou seja, 11,7%; também houve um aumento nas de 251 a 500 trabalhadores, que atingiram o número de 43 naquele ano, ou 3,6%; e, finalmente, um crescimento importante naquelas de 500 ou mais funcionários, que chegaram a 25, ou 2,1% do universo da ilha[3].

Mais uma vez, Guevara compreendeu que não era um "especialista" no assunto, algo que reiterou diversas vezes; mas viu-se impelido a agir por se sentir parte do governo revolucionário, assim como pelo entusiasmo em construir o setor industrial de Cuba. Em relação à instituição recentemente criada, disse:

> O Ministério de Indústrias de Cuba está constituído tomando em conta a dinâmica de nosso desenvolvimento econômico, a juventude de nossas instituições e o caráter cambiante do panorama, de tal forma que não é, de maneira alguma, nem rígido nem esquemático. Muda completa e constantemente, e o organograma que apresentarei agora talvez dentro de alguns meses já se tenha transformado, porque estamos avançando constantemente em nossas necessidades, que nos impõe a tarefa difícil que é a industrialização. Mais difícil ainda porque nós, os chefes deste ministério, os diretores deste ministério e mais uma grande maioria dos operários de Cuba, estamos aprendendo no curso da ação. Naturalmente as aprendizagens se fazem com erros, e os erros devem ser corrigidos.[4]

Algum tempo depois de se tornar ministro, o Che conversou com o escritor russo Boris Polevói em Havana e afirmou:

> Sou médico por profissão, mas agora, obedecendo a meu dever revolucionário, sou ministro de Indústrias. [...] Creio que certamente isso não deverá surpreendê-lo, já que Vladímir Lênin era advogado por profissão, e entre seus ministros havia médicos, juristas e célebres engenheiros. [...] A revolução é a revolução, e a necessidade revolucionária distribui os homens a sua maneira. Se, quando estive no destacamento de Fidel – de cuja longa amizade me sinto orgulhoso – e quando subíamos no iate *Granma* (e eu nesse destacamento figurava precisamente como médico), alguém me tivesse dito que me tornaria um dos organizadores da economia, teria começado a rir.[5]

A constituição do ministério presidido pelo Che fazia parte de uma mudança mais ampla nas instituições do Estado. Em 1961, ocorreu a reestruturação de alguns órgãos, fator fundamental para que se pudessem levar adiante as tarefas de planificação. Com isso, foram promulgadas leis orgânicas do Banco Nacional e do Mincex (para que se adaptassem às novas condições da política econômica cubana) e criou-se o Minind. Esta última medida tinha como principais objetivos estratégicos tentar eliminar a monocultura e proporcionar uma diversificação agrícola como base para um avanço da indústria nacional. Foram estabelecidas, portanto, algumas linhas mestras, como energia e combustíveis, siderurgia e produtos metálicos em geral, indústria açucareira (e seus derivados), química e agropecuária, e desenvolvimento do setor mineiro[6].

Nesta reestruturação, a Juceplan ganhou mais poderes, tendo ainda a proeminência na planificação nacional, mas com o auxílio das Juntas de Coordenação, Execução e Inspeção, responsáveis pelas tarefas de vistoria e informação em níveis locais. A primeira Jucei foi implantada na província do Oriente* em meados de 1961 por Raúl Castro, então ministro das Forças Armadas Revolucionárias. As principais funções do órgão eram: observar se cada localidade e instituição estavam devidamente informadas das decisões do governo e dos ministérios, assim como garantir a aplicação dos planos nas províncias; coordenar as atividades dos organismos do Estado e garantir a execução e eficiência do plano nas províncias; sistematizar o trabalho para maximizar a eficiência dos trabalhadores e manter um bom relacionamento entre a população e as autoridades[7].

O primeiro plano cubano[8], que deveria começar a ser implementado em 1961, foi adiado e modificado por dificuldades diversas. O que era para ser inicialmente um plano quinquenal foi mudado para quadrienal a partir de 1962. Planos anuais também foram esboçados para 1963 e 1964, podendo diferir dependendo da localização geográfica e dos prazos de realização. Teriam, portanto, de regular vários aspectos da produção, desde quantidade e qualidade dos produtos até o rendimento dos trabalhadores, salários, custo de produção e volume de investimentos[9]. Segundo alguns comentaristas, o primeiro plano foi elaborado com o auxílio de cinco técnicos soviéticos, dois tchecoslovacos, um polonês, um alemão-oriental e até mesmo do embaixador da URSS, Serguei Mikháilovitch Kuzmin. No período, o governo revolucionário já tinha em mãos um setor industrial no valor de US$ 2,6 bilhões, 43 bancos, 30 companhias de seguros, indústria de pesca, sistema de transportes e setores mineiro e habitacional, assim como 95% do agrícola[10].

Foi a partir dessa reestruturação governamental que Guevara resolveu implementar com mais vigor o chamado Sistema Orçamentário de Financiamento. Já

---

* Desmembrada, em 1976, em cinco províncias: Granma, Guantánamo, Holguín, Las Tunas e Santiago de Cuba. (N. E.)

no final de 1960, o DI vinha administrando diversas empresas nacionalizadas utilizando esse modelo. Elas de forma geral careciam de quadros técnicos qualificados e tinham parcos recursos, e muitas vezes faziam parte da mesma cadeia produtiva. Por esse motivo, foi criado um fundo bancário centralizado, que deveria ser utilizado – de acordo com as avaliações do departamento – para suprir as necessidades das fábricas no conjunto. O capital, assim, seria direcionado e distribuído para onde fosse necessário no momento, objetivando maior eficiência produtiva geral. Surgiram assim as "empresas consolidadas" (ou seja, unidades produtivas que funcionavam como parte de uma empresa maior, controlada pelo Estado).

Para Guevara, no Sistema Orçamentário de Financiamento uma empresa seria um conglomerado de unidades com uma base tecnológica similar, um destino comum para sua produção ou então uma localização geográfica limitada. Isso equivale a dizer que, na prática, haveria a substituição do monopólio privado pelo estatal, com planejamento e gestão centralizados. Consequentemente, as empresas não teriam crédito bancário, já que o dinheiro seria disponibilizado pelos órgãos centrais de acordo com o plano. Em 1964, em conversa com membros do governo, o Che afirmou:

> Para enfrentar nossos problemas, o caminho é, pelo contrário, o aperfeiçoamento do nosso sistema orçamentário, que é o financiamento unificado; e aprofundar as causas, os efeitos motores internos, as relações específicas que existem no socialismo entre o indivíduo e a sociedade, para utilizar novas armas de desenvolvimento econômico e utilizá-las ao máximo, coisa que até o momento não ocorreu [...]. Opino que o sistema orçamentário significa, em todos os seus aspectos, um passo à frente; permite intervir oportunamente no sistema onde for necessário, evitando desequilíbrios, e de acordo com uma forma de gestão avançada, como é o monopólio. Pode parecer uma afirmação contraditória, mas é certa.[11]

Para que as "empresas consolidadas" fossem administradas com maior eficácia, o Che dividiu o ministério a partir do modelo já implementado anteriormente no departamento, com um conselho diretor, que se reunia todas as semanas, e quatro subsecretarias: indústria pesada, indústria leve, economia e construção industrial. Os subsecretários – mais tarde denominados vice-ministros – também cuidavam da administração direta das firmas, preocupando-se com o aproveitamento máximo da capacidade instalada no país e a coordenação dos meios de produção. Mais adiante, foram constituídas três direções principais: de Inspeção-Geral (cuja função era vistoriar e fazer auditorias das operações contábeis do ministério e em outras áreas do governo), de Pessoal (selecionava e contratava os funcionários do ministério e ajudava no assessoramento sobre condições de trabalho, na capacitação de pessoal, na avaliação de recursos humanos e na classificação de cargos) e de

Serviços Internos (incumbida da assistência jurídica, da Biblioteca Central e da vigilância e segurança interna), assim como outras complementares, que discutiremos brevemente mais adiante. Também foi criada uma agência de divulgação para que o povo tivesse conhecimento e aprovasse as medidas da instituição.

As empresas consolidadas podiam ser de açúcar, energia elétrica, cimento, cerâmica, medicina, mineração, papel, petróleo, fertilizantes, fibras sintéticas e química básica, entre outras. Com isso, o ministério começou a incentivar o projeto de centralização da economia cubana, que passava então por diversas dificuldades, inclusive pela falta de técnicos e pessoal qualificado. É claro que o Che, quando defendia esse caminho, não deixava de lado a participação decisória nos níveis inferiores, que poderia variar segundo o tipo de produção ou serviço e ter certa flexibilidade. Afinal, a "mecanização" das pessoas certamente não lhe interessava. Um fato ilustrativo interessante sobre a relação de Guevara com os funcionários das indústrias cubanas é o caso de Francisco Hernández, técnico de uma fábrica de refrigerantes:

> A primeira coisa que ele me perguntou foi se eu era o técnico daquele departamento. Quando respondi afirmativamente, continuou a me questionar, para saber o que estávamos fazendo para substituir as importações. Estávamos nos esforçando para encontrar um xarope com sabor parecido com o da Coca-Cola. Mostrei-lhe alguns tonéis que continham xaropes em teste. Com um movimento da mão, ele indicou que as coisas não andavam bem.
> – O que você está fazendo para resolver esse problema? – perguntou.
> Eu lhe expliquei que estava sem dormir havia várias noites tentando encontrar um bom substituto, mas que não tinha os ingredientes básicos.
> – Eles devem ser encontrados, não é? – falou.
> Respondi que iríamos encontrá-los. [...]
> Certo dia, quando o Che estava falando na televisão, disse que o refrigerante tinha gosto de xarope para tosse. Isso me magoou muito; senti-me ofendido porque estava fazendo tudo o que podia. Na primeira oportunidade que tive, manifestei-lhe meus sentimentos. Ele respondeu:
> – Temos de ser honestos e sempre dizer a verdade. Devemos não apenas falar sobre o que é bom mas também criticar o que é ruim.
> – Mas, se nós melhoramos o gosto, Comandante...
> – Isso não é suficiente. É nossa obrigação dar ao povo o melhor, e você não deveria se sentir ofendido porque você faz parte do povo; estou certo de que você continuará seus esforços para produzir um produto de máxima qualidade.
> O tempo passou e continuamos experimentando. Certo dia, fui surpreendido ao ouvir sua voz me chamando. Ele me reconheceu no meio da rua e disse simplesmente:
> – Parabéns, Pancho. O sabor melhorou cem por cento.[12]

A gestão centralizada mostrava-se necessária pela maior possibilidade de eficiência naquele momento. Ao elaborar um sistema de direção da economia nacional, Che Guevara preocupou-se em estabelecer certos princípios e adequar sua aplicação, desde as bases até os estratos mais elevados do governo[13]. Como preceitos básicos que norteavam seu projeto, incentivava a unidade da direção política e econômica, o centralismo democrático, a discussão coletiva, a responsabilidade única, o caráter planificado de direção, com a participação dos trabalhadores, e o controle nas instâncias inferiores e superiores.

Uma vez por mês, para analisar o total da produção do Minind, o Che fazia uma reunião que durava das duas da tarde até a meia-noite e na qual se discutia desde a administração até especificidades de alguns produtos[14]. Nessas circunstâncias, ele analisava cada empresa individualmente, ouvindo o que o conselho administrativo tinha a dizer, para depois chegar a suas conclusões. Assim, combinava os mínimos detalhes de todas as atividades com uma visão ampla do avanço técnico-econômico de determinado ramo de produção, fazendo projeções de desenvolvimento para os vinte anos seguintes[15]. Todas as fábricas deveriam ser visitadas pessoalmente a cada dois meses. Pela estrita necessidade técnica e pelo alto nível de planificação, as finanças tinham importância fundamental. Segundo Carlos Tablada, um conhecido estudioso do tema, os propósitos destas no SOF seriam basicamente "controle e medição na formação, distribuição e redistribuição de fundos, medição exata dos gastos do trabalho social no processo produtivo e de serviço, análise", assim como "diminuição de custos como forma de aumentar a eficiência econômica e disciplina financeira"[16].

Cabe aqui citar as diferentes subdivisões do Ministério de Indústrias a partir do momento em que Guevara assumiu seu posto à frente da instituição. A Direção de Abastecimento e Venda[17] ficou responsável pelo fornecimento de matérias-primas e pelas vendas para as diferentes indústrias cubanas e o Mincin. A de Trabalho e Salário fazia a análise do custo dos produtos e seus preços. Em seguida, havia a de Finanças, que estabelecia o controle financeiro do plano de produção de cada empresa. A de Colaboração Técnico-Econômica, de acordo com o Che, servia para a recepção da "ajuda" dos países do bloco socialista nessa área. A de Relações com Indústrias Privadas tinha, na prática, uma atividade restrita, pelo enxugamento do setor não público do país. E a Direção de Organização respondia por racionalizar ao máximo toda essa estrutura[18].

Esta última decidia como e onde construir determinada fábrica. A partir daí, passava as informações para a Subsecretaria para a Construção Industrial, que, por meio de sua Direção de Investimentos, deliberava como e para onde seriam canalizadas as inversões necessárias. Então, a Direção de Projetos elaborava o plano para a unidade, que poderia ser discutido com técnicos de outros países socialistas e com a Direção de Pesquisas Tecnológicas. No final do processo, a Direção de Execução de Projetos levava os planos a termo.

De acordo com Orlando Borrego, Guevara exigia estrita disciplina na condução dos conselhos. Se um membro chegasse dez minutos atrasado, era proibido de participar da reunião, que durava no máximo quatro horas. Nesses encontros, havia uma cuidadosa escolha dos temas a serem examinados, preparados previamente pelas juntas de direção, assim como a organização de toda a papelada necessária para a discussão. Era de extrema importância a participação coletiva na organização dos documentos em si, a partir de inter-relações de trabalho nos diversos setores do ministério. Também eram convidados a participar do grupo quadros de comando de outros organismos, caso o tema discutido estivesse vinculado a outras esferas do governo. Quando as decisões eram tomadas, devia-se cumprir estritamente o estabelecido. Outra preocupação, especialmente de Guevara, era a qualidade das atas. E, finalmente, era preciso favorecer um clima cordial e tranquilo nas reuniões[19].

Na época, tentou-se conciliar os interesses sociais e os individuais no setor industrial com a criação, em 1962, dos Cilos, que tinham como objetivo a mais estreita cooperação entre as indústrias da mesma região. Assim, o sistema tentava incentivar: o intercâmbio de materiais e matérias-primas quando uma fábrica necessitava de itens que outra pudesse fornecer, de acordo com seus inventários e ciclo de produção; a permuta de meios de produção de uso comum; a troca de experiências no campo tecnológico; a assistência mútua de técnicos; e a discussão coletiva entre os administradores das leis e regulamentações governamentais sobre a produção, de modo que estas tivessem uma interpretação unificada[20]. Os administradores das plantas deviam assistir às reuniões dos Cilos para conhecer melhor as características de outras unidades, bem como distintas experiências de gestão[21].

No SOF, o Che elaborou subsistemas para dar maior agilidade à administração, como o de "organização", responsável por traçar metas específicas para as variadas empresas consolidadas, fixando organogramas e regulamentos para fábricas e oficinas. Apesar das diferenças entre as unidades e suas peculiaridades, foram estabelecidas linhas de conduta gerais que todas deviam seguir. As necessidades singulares das indústrias eram tratadas por regulamentos orgânicos específicos internos elaborados pelos coletivos de trabalhadores, que seriam aplicados pelos diretores das empresas.

Também eram apresentadas as principais técnicas de ação, a partir da preparação, da execução e do controle do trabalho. Cada nível de direção, com isso, tinha a obrigação de fixar algumas tarefas com base nas condições existentes, usando "motes" simples para explicar aos operários o que deveria ser feito. Os diretores, por sua vez, tinham de agir de acordo com a ideia de "direção global", ou seja, dedicar sua atenção a todas as fases e tarefas da fábrica, deixando para os níveis inferiores de mando a execução pormenorizada das atividades. Portanto, os chefes dos departamentos Econômico, de Produção e de Intercâmbio, juntamente com o diretor, constituíam a parte executiva de uma empresa.

De acordo com o manual de administração de empresas elaborado pelo Minind, a gestão econômica deveria estar ligada a um sistema de controle máximo. Isso significava sugerir medidas de controle tomadas com base em eficientes canais de informação que permitissem detectar variações nos diferentes níveis de gerenciamento e fornecessem elementos informativos suficientes para que os dirigentes tivessem condições de fazer boas avaliações e agir oportunamente. Em suma, era preciso preparar um modelo de contabilidade geral e de análise de custos para o aproveitamento racional e a otimização dos recursos materiais, assim como para questões relativas à mão de obra e aos recursos financeiros da empresa. A análise de dispêndios era feita com base na comparação entre os custos reais e os da planificação, com a colaboração de todos os níveis do empreendimento.

O controle dos inventários e da contabilidade também era fundamental: o manual previa a realização de visitas periódicas e sistemáticas às fábricas por seus diretores, bem como maior participação dos próprios trabalhadores nos assuntos internos. Cada fábrica deveria prestar contas detalhadas todos os anos ao ministério, que designava uma comissão de especialistas junto à direção de auditoria. Quando esta terminava de analisar a documentação da empresa, fazia as recomendações necessárias para o ministro. Já os custos e a produção de todas as firmas eram avaliados mensalmente, chegando a haver em algumas ocasiões vistorias a cada dez dias. Aproximadamente 60% de todo o *output* industrial seria mecanizado, sempre levando em conta o plano, o custo e a qualidade dos produtos. Em geral, nas inspeções, a comissão do ministério era acompanhada pela Direção de Normas, Metrologia e Controle de Qualidade, assim como por membros do Departamento de Estudos de Produtos, encarregado de fazer o desenho industrial e desenvolver novos artigos. No Minind, a Direção de Supervisão e Auditoria acabou se tornando, com o tempo, um dos mais fortes órgãos de controle do governo. Após receber os relatórios, o vice-ministro repassava as informações a seu superior[22].

Para haver um controle mais estrito, foi criada também a Comissão Disciplinar Administrativa, um tribunal composto de personalidades de "prestígio reconhecido" que analisava os casos de negligência, não cumprimento injustificado de tarefas ou responsabilidades administrativas, para decidir por punição ou absolvição dos envolvidos. Esse órgão era presidido por um vice-ministro e composto de um secretário, um auxiliar de investigação, diretores jurídicos e de supervisão, além de membros que não estivessem relacionados à área em questão[23]. As punições podiam variar de advertência e redução salarial a transferência para outro setor e trabalhos físicos obrigatórios em Guanahacabibes (Centro de Reabilitação de

Uvero Quemado, na província de Pinar del Río), a 350 quilômetros de Havana, no extremo oeste da ilha[24]. A área, controlada pelo Minfar, era usada como acampamento de trabalho para soldados que aguardavam algum castigo ou sanção daquele ministério. O Minind fez o mesmo com seus funcionários e, a partir de 1961, enviou para "reeducação" os considerados "indisciplinados", que eram sentenciados a penas de um, três, seis ou doze meses naquela península. Em novembro do ano seguinte, encontravam-se no local dois membros do Inra, um do Mintrab, 35 do Minfar, dez do Mined, um do Minrex, um do Minint e cinco do Minind. O Che enviava para aquele centro, em geral, apenas os "diretores" que haviam cometido erros administrativos, como forma de punição física e "moral".

Quando determinada empresa tinha de passar materiais para outro organismo governamental (o Ministério do Comércio Interior, por exemplo), faziam-se reuniões com os funcionários daquela instituição e com todos os responsáveis pela entrega dos produtos para um cliente. Ou seja, havia uma relação estreita entre o Minind e outros órgãos do governo[25]. Por outro lado, o "guerrilheiro heroico" sabia da existência de problemas em sua instituição, como a falta de comunicação entre níveis paralelos, horizontais, que fazia com que setores e fábricas do mesmo tipo funcionassem com métodos de trabalho diferentes sem conseguir trocar efetivamente experiências e impossibilitava um melhor gerenciamento.

Guevara aproveitava também alguns aspectos da estrutura organizacional das empresas norte-americanas na ilha para, com base em experiências já testadas com bons resultados, tornar mais eficiente sua gestão. Como o país era pequeno, tinha um painel industrial reduzido, pouca diversidade na produção e meios de transporte e comunicação relativamente rápidos entre as unidades, o Che achava que seu sistema poderia dar certo. As técnicas anteriores, portanto, serviriam de base para o desenvolvimento tanto do capitalismo como do socialismo. Por isso, o comandante estudou as ideias do engenheiro de minas francês Jules Henri Fayol e os procedimentos administrativos do magnata da Pensilvânia Lee Iacocca! Afinal, o sistema de capacitação de direção proposto pelo executivo ianque havia sido implementado com sucesso na Ford Motor Company e poderia ser útil para a direção das fábricas na ilha. O revolucionário argentino sugeriu até que o ministério assinasse a *Fortune Magazine,* especialmente porque esta trazia na época uma série escrita por Alfred P. Sloan, conhecido homem de negócios e presidente da General Motors, que narrava como havia organizado sua empresa. Isso muito interessava a Guevara, que queria conhecer melhor as técnicas capitalistas de gerência industrial.

No caso de Cuba, o sistema orçamentário de financiamento foi precedido pelos "monopólios imperialistas" radicados no país[26]. A Standard Oil, por exemplo, divulgava para seus funcionários manuais de procedimento com instruções para facilitar e homogeneizar o trabalho de contabilidade e prognósticos em suas unidades de produção. Os relatórios indicavam que os "planos" tinham como objetivo informar: as estimativas de lucro líquido que refletissem as mudanças previstas nos resultados das operações, preços, custos e outros fatores; os dividendos estimados para pagamentos; o orçamento de cada unidade afiliada para cobrir operações correntes e outras fontes de receita; suas necessidades de gastos de capital; a situação do capital operacional da empresa; e outros índices para sua administração[27].

Como método de previsão de preços e volumes de vendas, o departamento de comercialização da Esso lançava em sua contabilidade os custos com o frete marítimo, o seguro, os 2% de impostos sobre remessa de moeda, a comissão bancária, os direitos de aduana, os impostos sobre vendas e as despesas de descarga[28]. As estimativas da companhia, mesmo não sendo precisas, eram relativamente detalhadas. O prognóstico de 1958 indicava que haveria um aumento de 17,5% na produção de petróleos refinados, de 22,6% na de gasolina e de 37,8% na de petróleos combustíveis destilados. Na prática, a elevação foi de 3,8%, 12% e 8,3%, respectivamente. No início de 1959, a empresa já havia feito estimativas para o ano seguinte e previsões de consumo de combustível até 1966, utilizando, para isso, a quantidade de automóveis, caminhões e ônibus em circulação no país. Para os outros usos do produto, a Standard Oil analisou o número de consumidores e o consumo reais, assim como o crescimento de outros setores que necessitariam dele. Mesmo assim, os prognósticos para 1959 não foram corretos.

A Compañia Cubana de Electricidad também tinha uma estrutura organizacional voltada a maximizar seus lucros por meio de planos. Entre 1956 e 1960, a CCE elaborou um projeto de desenvolvimento e expansão. Seus diretores acreditavam que uma planificação detalhada, com métodos científicos, pudesse reduzir custos, aproveitar melhor as instalações e ampliar a geração de eletricidade. Para isso, a empresa tinha uma seção de planejamento que elaborava planos anuais e de longo prazo. Para completar, recebia a assessoria da Ebasco International Corporation, criada em 1942 pela American and Foreign Power Co. para realizar estudos sobre a posição financeira das companhias, prognósticos e pesquisas de produção e mercado.

Quando os monopolistas norte-americanos se retiraram, levaram consigo seus principais quadros técnicos de níveis superior e intermediário. Ao mesmo tempo, havia certo preconceito por parte dos revolucionários em relação a alguns procedimentos, simplesmente por estarem associados diretamente aos Estados Unidos e à burguesia endógena[29]. Em consequência de problemas desse tipo, o novo modelo proposto não conseguia atingir os mesmos estágios de desenvolvimento dos monopólios estrangeiros.

Em certa medida, Che Guevara concordava com os pressupostos de economistas como o polonês Oskar Lange – de quem foi leitor e admirador –, que afirmava que,

> para administrar uma economia socialista, devemos investigar o que a economia burguesa realizou no campo dos problemas da administração da empresa capitalista (o fato, porém, de que tais realizações são diretamente oriundas da experiência de um tipo de economia burguesa limita a possibilidade de sua aplicação a um sistema socialista), método econométrico de análise do mercado, ou seja, a análise do fluxo intersetorial, a metodologia do equilíbrio da economia nacional, a programação linear e finalmente a mais moderna aplicação da cibernética aos problemas econômicos.[30]

Roberto Massari sugere que o projeto de Guevara se assemelhava ao ideal proposto pelos dirigentes soviéticos Bukhárin e Preobrajiénski[31]. O argentino aparentemente teve acesso a pelo menos alguns textos daqueles teóricos[32] (as bases gerais de seus conceitos econômicos eram, até certo ponto, parecidas)[33]. Diziam eles:

> A sociedade será transformada numa enorme organização de produção cooperativa. Não haverá, então, desintegração nem anarquia da produção. Nessa ordem social, a produção será organizada. Uma empresa já não competirá com a outra: as fábricas, oficinas, minas e outras instituições produtivas serão todas subdivisões, por assim dizer, de uma enorme empresa do povo, que abarcará toda a economia nacional de produção. É óbvio que uma organização tão ampla pressupõe um plano geral de produção. Se todas as fábricas e oficinas juntas, com a totalidade da produção agrícola, forem combinadas para formar uma cooperativa imensa, é evidente que tudo terá de ser calculado com precisão. Devemos reconhecer antecipadamente o volume de trabalho necessário aos vários ramos da indústria; quais os produtos exigidos e quanto de cada um será necessário à produção; como e onde as máquinas devem ser colocadas. Esses detalhes, e outros semelhantes, devem ser previstos antecipadamente, pelo menos com uma exatidão aproximada; e o trabalho deve ser guiado de acordo com nossos cálculos. É assim que será efetuada a organização da produção comunista. Sem um plano geral, sem um sistema geral diretor e sem um cálculo cuidadoso e um registro minucioso, não pode haver organização. Mas, na ordem social comunista, existe esse plano.[34]

Como lembra Carlos Tablada, o Minind naquele momento detinha 70% da produção industrial do país – as indústrias leve, básica, mecânica e farmacêutica, entre outras –, com aproximadamente 260 mil trabalhadores, 48 empresas consolidadas e 1.500 estabelecimentos[35]. Mas havia uma diversidade de problemas que o novo ministro precisava encarar em sua gestão. Um deles era a infraestrutura, como o porto de Havana. Antes da revolução, quando uma companhia norte-americana em Cuba tinha algum problema, como falta de peças de reposição, recebia outras rapidamente por meio de um eficiente sistema de barcas, que em pouco tempo chegavam à ilha. Mas o ancoradouro da capital não estava adaptado aos novos tempos: era pequeno e não comportava os enormes cargueiros soviéticos que tinham de cruzar todo o oceano para trazer materiais e equipamentos[36]. Cuba também não possuía embarcações modernas e era crucial o desenvolvimento de uma indústria naval nacional. Isso levou os dirigentes a assinar acordos com a Polônia para a construção de estaleiros no país. Contudo, para isso seria necessária uma interação de diversos ramos do setor industrial – metalúrgico, de motores, de cabos, de aparatos elétricos e de carpintaria, por exemplo. Como não havia toda essa estrutura naquele momento, seria necessário transportar aproximadamente 8 milhões de toneladas de peças, matérias-primas, equipamentos e mercadorias somente no ano de 1965, quando estava programado o "nascimento" dessa indústria. O volume de produtos, as dificuldades de deslocamento e as distâncias faziam com que alguns críticos sugerissem que se continuasse simplesmente a importar certos artigos em vez de tentar construir aceleradamente, e talvez com recursos insuficientes, tantos ramos de indústrias ao mesmo tempo.

Convém lembrar que, desde a metade de 1960, os Estados Unidos explicitaram sua intenção de não levar mais nem um barril de petróleo para Cuba, assim como de proibir a utilização de suas refinarias para processar o produto proveniente da União Soviética. Nicanor León Cotayo, em texto conhecido, ao narrar esse processo, recorda que, no dia 28 de junho do mesmo ano, Fidel Castro assinou a Resolução n. 188, que obrigava a Texaco a refinar o petróleo bruto comprado da URSS; caso isso não ocorresse, a empresa sofreria intervenção. Pouco depois de firmado o documento, chegava às instalações da companhia, em Santiago de Cuba, o navio *Marie*, com o equivalente a 5 mil barris de petróleo soviético. Nele estavam funcionários do governo cubano, que comunicaram ao superintendente Robert T. Carter que logo em seguida chegaria o cargueiro *Cristina*, com mais 21 mil barris. Seria fundamental que o óleo fosse refinado; caso contrário, as indústrias de Santiago poderiam ficar sem combustível em pouco tempo. A multinacional, contudo, negou-se a isso, sofrendo intervenção. No dia 1º de julho, o *Irene* partia do surgidouro havanês com mais 5 mil barris de petróleo da Rússia, para Regla, onde se encontrava a refinaria da Shell. Como o superintendente Baird Smith se recusou a processá-lo, a usina também foi alvo de uma encampação. Naquele mesmo mês, ingressou em Havana o petroleiro *Tchernóvtsy* trazendo 70 mil barris, que descarregou rapidamente para retornar à URSS. Esse procedimento havia começado em 17 de abril, com a entrada do *Andrei Vychínski* no porto de Casilda. Em seguida, chegou o *Klide Field*, com mais um grande carregamento do mesmo produto. A compra do petróleo bruto soviético, sua rápida entrega e a nacionalização das refinarias privadas garantiram o abastecimento de gasolina e derivados de petróleo para a ilha naquele momento. Mas o aumento do tráfego de embarcações soviéticas de grande porte obrigou os cubanos a investir em sua infraestrutura portuária[37]. De qualquer forma, a *"mayor de las Antillas"* adquiriu de Moscou uma nova refinaria e até 1965 elevou a capacidade de refino, que era de 4 milhões de toneladas, para 5,5 milhões de toneladas[38].

Em decorrência de problemas estruturais como esse, havia a necessidade de planificar em todos os detalhes a localização das indústrias, as metas de produção, a distribuição de energia e os melhores ramos para investimentos. Na concepção dos dirigentes do Minind, as fábricas deveriam ser construídas levando em conta a força de trabalho – onde houvesse população desocupada –, fatores políticos[39] e principalmente econômicos[40].

Nesse sentido, a eletricidade cumpriu um papel fundamental, principalmente porque Cuba estava no limite de sua capacidade de geração de energia elétrica. O país, no começo de 1960, dispunha de aproximadamente 620 mil quilowatts, além de 300 mil quilowatts subutilizados, instalados de forma precária em algumas centrais e companhias particulares de menor importância. O projeto do ministério era adquirir, nos cinco anos seguintes, mais 600 mil quilowatts dos países socialistas e 65 mil quilowatts dos ocidentais, ou seja, duplicar a capacidade real instalada[41]. No final de 1960, a produção de quilowatts já havia aumentado para 2,145 milhões e, um ano mais tarde, para 2,237 milhões. A geração de energia cresceu gradualmente até 1965, quando atingiu a marca de 2,592 milhões de quilowatts. Esse incremento, embora contínuo, não representava um avanço muito significativo, principalmente para um país que tentava a todo custo acelerar o desenvolvimento de seu setor industrial.

Cabe aqui recordar que, no começo da revolução, a General Electric demonstrou interesse em construir na ilha uma fábrica de lâmpadas, enquanto a holandesa Phelps-Dodge Company, uma de tubos de cobre, que custaria US$ 1,8 milhão, metade dos quais viria do Banfaic e a outra da própria multinacional. Também estava na ordem do dia a expansão da Compañia Cubana de Electricidad (subsidiária da American and Foreign Power Company), com investimentos em torno de US$ 147 milhões, dos quais US$ 77 milhões viriam do exterior. Do total, US$ 45,5 milhões seriam alocados na geração de força, US$ 19 milhões em transmissão e o restante dividido entre mercadorias, serviços, reposições e distribuições. O projeto era construir mais nove geradoras, com capacidade de 280 mil quilowatts, nos cinco anos seguintes[42], ou seja, uma geração de energia elétrica menor que a conseguida pelo governo revolucionário. Além disso, o setor elétrico se manteria extremamente vinculado ao capital externo, o que poderia criar problemas para o planejamento econômico[43].

Outra preocupação eram os recursos minerais. Para uma exploração detalhada das jazidas em Cuba, os dirigentes recorreram aos soviéticos, que acreditavam poder encontrar ali minerais metálicos e não metálicos. A prospecção de petróleo e os minérios poderiam ser fundamentais para o desenvolvimento da indústria local. Por isso, foi criado em 1962 o Instituto Cubano de Pesquisas de Mineração e Metalurgia (ICIMM). Seus objetivos iniciais, segundo o engenheiro Tirso Sáenz, seriam: a busca de técnicas não convencionais de redução do mineral de ferro (como o ferro-esponja, que teria características similares ao ferro-gusa), para gerar matéria-prima para a indústria siderúrgica; o desenvolvimento de novas tecnologias de beneficiamento de cobre, manganês e minerais não metálicos; a ampliação da capacidade de produção da Antillana de Acero; a tentativa de aproveitamento integral na metalurgia de lateritas; e o incremento da produção de cobre[44].

Um dos principais interesses de Guevara era pôr em pleno funcionamento duas modernas indústrias de processamento de níquel – ambas com tecnologia norte-americana avançada – no Oriente cubano, tarefa difícil de realizar. A fábrica de Nicaro tinha capacidade para a obtenção de sínter de níquel, que era levado para os Estados Unidos e transformado em níquel metálico, enquanto a de Moa podia produzir sulfureto de níquel e, em menor escala, o próprio níquel metálico. Todos os materiais utilizados no processo de produção eram importados do "Colosso do Norte", que não via interesse em que as usinas da ilha voltassem a operar. Mesmo com a ida de antigos técnicos cubanos que já haviam trabalhado nas duas empresas e de especialistas soviéticos, as dificuldades em colocá-las em pleno funcionamento ainda eram grandes. Isso levou o comandante argentino a procurar identificar os especialistas responsáveis pela construção e a condução daquelas indústrias no período anterior, para levá-los discretamente a Cuba. Um deles, o indiano P. K. Roy, foi convidado a ajudar no que pudesse, o que ocorreu em seguida. Mesmo com a presença de Roy, não se atingiu o resultado projetado, ainda que as duas unidades tenham conseguido produzir em níveis razoáveis, o que agradou o Che na época.

Enquanto isso, a falta de peças de reposição tornava-se um dos grandes problemas naquele momento. Afinal, nos anos 1950, em torno de 90% dos bens de capital e praticamente todos os componentes para substituição eram enviados à ilha diretamente do vizinho ao Norte. Em decorrência do gasto excessivo de suas reservas e seus estoques, algumas fábricas começaram a ficar paralisadas. Para tentar sair da crise, o novo regime organizou, entre outros fatores, uma campanha de emulação que incentivou a constituição de comitês de peças, que por sua vez estimulavam os trabalhadores a encontrar formas criativas e originais de resolver problemas nas fábricas. No nível ministerial, o Comitê Superior de Peças de Reposição só recebia informações de questões de difícil solução, que não pudessem ser solucionadas nos outros escalões governamentais ou nas empresas[45].

O governo ainda preparou outra campanha, intitulada "Construa sua própria máquina", para incentivar os operários a criar equipes de trabalho que copiassem todos os mecanismos existentes na ilha, a fim de reproduzi-los e consequentemente aumentar o número de equipamentos industriais feitos com insumos ali disponíveis. Para ajudar, a CTC insistia com seus filiados que era fundamental economizar ao máximo, desde gotas e quilowatts até materiais e combustíveis, cuidar da maquinaria e trabalhar para atingir máxima produtividade[46]. Alguns estudiosos acreditam que os problemas principais da economia local não estavam necessariamente vinculados à administração, mas eram consequência do embargo. Isso, contudo, não representava necessariamente o que Guevara pensava na ocasião. Em entrevista ao jornalista Jean Daniel, ele afirmou: "Temos sérias dificuldades em Cuba. Mas não causadas pelo fato que o senhor chama de bloqueio. Em primeiro lugar, nunca houve um bloqueio completo. Não deixamos de aumentar nosso comércio com a Grã-Bretanha e a França, por exemplo". E completou:

> Nossas dificuldades advêm principalmente de nossos erros. O maior, o que mais nos causou problemas, como o senhor sabe, é a subexploração da cana-de-açúcar. Os outros envolvem todas as inevitáveis vacilações que a adaptação do coletivismo a uma situação local implica.[47]

Naquele período, a escassez de divisas diminuía as possibilidades de importar produtos que estavam em franca expansão de demanda na ilha, em virtude do aumento do público consumidor. Começaram a faltar pão, biscoitos, borracha, caixas de papelão, sacos de papel, refrigerantes, garrafas e alguns artigos farmacêuticos. No caso dos dentifrícios, por exemplo, mesmo que a fabricação fosse paralisada por quatro meses, havia estoques suficientes para suprir irregularmente o mercado interno até a chegada de sulfato bicálcico – a matéria-prima para se produzir esse artigo –, o que levou os técnicos cubanos a fazer, às pressas, uma pasta que depois de cinco semanas se tornava "dura como pedra" e, portanto, deveria ser consumida rapidamente. Já em relação à distribuição de produtos, também pesava uma questão ética. Para o Che, não seria bom, por exemplo, que houvesse sabão em Havana se esse item não estivesse à disposição dos consumidores no campo; se não houvesse determinado produto em uma localidade, este não poderia estar à venda em nenhuma outra parte, até que pudesse ser distribuído de forma justa[48]. Guevara achava que muitos poderiam ser responsabilizados pelos problemas de abastecimento, desde o Mincex (que deveria ter analisado melhor a situação geral do país, elaborado balanços de estoques e previsões de falta de artigos, e reunido e classificado as mercadorias existentes, avisando as empresas sobre as importações), passando pelo Mincin (que apresentara várias falhas na distribuição dos produtos), até chegar às próprias empresas (que utilizavam mal suas instalações e não produziam o suficiente)[49].

Já em 1962 estava claro que o projeto de substituição de importações e de uma rápida industrialização não alcançava os resultados esperados nem seria uma solução factível no curto prazo para resolver os desequilíbrios da balança de pagamentos. Como o próprio Guevara admitiu,

> faltou-nos dar a devida ênfase ao aproveitamento de nossos próprios recursos: trabalhamos com o olhar fixo na substituição de importações de artigos acabados, sem ver claramente que esses artigos são feitos com matérias-primas que é necessário ter para fabricá-los. [...] Vejamos exemplos: nos próximos meses, entrará em produção uma fábrica de escovas e pincéis; esta fábrica trabalhará com matérias-primas importadas. Uma fábrica de parafusos trabalhará com matérias-primas importadas até que tenhamos a siderúrgica. Fábrica de picaretas e pás, com matérias-primas importadas. Fábrica de eletrodos para soldar trabalhará com matérias-primas importadas. Fábrica de arames farpados, com matéria-prima importada. Algumas mais estão em situação parecida. [...] Tudo está indicando que nos faltou a base de criação de matéria-prima e, num país com nossas características, um dos pilares fundamentais é a siderurgia. Já estamos desenvolvendo-a, com a ajuda dos soviéticos, e teremos de fazê-lo em alta velocidade, a mais alta velocidade possível, de acordo com nossas forças e com as condições reais, mas até que não a tenhamos não poderemos dar o primeiro passo para caminharmos sozinhos.[50]

Desde dezembro de 1961, o governo ampliara a campanha de poupança a partir da Resolução n. 933, assinada por Raúl Cepero Bonilla, então presidente do Banco Nacional, que aumentou as contas de poupança ordinárias e depósitos a prazo fixo de 318 milhões de pesos para 583 milhões em 1962 e 718 milhões em 1963, um incremento de mais de 100% em apenas dois anos[51]. Mas, em 1962, em decorrência da escassez de bens de consumo, foi introduzido um carnê de racionamento (ou, como o designavam os cubanos, de "abastecimento")[52]. Na realidade, de 1960 a 1962 a balança de pagamentos de Cuba apresentou déficits seguidos. A exportação de produtos agrícolas não aumentou como planejado e a capacidade de importação se manteve inalterada. Alguns membros do governo começaram a discutir se deveriam continuar com o projeto de diversificação. Havia ainda outros problemas. Enquanto em 1962 o salário médio do trabalhador era 2.264 pesos, em 1963 ele chegou a 1.928 pesos, em grande parte pelo ingresso de milhares de *obreros* no mercado de trabalho. Já a produção por indivíduo, que era de 11.200 pesos, foi para 8.598 pesos no mesmo período[53]. Também puderam ser constatados problemas de indisciplina financeira dos organismos de planificação, com falta de pagamentos, de cobranças, de balanços e da execução do orçamento estatal. Em 1963, por exemplo, os órgãos de planejamento deveriam ter distribuído 687 milhões de pesos para as empresas, mas só entregaram 435 milhões, ou seja, não cumpriram o que fora estipulado[54]. Temos de recordar, contudo, que em 1961 ocorreu no país a maior seca do século até então e, em outubro de 1963, a ilha sofreu os efeitos do furacão Flora, que atravessou as províncias do Oriente e de Camagüey, matando 1.200 pessoas, causando danos materiais em algumas cidades e destruindo boa parte da produção agrícola da região.

Apesar de todos os problemas, não se pode deixar de constatar que nesse período houve efetivamente um esforço colossal de industrialização. De acordo com Michel Gutelman, entre 1960 e 1963 o país aplicou US$ 850 milhões no setor, aproximadamente o mesmo que os norte-americanos haviam investido na ilha durante cinquenta anos[55]. Sabemos que, apesar de tudo, isso não foi suficiente para resolver o atraso tecnológico e industrial do país. Um dos motivos para o fraco desempenho econômico no período foi a necessidade de importação de grandes quantidades de maquinaria e equipamento para as novas indústrias. Toda a esfera produtiva teria de ser convertida para a tecnologia soviética ou dos demais países socialistas. Essas unidades também dependiam exclusivamente de peças de reposição e matérias-primas importadas[56]. Nas palavras do economista René Dumont,

> as fábricas construídas muito antes da revolução representavam [...] uma espécie de herança. Mas grande parte do novo equipamento que foi encomendado não podia ser posto em funcionamento pela falta de edifícios e de pessoal administrativo qualificado. Máquinas extremamente delicadas, portanto, amontoavam-se nas docas e depois em depósitos e hangares temporários. Chegou-se até a aplicar a elas um termo jocoso: as pessoas diziam que as máquinas estavam em "acumulação primitiva". No quente clima tropical, com sua neblina salgada, essas máquinas estavam ameaçadas de rápida deterioração, já que, quanto mais modernas, mais frágeis eram.[57]

Até o final de 1964 somente 50% da capacidade total da maquinaria importada estava funcionando, em função da falta de manutenção, reparos e organização[58]. Ainda de acordo com Dumont:

> A falta de peças de reposição muitas vezes interferia no bom funcionamento das máquinas; mais peças poderiam ter sido fabricadas no país. Essas peças de reposição deveriam ser as primeiras coisas importadas, já que resolvem problemas a um custo menor que quaisquer outras medidas. As matérias-primas necessárias para uso nos equipamentos existentes são uma demanda mais urgente que construir novas fábricas, especialmente se não há garantia de que essas possam ser usadas [...]. As dificuldades atuais de Cuba foram agravadas pela ausência de uma política industrial clara, planejada por um único centro que tivesse de responder às autoridades políticas, os líderes revolucionários, pelas decisões.[59]

Para tentar solucionar, mesmo que parcialmente, esse problema, Guevara insistia, desde o início de sua gestão no Minind, na ajuda soviética. Em carta ao vice-primeiro-ministro Mikoian de 30 de junho de 1961, o Che pedia "o aumento da capacidade da primeira unidade de ferro fundido construída pela União Soviética, de 250 mil para 500 mil toneladas; o aumento da capacidade da refinaria de petróleo de 1 milhão de toneladas por ano para 2 milhões[60]; empresas das indústrias química e de celulose no valor de 157 milhões de rublos; uma usina termelétrica em Santiago de Cuba com potência de 100 mil quilowatts; diversos técnicos e especialistas"[61].

Foram vários os acordos com os países socialistas até meados de 1961. O governo cubano conseguiu de Moscou uma fábrica de limas, uma siderúrgica, um projeto para indústria mecânica, a reconstrução de uma metalúrgica, uma fábrica de amoníaco, duas de ácido nítrico, duas de ureia, uma de nitrato de amoníaco, duas de adubos complexos, uma de superfosfato triplo, uma de papel-jornal e outros tipos de papel, uma indústria de níquel, uma de elementos pré-prensados, como postes para linhas, além dos pedidos citados anteriormente. Os tratados com a Tchecoslováquia incluíam fábricas de cadeados e fechaduras de embutir, uma de parafusos pretos e de precisão, pregos, machados, martelos, machetes, enxadas, talheres inoxidáveis, oficinas de fundição sob pressão, pás, bicicletas, velas, lápis, motores a diesel e compressores. A Alemanha Oriental forneceu uma fábrica de caulim, outra para beneficiar o sílex e uma para confeccionar calçados. Em 1962, o país podia produzir 25 mil fusos e 500 teares; um ano mais tarde, 50 mil fusos e mil teares; e, em 1964, 65 mil fusos e 1.500 teares. Também oficinas de aprendizagem para a indústria metalúrgica, uma fábrica para a trefilação de arame grosso e cabos de aço, uma de cimento branco e cinza, outra de câmeras fotográficas e finalmente uma indústria de motores elétricos e montagem de máquinas de escrever. A Polônia comprometeu-se a fornecer ferramentas manuais e a instalar uma fundição de aço, de ferro-gusa e de ferro maleável, a ampliar uma indústria da Owens Illinois de vidro plano, materiais refratários, pias secas e similares, pequenas prensas, estaleiros, ácido cítrico, butanol, rádios e televisões. Enquanto isso, a Iugoslávia concordou em pôr em funcionamento fábricas de *ketchup* e de suco de tomate e despolpadoras em Colón, Majagua, Batabanó, Bahía Honda, Jatibonico, Los Arabos e El Caney. A Bulgária instalaria uma fábrica de carbonato de cálcio, de areia sílica, de feldspato e de produtos marinhos. Os tratados comerciais com a Hungria, por sua vez, indicavam o compromisso dos magiares em erigir em Cuba instalações de vidros de segurança e vidros ocos, tubos e lãs de vidro, fábrica para sifões elétricos e tubos fluorescentes, oficinas de reparos e produção de partes de maquinaria agrícola, um centro de ensino de fabricação de máquinas-ferramentas, de maquinaria agrícola e elétrica e de manipulação de equipamentos, assim como uma indústria de produção de heparina (um produto químico medicinal anticoagulante). E da China os cubanos receberiam fábricas para produzir cloro, DDT, policloreto de vinil, cloreto ferroso e cloral, mangueiras de borracha para indústria automotiva, correias de transmissão, unidades seladas incandescentes para veículos, amortecedores, acessórios para veículos motorizados, aros para pistões, embreagens, lonas de freio, bombas de gasolina, válvulas para indústrias, utensílios a vapor, escovas de carvão, fábricas para polpa de bagaço para papéis e cartões, outras de penas de canetas, alfinetes têxteis, uma de dinamite e uma fábrica têxtil para aproximadamente 50 mil fusos[62]. Somente no ano de 1960 a União Soviética concedeu 100 milhões de pesos, a Romênia, 15 milhões, a Bulgária, 5 milhões, e a Polônia, 12 milhões[63].

A falta de técnicos, administradores e trabalhadores especializados, contudo, era certamente um grande problema e algo que ainda criava dificuldades para o aumento consistente da produtividade, assim como para obter produtos de melhor qualidade[64]. De acordo com Guevara,

> estas deficiências devem ser atribuídas diretamente ao insuficiente desenvolvimento dos quadros, que nada tem de fatal, mas que deve ser atribuído ao escasso trabalho realizado pelo ministério neste ponto. Não conseguiremos encontrar um sistema que nos permita desenvolver os quadros e, ao mesmo tempo, transferir para outros níveis aqueles quadros que não têm as condições mínimas exigidas para tarefas de direção, mas que poderiam ser bem empregados de outra maneira. Salvo raras exceções, em dois ou três meses um homem demonstra o que vale. É raro o caso de um companheiro que evolui gradualmente, lentamente e com continuidade [...]. E insistimos em mantê-los nos quadros de diretores sem que tenham a qualidade e, o que é pior, sem lhes dar a ajuda necessária para que, se possuem fibra, melhorem. Acontece então que o diretor, abandonado a si mesmo, cai numa espécie de rotina, de conformismo, até que em determinado momento é necessário afastá-lo [...]. É preciso seguir atentamente o quadro, é preciso desenvolvê-lo; isso exige que seja fixado numa posição estável. Não pode ser formado enquanto girar desesperadamente como um átomo enlouquecido; nossos quadros administrativos são lançados de um lugar para o outro sem terem tempo de fazer uma experiência séria e razoável. Estabelecemos que um homem deve permanecer pelo menos seis meses em um cargo antes de ser transferido ou promovido, mas isso não foi levado em conta.[65]

Para se ter uma ideia, o Ministério de Indústrias, por exemplo, não chegou a contar com mais de 473 engenheiros. Em todo o país, só havia em torno de 2.700 (especialmente de engenharia civil), dos quais somente 700 permaneceram na ilha depois da revolução. No caso específico da indústria de refino de petróleo, em 1960 e 1961, 75% dos engenheiros emigraram. Por sua vez, dos

300 agrônomos que se encontravam em Cuba antes da revolução, 270 deixaram a república caribenha, assim como dois terços dos contadores públicos certificados (em torno de 400 permaneceriam à disposição do novo regime, a maior parte na capital). Tirso Sáenz lembra que,

> dos quatro vice-ministros – inicialmente chamados de subsecretários – nomeados quando se criou o Ministério de Indústrias, apenas um tinha título universitário. Em 1962, foram nomeados três vice-ministros com nível superior... Ainda assim, posteriormente, foram nomeados outros três vice-ministros não universitários.[66]

Portanto, havia uma dependência de técnicos dos países socialistas. Só no início de 1960 a URSS enviou 53 engenheiros e técnicos, um empregado e cinco tradutores para o Instituto Cubano de Mineração, nove engenheiros especialistas para as fábricas termoelétricas, dois especialistas em planificação de energia para o Instituto Cubano do Petróleo, assim como um engenheiro de indústrias químicas, um economista, um estatístico, um especialista em mão de obra, cinco tradutores e intérpretes. A Tchecoslováquia mandou 62 técnicos, entre engenheiros de minas, geólogos, especialistas nas áreas de eletricidade, produção de maquinaria, indústria açucareira, entre outros. A Polônia encaminhou, naquela ocasião, três geólogos; a Iugoslávia, um técnico agropecuário. A Hungria, por sua vez, colaborou com um químico, e a China, com dez especialistas em maquinaria industrial.

Para Guevara, os técnicos mais importantes que Cuba deveria formar quanto antes eram os dos ramos de minas e petróleo, tendo em vista que somente estrangeiros estavam colaborando com o governo. Muitos jovens cubanos rapidamente viajaram à União Soviética[67] para capacitação (entre 1963 e 1964, 161 bolsistas seguiram para diferentes nações do bloco socialista para estudar engenharia mecânica; na mesma época, 107 funcionários do Vice-Ministério de Construção Industrial também fizeram cursos em outros países). Em 1964, 94.705 trabalhadores ligados ao Minind foram matriculados em cursos técnicos, mas apenas 23.215 completaram os estudos (incluindo os de capacitação e especialização) e se graduaram. Além disso, o relacionamento dos especialistas soviéticos com os cubanos nem sempre foi bom, especialmente pelas diferenças culturais e de formas de trabalhar. Isso contribuiu para que alguns desses profissionais fizessem críticas aos métodos cubanos. Em 4 de junho de 1962, Khruschov proferiu um discurso duro em Moscou para mil jovens cubanos que haviam completado um ano de treinamento como mecânicos agrícolas na "pátria do socialismo". Para ele, seria necessário mais que armas e heroísmo para resolver os problemas da ilha, ou seja, era preciso dar mais ênfase ao aumento da consciência, da disciplina e da capacidade técnica da população como um todo. Também seria importante que se fizessem concessões a alguns setores sociais, notadamente à classe média, para que o avanço da revolução fosse garantido[68]. Mais tarde, o próprio Fidel apresentou explicações públicas pelo fato de muitos compatriotas estarem insatisfeitos e resistindo aos conselhos dos soviéticos. No dia 29 de junho do mesmo ano, na despedida de um grupo de técnicos da URSS, o "líder máximo" da revolução disse:

> Sabemos de nossas deficiências; sabemos de muitos administradores [cubanos] que não têm qualquer experiência e que, em alguns casos, nem mesmo são muito politizados; e que, em outros casos, não têm muito sentimento de hospitalidade. E por isso sabemos que um técnico [soviético] que fosse a uma fazenda estatal administrada por um camarada experiente e hospitaleiro, cônscio de suas obrigações, seria muito bem tratado; mas também sabemos que não foram poucos os lugares em que o administrador os recebeu friamente ou com indiferença, ou não foi suficientemente responsável para utilizar os conhecimentos que os senhores possuem.
> Assim é que temos relatórios sobre as ocasiões em que em algumas fazendas estatais os técnicos não foram bem tratados pelos administradores, ou em que os administradores não fizeram uso do conhecimento dos técnicos.[69]

Os especialistas soviéticos, portanto, ainda eram extremamente necessários, e os membros do alto escalão do governo cubano sabiam disso. Sua presença representava mais do que um apoio político do Krêmlin: na prática, eles eram fundamentais para o desenvolvimento da ilha naquela fase específica de reestruturação econômica, apesar do crescimento do número de técnicos cubanos nos anos subsequentes[70]. Por outro lado, esses mesmos profissionais exemplificavam, mesmo que indiretamente, a ligação e a dependência cada vez maiores de Cuba em relação ao bloco socialista.

Na condição de ministro de Indústrias de Cuba, o Che firma em 1961 convênio de colaboração econômica com a União Soviética.

3
O debate econômico na União Soviética e na Europa Oriental

A presença de assessores da União Soviética e a maior circulação dos manuais de economia provenientes daquele país influenciaram, por certo, alguns membros do governo cubano naquele período[1]. A tendência à descentralização que ocorria na URSS desde a metade dos anos 1950 e as ideias de "reformistas" como Liberman, Kantoróvitch, Novojílov e Trapiéznikov, contudo, não agradavam Guevara, que via com desconfiança a implementação de práticas que acreditava não condizerem com a realidade cubana.

Algumas tentativas "regionalizadas" de descentralização começaram a ser promovidas por Khruschov a partir de 1956, seguindo sugestões de Aleksei Kossyguin, que propunha uma flexibilidade no sistema de preços nas empresas. Um ano mais tarde, teve início um reordenamento industrial, que pouco alterou a produtividade da URSS de forma geral. Com a diminuição progressiva da taxa de crescimento da economia nas democracias populares da Europa Oriental – inclusive nas mais avançadas industrialmente –, as discussões em torno da descentralização voltaram à tona no início dos anos 1960[2]. Durante o governo Khruschov, os salários médios dos operários soviéticos subiram apenas 2,4% por ano, enquanto os preços oficiais da carne e do leite aumentaram de 25% a 30%; houve congelamento dos salários desde o início de 1960, adiaram-se a efetivação de medidas legislativas para a redução das horas de trabalho e a elevação de baixas rendas e pensões para idosos; o plano de habitação foi encurtado e verificou-se uma desaceleração da atividade econômica[3]. A expansão industrial era menor do que a prevista e os produtos não apresentavam boa qualidade[4].

A partir de 1962, o debate sobre os rumos do planejamento centralizado ganhou intensidade, até culminar na reforma econômica soviética de 1965 e nas mudanças análogas no "mecanismo econômico" de outros países, como a Tchecoslováquia e a Hungria, nos anos subsequentes. O que os "reformistas" propunham era que o plano para uma empresa estabelecesse o total da produção em termos muito gerais, mas que os detalhes de sua implementação ficassem a cargo da própria unidade, baseando-se na necessidade concreta dos consumidores. Também seria interessante criar uma "lista resumida" dos resultados da companhia – para substituir os múltiplos índices então existentes –, na forma de um balanço de renda líquida ou lucros, assim como um fundo único de incentivos vinculado a ela[5]. O economista Evsiei Liberman, em seu influente artigo "План, прибыль, премия"/ "*Plan, pribyl, premia*" [O plano, o lucro e os prêmios], publicado no *Правда*/ *Pravda* em 9 de setembro de 1962, afirmava que

> é essencial [...] construir um sistema de planejamento e análise do trabalho das empresas para que elas tenham real interesse em cumprir as metas do plano ao máximo, ao introduzir novas técnicas e produtos de alta qualidade: resumindo, na máxima eficácia na produção [...] o sistema proposto libertará o planejamento central da tutela irrisória sobre as empresas, das tentativas custosas de influenciar a produção, não por medidas econômicas, mas [por] administrativas. A própria empresa conhece a si mesma melhor do que ninguém e pode descobrir suas potencialidades.[6]

Disse também:

> Nosso lucro – se considerarmos que os preços expressam corretamente a média de gastos de produção de determinado ramo da indústria – não é nada mais do que o resultado do aumento da produtividade do trabalho social concretizado em forma de capital. Esse é o motivo pelo qual podemos – baseando-nos na lucratividade – encorajar real eficiência na produção. Mas, tendo dito isso, devemos lembrar que encorajamento não significa enriquecimento... O que é benefício para a sociedade e para o Estado deve se tornar benefício para cada empresa e para cada trabalhador na produção.[7]

Por um ou dois anos houve experiências em empresas selecionadas a partir de métodos defendidos pelos "reformistas", como fábricas de roupas, que tiveram a liberdade de fixar detalhes de seu programa de produção de acordo com os pedidos das lojas, ou seja, uma flexibilização que tendia aos poucos a políticas econômicas capitalistas.

Em agosto de 1964, ao retomar alguns princípios de Liberman, Vladímir Trapiéznikov sugeriu uma reforma macroeconômica no sistema de preços. Assim, em torno do Instituto de Economia Matemática de Leningrado, dirigido por Vassíli Nemtchínov (um dos principais promotores do uso de modelos estatísticos para a planificação) e depois por Víktor Valentínovitch Novojílov (especialista em alocação de capital na economia planificada), desenvolveu-se uma escola que apoiava o libermanismo. Paralelamente às discussões acadêmicas e em outros setores do governo, ocorria uma disputa de poder no interior do PCUS que culminou com o afastamento de Khruschov, enquanto alguns elementos, que aos poucos ascendiam nas fileiras do Presidium, se mostraram contrários à forma como as mudanças econômicas vinham desenvolvendo-se na União Soviética. Mesmo assim, após mais discussões, o *premier* Aleksei Kossyguin, num discurso para o Comitê Central, em 27 de setembro de 1965 – portanto, após a retirada do antigo primeiro-secretário –, introduziu oficialmente a reforma econômica, que se estendeu para a maior parte da indústria local nos três ou quatro anos seguintes e foi incorporada ao Estatuto das Empresas Industriais Socialistas, aprovado pelo conselho de ministros em 4 de outubro do mesmo ano. Sua primeira cláusula afirmava que "a empresa industrial socialista deverá ser a unidade básica da economia nacional na União Soviética. Sua operacionalidade deverá basear-se na direção centralizada combinada com independência econômica e iniciativa por parte da empresa"[8].

Essas reformas tinham o objetivo principal de diversificar a produção e estimular a produtividade sem, contudo, renunciar ao controle estatal, tendo em vista que as providências tomadas desde a segunda metade dos anos 1950, mesmo não sendo radicais, haviam conseguido desmontar consideravelmente o velho sistema centralizado. Essas mudanças inspiravam-se também, em grande medida, nas ideias de Leonid Kantoróvitch e em sua obra *Экономический расчет наилучшего использования ресурсов*/ *Ekonomítcheski rastchet nailútchchego ispólzovania ressúrsov* [Cálculo econômico da melhor utilização de recursos], publicada em 1960, na qual defendia a "planificação ótima", recomendando que se aplicasse a toda a economia um método de cálculo que permitisse resolver problemas técnicos como a divisão mais racional dos trabalhos relativos às máquinas, o uso e aproveitamento de matérias-primas com menor grau de desperdício e a distribuição das cargas entre os diversos meios de transportes. Ele sustentou, igualmente, os pressupostos de Liberman e Trapiéznikov referentes à descentralização administrativa e à autonomia das empresas. O "modelo de Kantoróvitch" foi apoiado igualmente por estudiosos como Nemtchínov e Novojílov (este último, por sinal, elaborou um modelo similar ao seu). Para ele, apenas os métodos de programação linear permitiriam obter máxima rentabilidade da empresa[9].

Os críticos da centralização exacerbada diziam que ela, em razão da autonomia muito limitada dada à empresa individual, tanto impedia o reconhecimento mais amplo das condições locais como se tornava demasiadamente complexa para os órgãos centrais. Com uma estrutura pouco flexível, em que a maior parte do processo decisório vinha de Moscou ou das capitais das repúblicas soviéticas, os administradores das indústrias tinham dificuldades em agir, já que precisavam antes obter instruções dos níveis superiores que, por sua vez, tinham de receber os detalhes das unidades para só então fazer o plano e enviar supervisores. Assim, muitos prepostos viam-se presos a uma situação difícil, como se estivessem numa camisa de força, ao não poderem depender somente de suas próprias decisões. Nas palavras de Ivan Miriónov, outro defensor das reformas:

> Deve haver uma medida adequada de saber se uma fábrica está trabalhando bem ou não. Deve ser estável e constante, e não influenciada pela administração da própria fábrica. O único indicador disso é o preço, e este deve ser o lucro da fábrica, que age como incentivo. O preço de um produto é a alavanca econômica que estimula ou retém o crescimento da produção. Deve levar a fábrica não só a dedicar-se a uma produção simples e fácil mas também a produzir o que a economia nacional necessita (e o que a economia necessita deve ser uma fonte de ganho e lucro para a fábrica). Preço e métodos de medir a execução do plano devem ser conservados, e todos os outros indicadores obrigatórios devem ser reduzidos ao mínimo.[10]

As "reformas" eram defendidas por outras personalidades das democracias populares. O professor Angel Milochevski, da Bulgária, propunha a adoção integral do sistema iugoslavo. Mais importante foi a intervenção de outro teórico búlgaro, Petko Kunin, considerado um dos mais importantes economistas de seu país na época. A seu ver, todas as empresas deveriam ser autossuficientes financeiramente, assim como autônomas em relação ao Estado. Ele propunha um novo modelo de planejamento e contabilidade que permitisse uma real "competição" entre elas. Dever-se-ia também encontrar formas de utilização mais racional e econômica dos fundos de capital fixo e melhor aproveitamento da força de trabalho, usando principalmente o lucro e a divisão do lucro como meios de incentivo. Para ele, os ganhos deveriam determinar a remuneração dos administradores e ser a principal fonte de aumento no pagamento de salários. Muitos consideravam isso uma volta ao capitalismo, mas Kunin insistia em que eram práticas socialistas e em que, para chegar ao comunismo, seria necessário elaborar e tentar pôr em prática projetos "ousados" e dar passos "audaciosos", de maneira realista e competente[11]. Seus pressupostos exerceram grande influência no governo búlgaro, que em pouco tempo começou a efetivá-los[12].

O próprio Ivan Miriónov, num artigo publicado em maio de 1964 na *Икономическа Мисъл*/ *Ikonomítcheska Misl* [Pensamento econômico], apoiava o autofinanciamento e a autonomia das empresas. A partir das experiências realizadas na "terra dos trácios" com as ideias de Kunin, ele propunha: que os salários e a acumulação de capital fossem vinculados ao nível de lucratividade de cada empresa, que, por sua vez, ficaria sujeita a um imposto sobre propriedade; e que se adotasse uma taxa de juros baseada no capital fixo e circulante. Já os empregados teriam um novo papel no sistema. Para ele, "quando as acumulações da empresa e uma considerável parte dos salários dependem do volume do lucro, os trabalhadores não podem ficar indiferentes aos problemas da administração e aos resultados do trabalho na empresa"[13].

Mesmo que alguns dissessem o contrário, era perceptível o paulatino redirecionamento para práticas capitalistas. As ideias dos "reformistas" soviéticos ganharam vários adeptos em Cuba. A influência de Liberman foi tão grande naquele período que chegou a ser cunhado o termo "libermanismo" para as práticas de descentralização econômica[14]. Devemos nos lembrar de que a ilha se aproximava cada vez mais de Moscou, cuja força política sem dúvida podia induzir os dirigentes locais à adoção de medidas parecidas com as suas. Mas os casos de Cuba e da URSS eram muito diferentes. Países de tamanho, formação étnica, organização social e história distintos, eles deveriam ser tratados como casos separados, por mais próximos que pudessem estar naquele momento.

A partir de 1957, a maior parte dos ministérios soviéticos para indústrias individuais – em torno de 27 – foi dissolvida, e suas responsabilidades foram atribuídas a diversos *sovnarkhozes,* ou conselhos econômicos regionais, 68 dos quais somente na Rússia. Também foram criados mecanismos de controle locais pelo PCUS. O problema é que os organismos regionais poderiam tender a produzir mais para seu próprio consumo ou incentivar o desenvolvimento de indústrias mais úteis aos interesses da região. Por medo de "desvios ideológicos" e para, segundo Carl Landauer, "combater possíveis tendências autárquicas" nos *sovnarkhozes,* foram criados os conselhos de coordenação e planejamento em 17 grandes regiões econômicas. Isso significou uma complicação a mais no já intrincado sistema de controle das unidades produtivas e um aumento na burocratização do aparelho estatal[15].

Tais fatos explicitam as disputas internas no PCUS, não apenas no campo político, mas também as relativas às concepções de gestão industrial. Com isso, a partir de 1965, os *sovnarkhozes,* associados à era Khruschov, foram eliminados e deram lugar ao Comitê de Estado para o Abastecimento Material e Técnico, um organismo que empregava na época aproximadamente 600 mil pessoas. Sua função era distribuir as matérias-primas, máquinas e peças de reposição entre as diversas unidades de produção. A Gossnab dependia do Conselho de Ministros, mas tinha autonomia em relação à Gosplan e aos ministérios, que haviam sido reconstituídos. Essa instituição planificava cerca de 25 mil produtos, 13 mil deles por meio de suas 21 direções centrais de produtos – como a de equipamentos elétricos e agrícolas – e cerca de 12 mil por meio de 56 direções territoriais. Esse sistema mostrava-se bastante intricado e burocratizado, uma vez que qualquer companhia que necessitasse de nova maquinaria deveria fazer pedidos diretamente ao "comitê", que então possibilitaria a compra para a indústria; esta contataria um fornecedor indicado, que receberia uma ordem de venda e depois firmaria um contrato detalhado com o comprador. Em geral, os prazos não eram respeitados.

Os problemas no aprovisionamento acarretaram o surgimento dos chamados *tolkatchi* (intermediários oficiais), geralmente indivíduos que mantinham relações estreitas junto aos serviços de abastecimento e que, em troca de retribuições, se prontificavam a averiguar a documentação e pressionar os responsáveis até que o negócio fosse finalizado[16]. Em outras palavras, os dirigentes que assumiram o poder no lugar de Khruschov desmontaram a estrutura administrativa por ele criada, mas continuaram apoiando as reformas de Liberman que se baseavam em mercado, preços, lucros e iniciativa dos administradores. Pouco depois, o modelo soviético também passou a dar ênfase à "propaganda" de diversos produtos, com anúncios comerciais nas rádios, televisões e jornais, especificando as diferenças de "marcas" de mesmos artigos e induzindo o público a comprar, o que poderia levar ao consumismo[17].

Toda essa tendência da primeira metade da década de 1960 à descentralização, burocratização, valorização do lucro e aproximação com práticas capitalistas desagradava enormemente a Guevara, que combateu essas ideias de todas as maneiras que podia. Em discussões com membros do governo cubano, o Che disse:

> Estão em curso dois processos extremamente interessantes, em que deveríamos nos aprofundar. Vejam: quando estive em Moscou, tive a ocasião de assistir a diversas discussões científicas em um instituto de matemática aplicada à economia, onde trabalhava gente séria, muito preparada, como são em geral os soviéticos, donos de uma força e uma capacidade técnica extraordinárias. Começamos a discutir a respeito dos preços, depois abandonamos o tema, pois não nos levava a nada. Durante as discussões sucessivas, foi-me perguntado se conhecia um sistema que estava sendo experimentado em uma fábrica soviética, que trabalha em relação direta com o público. Seu aproveitamento de produtos se baseia na demanda do público e a rentabilidade da indústria é medida pelas vendas. Perguntaram-me: "Você conhece este sistema?". Vacilei um pouco e depois disse: "Não conheço bem este sistema na União Soviética, mas já o vi em outro lugar. Em Cuba estava largamente desenvolvido antes da Revolução, pois se trata de capitalismo puro, posto que uma empresa que funciona sobre a base da demanda do público e mede seu lucro e seu critério de gestão com relação a isso não é um segredo nem uma raridade; é o procedimento do capitalismo. A única dificuldade está em que, se este sistema se transferisse de uma casa de comércio para todo o complexo social, daria lugar a uma anarquia produtiva, que necessariamente provocaria uma crise, depois da qual se deveria reconstruir o socialismo".

> Isto está acontecendo em algumas indústrias da União Soviética; são experiências particulares e não pretendo de forma alguma provar com isto que na União Soviética exista o capitalismo. Quero dizer simplesmente que estamos na presença de alguns fenômenos que se produzem porque existe uma crise de teoria, e a crise teórica se produz por haverem esquecido a existência de Marx e porque ali se baseiam somente numa parte do trabalho de Lênin.[18]

Guevara afirmou que o governo teria sido o responsável por equívocos de vários tipos. De acordo com ele,

> fundamentalmente, no que respeita à planificação, fizemos duas coisas contrapostas impossíveis de harmonizar. Por um lado, copiamos detalhadamente as técnicas de planificação de um país-irmão cujos especialistas vieram ajudar-nos e, por outro lado, mantivemos a espontaneidade e a falta de análise de muitas decisões, sobretudo de tipo político, mas com implicações econômicas, que é preciso tomar a cada dia no processo do governo.[19]

Sobre um debate com economistas soviéticos, o guerrilheiro argentino comentou:

> Havia uma série de companheiros soviéticos presentes. Convidei os rapazes para ir à embaixada, sobretudo os economistas; mas se uniram a nós outros que se ocupavam de automatização, ao todo eram mais ou menos 50. Tinha a intenção de travar uma tremenda batalha contra o sistema de autogestão da empresa. Pois bem, nunca tive um auditório mais atento, mais preocupado e que entendesse mais rapidamente meus argumentos. Sabem por quê? Porque se tratava de muitas das coisas que estou dizendo agora, e, se as digo de forma teórica, é porque não tenho outra experiência; eles, sim, as conheciam por experiência direta [...]. É um fato que no sistema de "autogestão" não há nenhuma conexão entre aparato e massas. No sistema de autogestão, a medida do valor do homem é o que ele produz, coisa que o capitalismo realiza perfeitamente, melhor dizendo, perfeitíssimamente. Quero dizer que, se aqui temos defeitos e queremos corrigi-los, não os corrigiremos com o método de compensar mais ou menos um trabalhador. Não chegaremos a nada. Alguns estudantes fizeram intervenções de grande interesse, salvo um que repetiu simplesmente o ponto de vista tradicional; mas todos os demais intervieram com perguntas verdadeiramente interessantes. Certamente, quando começamos a discutir, produziu-se uma situação violenta; isso era uma "Bíblia", o *Manual* – já que, por desgraça, a "Bíblia" não é *O capital,* mas o *Manual* –, e vinha impugnado em várias partes, incluindo alguns argumentos perigosamente capitalistas, dos quais se desenvolve toda uma tendência revisionista.[20]

Essa certamente era uma crítica dura aos que defendiam aquele estilo de planejamento.

Até mesmo estudiosos ocidentais viam as dificuldades na aplicação dos modelos de Liberman ao mundo socialista. Para o professor Ernst Halperin, os soviéticos estariam dando pouca importância ao "libermanismo", ao considerá-lo apenas uma nova técnica organizacional. Ao mesmo tempo que se aumentava o número de empresas descentralizadas, agradava-se aos antigos burocratas que haviam perdido seus postos no velho "sistema", ao dar-lhes cargos em ministérios para evitar uma resistência intrínseca no governo. De acordo com Halperin,

> os líderes soviéticos ainda podiam decidir dar à experiência de Liberman uma fundação ideológica apropriada ao proclamar que significaria um novo e mais alto estágio do avanço do socialismo ao comunismo e ao instituir algo parecido com o "controle operário" nas fábricas. [...] No presente, contudo, não há nenhuma indicação de que os líderes soviéticos estejam nem remotamente considerando esse curso. Pelo contrário, na indústria, assim como na agricultura, uma reabilitação parcial de Stálin está fazendo com que seja cada vez mais difícil fornecer motivações ideológicas para as reformas práticas urgentes e necessárias. [...] Na ausência de algum estímulo ideológico, a reforma de Liberman parece-nos fadada ao fracasso – pela mesma razão que as duas tentativas sucessivas de descentralização, conduzidas igualmente sem imaginação, ideologia e de forma puramente pragmática, já fracassaram na Tchecoslováquia. Neste caso, pode haver um maior declínio na produtividade e na taxa de crescimento, com efeitos danosos para o *status* de potência mundial da União Soviética, que dificilmente poderão ser evitados.[21]

Era exatamente isso o que Guevara pensava naquela época. Com a saída de Khruschov e a ascensão ao poder da "troica" Podgórny, Kossyguin e Brejniev[22], no final de 1964, percebe-se o declínio gradual da URSS como superpotência até o final da década de 1980, que culminou, pouco depois, com a *perestroika* de Gorbatchov e a desintegração do país.

É útil também comentar rapidamente algumas das ideias do economista polonês Oskar Lange, um dos mais destacados estudiosos da planificação socialista. Segundo Lange, para instituir um sistema planificado, é fundamental primeiramente observar com atenção as condições histórico-concretas da transição do capitalismo ao socialismo em cada caso. Essas particularidades determinariam as ações do Estado e os diferentes tipos de procedimentos de planificação, que seriam constituídos de três aspectos: as metas do plano (prioritária e realisticamente em escala nacional), a formulação de um projeto consistente e as escolhas dos meios para sua execução. Em geral, ele surgia como forma de reestruturação econômica, com o objetivo de renovar e modernizar tecnicamente as economias em questão dentro de alguns limites factíveis. Como em sua maioria os países em transição para o socialismo eram atrasados, seria necessário incentivar a industrialização e a modernização, com foco, portanto, em resolver os problemas de recursos para acumulação de capital (proveniente do lucro das empresas, de contribuições da população rural em diversas formas e de impostos) e alocação de investimentos. A metodologia de inversões baseava-se, acima de tudo, em princípios de contabilidade e elaboração orçamentária originários das firmas capitalistas, criando-se um sistema de balanços, calculados a partir da produção de diversos itens, assim como das reservas existentes e da mão de obra do país. Os balanços eram, então, organizados num plano de "fluxo de produtos". Por isso, a contabilidade nacional devia considerar a composição da produção e o total de recursos financeiros disponíveis, com o objetivo de equilibrar as contas do Estado e viabilizar seus projetos. O balanço geral da economia teria de ser harmônico, coordenado com outros balanços e sistematizado em forma de tabelas, fontes de renda nacional e distribuição.

Os países socialistas passavam por uma primeira fase de planificação, em que o objetivo principal era o desenvolvimento da capacidade produtiva da economia. Uma segunda etapa, porém, fazia-se necessária, e, com ela, mudanças de prioridades. Em suma, era fundamental discutir as finalidades e as direções do crescimento econômico, utilizando diversos índices numéricos, diferentes abordagens e levando em conta as necessidades objetivas da população. Lange também citava a importância dos incentivos, a utilização de computadores e o cálculo da otimização dos resultados[23]. Ele afirmava, em relação à empresa nos países socialistas:

> Dois extremos podem pôr em risco o caráter socialista da empresa. Um é a ausência de delegação do interesse público. Nesse caso, a propriedade dos meios de produção, qualquer que seja formalmente seu caráter legal, deixa de ser a propriedade socialista para tornar-se apenas a propriedade grupal destituída de qualquer responsabilidade para com a sociedade. A esse extremo, damos o nome de degeneração anarcossindicalista.
>
> O outro extremo, a que chamaremos de degeneração burocrática, ocorre quando não há um autogoverno efetivo dos trabalhadores nas empresas. Nesses casos, o caráter socialista da propriedade dos meios de produção torna-se fictício, porque os trabalhadores têm reduzida influência no uso prático dos meios de produção. A influência que porventura existir se processa através dos canais de uma máquina burocrática centralizada. Surge então o perigo da "alienação" (para usar uma expressão bem conhecida de Marx) do produtor em relação a seu produto; segue-se uma deformação do caráter socialista das relações de produção.

> A propriedade socialista dos meios de produção significa ambas as coisas: o uso dos meios de produção no interesse da sociedade como um todo e a participação democrática efetiva dos produtores e outros trabalhadores na administração dos meios de produção.[24]

Essas afirmações estão de acordo com o pensamento do Che sobre a empresa socialista. Por mais complicado e centralizado que fosse o projeto de administração do aparato industrial em Cuba, Guevara sempre insistia em que as decisões fossem tomadas em diversos níveis e tivessem a participação efetiva dos trabalhadores:

> Claro que o governo não pode ditar normas, fazer planos, fixar metas sem a participação do povo, pois nesse caso seria um plano frio, burocrático. Por isso mesmo, a empresa deve recorrer a seus funcionários e operários para discutir os planos, para incorporar o pessoal à produção e aos problemas da produção, de tal forma que o resultado final seja algo vivo, produto de discussões práticas sobre temas determinados e que possam oferecer conclusões finais.[25]

As propostas de Lange sobre a planificação, porém, também se estendiam aos demais países em desenvolvimento. Mas, como vários casos que citava eram de "democracias populares", suas análises baseavam-se principalmente na planificação daquelas nações. Guevara citou o professor da Universidade de Varsóvia em seu artigo "O sistema orçamentário de financiamento", publicado na revista *Nuestra Indústria* em 1964. Nesse texto, o revolucionário argentino mais uma vez mencionava a relevância de aproveitar as técnicas capitalistas úteis para a transição ao socialismo[26]. Mas isso apenas para ajudar a melhorar os aspectos tecnológicos e administrativos, ou seja, seria possível aprender muito com os procedimentos das empresas capitalistas e utilizar esses conhecimentos para aprofundar o socialismo.

Para o Che, as indústrias soviéticas estavam excessivamente atrasadas em relação às ocidentais, tanto em matéria de contabilidade, custos e controle de inventário como em maquinaria. Por exemplo, ao visitar uma fábrica de produtos eletrônicos na URSS com aproximadamente 5 mil operários, uma delegação cubana constatou que esta ainda utilizava o ábaco como única forma de cálculo de custos! Enquanto isso, na ilha, as antigas companhias norte-americanas nacionalizadas, como a CCE, tinham máquinas de perfuração de cartão IBM, consideradas as mais modernas da época[27].

Em 1965, as reformas chegaram oficialmente à Polônia, seguindo a tendência em outros países da Europa Oriental. A partir de então, os planos deveriam ser mais "científicos" e menos "arbitrários", com o cálculo de custos e lucros tendo um papel cada vez maior em todos os níveis de decisão; previa-se aumento de reservas e a descentralização de deliberações sobre alocação de recursos[28]. O objetivo, como nos outros casos, era melhorar a qualidade dos artigos, aumentar a produtividade e desencorajar a produção sistemática de bens com pouca possibilidade de venda. Ou seja, o plano passou a se direcionar cada vez mais para as empresas e seus trabalhadores[29].

A descentralização polonesa redirecionou várias instâncias decisórias dos ministérios para as *zjednoczenia,* cada qual responsável por todas as empresas de determinado ramo da indústria[30]. Essas associações industriais eram autônomas, autofinanciadas, com seus próprios investimentos e fundos de incentivos. As metas para as empresas, consequentemente, também mudaram e já não eram consideradas o critério principal de desempenho, sendo substituídas por uma taxa de rentabilidade definida como o total de lucros obtido antes do pagamento de imposto dividido pelo total de custos de produção. Assim, cada firma tinha uma meta de lucratividade, que deveria aumentar ao longo dos anos. Os prêmios e bônus estatais eram pagos a partir do cumprimento dos objetivos almejados[31]. Em vez de obter investimentos gratuitos diretamente do governo, as empresas recebiam crédito bancário para a construção de novas fábricas, a ser quitado com seus lucros, sem juros, caso não houvesse atraso no cumprimento. As decisões sobre substituição de material antigo e modernização industrial cabiam às firmas, que tinham de financiá-las a partir de seus emolumentos. Já as decisões sobre os preços continuavam centralizadas. Mesmo sendo menos radicais que na Tchecoslováquia, por exemplo, as reformas polonesas avançaram em direção ao capitalismo, ao adotar a lucratividade como principal indicador do desempenho das empresas e introduzir empréstimos para investimentos e taxas de juros a serem saldados em dinheiro. Teoricamente, tais mudanças haviam sido influenciadas pelo próprio desejo das companhias. Em 1964, uma pesquisa com 354 administradores de fábricas mostrou que 85% deles viam o sistema de centralização de alocação de materiais como o maior empecilho para tornar mais eficientes as operações dos empreendimentos. Alguns críticos consideravam que o modelo não tinha muitas possibilidades de ir adiante, uma vez que várias instituições governamentais ainda utilizavam práticas centralizadas, não enviavam em tempo as metas de produção e lucro para a empresa e não puniam as fábricas que não se conformassem ao sistema. Em alguns casos, as metas anuais chegavam com seis a nove meses de atraso, depois do começo do ano, ou seja, os planos ainda eram elaborados de acordo com métodos antigos[32]. Guevara era contra essas reformas, que já vinham sendo experimentadas por alguns anos. Em relação ao sistema polonês, o ministro de Indústrias de Cuba afirmou:

> Gostaria de dizer, agora, que estou lendo algumas análises que circulam no campo socialista, mais exatamente a Resolução do Plano do IV Congresso do Partido

> Comunista Polonês[33], uma síntese feita pelo Presidium, e também algumas intervenções dos companheiros do Politburo, nas quais são encarados os mesmos problemas que nos afligem.
> Na Polônia, onde ninguém pode suspeitar que exista outra coisa que não seja o chamado "cálculo econômico", encontramos nossos mesmos problemas: o do investimento, o problema do custo, o aumento do pessoal improdutivo na fábrica (dos bombeiros aos porteiros), o aumento do pessoal administrativo, a limitada análise dos custos de produção, o fato de que lá eles se preocupem mais com o aumento da produção do que com saber como e se os produtos serão distribuídos; [...] problemas, em síntese, que também preocupam a nós e que tendemos a atribuir ao sistema orçamentário, estão aqui escritos, um por um, também pelos poloneses. [...]
> Mas, sobretudo, o caminho a que leva em definitivo o cálculo econômico quando vai ao fundo, quando vai, como deve ir, à sua expressão de princípio, leva a um beco sem saída, porque a lógica dos fatos o induz a buscar, passo a passo, soluções ulteriores mediante o mesmo mecanismo, isto é, aumentando os estímulos materiais, orientando as pessoas especialmente ao próprio interesse material e, por esta via, ao livre jogo da lei do valor e ao ressurgimento, de certa forma, de categorias que já são estritamente capitalistas. É isto o que está acontecendo; demonstra-o a Polônia e creio que o demonstrem também outros países socialistas.[34]

Quando atacava as novas formas de administração dos países socialistas e defendia seu esquema, o Che tentava mostrar que os contratempos circunstanciais não se encontravam necessariamente no sistema orçamentário de financiamento. Eventuais falhas não seriam intrínsecas ao modelo, que não poderia ser responsabilizado pelas dificuldades econômicas da ilha. Para ele, os problemas de Cuba eram resultado da própria mudança de composição da economia do país e da pouca experiência dos novos administradores.

Outro caso de descentralização administrativa muito discutido no início dos anos 1960 foi o da Iugoslávia, com sua forma mais flexível de gestão de empresas. Apesar de admirar o marechal Tito, Guevara foi um duro crítico do sistema iugoslavo[35].

A Iugoslávia era um país pequeno, basicamente agrícola, com poucos recursos naturais e formado por repúblicas associadas – Croácia, Montenegro, Eslovênia, Bósnia e Herzegovina, Macedônia e Sérvia, na qual se incluíam duas regiões autônomas: Kosovo e Voivodina. Enquanto a pequena propriedade rural e a *zadruga* (comunidade patriarcal) eram formas consolidadas na Sérvia, as herdades predominavam em Croácia, Montenegro e Macedônia.

O estudioso Georges Lasserre descreve o processo inicial de transformação da economia daquele país. Segundo ele, ao longo da Segunda Guerra Mundial,

Jósip Broz, ao libertar vários territórios, começou a implementar neles diversas reformas sociais, expropriando terras dos alemães, dos traidores, das sociedades anônimas e das instituições eclesiásticas, limitando a 45 hectares a propriedade rural e redistribuindo as terras. Em 1946, ocorreu a nacionalização das indústrias, anteriormente controladas por germânicos, italianos e colaboradores dos invasores. Inicialmente, 42 setores fundamentais da indústria foram estatizados, seguindo-se uma segunda fase que aprofundou as medidas já tomadas pelo novo regime. Assim, o Estado passou a ter em suas mãos todas as fábricas, bem como os setores mineiro, de transportes, bancário etc.[36].

Em abril de 1947, o governo iugoslavo assentou as bases para um plano quinquenal cujo objetivo era quintuplicar a produção agrícola e investir, ano após ano, pelo menos 30% de todo o PIB, tentando seguir o exemplo dos planos tradicionais soviéticos. Após a ruptura com Moscou em 1948, contudo, Belgrado passou a promover uma nova experiência administrativa, que inicialmente foi exaltada por diversos marxistas independentes como um exemplo de socialismo humanista, mas depois de algum tempo mostrou falhas graves. As ideias de "autogestão" operária, inspiradas principalmente por Edvard Kardelj, eram uma reação contra a burocracia e a excessiva centralização anteriores que supostamente se caracterizava pelo "coletivismo autoritário", impossibilitando a iniciativa individual, apresentando demasiado controle vertical e menor produtividade. Também haveria uma nova forma de exploração, já que uma camada social monopolizaria as funções de administração da produção e distribuição do lucro. Os burocratas, agindo em nome dos trabalhadores, seriam os novos exploradores.

Assim, começou-se a implementar o sistema de autogestão em 1949, de forma consultiva – e, em 27 de julho de 1950, com poderes de decisão pela lei. Certamente, essa foi muito mais uma medida política do que econômica, e aos poucos se consolidou. Durante um discurso, Kardelj disse que a União Soviética havia exagerado o papel do Estado, que teria assumido uma posição econômica muito especial no sistema de relações sociais. Para ele, a "evolução" para o socialismo na Europa Ocidental por meio da estrutura política existente era viável e já estava ocorrendo. A "revolução" iugoslava teria sido necessária em decorrência da inabilidade da burguesia local para avançar na História; portanto, seria tarefa do novo regime alterar o equilíbrio das forças sociais em favor do socialismo mediante a industrialização. Por isso, era mister também a disciplina interna. Mas a Iugoslávia teria, diferentemente da URSS, conseguido evitar o burocratismo ao iniciar o gradual desaparecimento do Estado por meio de medidas que davam mais poder à propriedade social, ou seja, aos conselhos operários[37].

As críticas ao velho sistema eram muitas. Os iugoslavos acreditavam que as avaliações globais em quantidades e objetivos quantitativos impostos às empresas impossibilitavam qualquer iniciativa individual. Para eles, havia falta de estímulos, emprego por coerção, predeterminação e racionamento do consumo e a tendência a que a planificação se estendesse a outras áreas, como artes e ciências. Assim, esse modelo deveria ser substituído por outro mais maleável, com planos mais gerais, dando maior liberdade aos consumidores e ampliando o poder interno de decisão das empresas. A partir daí restabeleceu-se o mercado livre no país, com a possibilidade de criação de firmas, que podiam escolher sua produção e investimentos, vender livremente seus artigos e fixar preços. A planificação definia os objetivos gerais apenas em termos monetários, não em quantidades, e não fixava autoritariamente as determinações às companhias.

O "plano geral", de acordo com Lasserre, foi elaborado pela repartição federal de planificação econômica, com aproximadamente duzentos funcionários, discutido pelo conselho executivo e, depois de completado, submetido à votação no próprio CE e no homólogo federal de produtores[38]. Cada plano fixava as linhas gerais de desenvolvimento, ou seja, a taxa de crescimento do PIB (em geral de 9% ao ano) e o progresso das regiões mais atrasadas. Ele também fixava a relação entre o consumo social – a satisfação das necessidades coletivas pelos serviços públicos – e o individual, bem como as grandes massas de produção a serem desenvolvidas. O governo acabou com o racionamento, a entrega obrigatória de colheitas, a distribuição administrativa dos bens e matérias-primas etc. Na primeira fase (1950-1953), a planificação econômica objetivava impor: uma taxa mínima de utilização da capacidade de produção, fixada por ramo, em torno dos 5%; um fundo de estipêndios correspondente; salários mínimos variáveis de acordo com cada categoria; um volume mínimo de investimentos governamentais; uma contribuição para alimentar os fundos sociais da federação, das repúblicas e das comunas a partir dos impostos e seguro social; e liberdade para as empresas utilizarem o capital excedente como bem quisessem. Em 1954, alguns desses instrumentos foram abolidos e outros flexibilizados[39]. Em suma, a Iugoslávia tentou reconstruir seu modelo econômico por meio de ações gradativas em direção ao livre mercado.

Foi criado um fundo nacional de inversões, assim como instrumentos similares nas repúblicas e comunas[40]. Seu propósito era controlar a parte ainda centralizada dos investimentos, enquanto os demais seriam de responsabilidade das empresas[41]. Como nem sempre as companhias estavam nas mesmas condições financeiras, um fundo especial foi constituído para ajudar as mais pobres. Já os bancos eram comunais, com representantes dos estabelecimentos locais e um do conselho operário. Seus ganhos não decorriam de juros, mas de comissões sobre as operações. Seu papel principal, portanto, era a atribuição de fundos e o controle de sua utilização. Os recursos do Banco Nacional, por sua vez, provinham de "doações" orçamentárias e de juros e anuidades pagos pelos empreendimentos endividados. Em sua maior parte, os fundos eram empregados em programas de desenvolvimento "acelerado" das regiões mais atrasadas e em obras públicas de grande porte, como construção de estradas, drenagem e irrigação. Outra parte deles era usada para completar os investimentos das empresas e comunas na execução de projetos que o Estado considerava merecedores de apoio.

Impostos progressivos começaram a ser cobrados sobre os lucros líquidos das firmas, que eram repassados aos diversos fundos da federação e das unidades territoriais. Outra taxa era aplicada à parte de ganhos da empresa quando estes ultrapassavam 20% dos lucros pessoais. Os preços de alguns produtos básicos eram fixados e outros, como os de certos artigos industriais, bloqueados (os aumentos precisavam ser aprovados pelo Estado trinta dias antes de serem efetivados). Diversos gêneros agrícolas tinham seus preços controlados, assim como alimentos essenciais, moradia e transportes. O resto dos preços era livre, principalmente os de bens de consumo. Além disso, alguns contratos comerciais eram proibidos às empresas, caso não fossem estatutariamente parte de seus negócios. As companhias também não podiam comprar de intermediários, criar monopólios, impor mercadorias aos consumidores como condição de fornecimento e vendê-las entre si. O Estado controlava o comércio exterior[42].

Para os economistas iugoslavos, o livre mercado funcionava como um critério de rentabilidade dos empreendimentos, mostrando quais eram as mais eficientes e mereciam continuar existindo, ou seja, era um estímulo ao aumento da produtividade. Além disso, sinalizava que as firmas tinham conseguido adaptar sua produção às necessidades do público. Em 1962, várias medidas de liberalização e descentralização tomadas no ano anterior foram corrigidas, principalmente na questão da distribuição dos salários em detrimento dos investimentos e distribuição dos lucros não realizados. Nesse ano, intensificou-se o controle do comércio exterior, fundiram-se vários departamentos profissionais num único departamento econômico e instituiu-se uma comissão especial de coordenação para acompanhar mais atentamente a execução do plano.

Foram muitas as críticas àquele sistema. Para alguns, começou a ocorrer um crescimento do ramo de capitalismo privado na produção de bens supérfluos, enquanto o ramo privado da agricultura ainda era responsável por 85% das terras. A autogestão seria uma forma que permitiria ao capitalismo se desenvolver, e os gerentes industriais teriam dado origem a uma nova casta, o "burocrata-agente"[43]. Isso, juntamente com a utilização de incentivos materiais, encorajaria a motivação pelo lucro.

Como lembra Bruce McFarlane, desde o rompimento com a União Soviética, em 1948, cada vez mais economistas formados em instituições ocidentais e influenciados por práticas capitalistas ganharam força no governo iugoslavo. Boris Kidrič, presidente do Conselho Econômico e do Escritório de Planejamento Federal, começou a defender o uso ampliado das leis de oferta e procura, e não a planificação centralizada, por motivos práticos[44]. Os que queriam manter o sistema centralizado até que a economia tivesse atingido um nível mais alto foram aos poucos sendo substituídos. Assim, personalidades como Nikola Čobeljić e Radmila Stojanović, ambos assessores da Comissão de Planejamento, pediram demissão, e em seus lugares foram incorporados técnicos "conservadores", que voltaram ao país depois de concluir seus cursos de pós-graduação na Inglaterra ou nos Estados Unidos. Com isso, especialistas como Branko Horvat e Rudolf Bičanić tornaram-se figuras influentes no governo.

Mas a situação econômica da Iugoslávia estava longe de ser satisfatória. Em 1963, por exemplo, apenas 54% da capacidade industrial estava sendo utilizada, em parte porque as máquinas dependiam de matérias-primas que não chegavam e pela falta de energia elétrica, que, na "pressa" de implantar a descentralização, não havia sido suficientemente desenvolvida. O aumento dos tributos sobre o capital fixo também se mostrou ineficiente. Essa taxação foi instituída com o objetivo de compensar a capacidade ociosa de algumas firmas "monopolistas", estimulando-as a aumentar a produção e reduzir preços. O fato é que, desde 1954, surgiram alguns setores monopolizados – mesmo que isso fosse contrário aos estatutos gerais do projeto governamental – e muitas indústrias não demonstravam adequada competitividade. No período, a capacidade ociosa do setor monopolizado permitia um aumento de pelo menos 20% na produção sem a necessidade de quaisquer investimentos[45].

Paradoxalmente, houve um incremento na produção industrial entre 1963 e 1964, tendo em vista que parte das inversões foi deslocada para projetos de racionalização e otimização do trabalho nas fábricas e de redirecionamento de capitais para algumas regiões menos desenvolvidas[46]. A partir de 1964, os bancos de investimentos foram abolidos, e em seu lugar entraram os "bancos econômicos", que funcionavam pela motivação do lucro, com empréstimos aos mercados de investimentos e altas taxas de juros. Isso também ampliou o direito das empresas de obter créditos de longo prazo. Esse sistema fez com que os fundos bancários fossem canalizados principalmente para os setores mais fortes da economia (os órgãos centrais apenas controlavam o percentual de participação do investidor)[47]. No começo da década de 1960, houve progressivo aumento no custo de vida, que de 7,5% em 1961 foi a 10,5% no ano seguinte. Em agosto de 1964, foi elevado por decreto em 24%, ao passo que os salários mínimos tiveram alta de 10%. Entre agosto de 1964 e março de 1965, houve um aumento de 33% nos preços gerais, enquanto os vencimentos subiram apenas 15% no mesmo período. Também havia um receio implícito de que altas taxas de produtividade e lucratividade das empresas fossem motivo para maiores encargos do governo. Por isso, temendo uma tributação sobre os ganhos elevados, muitas empresas deixavam de investir em renovação de maquinaria e inovações tecnológicas que poderiam expandir a produção.

De forma geral, ocorreu uma crescente reação contra a ideia de planificação centralizada. No período entre 1961 e 1965, diversos artigos foram publicados na Iugoslávia apoiando maior autonomia de decisão econômica das empresas e comunas[48]. Em 1964, a Eslovênia, por exemplo, recusou-se a implementar o plano sugerido pelo governo central e resolveu adotar uma estratégia geral de desenvolvimento decidida pelo próprio Parlamento daquela república. Na prática, surgiram desigualdades entre as empresas e entre os indivíduos e uma sobrevalorização do lucro. Também houve uma aproximação cada vez maior com o Ocidente e as práticas capitalistas. Alguns anos mais tarde, muitas companhias europeias e norte-americanas começaram a investir no país. Um artigo publicado no jornal *The New York Times* em 19 de agosto de 1968 afirmava:

> O capital ocidental ganhou uma importante base de apoio na Iugoslávia e está ajudando a transformar o que antes havia sido basicamente um país agrícola em um novo Estado industrial. Investimentos de empresas tão diferentes como a Fiat – gigante automotiva italiana – e a Printing Developments, Inc., da cidade de Nova York – uma subsidiária da Time, Inc. – representam tanto as demandas vorazes por capital para novos mercados como a intenção consciente do Estado comunista de aceitar a economia de mercado e a maior parte de suas armadilhas. Conversas com funcionários de Belgrado especializados em atividades econômicas mostram sua firme convicção de que este caminho será seguido por outros países da Europa Oriental. Para eles, a Iugoslávia é que vai dar a direção no Leste Europeu, assim como será uma vitrine para o capital ocidental. As companhias ocidentais atuando aqui terão enormes vantagens competitivas quando os mercados forem abertos no resto da Europa Oriental.
>
> Continuando as reformas que transferiram o controle das empresas do Estado para elas próprias e introduziram as disciplinas do livre mercado e o incentivo ao lucro, a Iugoslávia promulgou uma lei igualmente revolucionária um ano atrás para atrair capital estrangeiro.
>
> A lei não foi efetivada sem antes ter uma forte oposição daqueles amedrontados com a ideia de que o capital ocidental iria dominar os setores-chave da economia. Para se salvaguardar dessa possibilidade, proibiram o capital estrangeiro de adquirir mais de 49% de ações das empresas iugoslavas. [...] [Estas] são controladas pelos próprios trabalhadores por meio de conselhos operários, os quais, por sua vez, nomeiam uma junta de profissionais, como contadores e engenheiros de produção, para administrar suas fábricas.
>
> No início, as companhias estrangeiras estavam relutantes em se envolver porque acreditavam que sua posição minoritária não lhes daria nenhum controle direto sobre seu investimento. [...] Os estrangeiros têm a permissão de transferir os lucros para fora do país com a condição de que depositem 20% nos bancos

> iugoslavos. Podem vender sua participação para outras companhias estrangeiras com a condição de que primeiro ofereçam a venda das ações de volta para a companhia iugoslava.
>
> A lei produziu alguns resultados impressionantes.
>
> A Fiat, que está fornecendo a tecnologia e a maior parte do equipamento para uma grande fábrica de automóveis soviética, colocou US$ 10 bilhões na companhia iugoslava Crvena Zastava (Bandeira Vermelha), que produz os carros Fiat sob licença.
>
> A companhia norte-americana, de acordo com a informação publicada aqui, entrou numa *joint venture* com a Beogradski Graficki Zavod (Companhia de Impressão Gráfica de Belgrado) para impressão em cores utilizando um novo e especialmente rápido equipamento de processamento dos Estados Unidos.[49]

Para Oskar Lange, as fases iniciais do desenvolvimento de uma nação socialista deveriam seguir um padrão determinado, ou seja, algo parecido com a economia de guerra. Em outras palavras: se as forças produtivas estivessem num estágio atrasado, seria fundamental a centralização política e econômica, tentando racionalizar ao máximo as fontes de produção, a fixação de preços e as técnicas de controle. Lange acreditava que, por mais duro que fosse esse período, essa era uma necessidade histórica. A flexibilização política e econômica só viria gradualmente, quando a economia nacional estivesse num estágio mais maduro. Para os defensores do sistema iugoslavo, contudo, havia ocorrido o oposto. Aquele país teria provado que o "mercado socialista" era possível no período de transição. Seria possível planificar a economia a partir de melhores condições materiais tendo em vista a maior abundância de mercadorias e a qualidade de vida mais elevada[50]. Alguns estudiosos marxistas mostraram-se inconformados em relação às "inovações" na Iugoslávia durante aquele período. Ernest Mandel chegou a dizer que, para os especialistas do país,

> a economia de mercado não é necessariamente nociva durante o período de transição entre o capitalismo e o socialismo; mas deve-se manter ainda depois de finalizada a construção do socialismo. Alguns deles ainda argumentam que a produção de mercadorias eventualmente desaparecerá "sob o comunismo". Mas esses argumentos, de fato, são inconsistentes. Os teóricos mais coerentes, como Horvat, concebem com ousadia uma sociedade comunista com pleno florescimento da produção de mercadorias. [...] É evidente a origem pragmática e apologética dessa concepção. O que realmente interessa aos teóricos iugoslavos é explicar e justificar o que está ocorrendo em seu próprio país. Porque ou não têm consciência das implicações teóricas dessas justificativas no longo prazo ou, francamente, as desprezam.[51]

Como vimos, Che Guevara também foi extremamente crítico em relação ao caso iugoslavo. Suas opiniões iniciais pareciam mostrar que ele ainda não conhecia suficientemente o sistema para discuti-lo de forma mais profunda. Com o passar dos anos, contudo, pode-se notar uma posição clara contra aquele método de administração. No final de 1959, ao retornar de uma viagem oficial por diversos países, escreveu uma série de artigos para a revista *Verde Olivo* sobre cada um deles, chegando a afirmar que a Iugoslávia talvez fosse o lugar mais interessante entre todos os visitados. Segundo o Che:

> Todas as coletividades da Iugoslávia, sejam elas camponesas, sejam elas operário-industriais, guiam-se pelo princípio do que eles chamam de autogestão. Em um plano geral, bem definido quanto a seu alcance, mas não quanto a seu desenvolvimento particular, as empresas lutam entre si no mercado nacional como uma entidade privada capitalista. Poder-se-ia dizer, de maneira geral, caricaturando bastante, que a característica da sociedade iugoslava é o capitalismo empresarial com uma distribuição socialista dos lucros. Ou seja, tomando cada empresa não como um grupo de trabalhadores, mas como uma unidade, essa empresa funcionaria aproximadamente dentro de um sistema capitalista, obedecendo às leis de oferta e procura e entabulando com seus similares uma luta violenta pelos preços e a qualidade, realizando o que na economia se chama de livre concorrência... O sistema, difícil de entender em poucas palavras, está bem coordenado e dá muito bons resultados quanto à satisfação dos pequenos luxos da população, que está bem e variadamente vestida, bem nutrida e alegre, ainda que não haja, em meu conceito, uma insistência suficientemente grande em recalcar os grandes rumos da industrialização, o que deveria ser levado a termo num país pobre e subdesenvolvido como é a Iugoslávia, baseado em um maior sacrifício da população, privando-se de todos esses pequenos luxos que detalhei.[52]

Alguns anos mais tarde, em 1964, a opinião de Guevara seria mais incisiva. Em reunião com membros do governo cubano, insistiu que

> na Iugoslávia funciona a lei do valor, na Iugoslávia fecham-se fábricas porque não rendem; na Iugoslávia existem delegações suíças e holandesas que recrutam mão de obra desocupada e levam-na para seus próprios países para trabalhar nas condições que impõe um país imperialista à mão de obra estrangeira, considerada o último degrau da sociedade. Assim, os companheiros iugoslavos vão trabalhar como operários ou camponeses em países onde a mão de obra é escassa, expostos a encontrar-se em qualquer momento desocupados, na rua, como um porto-riquenho nos Estados Unidos.[53]

E completou:

> Isto acontece na Iugoslávia. Na Polônia vai-se pelo mesmo caminho, anulando toda uma série de medidas de coletivização, voltando para a propriedade privada da terra, estabilizando uma série de sistemas de câmbio, aumentando os contatos com os Estados Unidos. Também na Tchecoslováquia e na Alemanha começa-se a estudar o sistema iugoslavo para tentar aplicá-lo. Em resumo, estamos na presença de uma série de países que estão todos eles mudando o caminho. Diante de quê? Diante de uma realidade que não se pode desconhecer: que o bloco ocidental avança em ritmos produtivos superiores ao socialista das democracias populares. Por quê? Em vez de ir ao fundo, à raiz disto, para tentar resolver o problema, dá-se uma resposta superficial, volta-se à teoria do mercado, recorre-se novamente à lei do valor, e são reforçados os incentivos materiais.[54]

O que podemos perceber é que o Che recriminava todo o processo que vinha ocorrendo na União Soviética e na Europa Oriental, assim como tinha ideias muito claras sobre a construção do socialismo, principalmente em Cuba. Suas discordâncias fizeram com que se afastasse ideologicamente cada vez mais dessas experiências e fosse visto como um elemento com posições dissonantes e radicais em relação às concepções encampadas por alguns teóricos daquele período.

Inauguração de indústria de tornos em Havana com a presença de Che Guevara.
Crédito: Jorge Oller.

4
O debate econômico cubano

As discussões administrativo-financeiras na União Soviética e na Europa Oriental tiveram repercussão em outras partes do mundo e certamente influenciaram membros do governo cubano. O que se convencionou chamar de "debate econômico" na ilha caracterizou-se por uma série de artigos divulgados em revistas de instituições oficiais locais. Nesse sentido, a posição de Che Guevara como organizador político-cultural deve ser ressaltada. Afinal, o Minind, encabeçado por ele, havia criado três publicações emblemáticas naqueles primeiros anos após o triunfo revolucionário: *Nuestra Industria* (1961), dirigida pelo secretário do Conselho de Direção, Juan Valdés Gravalosa, com uma tiragem mensal de 35 mil exemplares; *Nuestra Industria Tecnológica* (1962), editada por María Teresa Sánchez e supervisionada por Tirso Sáenz; e *Nuestra Industria Económica* (1963), nas mãos do próprio Che e de Santiago Riera (depois, Miguel Figueras se incorporou a seu comitê). Aquela iniciativa teve grande importância para o desenvolvimento teórico dos dirigentes do país e constituiu um espaço fundamental para os diálogos sobre os rumos da economia nacional.

O aporte guevariano à porfia começou com o artigo "Considerações sobre os custos de produção como base para a análise econômica das empresas sujeitas ao sistema orçamentário" (*Nuestra Industria Económica,* junho de 1963) e terminou com o texto "A planificação socialista e seu significado", que saiu em *Cuba Socialista* (o periódico "conceitual" mais influente do poder executivo) exatamente um ano mais tarde. As últimas intervenções de outros autores foram a de Luis Álvarez Rom, "Sobre o método de análise dos sistemas de financiamento" (*Cuba Socialista,* julho de 1964), a de Alexis Codina Jiménez, "Experiências sobre o controle no sistema orçamentário" e a de Mario Rodríguez Escalona, "A concepção geral das finanças na história e no sistema orçamentário no período de transição" (estas últimas em *Nuestra Industria,* dezembro de 1964)[1]. Seus temas principais eram a planificação, a gestão industrial, o sistema orçamentário de financiamento, o cálculo econômico, os incentivos morais e materiais, o papel dos bancos, a teoria do valor, a emulação socialista e o trabalho voluntário[2].

O "*gran debate*", do qual participaram desde membros graduados do governo (entre os quais Alberto Mora e Carlos Rafael Rodríguez) até intelectuais estrangeiros, como Charles Bettelheim e Ernest Mandel, portanto, pode ser visto como reflexo e continuação das elaborações do mundo socialista e também como revérbero dos diálogos endógenos, ao mostrar preocupação em discutir especificamente assuntos relacionados ao desenvolvimento interno naquele período. De acordo com Mandel:

> A unidade da teoria e da prática revolucionária se encontra, portanto, constantemente ameaçada pelos riscos paralelos do pragmatismo, de um lado, e do dogmatismo, de outro. Será imprescindível uma grande série de experiências socialistas efetivas – do ponto de vista da prática – antes que a teoria possa codificar de maneira definitiva as "leis econômicas" da construção do socialismo, que não podemos descobrir, na etapa atual da experiência, senão através de múltiplos tateios e de múltiplos erros, segundo o método da aproximação sucessiva. Consequentemente, a unidade entre a teoria e a prática na época de transição deve necessariamente incluir um grau determinado de autonomia da teoria, sem a qual a própria prática corre o risco de ser mal-elucidada e mal-orientada [e se veem] multiplicados os riscos de desvios e erros. [...]
>
> Os participantes no debate econômico de 1963-1964 não estiveram todos conscientes dessas relações dialéticas recíprocas entre a teoria e a prática revolucionárias. Mas pode-se afirmar, sem vacilo, que buscaram instintivamente conciliar o imperativo da autonomia relativa da teoria e o da eficácia da prática imediata. É isso que dá ao debate um tom de sinceridade e de seriedade digno de elogio, ainda que em certas contribuições se reconheçam os balbucios de um pensamento que se busca, mais do que a expressão madura de um pensamento que já adquiriu plena consciência da realidade social da qual surgiu.[3]

Durante todo o processo, o Che defendeu que a ilha deveria consolidar o sistema orçamentário de financiamento. Para ele, o princípio que rege o capitalismo era a lei do valor, que se expressa no mercado. Em Cuba, contudo, apesar da carência de mercadorias (o que poderia ter levado a um aumento lógico nos preços e à volta da relação oferta-procura), o governo havia imposto um congelamento nos preços e estendido o racionamento, impedindo que o custo dos artigos se expressasse no mercado. Os preços, assim, seriam definidos a partir de uma série de fatores inter-relacionados, desde as matérias-primas até os gastos de todo tipo no processo de produção e distribuição das mercadorias[4]. Se os produtos atuassem de acordo com os preços "inter-relacionados" – uma correspondência distinta daquela que ocorre no capitalismo –, surgiria uma nova relação de importes, diferente do que geralmente acontece em âmbito mundial.

Para que os preços coincidissem com o valor, dever-se-ia manejar conscientemente a lei que o rege, com o intuito de obter um equilíbrio do fundo mercantil e ao mesmo tempo refletir os preços verdadeiros. Essa era uma tarefa difícil, mas viável, a partir de uma maior centralização e desburocratização.

O revolucionário argentino acreditava que aos poucos seria possível desenvolver procedimentos de controle mais eficientes, aproveitando os avanços nas técnicas de contabilidade geral das empresas capitalistas. Além disso, um produto só seria assim considerado depois de passar por um "longo processo" de fluxo interno e só se tornaria mercadoria após a transferência de propriedade, ou seja, quando estivesse nas mãos do consumidor[5].

A análise de custos era fundamental nesse caso, já que no socialismo deveria existir "coincidência", conexão íntima entre custo de produção e preço[6]. Para evitar as distorções entre preços domésticos e internacionais, poder-se-ia constituir um sistema que se baseasse em certa "medida histórica" daqueles utilizados no mercado mundial capitalista. Com isso, os importes seriam fixados por determinado período, sem alterações. Guevara achava que, caso se tomassem os preços dos artigos fundamentais da economia e estabelecessem os montantes dos outros produtos baseados naqueles, a partir de cômputos aproximativos, seria possível chegar a seu "nível histórico" no mercado global.

Para ele, o preço das mercadorias para a população poderia ser diferente do interno das empresas. O mais necessário para as companhias, por sua vez, seria a análise de custos, o principal índice de gestão industrial[7]. Para isso, os técnicos do governo tinham como obrigação desenvolver todo um sistema para esse acompanhamento, bem como das normas de consumo de matérias-primas, de gastos indiretos, de artigos em processo de fabricação e acabados, além da sistematização do controle de inventários e da elaboração de estudos detalhados sobre esses índices.

Novas tecnologias para evitar o desperdício, menores despesas no consumo de energia elétrica e combustível, aumento do controle administrativo, capacitação de dirigentes, pesquisa econômica e, principalmente, elevação da produtividade seriam elementos relevantes para monitorar e diminuir os custos de fabricação e os preços finais ao consumidor. Todos esses fatores deveriam fazer parte de um sistema de direção centralizada, que, por sua vez, permitiria que as decisões fossem tomadas em diferentes níveis e com ampla participação dos obreiros[8].

O sistema orçamentário de financiamento seria, portanto, essencial para que a administração da economia cubana fosse mais eficiente e caminhasse para o socialismo. Como mostramos anteriormente, no SOF uma empresa era concebida como um conglomerado de fábricas com mesma base tecnológica, destino comum para a produção e localização geográfica similar, enquanto no cálculo econômico elas constituíam unidades com personalidade jurídica própria. No modelo proposto pelo Che, o numerário seria usado apenas como medida aritmética, como reflexo da gestão das empresas nos preços, com base nos quais os órgãos centrais realizavam a análise para verificar seu funcionamento; na autogestão financeira, este era usado não só para os mesmos propósitos mas também como instrumento indireto de controle. Existiria, pois, um maior relacionamento individual entre as empresas, as quais, no sistema respaldado por Guevara, não tinham fundos próprios, recebendo os investimentos a partir de cotas retiráveis dos depósitos das contas criadas para cada uma delas com base nas decisões dos organismos centrais e do orçamento. Todos os seus aprovisionamentos, por sua vez, iriam diretamente para um fundo geral do Estado, que mais tarde repassaria novamente a verba da forma que melhor lhe conviesse. No cálculo econômico, por outro lado, as empresas contariam com recursos próprios e receberiam créditos dos bancos, que faziam os empréstimos mediante o pagamento de juros.

Um "dicionário" de economia soviético amplamente divulgado em Cuba afirmava que a autogestão financeira era um método de gerenciamento planificado para se alcançar o máximo de efetividade na produção – utilizando para isso "leis econômicas do socialismo" e relações monetário-mercantis –, no qual a empresa (ou consolidado de empresas) deveria ser rentável[9]. O texto ia mais longe, dando a entender que esse modelo era o mais eficiente em termos gerais, tendo em vista que as companhias teriam o direito de fazer convênios com outras, provedoras ou consumidoras, de possuir contas de cobrança e pagamentos no banco (e obter créditos destes) e de organizar o emprego de sua força de trabalho também indicava que, a partir do "plano", as empresas ganhariam autonomia para adquirir materiais e combustíveis e fazer seus produtos. Quanto melhor operasse a firma, maior o provento, que incrementaria seus fundos de estímulo interno. Haveria, portanto, a redução dos índices criados para elas pelos organismos centrais, o aumento do papel do preço, do rendimento e do crédito, a independência econômica, juros e ampliação dos incentivos materiais.

De acordo com esse mesmo manual, o lucro no socialismo caracterizava-se apenas pela efetividade econômica da empresa e pelo instrumento de estímulo econômico[10]. Já o Che pensava que, para estabilizar o fundo mercantil e a demanda, caberia ao Mincin nivelar a capacidade de compra da população com os preços das mercadorias, enfatizando os produtos essenciais, de modo a garantir um preço baixo. Em outras palavras, em certos casos o ministério deveria ignorar a lei do valor e indicar os importes para cada caso específico[11]. De acordo com Guevara:

> Todas as matérias-primas de importação terão um preço fixo, estável, baseado em uma medida do mercado internacional, acrescida de mais uns pontos pelo custo de transporte e do aparelho de comércio exterior. Todas as matérias-primas cubanas teriam o preço de seu custo de produção real em termos monetários. A ambos se acrescentariam os gastos de trabalho planificado mais o desgaste dos meios básicos para elaborá-las, e esse seria o preço dos produtos entregues ao comércio exterior e entre empresas, mas estariam constantemente afetados por índices que refletissem o preço dessa mercadoria no mercado mundial, mais os custos de transporte e de comércio exterior. As empresas que operam pelo regime de financiamento orçamentário trabalhariam sobre a base de seus custos planificados e não teriam lucros; estes seriam carreados para o Mincin (naturalmente, isto se refere àquela parte do produto social que se realiza como mercadoria, é o fundamental como fundo de consumo); os índices nos diriam continuamente (ao aparelho estatal e à empresa) qual é a nossa real eficácia e evitariam que se tomassem decisões equivocadas. A população nada sofreria com todas estas mudanças, já que os preços da mercadoria que compra estariam fixados independentemente, atendendo à demanda e à necessidade vital de cada produto.[12]

A partir de um intrincado sistema, os órgãos centrais fariam os cálculos pertinentes a toda a esfera produtiva, desde maquinaria importada e matérias-primas até custos dos salários e gastos com equipamentos, resultando nos custos reais de cada obra, em seu custo idealizado e naqueles comparados com os do mercado internacional. Isso ampliaria as possibilidades de decisão sobre que tipo de material empregar, visando sempre aos menores gastos possíveis, sem tanta preocupação nesse momento com a otimização matemática – já que outros fatores, como a política e o mercado externo, podiam ser levados em conta –, mas com uma ideia básica dos custos reais de produção e comercialização decorrentes dessa técnica[13]. Caso isso fosse adotado em outros países socialistas, seria possível criar, na concepção do guerrilheiro argentino, um "mercado socialista mundial" de preços melhor que o utilizado na época.

Na prática, contudo, o SOF apresentava vários problemas. O próprio Guevara admitia que as empresas não funcionavam de modo adequado: as fábricas não eram abastecidas da forma nem no momento estipulados pelo plano, recebiam matérias-primas para processos tecnológicos diferentes dos seus – o que obrigava a mudanças que acarretavam aumento nos gastos e no custo dos produtos – e ainda havia dificuldades de investimentos e modificações no plano. Como não havia "aparelhos automáticos" que identificassem essas adversidades e as resolvessem imediatamente, estas eram reportadas ao ministério, que servia apenas de receptor de informações. Como a burocracia ainda era significativa e os planos, complicados, todo o processo acabava atrasando. Dependendo da situação, os funcionários eram obrigados a solucionar pessoalmente os contratempos, enquanto em outros casos as questões eram deslindadas por telefone ou pelo Cilos, que tinha de analisar as questões imediatas e tomar as decisões administrativas pertinentes.

Para o Che, ainda havia "falta de maturidade" no sistema, escassez de quadros especializados, falhas no abastecimento de materiais, nos transportes e no controle de qualidade, assim como a necessidade de maior difusão do modelo em todo o território, de desenvolver um aparelho central mais eficiente e de melhorar as relações entre órgãos de distribuição do governo e com os organismos fornecedores de materiais[14]. Por outro lado, ele acreditava que sua proposta tinha vantagens, uma vez que, por ser extremamente centralizada, possibilitava um uso mais racional dos fundos nacionais, assim como do próprio aparato da administração industrial, poupando mão de obra, incrementando a produtividade e facilitando o controle de investimentos. Com o tempo, portanto, seria possível criar fábricas mais eficientes.

Participaram também da discussão Luis Álvarez Rom, então ministro da Fazenda ("As finanças como um método de desenvolvimento político", *Nuestra Industria,* junho de 1963, e o já citado "Sobre o método de análise dos sistemas de financiamento", de julho de 1964), o vice-ministro da Fazenda, Mario Rodríguez Escalona ("A concepção geral das finanças na história e o sistema orçamentário no período de transição"), o funcionário da Junta Central de Planificação Miguel Cossío ("Contribuição ao debate sobre a lei do valor", *Nuestra Industria,* dezembro de 1963), Alexis Codina (com o mencionado "Experiências sobre o controle no sistema orçamentário", de dezembro de 1964) e Joaquín Infante Ugarte, diretor de Finanças e Preços do Inra ("Características do funcionamento da empresa autofinanciada", *Cuba Socialista,* junho de 1964)[15].

Um dos principais críticos de Guevara naquela ocasião foi o conhecido economista francês Charles Bettelheim, então partidário do cálculo econômico. Em conferência pronunciada na Universidade de Havana em 1963, ele expôs diversos temas que mais tarde propugnaria em seu "Formas e métodos do planejamento socialista e nível de desenvolvimento das forças produtivas", publicado na revista *Cuba Socialista* em abril de 1964[16]. Ele acreditava que em todos os países socialistas, independentemente de seu nível de desenvolvimento, continuavam a existir as categorias mercantis – em outras palavras, o cálculo do valor, a moeda, um sistema de crédito e financeiro –, havendo, portanto, um uso consciente delas, tendo em vista que, na época, em alguns casos, formas distintas de propriedade socialista conviviam num mesmo ambiente econômico.

O professor da Sorbonne dizia que a ideia de não existirem categorias mercantis no ramo socialista de produção – ou a de considerá-lo um "truste único de Estado", com produtos circulando, mas não necessariamente sendo trocados, constituindo, portanto, um "pseudomercado" – era uma forma equivocada e "irrealista" de analisar a situação:

> É precisamente por aí que se chega, creio eu, à questão fundamental: na fase atual da socialização das forças produtivas, o tempo de trabalho socialmente necessário (em todos os sentidos desse termo) não é ainda plenamente mensurável de modo direto; e é por isso que as categorias mercantis se impõem objetivamente como o único meio de medida, e de medida indireta, do tempo de trabalho socialmente necessário.[17]

Dificilmente um órgão central poderia determinar a alocação de todos os recursos financeiros para o desenvolvimento harmônico da esfera industrial e da distribuição. O ideal seria um sistema em que uma gestão centralizada geral, no âmbito da planificação nacional, pudesse conviver com uma flexibilização no setor econômico, possibilitando um gerenciamento descentralizado em algumas instâncias, uma vez que existiriam no socialismo centros de produção diferenciados que poderiam ser independentes uns dos outros[18].

Mesmo que a forma "superior" de propriedade socialista fosse supostamente a estatal, ainda se consideravam necessárias as "inferiores", associadas a um momento histórico específico, ligadas ao nível de maturidade das forças produtivas de cada país. As decisões governamentais, portanto, deveriam reconhecer quais tipos de coletividade se mostrariam mais eficientes[19]. De acordo com Bettelheim, a relação e a interdependência desse ramo cresciam em diversas nações, e seria esse "processo de integração" que levaria a uma maior planificação, cuja dinâmica deveria ser respeitada. Enquanto a integração não ocorresse, as unidades produtivas precisariam manter-se relativamente autônomas em termos financeiros. A mútua colaboração configuraria, na prática, o começo da unificação, sendo responsável por criar a necessidade de uma planificação real[20].

Os preços representariam as decisões (que poderiam variar de acordo com a empresa) na gestão dos recursos e na elaboração de métodos que permitissem uma coincidência entre a otimização produtiva de cada companhia e a situação social concreta, a partir do que havia sido elaborado no plano. Seja como for, não seria possível consolidar o cálculo econômico levando em conta apenas os preços correntes; caberia considerar principalmente aqueles prováveis no futuro. A planificação e os cômputos de tempo de trabalho, portanto, seriam fundamentais para a maior eficiência econômica nessa modalidade específica sustentada por Bettelheim, que sempre indicava, contudo, a necessidade de maior liberdade de atuação das empresas socialistas. O teórico francês encampava alguns pontos de vista de Stálin expostos no livro *Problemas econômicos do socialismo na União Soviética*, principalmente no que se refere à vigência da *Wertgesetz* no período de transição ao socialismo[21]. Para o dirigente soviético:

> Alguns camaradas negam o caráter objetivo das leis da ciência, particularmente das leis da economia no socialismo. Negam que as leis da economia política refletem a regularidade de processos que se realizam independentemente da vontade dos homens. Consideram que, em vista do papel peculiar reservado ao Estado soviético pela História, o Estado soviético e seus dirigentes podem abolir as leis existentes da economia política, podem "formar" novas leis, "criar" novas leis. Esses camaradas estão profundamente errados. Como se vê, eles confundem as leis da ciência, que refletem processos objetivos da natureza ou da sociedade, que se realizam independentemente da vontade dos homens, com as leis promulgadas pelos governos, criadas pela vontade dos homens e que somente têm força jurídica. De modo algum, porém, elas podem ser confundidas. [...]
> Uma das peculiaridades da economia política consiste no fato de que as suas leis, diferentemente das leis das ciências naturais, não são permanentes. Pelo menos a maioria delas atua no decorrer de um determinado período histórico, depois do qual cede lugar a novas leis. Mas essas leis não são destruídas; perdem sim sua validade, em consequência de novas condições econômicas e saem de cena para dar lugar a novas leis, que não se criam pela vontade do homem, pois surgem à base de novas condições humanas.[22]

De acordo com as elaborações stalinianas, uma lei de desenvolvimento harmonioso da economia nacional possibilitaria aos organismos centrais do Estado planificar de forma mais eficiente a produção social, o que não significa que a lei do valor pudesse ser abolida ou transformada. O dirigente rejeitava as críticas de que a produção mercantil conduziria necessariamente ao capitalismo, já que, para ele, "produção mercantil" e "produção capitalista" eram coisas distintas. Stálin dizia que

> a produção capitalista é a forma superior da produção mercantil. A produção mercantil leva ao capitalismo apenas neste caso: *se* existe propriedade privada dos meios de produção, *se* a força de trabalho se apresenta no mercado como mercadoria que pode ser comprada e explorada pelo capitalista no processo de produção; *se*, consequentemente, existe no país o sistema de exploração dos operários assalariados pelos capitalistas. A produção capitalista começa onde os meios de produção estão concentrados em mãos de particulares, e os operários, privados dos meios de produção, são obrigados a vender sua força de trabalho, como mercadoria. Sem isto, não há produção capitalista.[23]

Assim, a lei do valor existiria e atuaria (tendo em vista que havia produção mercantil), mas não seria tão importante como reguladora da produção socialista (ainda que nela influísse). Isso permitiria calcular todo o potencial do setor produtivo analisando a realidade concreta, e também melhoraria os métodos para reduzir custos, iniciaria a "autonomia financeira", aumentaria a rentabilidade das empresas e prepararia melhor novos dirigentes[24]. Enquanto isso, atuaria paralelamente a "lei do desenvolvimento harmonioso" da economia, que assumiria o lugar da concorrência e anarquia de produção, juntamente com os planos quinquenais. Tal conjunto limitaria a ação da *Wertgesetz*, que apenas podia, segundo o autor de *O marxismo e o problema nacional e colonial*, ser reguladora da produção no capitalismo. Ou seja, como categoria histórica, ela só desapareceria com o fim da produção mercantil[25]. Convém lembrar que, de 1928, com a publicação de *Economia política*, de Lapidus e Ostrovítianov – que defendiam que a lei do valor estava em processo de desaparecimento na União Soviética –, até o começo dos anos 1950, a ideia de leis econômicas objetivas no socialismo não existia na URSS da forma como elas foram analisadas num período posterior. Em 1952, com o livro de Stálin, a concepção mudou radicalmente. Assim, por exemplo, o diretor do Instituto de Economia do Mundo Socialista da Acus, G. Sorókin, chegou a dizer que,

> no período de transição do capitalismo para o socialismo e numa sociedade socialista realizada, o planejamento é uma forma de administração econômica pelo Estado, baseada no conhecimento e utilização de leis econômicas socialistas objetivas, independentes de desejos ou vontades pessoais. Se forem dados os pré-requisitos materiais necessários para o desenvolvimento econômico planejado, a eficiência de qualquer planejamento depende de quão corretamente os órgãos do Estado aplicam as leis econômicas básicas.[26]

Assim, a interpretação da economia também começou a ser direcionada – mesmo que dissessem o contrário – para apoiar as teses stalinianas, mostrando um viés muito mais político do que econômico nas discussões. Como mostrou Harry Magdoff, o que os "teóricos" soviéticos chamavam de leis econômicas eram, no máximo, tendências e linhas de atuação[27]. Para ele,

> a lei do valor governa a distribuição do trabalho social e sua reprodução quando os meios de produção são propriedade privada e a interconexão do trabalho social é conseguida pelo intercâmbio privado dos produtos do trabalho. Mais importante, acima de tudo: a lei opera como uma tendência objetiva não porque é uma lei da natureza, mas por causa da disciplina do mercado. A partir do momento em que o último não mais controla, a lei do valor perde sua

> pertinência. Por exemplo, se as *commodities* continuam a ser trocadas de acordo com o trabalho social necessário incorporado nelas (um atributo fundamental da lei), como se pode saber quanto trabalho é socialmente necessário e quanto é desnecessário? Sob o capitalismo esta determinação é feita pela competição do mercado. Mas não há nenhum mecanismo ou substituto significativo para ela numa sociedade planejada.[28]

É interessante observar que grande parte das ideias de Bettelheim está relativamente em concordância com os pressupostos do *vojd*, ainda que ele criticasse e não aceitasse a teoria do líder georgiano sobre as origens da sobrevivência das categorias mercantis na economia soviética[29]. O fundador do Centre pour l'Étude des Modes d'Industrialisation acreditava que saber quem efetivamente tinha a posse dos meios de produção num país socialista era mais importante que discutir "sujeitos jurídicos". Para ele, na URSS os agentes não eram os trabalhadores, mas o domínio estatal, por meio dos diretores das empresas nomeados pelo governo. Em outras palavras, seriam os administradores que teriam a disposição efetiva dos meios de produção e de seus produtos, criados pelos operários. Sendo assim, a ideia de que o Estado se impunha sobre a propriedade dos meios de produção criaria limites nas próprias empresas. O grau de autonomia deles, portanto, dependeria exclusivamente das decisões de burocratas. Bettelheim acreditava, assim, que os poderes de disposição estatal sobre os meios de produção e seus artigos constituiriam um efeito das relações de produção socialistas apenas na medida em que pudessem garantir verdadeiramente o domínio dos operários sobre as condições nas fábricas[30]. A forma mais "avançada", portanto, seriam as "comunas populares", desde que estivessem inseridas em relações econômicas que fossem parte orgânica de uma formação social controlada pelo proletariado.

A autogestão poderia ter um caráter capitalista quando não houvesse uma planificação socialista, uma vez que, neste caso, estaria dominada por relações de produção capitalistas[31]. Mesmo assim, essa modalidade podia ser útil para os trabalhadores numa fase de transição, já que, como "aparelho" capitalista *per se*, era o ambiente em que se articulavam e se reproduziam as relações sociais daquele sistema, o que levaria a uma alternativa de "revolucionarização" da "empresa", única maneira de substituí-la por um aparelho de novo tipo. Mas essa modificação profunda não poderia ser decretada; teria, isto sim, de ocorrer gradualmente, a partir das exigências da realidade objetiva e por meio da prática[32]. Para ele:

> Por um lado, [há] ilusões "economicistas" e "jurídicas" que consideram como "dado", de uma vez por todas, o caráter "social" da propriedade do Estado, que a identificam com uma relação de produção sempre ativa e que *tendem, portanto,*

> *a reduzir o papel correspondente ao nível político* sob o pretexto de que sua interferência com o nível econômico seria "arbitrária".
> Por outro lado, [há] as ilusões "subjetivistas" e "voluntaristas" que tendem a identificar o papel *dominante* do nível político a um tipo de papel *determinante* em última instância. Voluntarismo e subjetivismo caracterizam especialmente os planos econômicos que não são elaborados a partir de uma rigorosa análise social e econômica.[33]

Essa era uma crítica implícita ao tipo de planificação e gestão industrial acolhido por diversos dirigentes do mundo socialista, inclusive Guevara e seu grupo[34]. Apesar de terem sido explicitadas alguns anos após o "debate econômico" cubano, essas ideias representavam em boa parte as opiniões de Bettelheim durante toda a década de 1960[35]. Como afirma Roberto Massari,

> nos anos do debate ele tinha uma atitude friamente acadêmica, mas na realidade era um apologista do sistema soviético e, sobretudo, de seus critérios de planificação. Depois mudou, para transformar-se em maoista e apologista do sistema econômico chinês. Ao fim, autocriticou-se de tudo (em seus tomos sobre a Revolução Russa), mas desta vez sem convencer ninguém"[36].

O pesquisador da EHESS possivelmente acreditava na época da porfia que o Che queria passar por cima da realidade objetiva e impor um modelo que não condizia com o momento histórico e o contexto do país. Essas diferenças de concepção mostraram-se claras entre os dois teóricos marxistas. Não custa lembrar que, em 1968, Bettelheim afirmou que os discursos de Fidel Castro e os escritos de Guevara expressavam "uma fração radicalizada da pequena burguesia" e que os dois eram "utópicos e perigosos"[37]. Nos anos 1970, ele fez uma autocrítica e, ao falar de Cuba, adotou as mesmas ideias do comandante argentino, sem, contudo, tê-lo apoiado nominalmente naquela ocasião[38]. As divergências entre o acadêmico francês e o "guerrilheiro heroico" na década anterior, porém, certamente influenciaram outros membros do governo cubano.

Talvez o mais importante dirigente, na época, a dialogar com o ministro de Indústrias tenha sido Carlos Rafael Rodríguez, então presidente do Inra. Em seu ensaio "O novo caminho da agricultura cubana", apresentado em *Cuba Socialista* em novembro de 1963[39], Rodríguez também defendeu o cálculo econômico, ainda que sem citar ou criticar Guevara abertamente (em certa medida, o modelo que ele propunha era parecido com o *khozraschiot* das cooperativas agrícolas da União Soviética). Alguns anos mais tarde, ele disse manter com o Che uma relação de "afeto profundo, polêmica permanente e identidade essencial"[40]. Em seu texto, afirmou que a centralização engendra sérios vícios e perigos. O centralismo burocrático é o pior deles. O método de traçar diretivas gerais sem levar em conta as peculiaridades específicas de cada localidade conduz a agricultura a graves erros. Se a isso acompanha a rigidez centralista que exige que cada decisão local dos administradores seja consoante com o centro nacional, sem que os administradores tenham uma esfera de competência dentro da qual possam atuar por sua própria responsabilidade, tendo a formação sistemática de "pontos de estrangulamento", chega-se ao estancamento dos problemas e ao desespero dos trabalhadores na base. Ao mesmo tempo, em vez de propor-se por esta via a criação de administradores responsáveis, enérgicos, capazes de tomar decisões e de desenvolver-se como quadros, criam-se títeres administrativos carentes de capacidade de decisão, incapazes de abordar seriamente os problemas que têm diante de si e desprovidos de todo movimento que não seja o que produzem os fios administrativos que os unem ao aparelho central [...]. Nenhum regulamento pode substituir a iniciativa consciente e técnica derivada da análise e experiências locais. Por isso, também este ano de estudo das condições de desenvolvimento de nossa agricultura nos conduz aos dirigentes do Inra à conclusão de que era imperativo eliminar as administrações gerais que dirigiam de Havana o conjunto das granjas, quer fossem granjas de povoado ou granjas de irrigação, para substituí-las por uma descentralização em que as granjas estivessem agrupadas sobre uma base regional.[41]

O fato é que, durante um período, o cálculo econômico e o SOF conviveram no país. Mesmo sendo um defensor do primeiro modelo, Rodríguez comentou, lustros depois, que, "com a distância do tempo, o sistema orçamentário nos aparece como uma contribuição de excepcional valor"[42]. Para ele:

Muito se escreveu no exterior, e há até livros tratando das contradições entre o Che e alguns companheiros, particularmente apontando para mim. Tenho orgulho de poder dizer que, ainda que algumas contradições tivessem existido, no fundamental, no essencial ao abordar o problema econômico, estivemos sempre profundamente identificados e trabalhamos juntos, com outros companheiros, para impor um pouco de ordem à economia cubana, para obter a máxima eficiência da economia cubana e para estabelecer aquilo que para nós é essencial: o controle econômico, qualquer que seja o ponto de partida. E o sistema orçamentário se baseava, em primeiro lugar, no uso de técnicas contábeis mais avançadas e numa concepção muito moderna – e eu diria antecipada – do uso da computação eletrônica. Nesse terreno, o Che, antecipando-se a seu tempo, com a visão ampla que sempre teve, compreendeu que a nascente utilização da computação podia dar à economia um auxílio valioso de controle econômico em todos os aspectos. E uma contabilidade forte, em conjunto com uma computação utilizada universalmente, era a base do sistema orçamentário que ele defendia.[43]

Para discutir o papel dos bancos, Marcelo Fernández Font, que substituíra Raúl Cepero Bonilla como presidente do BNC, elaborou o artigo "Desenvolvimento e funções do sistema bancário socialista em Cuba"[44], que veio à luz em *Cuba Socialista* em março de 1964. No texto, após esboçar um breve histórico daquelas instituições de modo geral[45] e mais especificamente na URSS, defendia que o sistema bancário na "*mayor de las Antillas*" não era movido por interesse no lucro, esclarecendo que suas principais funções seriam: regulação da circulação monetária, concessão de créditos, financiamento de investimentos[46], administração de divisas, operações internacionais, organização da poupança[47] e controle econômico bancário. Isso motivou duras críticas do ministro de Indústrias. Mais adiante, ele entrou novamente em atrito com Guevara ao afirmar que,

> em nossa opinião, o sistema financeiro que melhores características oferece na atual etapa de desenvolvimento de Cuba é o sistema de autonomia econômica. Estimamos que esse sistema ofereça melhores condições para atingir dois alvos impostergáveis em nossa economia: disciplina financeira e controle econômico. [...] Quanto à disciplina financeira, é preciso assinalar as relações de cobranças e pagamentos que se originam nas empresas orçamentárias. Algumas dessas empresas não parecem estimuladas a cobrar suas mercadorias e serviços, pois têm suas despesas cobertas e isso para elas só representa deixar de contribuir para o orçamento; se para pagar seus salários tivessem de pressionar a cobrança de suas contas, a situação seria outra. O mesmo pode ser dito quanto a seus pagamentos.[48]

Acrescentou ainda que,

> durante os anos de 1961, 1962 e 1963, o orçamento estatal foi deficitário. Nestes mesmos três anos, as empresas orçamentárias deixaram de contribuir com quantias substanciais para o orçamento, isto é, não cumpriram suas receitas líquidas programadas, constituindo isto uma das razões fundamentais dos déficits orçamentários ocorridos. O que aconteceu na realidade é que o banco financiou esses déficits orçamentários com a outorga automática de créditos de quantias iguais aos déficits.[49]

Mas completava, aparentemente resignado: "É decisão do governo revolucionário que sejam mantidos, por enquanto, esses dois sistemas financeiros. A obrigação do banco, portanto, consiste em prestar o melhor serviço e realizar o grau de controle mais eficiente possível para os dois tipos de empresa"[50].

Outro crítico de Guevara na época foi Alberto Mora, então ministro do Comércio Exterior, que acreditava que a lei do valor regulava a produção e funcionava por meio do plano (ela se expressaria no âmbito estatal pelo fato de que os produtos seriam intercambiados de acordo com seu valor). Influenciado pelos economistas "reformistas" soviéticos, principalmente Novojílov (o qual citou em seu texto "Em torno da questão do funcionamento da lei do valor na economia cubana nos momentos atuais", na revista *Comercio Exterior*, em junho de 1963[51]), Mora dizia que a *Wertgesetz* era válida não só na transição do capitalismo ao socialismo mas também na do socialismo ao comunismo. O dirigente do Mincex insistiu que o fato de as empresas nacionalizadas serem propriedade da sociedade não implicava que constituíssem "uma única grande empresa" em Cuba. Para dar suporte a suas conjecturas, ele recorreu ao famoso "manual" de Stálin, assim como a textos de Rosa Luxemburgo e Bukhárin. Completando sua crítica, Mora reiterou que a lei do valor só deixaria de operar quando o desenvolvimento das forças produtivas pudesse criar recursos "amplamente suficientes" para satisfazer às necessidades do homem, e que na ilha ela continuaria tendo validade plena, como valor econômico, inclusive no setor estatal.

O debate contou com a participação do trotskista belga Ernest Mandel, que ficou do lado de Che Guevara e discutiu diretamente com Bettelheim, na tentativa de demonstrar alguns problemas de suas concepções. Segundo Mandel, o colega francês cometera diversos erros metodológicos, fizera deduções equivocadas das obras de Marx e Lênin, confundira noções e realizara uma aplicação insuficiente do método dialético. No artigo "As categorias mercantis no período de transição", ele disse que, "enquanto existir a produção mercantil, subsistirá um certo jogo da lei do valor", ou seja, que "a lei do valor desempenha então *em certo sentido* um papel antes do capitalismo, durante o capitalismo e depois do capitalismo", mas que, num período de transição, dever-se-ia lutar tenazmente contra ela, a partir de um projeto de longo prazo, com a utilização da planificação socialista[52]. Em outro texto, afirmou que continuava partidário "de um sistema de autogestão democraticamente centralizado, no qual o duplo perigo da burocratização – que emana de uma centralização excessiva e da utilização excessiva dos mecanismos de mercado – possa ser amplamente neutralizado pela passagem da gestão às mãos dos trabalhadores, nos centros de trabalho, submetidos a uma disciplina estrita imposta por uma autoridade central eleita diretamente pelos conselhos operários"[53]. No que se refere especificamente à *Wertgesetz* na transição ao socialismo, o teórico marxista afirmou:

> Aqui também existe uma relação evidente entre o debate teórico e as divergências a respeito da planificação econômica em Cuba. Quem confunde a sobrevivência das categorias mercantis com o papel regulador da lei do valor deve necessa-

> riamente atribuir um papel maior aos mecanismos de mercado no quadro da economia planificada, não somente no que concerne aos meios de consumo – e isto se justifica amplamente a nosso ver – como também, e sobretudo, no que diz respeito aos meios de produção industriais. Dali, por outro lado, a insistência com que tratam de introduzir o jogo da lei do valor nas relações entre as empresas estatais (onde as "trocas" se relacionam em grande parte com os meios de produção). E este "jogo" implica a necessidade da autonomia em matéria de inversões, confirmando, assim, a seu modo, que existe um antagonismo histórico entre os imperativos de uma planificação real e os imperativos de uma economia de mercado (ainda que ela seja designada como socialista).
> Os que rechaçam que a "lei do valor" continua regulamentando a produção direta ou indiretamente na época de transição do capitalismo para o socialismo não negam de modo algum que as categorias mercantis sobrevivam inevitavelmente nesta época. Não negam tampouco que em muitos campos os planificadores possam abandonar tranquilamente aos mecanismos de mercado certos ajustes entre a oferta e a procura. Mas eles compreendem o caráter fundamentalmente contraditório entre o mercado e o plano, e concordam assim de maneira ampla com o estabelecimento de preços administrados em numerosos campos, ainda que seja para segurar certos imperativos do desenvolvimento econômico nacional. É por isso que reafirmam que a influência da lei do valor é mais limitada que no modo de produção capitalista, e que certos setores – em especial a circulação dos meios de produção no seio do setor estatal – podem escapar-lhes.[54]

De acordo com Mandel, portanto, no processo de transição eram necessários, objetivamente: um cálculo sério, que pudesse ser eficiente no controle de custos de *todas* as empresas socializadas, a começar pela esfera de meios de produção; uma política global de preços (utilizando as operações de subsídio e de imposto indireto); a tentativa de evitar que estes sofressem distorções; a comparação *constante* dos custos de produção com os preços médios do mercado internacional; o estímulo à pequena produção, principalmente na agricultura (oferecendo mercadorias industrializadas em troca dos produtos agrícolas dos pequenos produtores); e a constituição de uma política de preços que refletisse aproximadamente os valores reais no setor de bens de consumo. Para ele, o aumento do nível de vida dos produtores representava, consequentemente, um estímulo para que se incrementasse também o rendimento do trabalho. Mas essas medidas economicistas deveriam ser contrapostas ou balanceadas por políticas estatais de controle estrito e estímulos morais. Toda a análise de categorias econômicas deveria ser ligada necessariamente à situação histórica concreta. No caso da transição ao socialismo, isso deveria ser levado em conta para evitar equívocos que comprometessem o avanço econômico, assim como o da consciência. Para esse autor:

> Em consequência, se se quer evitar excessos que minarão certamente todo o planejamento socialista ("excessos" que implicariam créditos para pagamentos de salários às empresas que trabalham com perdas, o que provocaria o aparecimento da "bancarrota socialista", das "demissões socialistas" e do "desemprego socialista"), não se pode na realidade falar de autonomia financeira a não ser dentro de *certos limites*. Em lugar de discutir abstratamente essa questão, seria preferível examinar concretamente esses limites e as possibilidades de autonomia que eles deixam subsistir.
> Ainda assim, tropeça-se imediatamente em uma dificuldade metodológica quando se examina o problema dessa maneira. A vantagem de um critério de "rentabilidade" (falando vulgarmente: do "lucro") reside precisamente no fato de que a rentabilidade resulta em ser o sentido de *todas* as atividades econômicas e comerciais que se realizam no seio do organismo examinado (economia nacional; indústria em seu conjunto; setores industriais; grupos de empresas; empresas separadas). Mas a essa vantagem corresponde também uma *exigência*: que os que tomam as decisões no organismo em questão possam efetivamente pôr em movimento *todas* as alavancas da atividade econômica. A partir do momento em que uma série de alavancas é bloqueada porque seu manejo é *teledirigido*, a rentabilidade perde imediatamente uma grande parte de sua eficácia como critério ótimo da atividade econômica *parcial* examinada. Essa é a razão pela qual, no interior de uma empresa capitalista gigante que põe em movimento dezenas de milhares de trabalhadores, não se emprega sempre essa rentabilidade para reger as relações de interconexão entre as diferentes oficinas ou fábricas que compõem o truste.[55]

Segundo Mandel, o principal problema no pleito provocado por Bettelheim era a luta pelo aumento da produtividade do trabalho. Isso não significava, contudo, edificar um sistema a partir de parâmetros apenas tecnicistas, mas ter a capacidade de elaborar estruturas que ao mesmo tempo fossem eficientes em termos administrativos e econômicos e que *efetivamente* construíssem o socialismo. As avaliações do dirigente da Quarta Internacional e de Che Guevara eram parecidas e seguiam basicamente a mesma lógica. Ficava nítido o posicionamento do "guerrilheiro heroico" sobre a organização e a gestão do aparato industrial de Cuba naquele momento de transição – o qual, indiretamente, fazia eco às elaborações do teórico belga e de outros intelectuais marxistas "heterodoxos" daquela época.

Durante encontro com lideranças. Crédito: Prensa Latina.

5
Organização sindical e trabalhadores

Che Guevara mostrava claramente sua posição sobre a forma ideal de administração industrial. No entanto, disso surgiam novos questionamentos. Um dos motivos para a descentralização econômica em vários países socialistas e, no caso da Iugoslávia, para a implementação da autogestão era dar maior poder de decisão e participação aos empregados nas fábricas. Mas, então, que papel efetivo teriam eles no sistema proposto pelo "guerrilheiro heroico"? Os sindicatos certamente continuariam existindo em Cuba. Mas qual seria sua função?

Os trabalhadores cubanos estavam acostumados a se organizar desde o século XIX, e essas tradições dificilmente poderiam ser deixadas de lado. Tanto a criação da Asociación de Tabaqueros, em 1866, como a publicação do jornal *La Aurora* foram elementos importantes no embrionário *labor movement* local, já que, com denúncias contundentes sobre as duras condições impostas, estimulavam discussões, aumentando a consciência política de uma importante fatia do proletariado da ilha. Diferentes agrupamentos foram constituídos naquele período, aglutinando-se, em 1878, no Gremio de Obreros del Ramo de Tabaquerías; enquanto isso, os anarquistas começavam a se tornar mais atuantes, recompondo a partir de 1885 a Junta Central de Artesanos, que tinha como plataforma a unificação das associações laborais e a promoção de diversas greves no país[1]. Os ácratas, em seguida, fundaram o Círculo de Trabajadores de La Habana, assim como o periódico *El Productor*.

No começo dos anos 1890, realizou-se em Cuba o Congresso Regional Operário, com a presença de delegados de diversas associações de cinco províncias da ilha (com a exceção do Oriente), no qual se decidiu defender uma jornada diária de oito horas e um modelo organizacional classista. Também se discutiram o trabalho feminino e infantil, a discriminação racial e o incentivo à reunião em seções autônomas estruturadas por categorias, que depois integrariam a FTC. Paralelamente a isso, houve um significativo aumento da repressão[2], enquanto uma imprensa combativa crescia e se tornava cada vez mais atuante, com publicações como *El Artesano* (1886), *El Obrero* (1888), *El Clarín* (1889), *La Claridad* (1890), *La Antorcha* (1890), *El Obrero Cubano* (1890), *El Acicate* (1891) e *La Batalla* (1891).

Em 1900 surgiu o Partido Popular, liderado por Diego Vicente Tejera, que durou alguns meses e deu lugar, no ano seguinte, ao Partido Popular Operário, integrado por militantes da "federação"[3]. Apesar de sua intensa atuação entre 1907 e 1920, os anarquistas não tiveram fôlego para manter seu ritmo nos períodos subsequentes, e, aos poucos, perderam espaço para os comunistas.

O papel de alguns "marxistas" nos decênios que antecederam a revolução também foi relevante. Desde a fundação do Club de Propaganda Socialista por Carlos Baliño em 1903 (o primeiro grupo cubano a estudar sistematicamente e a difundir o legado intelectual do Mouro), e a subsequente criação do Partido Operário Socialista e de seu informativo *La Voz Obrera,* dirigido por Ramón Rivera, os seguidores locais do ideário do filósofo renano começaram a agir de forma a politizar os fabros e a influenciar a luta política no país[4]. Aos poucos a agremiação se radicalizou, incluindo em suas novas teses a conversão da propriedade individual ou corporativa em coletiva ou comum e a emancipação completa do proletariado, a partir da abolição das classes sociais[5].

A Agrupación Socialista de Havana, por sua vez, foi constituída em 1918, no momento em que os protestos *callejeros* se intensificaram: durante as comemorações do Dia do Trabalhador, verificavam-se diversas agitações e paralisações na indústria e nas atividades comerciais na "cidade das colunas" e em outras localidades da ilha, assim como greves dos mineiros em Matahambre e dos sapateiros e tabaqueiros na capital[6].

Já em 1º de maio de 1919, militantes reunidos no teatro Payret protestaram contra o envio de tropas intervencionistas a Vladivostok, enquanto no Alhambra se ouviam gritos de exaltação ao bolchevismo durante uma peça teatral[7]. Em abril do ano seguinte, celebrou-se o primeiro Congresso Nacional Operário e, em novembro, diversas entidades se reuniram para organizar a FOH, formalmente estabelecida onze meses mais tarde[8]. Finalmente, depois de estruturar a Agrupación Comunista em 1923, Carlos Baliño ajudou a fundar, em 1925 (junto com Julio Antonio Mella e José Miguel Pérez), o PCC, que teve em seu primeiro Comitê Central dirigentes da Unión de Cigarreros, do Sindicato de Tabaqueros de San Antonio de los Baños, do Gremio de Pintores, Decoradores e Tapiceros, da FOH e da Universidad de La Habana[9].

Naquele mesmo ano, foi criada a CNOC, na qual os comunistas exerceram considerável influência (na ocasião, César Villar foi escolhido como seu secretário-geral). A partir daí, tanto o PCC quanto seus militantes dentro daquela agremiação começaram a convocar greves (mesmo tendo sido mais tarde proibidos de atuar dentro dos marcos da legalidade pela administração de Gerardo Machado).

Além disso, foi criada a FCT, influenciada pela American Federation of Labor e pela Confederação Operária Pan-Americana, ambas de caráter mais conservador. De acordo com Blas Roca, a CNOC representava a tendência revolucionária, anti--imperialista e classista do proletariado *isleño,* enquanto a Federación, por sua vez, apresentava características reformistas, dando seu apoio tanto ao "*asno con garras*" como aos interesses dos Estados Unidos[10]. Também vale a pena mencionar outro importante feito resultante das greves promovidas pelos comunistas: a criação do Sindicato Nacional Operário da Indústria Açucareira.

Com o contínuo aumento das *huelgas* e da insatisfação popular, o ditador acabou deposto, fugindo do país e sendo substituído por Carlos Manuel de Céspedes y Quesada, que ficou pouco tempo no poder. Após a revolta dos sargentos, liderada por Fulgencio Batista, assumiu a presidência Ramón Grau San Martín, retirado em 1934 e substituído por Carlos Mendieta (no mesmo ano em que foi constituído o PRC, também conhecido como *Auténtico*[11]). Daí em diante, a sucessão de mandatários revela a complicada situação política local: Fulgencio Batista e José A. Barnet assumiram o governo e, em 1936, Miguel Mariano Gómez foi "eleito", sendo defenestrado pouco depois e trocado por Federico Laredo Brú. Isso tudo com "*El Indio*" como figura central nos bastidores e tendo o poder de fato naquele período. Em 1939, Grau San Martín encabeçou a Assembleia Constituinte, e em 1944 retornou ao comando da nação.

Ainda durante a gestão de Laredo Brú, em 1938, a CNOC foi dissolvida; em seu lugar foi criada, em 1939, a Confederação dos Trabalhadores de Cuba, que reuniu seu primeiro Conselho Nacional e elegeu o comunista Lázaro Peña para secretário-geral. A partir daí, a CTC conseguiu unir praticamente todas as organizações sindicais do país. Após discutir com suas bases, a central decidiu aderir à CTAL. Para combater a nova agremiação, por sua vez, foi instituída a CON, vinculada ao PRC.

Batista venceu as eleições de 1940, e uma estreita colaboração com os *ñángaras* se iniciou. Não custa lembrar que em 1942 o próprio partido afirmou que os trabalhadores, através da Confederación, estariam dispostos a cooperar com todos os que se dispusessem a manter a unidade nacional para lutar contra o inimigo externo da "pátria", ou seja, a Alemanha, mesmo que as alianças significassem um contrassenso em relação a suas políticas em épocas anteriores[12].

A agremiação mudou o nome para Partido Socialista Popular em 1943, quando importantes dirigentes, como Juan Marinello e Carlos Rafael Rodríguez, se tornaram ministros. Como o PSP apoiou "*El Hombre*" nas eleições de 1944 e perdeu, a CTC começou a ser perseguida pelo governo do presidente Grau San Martín, que decidiu que esta não poderia mais ser instrumento de manobra dos "vermelhos", iniciando uma política de dura repressão e implantando, na sequência, uma linha de atuação que protegia os membros da CON. O resultado foi o ataque a escritórios de organizações oposicionistas, o assassinato de dirigentes "socialistas", a imposição de cotas de participação aos trabalhadores, a criação de um sistema de exclusão e divisão dentro da CTC, das federações e dos sindicatos e a eliminação de diversas práticas democráticas dentro do movimento operário[13]. Para Blas Roca, com o aumento da pressão contra os comunistas, a CON, a partir de 1947, impôs o mujalismo na "confederação", o que significou institucionalização de práticas de corrupção, divisionismo e conservadorismo nas bases *obreras.* Também separou a CTC da CTAL, filiando a central à Orit. Além disso, na mesma época, a Juventude Operária Católica (JOC) começou a penetrar mais ativamente nas *trade unions,* defendendo princípios de conciliação de classes e ataques aos peessepistas (muitos dirigentes sindicais, em geral ligados ao governo, acumularam grandes fortunas nesse período).

A resistência de elementos do Exército e das forças populares tornou-se patente assim que Carlos Prío Socarrás foi empossado em 1948. Por outro lado, após o golpe de Batista, em 1952, e sua "eleição", em 1954, os peessepistas, embora inicialmente tivessem alguns de seus integrantes no Ministério do Trabalho do novo governo, gradualmente se tornaram refratários ao presidente. A CTC, ligada aos autênticos e dirigida por Eusebio Mujal, tinha em suas mãos a maior parte dos sindicatos e passou a trabalhar em estreita colaboração com o regime batistiano. Na avaliação de Rufo López-Fresquet, a liderança daquele grupo encontrava muitas razões para permanecer neutra na contenda contra o movimento revolucionário, tendo em vista que poderia obter favorecimentos oficiais. Enquanto isso, o mandatário percebeu a importância de se relacionar com a central para ter um aliado no meio operário, além de poder evitar problemas com outros setores[14] (nesse período começou a ser descontado 1% dos salários de todos os *obreros* para que fosse repassado pelo governo à confederação)[15].

Durante muito tempo, as relações do PSP com os seguidores de Fidel Castro não foram as melhores. Logo após o ataque ao quartel Moncada, em 1953, o partido anunciou que repudiava aqueles métodos de luta, considerados por eles como "putschistas", peculiares às facções políticas da classe média. Aquela teria sido uma tentativa "aventureira", a partir de um heroísmo estéril e falso, guiado por concepções burguesas[16]. De acordo com Carlos Rafael Rodríguez, os comunistas não achavam possível "que um grupo de revolucionários pequeno-burgueses fosse suficientemente firme para manter uma revolução anti-imperialista e transformá-la depois na Revolução socialista"[17]. Já Fidel

> não era pequeno-burguês de origem. Ele era filho de um antigo grande latifundiário, e isso seria, naturalmente, em termos formais, pior, se fizéssemos um enfoque

> formal do problema. Fidel era ortodoxo e expressava – até a revolução – ideias pequeno-burguesas. Se explicássemos o problema somente do ponto de vista das origens de classe e examinássemos Fidel, Raúl, o Che, Dorticós, todos eles eram pequeno-burgueses, nenhum deles tinha origem proletária.[18]

Na "Carta do Comitê Nacional do Partido Socialista Popular ao Movimento 26 de Julho", publicada em junho de 1957, o PSP dizia ter um "desacordo radical" com as táticas e os planos do grupo do "*caballo*" e alegava que ele ainda não se posicionara de forma suficientemente veemente contra o imperialismo[19]. Serafino Romualdi, por sua vez, comenta que os comunistas estariam fazendo um "jogo duplo", cortejando ao mesmo tempo o chefe de Estado e o líder guerrilheiro. Aparentemente teriam tentado uma reaproximação com Batista, enviando uma comissão, composta por Blas Roca e Joaquín Ordoqui, para conversar com o ditador. De acordo com o sindicalista da AFL (baseado em notícias divulgadas na revista *Bohemia* por Amadeo López Castro), os *ñángaras* supostamente se dispuseram a combater Fidel sob a condição de o presidente cubano lhes conceder alguns favores, como a legalização do PSP, o controle da CTC, o retorno do direito de propriedade do periódico *Hoy*, a estação de rádio 1010-4 e dinheiro para preparar uma grande campanha contra o barbudo[20]. Nenhuma das propostas foi aceita. Pouco tempo depois da conversa com o mandatário, de acordo com o mesmo Romualdi, os "vermelhos" teriam confirmado seu apoio ao autor de *A história me absolverá*. Na oposição, ajudaram a criar os Comitês de Defesa das Demandas Operárias e integraram a Frente Operária Nacional Unida, que encabeçou a greve geral de janeiro de 1959 contra a tentativa de se estabelecer um governo fantoche logo depois da fuga de Batista.

Os primeiros contatos entre Fidel e o PSP, segundo o mexicano Jorge Castañeda, teriam ocorrido já no final de 1957, quando um dirigente daquele partido, Ursinio Rojas, em conversas com o "*líder máximo*", comunicou que os comunistas haviam autorizado a incorporação de seus militantes ao Exército Rebelde. A aproximação, entretanto, seria cautelosa, especialmente pela resistência de determinadas alas do movimento no *llano*. De qualquer forma, foi nessa época que ativistas como Pablo Rivalta (membro do Secretariado Nacional da Juventude Comunista) se integraram ao grupo. Durante esse processo, o Che teria um papel relevante na aproximação dos peessepistas com a organização[21].

Com o triunfo da revolução, contudo, os sindicatos aos poucos deveriam cumprir um papel diferente e se adaptar ao novo momento que o país vivia[22]. Em 1964, Guevara afirmou:

> O sindicato é a união dos operários contra o patrão. É uma associação de classe para lutar contra outra classe. Quando desaparece o domínio de uma classe

> sobre outra e os meios de produção tornam-se propriedade coletiva, deverão desaparecer as contradições. Mas as contradições... já dizia Lênin. Vejamos o que está acontecendo aqui. Se esquecêssemos a observação de Lênin, ficaria claro que o sindicato já não teria razão de existir. [Mas] Lênin explica a necessidade da sobrevivência dos sindicatos, necessários – também eu o reconheço – para evitar uma série de abusos que se poderiam cometer. Estas contradições existem e devemos encontrar uma fórmula original para resolvê-las. Mas não me parece que se resolvam realmente tornando permanentemente à divisão (de classes) original, considerando cada operário que deixa de trabalhar manualmente para passar a um cargo de direção como um inimigo da classe operária.[23]

Na mesma conversa, o Che recordava os debates sobre os sindicatos ocorridos no início da Revolução Russa. Nesse sentido, mencionava mais especificamente as discussões entre Lênin e Trótski. Para o ministro de Indústrias de Cuba,

> vale a pena ler com atenção e anotar o que Lênin diz a propósito desses problemas. Mas é necessário ler suas palavras com muita atenção, pois devem ser colocadas no marco da polêmica com Trótski, que naquela época estava iniciando um trabalho que depois deveria tornar-se divisionista. Trótski adiantava uma série de afirmações sobre a atividade dos sindicatos, sobre a direção econômica por parte dos sindicatos, e Lênin devia fazer algumas concessões, posto que Lênin, entre outras coisas – e desculpem se sou repetitivo, porque já disse isto muitas vezes e talvez até neste mesmo lugar –, mais que um revolucionário, mais que um filósofo, é um político, e os políticos devem fazer concessões. De qualquer forma, seja o que for, em algum momento deve dizer coisas que não correspondem ao seu pensamento. E, diante da proposta de outorgar maior poder aos sindicatos, de confiar-lhes uma série de responsabilidades econômicas, de criar conselhos para a economia, diante da força real que teve o sindicato... na Rússia, Lênin viu-se obrigado a usar uma linguagem que, pessoalmente, tenho a certeza de que não representava seu pensamento.[24]

Devemos lembrar que Lênin acreditava que, se os sindicatos ficassem restritos a horizontes limitados, numa luta "autossuficiente", não teriam nada de socialistas. Para ele, o proletariado era formado por uma massa heterogênea, que consistia dos mais diversos elementos e níveis de conscientização. Muitos trabalhadores, portanto, eram conservadores e interessados apenas em ganhos materiais imediatos e na melhoria de seu padrão de vida. Não seria, portanto, função do sindicato, *mas do partido*, organizá-los de forma coesa na pugna pela revolução.

Após os acontecimentos de Outubro de 1917, uma intensa controvérsia tomou forma na Rússia em relação ao papel dos sindicatos. Mikhail Tómski, por exemplo, defendia que, naquele momento, quando o proletariado já havia chegado ao poder e retirado a burguesia da administração das indústrias, o prélio para elevar suas condições sociais deveria assumir novas formas, numa ação organizada: neste caso, os interesses específicos das diferentes categorias ficariam subordinados aos da classe como um todo[25]. Já os mencheviques argumentavam que essas associações precisariam continuar desempenhando suas atividades costumeiras, tendo em vista que o capitalismo provavelmente retornaria em breve ao país com toda a força; por isso, seria fundamental que as *labor unions* se fortalecessem e se preparassem para agir da forma tradicional[26].

Alguns líderes bolcheviques chegaram a duvidar da sobrevivência da revolução. Riazánov entendia que, enquanto o socialismo não triunfasse em outros países da Europa Ocidental, os *rabótchie* russos teriam de manter sua única arma de combate, os sindicatos, instrumentos para se resguardarem de uma contraofensiva que poderia ser desencadeada a qualquer momento[27]. Para rebater essas afirmações, Grigóri Zinóviev perguntava por que e de quem aquelas organizações deveriam ser independentes, tendo em vista que faziam parte de seu próprio governo. Por fim, alguns, como Solomon Lozóvski, não aceitavam as teses zinovievianas de que aqueles deveriam ser órgãos do poder do Estado. Preocupado com a possibilidade do uso da coerção e com a falta de solidariedade de classe espontânea, acreditava que as decisões acabariam sendo tomadas compulsoriamente, sem conexão com a atividade real dos fabros[28].

No I Congresso Sindical, a resolução aprovada afirmava que as corporações precisariam se tornar entidades estatais, mas ainda assim teriam um caráter *híbrido* – desempenhariam diversas funções vitais para a máquina pública, porém mantendo certa autonomia, fora da esfera governamental. Com a guerra civil, os sindicatos assumiram um novo papel, dando maior apoio ao Exército Vermelho ao lhe fornecer soldados e equipamentos. Também pressionariam o executivo a acelerar o processo de socialização de todas as indústrias russas. Nesse período, acabou o controle operário nas fábricas e, em 1918, foi criado o Comissariado do Trabalho: aquelas associações tornaram-se rapidamente apêndices do Estado soviético.

O II Congresso, em janeiro de 1919, marcou a fusão quase completa dos *profsoiúzi* ao poder central, ideia defendida por vários cabecilhas bolcheviques, entre os quais Tómski e Lênin. Nesse mesmo encontro, contudo, foi elaborado o famoso "ponto 5", que dizia que, no futuro, os sindicatos deveriam concentrar a administração de toda a economia nacional, ou seja, teoricamente uma forma de enfrentamento contra a burocratização do "aparelho" econômico. Outras determinações, contudo, diminuíam e travavam as disposições do referido item, o que seria motivo para acirradas discussões[29].

Foram muitas as querelas naquele momento, principalmente contra a Oposição Operária (favorável a que toda a organização da economia passasse para as mãos dos sindicatos). Nesse período, Lênin e Trótski sustentavam basicamente os mesmos argumentos e atacavam aquele grupo, considerado "perigoso" à estabilidade do regime. Foi somente a partir do IV CS que as controvérsias e desacordos entre o autor de *Imperialismo, fase superior do capitalismo* e o fundador do RKKA se delinearam mais nitidamente. Os dois dirigentes apoiavam a tese da "militarização" econômica, mas, para Trótski, o partido deveria, naquele momento, deixar de defender a chamada "democracia operária" e substituí-la por uma "democracia de produtores". Em outras palavras, um regime edificado sobre um aparelho industrial público, produzindo para satisfazer às necessidades sociais, que representariam os verdadeiros interesses do proletariado, em contraposição a alguns benefícios corporativos temporários. Assim, o Estado teria o direito de impor suas políticas à classe obreira, enquanto os sindicatos concomitantemente deveriam servir o poder central, sem a possibilidade de confrontá-lo com suas demandas tradicionais.

Lênin também apoiava a tese de que aquelas associações precisavam escudar o Estado soviético, que para ele ainda não era "operário", mas camponês e operário, deformado burocraticamente. Isso implicava uma obrigação de ampará-lo, evitando atacar sistematicamente o executivo e mantendo uma atitude construtiva em relação a ele. Mas os proletários, por outro lado, também teriam o direito de se proteger do aparelho estatal, uma vez que a política deste poderia representar pressões conflitantes de diferentes segmentos da população. Igualmente importante era a possibilidade de se salvaguardar de eventuais atos arbitrários do aparato burocrático. Os sindicatos poderiam, portanto, ter certa autonomia, e a adesão dos trabalhadores a eles não deveria ser compulsória, como defendia Trótski, mas feita por persuasão. Mesmo assim, Lênin insistia nos direitos históricos do partido na liderança da revolução[30].

A diferença entre os dois estava principalmente na ênfase que davam a esse assunto: enquanto o autor de *O novo curso* insistia na supremacia do PC(b)R, o antigo editor do *Iskra* enfatizava o caráter democrático, voluntário e educacional dos *profsoiúzi*. De acordo com o historiador Adam Ulam, nessa época Lênin teve uma conduta extremamente hábil nas discussões:

> Primeiro ele [Lênin] desempenhou o papel de moderador entre as duas facções do partido. Trótski, cuja impaciência com os trabalhadores era tão grande quanto a dele, mas cuja habilidade política e cujo tato eram consideravelmente inferiores, propôs um ataque muito mais aberto ao "*nonsense* sindicalista". Sua experiência do tempo da guerra inspirou Trótski a ter respeito pelo *expertise* profissional, disciplina militar e desconfiança da "iniciativa das massas". Agora ele acreditava que os sindicatos deviam estar estritamente subordinados às agências do Estado, e não apenas deveriam ter suas exigências de dirigir a vida econômica do país vigorosamente

rechaçadas, mas também ser colocados em seu lugar, ou seja, tornar-se subagências do Estado e da burocracia do partido. Com seus instintos políticos corretos, Lênin gastou tanto tempo atacando as "teses" de Trótski – que eram próximas ao seu próprio pensamento – quanto as de Kollontai e Chliápnikov, que ele detestava. Dentro do partido, Trótski agora se tornara uma espécie de para-raios, atraindo para si as acusações de autoritarismo e pensamento militar, permitindo que Lênin desempenhasse o papel de um conciliador de mente aberta.[31]

Provavelmente foi essa a interpretação que Guevara teve daquele episódio. Sabendo da necessidade de pragmatismo e habilidade política em um momento extremamente delicado, o Che acreditava que Lênin tinha agido de forma correta de acordo com as imposições das circunstâncias, que não necessariamente correspondiam a suas ideias[32]. O ministro de Indústrias de Cuba, ao que tudo indica, achava que as opiniões do líder bolchevique eram parecidas com as suas no que diz respeito às atribuições dos sindicatos na transição ao socialismo[33]. Foi nesse sentido que citou o debate com seus colegas dentro do governo. Para o "guerrilheiro heroico", era preciso buscar uma forma de acabar com as contradições inerentes ao período de transição:

> O fato é que não se trata tanto de possuir o sindicato, ou uma associação dos operários, como de resolver essas contradições. E isto pode ser realizado, por exemplo, com o sistema – que estamos experimentando – de "comissões de arbitragem trabalhista", nas quais estão representados tanto os administradores quanto os operários. É um primeiro passo, uma prova; veremos como se desenvolverá e como reagirão. O que já chegamos a comprovar – e que era elementar – foi a importância que as pessoas dão à escolha de seus representantes. Com efeito, não podemos nos esquecer de que a democracia sindical é um mito. O partido reúne-se e propõe às massas tal ou qual candidato único, e é esse que é eleito, com maior ou menor consenso de parte da base, sem que ele tenha participado realmente no processo de sua eleição. Em compensação, no sistema atual das "comissões de arbitragem", os trabalhadores escolheram realmente seus representantes e, pelo que eu sei, com grande entusiasmo.[34]

Podemos dizer que o Che não estava inteiramente de acordo com a preservação do papel tradicional dos sindicatos, já que isso poderia acarretar maiores problemas com a direção governamental. Mas achava que as comissões de arbitragem seriam uma forma interessante de tentar implementar a "democracia" nas fábricas e tornar mais eficientes as relações entre trabalhadores, administradores e órgãos do Estado. Na apreciação do comandante argentino, somente os dirigentes e burocratas sindicais não ficariam satisfeitos com esse novo modelo[35]. A maioria da força de trabalho cubana, contudo, se mostraria completamente de acordo com esse sistema. O ministro de Indústrias acreditava que

> o dirigente operário e o trabalhador em geral terão, então, participação no processo produtivo e responsabilidade no processo produtivo. Nós não pudemos avançar mais porque há até muitas fábricas onde não se pode discutir, porque há um sindicato hostil ou porque os trabalhadores não compreenderam ainda o cerne da questão. E, se o sindicato fala com a administração, creem que o sindicato, a chefia do sindicato, é uma direção claudicante. Todas essas coisas devem desaparecer, porque nossa tarefa, a tarefa da industrialização do país, a maior tarefa de Cuba atualmente, não pode ser feita, de maneira alguma, pela vontade de alguns poucos nem pelo gênio de outros quantos e de ninguém. Nossa tarefa é ver o melhor caminho e explicá-lo, mas a tarefa do povo é ajudar a ver esse bom caminho, contribuir com todo seu esforço para que a marcha por esse caminho seja acelerada e corrigir sempre os erros por um método construtivo.[36]

No projeto guevariano, a direção administrativa e a responsabilidade deveriam ser únicas, sempre a partir de discussões coletivas. Por isso, os diretores de empresas tinham as seguintes obrigações: supervisionar e dirigir pessoalmente – ou através de funcionários de confiança – os trabalhos em seções, escritórios e unidades produtivas; ser os responsáveis pela elaboração final e o cumprimento do plano estatal relacionado com sua unidade; supervisionar a execução das diretrizes estabelecidas em relação a trabalho, estipêndios, contratos, tecnologia, finanças, leis, regulamentos, segurança, higiene e uso correto dos recursos; ditar as resoluções internas; informar, orientar, estimular, treinar e capacitar seu pessoal; assinar os documentos das empresas sem exceder os limites fixados pelo plano; presidir os conselhos da administração; colaborar com os sindicatos; e promover a participação ativa dos operários na direção e na realização do plano[37]. Já os sindicatos teriam duas funções distintas: uma delas era compreender as metas do plano estatal e discuti-las nas empresas; a outra, defender os interesses dos trabalhadores nas fábricas. A transição ao sistema socialista não acabaria de vez com as contradições, mas modificaria as formas de solucioná-las. Assim, o sindicato fundamentaria as opiniões de setores do proletariado, procurando fazer com que suas necessidades fossem satisfeitas sem o prejuízo do interesse nacional, ou seja, da construção do socialismo e da rápida industrialização[38]. Em relação à compatibilização dos anseios do Estado e dos sindicatos, Guevara achava que não havia contradição intrínseca entre os dois, uma vez que, enquanto o governo tentava desenvolver o país da forma mais acelerada possível, com a utilização de todos os recursos disponíveis para o benefício da maioria da população, esse seria também, teoricamente, o desejo daquelas agremiações, cuja obrigação era adaptar as condições reais locais aos projetos estatais. De acordo com o Che,

> o sindicato deve desempenhar a dupla função de vigiar as condições de trabalho dos operários e empregados, assim como lhes dar orientação revolucionária do sacrifício ou dos esforços necessários com toda a honestidade de que são capazes os membros do proletariado, pois as linhas gerais da política econômica da Revolução Socialista regem-se pelo desejo de criar maiores riquezas, para o maior bem-estar da classe operária, dos camponeses e de todo o povo.[39]

Os sindicatos também seriam responsáveis, portanto, pelo aumento da produtividade, pela disciplina no chão da fábrica e pela preparação de administradores eficientes, elevando, assim, seu nível técnico e político. Além disso, teriam como incumbência preocupar-se com os interesses materiais e "espirituais" dos *obreros,* utilizando para isso a discussão e a persuasão como métodos básicos para atuar corretamente. As relações entre os diretores e os sindicatos teriam de ser cordiais e harmoniosas, com mútua cooperação[40]. Toda contradição deveria ser resolvida mediante o diálogo, evitando ao extremo maiores tensões e greves, que seriam péssimas para a construção do socialismo não apenas porque demonstrariam o fracasso da administração como também por indicarem uma baixa consciência política dos trabalhadores[41]. Ou seja, a concepção que Guevara tinha dos sindicatos era muito próxima da leninista. Eles seriam "escolas do comunismo", organizações que deveriam englobar toda uma classe, elevar a consciência política dos obreiros e estar estritamente ligadas ao partido revolucionário[42]. Pouco tempo depois, contudo, em seus *Apuntes críticos a la economía política*, ele iria mais longe, comentando que os sindicatos eram, na prática, "um anacronismo sem sentido", uma vez que, "em uma sociedade onde o proletariado tomou o poder, esse órgão da luta de classes deve desaparecer, se transformar"[43].

Para possibilitar melhores relações dentro da fábrica, foi criado o Conselho Técnico Assessor, constituído dos operários mais qualificados de cada departamento de produção, que assessoravam os administradores na gerência das plantas. O CTA tinha o encargo de resolver problemas técnicos, como falta de peças de reposição. Era um "laboratório experimental" onde os empregados desempenhavam atividades fundamentais para o desenvolvimento industrial em âmbito local. O organismo, portanto, incentivava a instrução técnica dos funcionários das empresas, trabalhando em ligação íntima com os sindicatos. O administrador da unidade também presidia o CTA, e suas decisões eram irrevogáveis. Mas, se houvesse abusos, o "conselho" poderia denunciá-lo ao diretor da empresa pública por estar agindo contra as determinações do ministério e, consequentemente, prejudicando a produção. Se a acusação não fosse acatada, podia então ser levada até mesmo ao subsecretário do ministério ligado àquela fábrica. Dessa maneira, o sistema, teoricamente, possibilitava um real controle em caso de excessos, violações de regras e corrupção. O CTA, de forma geral, também estava preocupado com a racionalização dos processos de produção e o aumento da produtividade, assim como em ajudar a estruturar, juntamente com o Mintrab e outros órgãos do governo, as normas laborais[44].

Para Guevara, portanto, o Conselho Técnico Assessor, os sindicatos e a administração teriam uma série de tarefas e relações comuns e deveriam labutar juntos, em ampla integração. Mas alguns elementos, especialmente os trotskistas, criticaram os conselhos, o que incomodou sobremaneira o revolucionário argentino. Numa conferência pela televisão, para a inauguração do VII Ciclo Economia e Planificação, em meados de 1961, o Che disse que

> há alguns dias estávamos lendo um pasquim que há aqui; não vale muito a pena referir-se a ele, mas é um jornal trotskista, não sei bem como se chama... *Voz Proletária*! Fazia uma crítica aos conselhos técnicos assessores do ponto de vista trotskista. Então dizia que os conselhos técnicos assessores tinham sido criados por essa pequena burguesia hesitante que há no governo como uma tentativa de dar algo às massas que estão reclamando a direção das fábricas, sem entregar nada na realidade.[45]

E continuou:

> E isso do ponto de vista teórico é um absurdo, mas do ponto de vista prático é uma infâmia ou um equívoco crasso. O pecado que abrigam os conselhos técnicos assessores é precisamente o de não terem sido criados pela pressão das massas; tratou-se de uma criação burocrática de cima para baixo, para dar às massas um veículo que ela não pedira, e é onde reside o pecado das massas. Nós, "pequena burguesia hesitante", fomos buscar o meio para poder escutar a voz das massas e criamos, bem ou mal, os conselhos técnicos assessores, com as imperfeições que muito provavelmente têm, porque é ideia nossa, criação nossa, de gente a quem falta experiência nesses problemas. O que não houve, de maneira alguma, foi a pressão das massas em uma série de coisas, porque as massas hão de ter interesse em saber o que é um plano econômico, o que é a industrialização, o que compete a cada fábrica, o que é o seu dever, como esse dever pode aumentar ou pode diminuir, o que são os interesses da classe operária em cada fábrica. Todos esses são elementos que têm de agitar as massas.[46]

Na prática, a participação dos trabalhadores talvez não fosse tão considerável assim. Na elaboração do plano, por exemplo, a Juceplan indicava os termos principais, seguindo as diretrizes do Conselho de Ministros. Após essa fase, o documento era enviado para a apreciação dos ministérios e outros organismos governamentais, para então ser entregue às empresas, que em seguida o repassavam para as indústrias. Nos centros de trabalho, os funcionários se reuniriam para discutir o plano elaborado nos níveis superiores, fariam sugestões e remeteriam o esboço de volta para cada instância de decisão, até novamente chegar ao CM, que faria as modificações necessárias e concederia a aprovação para esse documento[47].

Mesmo assim, para alguns estudiosos, uma mistura entre organização centralizada nos estratos superiores e relativa flexibilização nos níveis inferiores talvez fosse uma forma de gestão industrial e de participação operária possível e eficiente. Para Maurice Dobb,

> é verdade que tais atitudes e respostas não irão surgir de um dia para o outro: elas não serão criadas automaticamente por uma proclamação do governo dizendo que a indústria foi socializada... Por essa mesma razão, a estrutura institucional de uma economia socialista pode fazer uma grande diferença no resultado. Excessiva centralização – um período de centralização economicamente necessário levado por tempo demais – pode restringir e sufocar quaisquer novas atitudes e responsabilidades à medida que novas situações socialistas ("a indústria agora pertence a *nós*") podem espontaneamente surgir. Por outro lado, situações nas quais a iniciativa vinda *de baixo* é encorajada e apropriadamente misturada com uma coordenação planejada vinda *de cima*, nas quais a participação democrática é combinada com a "disciplina coletiva" que as modernas técnicas produtivas exigem – isso pode servir para desenvolver essas novas atitudes, levando a novos níveis de "consciência coletiva" que, em sociedades individualistas e exploradoras, [...] não eram conhecidos.[48]

Como foi dito, após o triunfo dos barbudos, os sindicatos tiveram de se adaptar a um novo momento histórico. Entre abril e maio de 1959, foram convocadas eleições para essas entidades. A partir daí, a CTC começou a ser controlada majoritariamente pelo M-26-7. Durante os meses que se seguiram, congressos de diversas federações de sindicatos industriais nacionais tentaram assegurar os principais postos para elementos refratários aos "vermelhos". Um pouco antes dos escrutínios da Federação dos Trabalhadores na Indústria Açucareira – que detinha cerca de 40% do total dos associados na CTC –, o informativo *Hoy* fez ataques diretos a diversas lideranças que considerava anticomunistas. Os ânimos estavam tão acirrados que um grupo de *tradeunionists* contrários ao PSP invadiu os escritórios do periódico, obrigando os redatores e jornalistas a pedir proteção policial.

Com as disputas cada vez mais tensas entre peessepistas e seus opositores, foi formada em maio de 1959 a Frente Operária Humanista Cubana, composta de

28 federações industriais, comandadas principalmente por lideranças anticomunistas do M-26-7 que haviam saído vitoriosas nos sufrágios sindicais. Esta foi uma tentativa de restringir e até mesmo impedir que os membros do PSP mandassem naquelas associações[49]. No mesmo período, em uma reunião na CTC, da qual participaram diversos comandantes, ministros, dirigentes sindicais e membros do Movimento 26 de Julho (mas que não contou com a presença de Raúl Castro, Ramiro Valdés ou Che Guevara), discutiram-se a infiltração "vermelha" e as formas para detê-la[50]. De acordo com o jornalista Carlos Franqui (que mais tarde se tornaria um dissidente), os comunistas, por serem minoritários na CTC, resolveram usar outros métodos para se apoderar da máquina da central. Raúl Castro pessoalmente teria indicado Augusto Martínez Sánchez para ocupar o lugar de Manuel Fernández no Ministério do Trabalho e, assim, ter possibilidade de controlar todo o processo.

Em 18 de novembro de 1959, a CTC realizou seu congresso, com voto secreto, direto e livre para a escolha de 3.200 delegados entre todos os sindicatos do país, dos quais 3 mil eram do M-26-7 e os outros 200 do PSP e demais grupos que participavam do evento[51], quando foi imposta uma chapa ("bilhete de unidade") entre os membros do movimento e os peessepistas, aparentemente a pedido de Fidel, Raúl e o Che. Seus delegados concordaram, mesmo sendo ampla maioria. Ainda assim, não aceitaram a possibilidade de aumento da influência dos *ñángaras*[52]. Independentemente desse fato, a partir daí praticamente todos os chefes trabalhistas anticomunistas foram expulsos da confederação, inclusive operários católicos e lideranças do próprio "movimento", já que a poderosa máquina do Mintrab estava nas mãos de pró-soviéticos. Além disso, na mesma época ainda foi criada uma comissão de expurgo com o objetivo de rastrear e desalojar todos os dirigentes que tivessem sido contrários à ascensão dos peessepistas na CTC.

Até aquela convenção, segundo Franqui, os comunistas tinham menos de 15% dos delegados. Outro setor, liderado por "autênticos", comandava uma aliança de tamanho considerável, com diversos *tradeunionistas* experientes. David Salvador afastou Conrado Bécquer, Reinol González e J. A. Plana, três "contrarrevolucionários" influentes que faziam parte da direção da central desde janeiro daquele ano. Em seu lugar, entrou Octavio Loit, conhecido anticomunista, o "número 2" do antigo diretório (colocado, contudo, numa posição de pouco destaque, sem nenhum poder real, o que, em teoria, garantiria a aparência de uma divisão de poderes entre diversos grupos, mas preservando maior força para os dirigentes ligados ao PSP). Nessa ocasião, também foi aprovada uma resolução exigindo a retirada da central da Ciosl e da Orit. É interessante lembrar que, logo após o triunfo dos barbudos, a primeira havia divulgado uma nota em que demonstrava satisfação com a remoção de Batista do poder, mas ao mesmo tempo expressava a preocupação de que a CTC pudesse se tornar alvo de "medidas de força", insistindo para que o movimento operário continuasse tendo o direito de votar em seus líderes.

Antes disso, em 3 de janeiro de 1959, o secretário-geral da Orit, Alfonso Sánchez Madariaga, declarou que gostaria que o novo governo fosse "autenticamente democrático" e facilitasse o exercício de todos os direitos sindicais[53]. Em seguida, foi enviado a Cuba Luis Alberto Monge, um representante da organização, que pôde constatar que a grande preocupação dos sindicalistas cubanos era a questão do mujalismo (os antigos colaboradores de Eusebio Mujal estavam sendo sistematicamente depostos). Monge também percebeu que poucos líderes sindicais revolucionários estavam dispostos a continuar suas relações com a Orit. Logo depois, George Meany, principal líder da AFL-CIO, fazia seu primeiro pronunciamento sobre a situação da ilha, numa carta enviada a David Salvador. Nela, o norte-americano afirmava: "Nossa organização, tendo continuamente lutado contra regimes ditatoriais, alegra-se com as perspectivas de consolidação da democracia em Cuba por meio do fortalecimento de um movimento operário democrático e independente, livre de qualquer controle ou influência totalitária"[54].

O Comitê Executivo da Orit, entretanto, começou a demonstrar preocupação e, numa sessão de emergência realizada na Cidade do México nos dias 3 e 4 de fevereiro de 1959, concluiu que os membros de *trade unions* deveriam ter o direito exclusivo de escolher seus representantes, sugerindo que eleições fossem realizadas naquelas agremiações quanto antes[55]. Ou seja, as entidades sindicais internacionais ligadas aos Estados Unidos desde o começo pressionaram e tentaram influenciar o movimento operário cubano, o que era inadmissível para o novo regime.

Todos os sindicatos incorporaram-se à Fonu, que mais tarde foi reorganizada, mantendo apenas indivíduos ligados ao M-26-7 (diversos líderes que haviam combatido Batista no exílio, aliás, foram afastados de cargos de direção). Ángel Cofiño, por exemplo, antigo dirigente dos eletricitários, ao retornar a Cuba foi proibido de continuar suas atividades junto a sua categoria e suspenso de suas funções por dez anos. Já Vicente Rubiera (do sindicato dos funcionários das companhias de telefones e telégrafos), que havia sido um opositor ao regime batistiano, foi substituído por membros do movimento.

Ainda no início de 1959, Serafino Romualdi, enviado da AFL-CIO a convite da CTC, viajou a Havana para conversar com sindicalistas cubanos: foi ignorado por todos ao chegar à ilha e veementemente atacado pelo jornal *Revolución,* encabeçado na época por Carlos Franqui, que o acusou de ser um milionário e um gângster vinculado a Eusebio Mujal. Romualdi saiu de Cuba logo em seguida[56]. Embora alguns sindicalistas anticomunistas ainda quisessem manter a CTC na Orit, a pressão por sua exclusão começou a aumentar. Com o passar dos meses, o desconforto cresceu, culminando com sua retirada de ambas as organizações internacionais de inspiração e influência norte-americana.

Em 7 de janeiro de 1960, o novo Comitê Executivo cetecista adotou uma resolução proposta por seu recém-empossado diretor, Jesús Soto, que defendia o expurgo de todos os anticomunistas. A partir daí, diversos dirigentes foram presos ou perderam suas posições.

Muitas mudanças começaram a ocorrer na legislação trabalhista. Em março de 1960, uma lei acabou com o contrato coletivo. Isso significava que o direito de negociação com o patronato, antes nas mãos do sindicato, passava agora para o Ministério do Trabalho, que teria a autoridade máxima numa disputa laboral. Em seguida, diversas leis foram promulgadas, estendendo a jurisdição daquele órgão para todos os aspectos das relações entre empregados e donos de empresas, inclusive os relativos a condições de trabalho, organização e soldos. O contrato coletivo foi virtualmente abolido em abril de 1962, quando o Mintrab teve a autorização do governo para suspender os acordos que a seu ver infringissem regulamentos socioeconômicos legais. Em setembro, o ministro do Trabalho, Martínez Sánchez, anunciou publicamente que o sistema de contratos coletivos seria transformado num modelo que garantisse o cumprimento dos planos de produção[57].

Em junho de 1960, já havia sido concedida àquela instituição a autoridade para intervir livremente nas associações operárias. Esse fato permitiu que os novos dirigentes retirassem aqueles eleitos que não eram de seu agrado e os substituíssem por homens de confiança. Em janeiro de 1961, a greve foi considerada ato contrarrevolucionário e proibida, enquanto a Lei de Organização Sindical, de 3 de agosto de 1961, acabou completamente com a antiga estrutura trabalhista do país.

Na convenção da CTC, em novembro do mesmo ano, seu líder histórico, Lázaro Peña, retornou como secretário-geral. Naquela ocasião, o número de federações foi reduzido de 33 para 25 (os membros das oito extintas foram redistribuídos nas que restaram). A reunião também deliberou alguns benefícios para os *obreros* cubanos. Foram aprovadas resoluções que garantiam 30 dias de férias remuneradas, 9 dias saldados de ausência por doença, 26 dias de pagamento extra, resultantes da soma do bônus instituído de 4 horas por semana com o saldo da redução das horas de trabalho semanal de 48 para 44 sem diminuição no pagamento, um bônus de Natal, fins de semana mais extensos no verão (durante os quatro meses da estação, entre um dia e um dia e meio foi adicionado ao final de semana, resultando em 26 dias de férias pagas em virtude de uma semana de dias úteis mais curta), 4 dias de feriados nacionais e 4 dias de outros, opcionais. Com a Terceira Lei Orgânica, de maio de 1962, homens e mulheres foram instados a carregar suas carteiras de trabalho, um documento de 14 páginas com informações detalhadas sobre cada indivíduo (para conseguir emprego, todos tinham de portar seu registro).

Já em 1960 – ou seja, antes mesmo de retornar à direção da CTC –, Lázaro Peña mostrava qual deveria ser a missão dos sindicatos a partir dali. Para ele,

> o papel, a posição, as responsabilidades e as tarefas do movimento sindical não podem agora, com um Governo Revolucionário, ser os mesmos que antes, quando existia a tirania, produto do golpe de Estado, agora que as classes populares estão no poder em vez dos servidores dos imperialistas ianques e as classes dos piores e mais vorazes exploradores dos trabalhadores e do povo... A derrota da tirania batistiana e do regime semicolonial, com o estabelecimento subsequente do regime revolucionário, criou as condições para restaurar o verdadeiro papel e funcionamento internamente democrático de todo o movimento sindical da CTC, das federações e dos sindicatos.[58]

Assim, de acordo com Peña, era preciso erradicar os elementos mujalistas dos postos de direção, acabar com os métodos e procedimentos desses indivíduos e eliminar o que chamava de "falsos conceitos" de subordinação ao economicismo, ao egoísmo, ao anticomunismo e ao divisionismo, que teriam sido promovidos pelos "agentes" do imperialismo[59]. Também seriam tarefas do movimento sindical a defesa das prerrogativas dos *obreros* e a proteção a seus direitos e suas condições laborais, sempre apoiando o governo. Para ele, a "proteção dos trabalhadores" não podia ser confundida com interesses de grupos específicos. As demandas imediatistas seriam efêmeras e insustentáveis se não contribuíssem para levar adiante a revolução, o desenvolvimento agrícola e industrial e o aumento da produtividade. Por isso, "*el capitán*" acreditava que os cubanos deviam ter uma atitude compatível com o momento e não pedir aumentos salariais. Segundo essa perspectiva, os sindicatos teriam como obrigação principal elevar a consciência e corroborar com o novo regime. Para isso, deviam estimular mais reuniões, "discutir os discursos de Fidel", explicar os problemas nacionais e atacar seus inimigos de maneira contínua[60] (seria fundamental, portanto, que seus membros aprendessem a usar armas e se integrassem às milícias populares). Além disso, respaldava a solidariedade internacionalista, que precisaria se expressar na melhora das relações com outras organizações sindicais do continente, por meio de seu suporte e qualquer tipo de auxílio necessário.

Em teoria, essas eram proposições muito similares às defendidas por Guevara. Porém, na prática, com o passar dos anos, foi possível constatar diferenças salariais não muito favoráveis a uma boa parcela da classe trabalhadora local. Em 1968 – portanto, alguns anos após as declarações de Peña –, as diferenças de remuneração eram grandes. Enquanto um juiz da Suprema Corte recebia 900 pesos por mês, professores universitários, 750 pesos, ministros do gabinete, 700 pesos, e funcionários do governo, 250 pesos, os operários da construção ganhavam 166 pesos, os metalúrgicos, 161 pesos, os cortadores de cana, 96 pesos, e os jovens no serviço militar obrigatório, somente 7 pesos por mês[61]. Ao final daquela década, os moradores de Havana continuavam recebendo e consumindo mais que os do resto do país: a capital, que tinha 27% da população da ilha, recebia 38% da renda nacional, consumia 35% dos bens e reunia 49% de todos os serviços comerciais.

De acordo com James O'Connor, contudo, a partir de informações divulgadas na época[62],

> a grande maioria dos trabalhadores acreditava que tinha mais influência no governo depois da revolução que antes; uma grande maioria rejeitava eleições gerais; e quase três quartos dos trabalhadores tinham atitudes "favoráveis" em relação à revolução, enquanto o resto estava indeciso ou era-lhe hostil.[63]

Os trabalhadores que haviam sofrido com o desemprego ou o subemprego antes do triunfo dos barbudos eram mais propensos a apoiar o governo e foram, no período anterior, o grupo mais favorável aos comunistas. A revolução também obteve suporte igual tanto daqueles que recebiam baixos ordenados quanto dos que tinham altos vencimentos[64]. Os negros demonstravam maior aprovação à revolução que os brancos, mas tanto os *obreros* sem especialização quanto os especializados deram sustentação similar ao novo regime[65]. Já os homens possuíam uma atitude mais favorável que as mulheres, enquanto não havia grandes diferenças no apoio a Fidel e seus correligionários entre grupos de origens sociais diferentes. Os funcionários das pequenas e grandes empresas também deram seu assentimento ao regime da mesma forma[66].

O que se pode constatar é que, nos primeiros anos após a remoção de Batista do poder, havia um grande empenho por parte da CTC, dos sindicatos e do Mintrab, assim como de dirigentes como Che Guevara, em fazer com que a população de fato apresentasse um nível de vida melhor e, ao mesmo tempo, desenvolvesse paulatinamente sua consciência.

Che Guevara durante anúncio de cumprimento de meta em moinho nacionalizado de farinha de trigo. Crédito: Prensa Latina.

6

O socialismo e o "homem novo"

O conceito de "homem novo" por vezes tem sido analisado de forma simplista por alguns críticos que tratam do tema, ao ressaltar principalmente seus aspectos éticos e "filosóficos", contribuindo pouco para o entendimento de seu real significado histórico e apenas reproduzindo visões românticas, desprovidas de maior teor político ou econômico.

É claro que há exceções. Michael Löwy, por exemplo, sugere uma diferenciação entre o "humanismo burguês", filantrópico, "além das classes", e o "humanismo revolucionário" de Guevara. O esforço do sociólogo brasileiro radicado na França vai no sentido de mostrar a importância dos aspectos humanistas de Marx e Engels em contraposição a algumas interpretações "secas", difundidas principalmente na Segunda Internacional. Para ele, o Che teria compreendido melhor nas obras do Mouro esse caráter, que não estaria contraposto ao cientificismo marxista, mas se relacionaria com ele de forma dialética e recíproca[1]:

> Quais são os traços característicos desse homem novo, o homem comunista ou "o homem do século XXI"? Recusando a utopia, Che limita-se a algumas hipóteses gerais, necessariamente abstratas, hipóteses baseadas, aliás, na própria realidade cubana, em que se descortinam já as primeiras prefigurações desse futuro: os revolucionários, os guerrilheiros que disputam entre si para obter as tarefas mais perigosas sem outra satisfação que não seja a do dever cumprido ("a atitude dos nossos combatentes mostrava já o homem do futuro"); as próprias massas populares, pela sua coragem e sacrifício nos momentos críticos da revolução: a invasão de Playa Girón, a crise de mísseis em 1962, a juventude comunista, exemplo vivo de fervor revolucionário e de espírito internacionalista. O homem comunista deve ser necessariamente um homem mais rico interiormente e mais responsável, ligado aos outros homens por um vínculo de solidariedade real, de

> fraternidade universal concreta, um homem que se reconhece na sua obra e que, uma vez quebradas as correntes da alienação, "atingirá a consciência plena de seu ser social, a sua total realização como criatura humana". Um homem cuja condição de possibilidade é o que Marx chamava, nas *Teses sobre Feuerbach,* "a humanidade socializada": quer dizer, a ultrapassagem da cisão operada pela sociedade burguesa entre o "privado" e o "público", o interesse "particular" e o interesse "geral", o "homem" e o "cidadão", o indivíduo e a comunidade.[2]

O autor de *Redenção e utopia* decerto se baseou em artigos e discursos do próprio "guerrilheiro heroico" para fazer suas observações. No entanto, deixou de lado uma análise das condições históricas e das motivações que levaram o revolucionário argentino a emitir tais opiniões. Nesse sentido, Guevara acaba sendo apresentado como alguém essencialmente conduzido por fatores de inspiração ética, enquanto aparecem como minoritários os aspectos práticos do conceito de "homem novo", associados ao desenvolvimento das forças produtivas cubanas, à mobilização das massas, ao aperfeiçoamento tecnológico e à conscientização política. O diretor emérito do Centre National de la Recherche Scientifique (CNRS) trata desses temas em capítulos subsequentes de sua obra, mas não faz a devida associação dos atributos econômicos do ideário do ministro de Indústrias de Cuba com aquele conceito.

Até mesmo o filósofo Leopoldo Zea parece se deixar levar pela emoção ao falar do "homem novo" guevariano como aquele "capaz de reconhecer a si mesmo nos outros homens"[3]. De acordo com o intelectual mexicano, "afastar-se do convencional seria o importante para a criação do homem novo. Novo não porque nega suas origens, e sim porque as assume para superá-las"[4].

Raúl Fornet-Betancourt, por sua vez, expõe a relação do Che com o "humanismo revolucionário", afirmando que

> a tarefa do contínuo exame crítico do processo social no socialismo representa, segundo Guevara, uma tarefa que aponta para a visão do novo homem, na medida em que a percepção consciente desta tarefa, no fundo, não reflete outra coisa senão a subjetivação concreta dos homens. [...] Mas esta compreensão é precisamente a qualidade que Guevara coloca no centro do humanismo do novo homem.[5]

E comenta isto:

> Já que, segundo Guevara, o comunismo de Marx representa um programa humanista, cuja especificidade consiste precisamente em que este "objetivo de humanidade só pode ser alcançado conscientemente", ele interpreta a teoria de Marx no sentido do humanismo do novo homem, para, com isso, acentuar precisamente a decisiva importância da subjetivação do homem no desenvolvimento histórico,

> como resultado de um processo conscientemente executado de autolibertação. Pois o humanismo do novo homem significa, para Guevara, progresso no curso daquela dialética da emancipação que, exatamente, é libertadora porque é executada pelo homem concreto na sua situação histórica. O homem cresce com essa dialética. Ela é a figura histórica de sua própria humanização. Pois essa dialética de emancipação – expresso[-me] de outra maneira – é uma convergência exitosa entre as modificações no domínio socioestrutural da sociedade e a transformação na consciência dos homens.[6]

O autor, contudo, não se dispõe a se aventurar num estudo mais específico de outros fatores que compõem essa temática, em especial os relativos às necessidades cubanas daquela época.

Para que se possa compreender na prática o "homem novo" como proposto pelo "guerrilheiro heroico", é preciso, portanto, explicar três momentos fundamentais que compõem esse conceito: o *sistema de incentivos*, o *trabalho voluntário* e a *emulação socialista*, elementos ligados entre si e partes intrínsecas do projeto político-econômico do argentino (experimentados na ilha principalmente durante sua gestão no Minind).

Em um país que necessitava de um rápido desenvolvimento das forças produtivas e de um aumento e uma diversificação da produção agrícola e industrial em pouco tempo, as discussões acerca da construção do socialismo por meio de incentivos morais ou materiais, a utilização do trabalho voluntário e a "competição fraternal" mostraram-se úteis e necessárias nos primeiros anos após o triunfo dos barbudos. Falar sobre o homem novo apenas discutindo os aspectos técnicos e economicistas, em detrimento do plano "espiritual" e "ético", seria um desvirtuamento completo de seu sentido mais universal; mas discorrer acerca dessa ideia como algo abstrato e excessivamente "romântico", deixando de lado os fatores concretos do momento histórico em que se elaborou e se tentou implementar o conceito, não apontando os elementos políticos e econômicos de que ele estava imbuído, demonstra pouco cuidado ao lidar com algo tão significativo.

Como já foi dito, em 1959, Cuba vinha de uma situação de completa dependência em relação aos Estados Unidos, que controlavam a "indústria exportadora", a energia elétrica, o crédito bancário e o abastecimento de combustível. Os norte-americanos possuíam cerca de 1,2 milhão de hectares de terras, entre as quais 25% das melhores propriedades agrícolas do país, enquanto se verificavam desemprego e subemprego permanentes, em níveis proporcionalmente muito superiores aos de outros países do continente, com estimativas de mais ou menos 300 mil trabalhadores desocupados constantemente[7].

Para alguns estudiosos, o processo cubano não teria ocorrido num só bloco. Iniciado como revolução democrático-burguesa – ou, para alguns, "democrático-

-nacional" ou apenas "democrática" –, ele se teria movido para o socialismo em etapas aceleradas. Assim, autores como Abelardo Villegas[8] e Carlos Rafael Rodríguez não a consideram indicativa da "revolução permanente" de Trótski (como afirma, por exemplo, Kevin Devlin)[9], mas um exemplo da "revolução ininterrupta" de V. I. Lênin[10], que em seus pressupostos básicos não concebia a fase "democrática" como obrigatoriamente prolongada nem estável, mas como etapa transitória e significativa; ou seja, a Revolução Cubana dirigiu-se de maneira açodada ao socialismo pelas contingências externas e pelas demandas político--econômicas internas.

Foram diversas as interpretações daquele período. Para Sergio De Santis, o estágio redistributivo, com facetas identificáveis de tendências democráticas e socializantes, representou o início do processo revolucionário, notabilizando-se pela promulgação da lei de reforma agrária, em 1959. Com a etapa de "transição", houve uma tentativa, difícil, de relacionamento com os EUA, uma aproximação lenta com a União Soviética, nacionalizações e "capitalismo de Estado", com inclinação cada vez mais anti-imperialista. E, por fim, a fase socialista, a partir de 1961, quando predominaram a ideologia "marxista-leninista" e o alinhamento com Moscou[11] (alguns argumentam, contudo, que aquela dinâmica talvez estivesse mais próxima do conceito maoista de "revolução permanente")[12].

Segundo o italiano Roberto Massari, contudo, a Revolução Cubana teria passado por momentos diferentes daqueles propostos por De Santis: para ele, houve uma etapa inicial, de 1959 até o começo de 1960, com os primeiros atos de agressão dos EUA contra a ilha, a criação da Juceplan e a reforma agrária; uma segunda, desde aquela data até o começo de 1962, com um fortalecimento do setor público, o princípio do embargo econômico, o aumento das relações com a URSS e a declaração do caráter socialista da revolução; e uma terceira, com a Crise dos Mísseis, a reestruturação ministerial e a segunda lei de reforma agrária[13].

De qualquer maneira, em 1961, Guevara traçara os planos para o desenvolvimento industrial da "*mayor de las Antillas*". As intenções eram: uma produção anual de 500 mil toneladas de aço; a construção de várias estações geradoras de energia elétrica com capacidade aproximada para 600 mil quilowatts, para duplicar a produção até metade dos anos 1960; a duplicação da produção de cimento em cinco anos; autossuficiência na produção de tecidos; a produção de 2 mil tratores, 5 mil caminhões, 3 mil motores de motocicletas e 100 motores fixos, além da capacidade de construir automóveis até 1965; e a criação de um estaleiro para a construção de barcos de pesca e, posteriormente, de navios de 10 mil toneladas para o comércio exterior[14]. Como se pode notar, os projetos eram ambiciosos e exigiam grande esforço da população para que fossem cumpridos. Como diria Florestan Fernandes:

> Todavia, se era difícil derrubar a república satélite e erigir a base econômica da revolução, mais difícil ainda vinha a ser levantar, um a um, os vigamentos da nova ordem social. Na verdade, a revolução se ultrapassara várias vezes. Ao atingir o patamar socialista, que era o seu nível histórico possível *mais alto*, ela conferira ao movimento revolucionário e especialmente à sua vanguarda a dura tarefa de atravessar, de 1959 a 1964, a distância cultural e política que outras revoluções proletárias deste século percorreram *antes da conquista do poder*. Era preciso fazer simultaneamente duas coisas vitais. Primeiro, a revolução devia gerar a sua *filosofia política*: o núcleo de ideias que iria marcar o seu sentido histórico e, ao mesmo tempo, o seu potencial utópico. Segundo, transferir estas ideias, como aquilo que K[arl] Mannheim designaria como *principia media*, para o terreno da efetivação, da formação de uma sociedade planificada em Cuba. Dada a rápida superposição de "fases" e de "passagens" (que até hoje confunde os analistas dessa revolução), as duas coisas se interpenetravam. E com frequência sucedia que o que deveria vir antes aparecia depois, em um clima de urgência histórica e de tensão política que precipitava a cristalização das ideias-chave pela pressão dos fatos, ou, vice-versa, erigia a consciência revolucionária diretamente em matriz de clarificação de atividade prática.[15]

Ele insistia que,

> no desenrolar da revolução, que muda constantemente de formas e conteúdos depois que a consciência socialista se universaliza e hegemoniza, surge o *novo homem* e a *nova sociedade*. A interação dos dois engendra uma civilização (isto é, uma tecnologia, uma pedagogia e uma cultura) que conduz o socialismo ao apogeu e o esgota. Abstraído do momento imediato da crise histórica que alimenta a eclosão do socialismo, o elemento econômico é fundamental – porque é o substrato da existência ou da sobrevivência e o eixo da reprodução social –, mas aparece sob a realidade que deve ter sob o plano plenamente constituído e desenvolvido (e não sob o mercado, como no capitalismo). Por conseguinte, o elemento econômico não serve de pretexto para imputar ao socialismo uma essência estática ou uma impulsão estabilizadora. O plano reduz e, por fim, extingue o determinismo econômico. Dentro dele e através dele o trabalho surge como o fator sociodinâmico da liberação do indivíduo e da sociedade.[16]

E completava que se deveria "considerar o *homem novo* e a *nova sociedade* a partir da sua percepção e da explicação do próprio comportamento em situações concretas da vida cotidiana"[17].

A ideia do "homem novo" e a tendência à *sobórnost* (a consciência coletiva, que representa o contrário do individualismo liberal ocidental) não são novidades trazidas à tona pelos cubanos, tampouco originárias do pensamento guevariano. Desde Marx e Engels até Mao Tsé-tung e outros pensadores socialistas, é possível encontrar elaborações constantes sobre esses temas. No proêmio da Revolução de Outubro, por exemplo, acreditava-se na ideia da liberdade como uma mudança ativa do mundo, um ato realizado pelo homem não apenas como indivíduo, mas também como ser social. Essa atitude, por mais que possa parecer defasada com os rumos posteriores da URSS, era difundida até como parte da tradição dos eslavófilos e *naródniki,* assim como do socialismo utópico francês, propagadas no século XIX, e do próprio marxismo[18]. O *furor technicus* russo incentivava a criação de uma nova sociedade. Como dizia J. F. Normano, "a União Soviética abandonou a idealização e idolatria do operário industrial como também do camponês, pondo ambos a serviço da industrialização intensiva"[19].

A criação do homem novo e a edificação do socialismo passavam necessariamente pela "moral comunista", que, de acordo com V. I. Lênin, deveria ser vista de forma diferente e tinha funções específicas e objetivos claros, que se associavam especificamente à construção do Estado soviético. Por suas implicações político-econômicas em determinado período histórico, as observações do autor de *Materialismo e empiriocriticismo* aproximam-se muito das avaliações de Guevara. Em outras palavras, a "moral comunista" não era algo transcendente, dissociado da humanidade, mas subordinada por inteiro à luta de classes: os "jovens", principalmente, deveriam desenvolver a consciência das condições objetivas, assim como travar um combate feroz contra a burguesia e contra a alienação do trabalho[20]. Outro dirigente que mostrava preocupação com a questão do homem novo era Trótski. Em 1924, ele escreveu:

> O ser humano que for capaz de mudar rios e montanhas de lugar, de construir palácios populares no cume do monte Branco e no fundo do Atlântico, naturalmente também saberá como conferir não apenas riqueza, colorido e intensidade à sua vida diária, mas também a maior dinâmica possível. [...] O ser humano determinará para si mesmo a tarefa de dominar os seus próprios sentimentos, de levantar seus instintos ao nível máximo da consciência, deixando-os transparentes, de instalar uma comunicação direta entre o querer e a consciência, de maneira que se elevará a si mesmo a um grau superior, ou seja, se transformará num tipo mais elevado do ponto de vista social e biológico, ou ainda, se quisermos, se transformará num super-homem. [...] O ser humano se tornará incomparavelmente mais forte, mais inteligente, mais refinado. Seu corpo, mais harmônico; seus movimentos, mais rítmicos; sua voz, mais musical; as formas do ser ganharão uma teatralidade dinâmica. A média humana se elevará ao nível de um Aristóteles, de um Goethe, de um Marx. E sobre esse nível se elevarão novos cumes.[21]

Mas ele ia mais longe. Também explicava outros detalhes de como seriam as relações sociais a partir daí:

> As preocupações relacionadas com a alimentação e a educação, que atualmente pesam como uma lápide tumular sobre a instituição da família, lhe serão tomadas, tornando-se objetivos da iniciativa social e das inesgotáveis ações coletivas. A mulher, finalmente, se libertará do seu estado de semiescravatura. Ao lado da técnica, a pedagogia – no seu sentido mais amplo de formação psicofísica de novas gerações – se tornará a rainha da ideia social. Sistemas pedagógicos reunirão poderosos "partidos" em torno de si. As experiências de educação social e a concorrência entre diversos métodos passarão por um desdobramento que hoje nem sequer podemos imaginar. O estilo de vida comunista não se desenvolverá cegamente [...] ele será formado de maneira consciente: verificado, calibrado e corrigido em função da ideia.[22]

Muitos anos mais tarde, no *Novo programa do Partido Comunista da União Soviética,* publicado em 30 de junho de 1961 (elaborado, portanto, no período khruschoviano, mais associado à burocratização e ao revisionismo político do que a uma imagem social idealista e radicalizada), podiam ser encontrados alguns indicativos da concepção do PCUS em relação à sociedade futura. É interessante lembrar que esse foi considerado na URSS "o Manifesto Comunista do século XX". Guevara leu e exaltou alguns aspectos do documento; segundo ele, "Marx, em sua visão genial de tudo isso que ia acontecer, falava do trabalho no comunismo como uma necessidade moral do homem, e isso está presente, por exemplo, no programa da construção do comunismo do Partido Comunista da União Soviética"[23]. Diz o texto que a nova ordem seria composta "por um novo homem que irá combinar harmoniosamente saúde espiritual, pureza moral e um físico perfeito"[24]. Além disso,

> os organismos com a tarefa de planejamento, contabilidade, gerenciamento econômico e avanço cultural – atualmente organismos do governo – perderão seu caráter político e se tornarão órgãos públicos de um autogoverno. A sociedade comunista será uma comunidade altamente organizada de trabalhadores. Regras universalmente reconhecidas de conduta comunista serão estabelecidas e sua fiscalização se tornará uma necessidade orgânica e hábito de todos.[25]

As teses do programa também afirmavam que a "pátria do socialismo" se tornaria "comunista" em 1980, tendo em vista que as bases materiais se desenvolveriam enormemente nas décadas seguintes e que as diferenças entre cidade e campo desapareceriam até lá. Aquele país, de acordo com o mesmo projeto, ultrapassaria os Estados Unidos na produção *per capita* da população entre 1961 e 1970, quando todos os operários atingiriam boa qualidade de vida e moradia. As fazendas coletivas e estatais se transformariam em empresas com rendimentos elevados e os labores físicos desapareceriam até 1970, fazendo com a que URSS se tornasse a nação com a jornada de trabalho mais curta do mundo. Seria constituído também um valor médio de salários para toda a população e eliminadas as fronteiras nacionais entre as diversas repúblicas soviéticas. Em relação ao partido, haveria eleições a cada quatro anos, para a renovação de pelo menos um quarto dos membros do CC e do Politburo, com rodízio de dirigentes escolhidos pelo povo[26]. Já não ocorreriam o que chamavam de escrutínios políticos, mas apenas aqueles para funções técnico-econômicas.

Mesmo após o desaparecimento do Estado, contudo, o PCUS continuaria existindo, tendo como função coordenar as atividades das diversas organizações, que operariam em sistema de autogestão (este organismo só deixaria de existir com a vitória da revolução mundial)[27].

No comunismo imaginado pelos soviéticos, a produção seria altamente organizada e o caráter do trabalho, modificado. Assim, cada pessoa poderia laborar no que bem entendesse e teria apenas entre 20 e 25 horas semanais de serviço, que deveriam gradualmente diminuir. Para que isso ocorresse, seria necessário eliminar as tarefas mecânicas, por meio de maior automatização e planejamento computadorizado. Só então os incentivos materiais seriam substituídos pelos morais. Os indivíduos teriam mais horas para o lazer e o ócio, assim como para se dedicar à ciência, a invenções, literatura e arte. Isso faria com que surgissem milhares de novos cientistas e artistas. As necessidades naturais, como alimentação e sono, ocupariam dez horas por dia, enquanto o trabalho obrigatório não ultrapassaria quatro, deixando mais tempo livre à disposição da população. Também haveria distribuição gratuita de todas as mercadorias (a obsessão pelo lucro, por certo, acabaria). Mas o manual *Fundamentos do marxismo-leninismo* afirmava que a ordem comunista não tencionava satisfazer todos os desejos e caprichos exagerados. Para o documento, as pessoas já seriam cultas e conscientes o suficiente para não exigir absurdos, como trocar de carro ou televisão todas as semanas. Isso ocorreria, quando muito, com uma minoria, que não conseguiria desestabilizar a nova ordem e que teria a reprovação da maior parte do público. A propriedade particular seria abolida e restrita apenas a objetos de uso pessoal (como roupas e sapatos), mesmo que ainda fosse possível continuar possuindo artigos como instrumentos musicais e livros[28].

De acordo com Nikita Khruschov, o novo homem teria como características principais a fidelidade ao comunismo, a irreconciliação com seus inimigos, a consciência do dever social, a participação ativa no trabalho em prol da sociedade, a camaradagem, a solicitude, a honestidade, a sinceridade e a intolerância ao desrespeito à ordem, além de também não ter mais apego aos costumes capitalistas, tampouco ser egoísta[29]. Para ele:

> A sociedade comunista, que terá uma abundância de riquezas materiais e espirituais, é capaz de satisfazer as necessidades de cada indivíduo, bem como de cada nação [...]. Nestas condições, os velhos conceitos de fronteiras desaparecerão. Com a vitória do comunismo em escala mundial, as fronteiras dos Estados irão desaparecer, como ensina o marxismo-leninismo. É provável que somente as fronteiras étnicas sobrevivam por algum tempo, e até mesmo estas existirão apenas como convenção. Naturalmente, essas fronteiras, se é que poderão ser chamadas assim, não terão guardas, funcionários de alfândegas nem incidentes. Elas simplesmente demarcarão a localização histórica de um determinado povo ou nacionalidade em um determinado território [...]. As fundações das relações comunistas entre os povos foram assentadas na União Soviética e em todo o campo socialista [...]. A cooperação extensa em todas as esferas da vida econômica, social, política e cultural está se desenvolvendo nos países soberanos do campo socialista. Por falar no futuro, parece-me que um maior desenvolvimento dos países socialistas provavelmente seguirá na direção da consolidação de um sistema econômico mundial único socialista.[30]

Ideias similares em relação ao homem novo podem ser encontradas em diversos *utchébniki* oficiais, como *Os fundamentos do comunismo científico*, de V. Afanássiev, que descreve suas características de forma muito próxima às proposições do dirigente soviético, embora seu autor o tenha escrito mais tarde, após o afastamento e a perda de prestígio de Khruschov dentro do partido[31]. Para o já citado *Fundamentos do marxismo-leninismo*, por sua vez, não haveria mais crimes no comunismo. Além disso, metade da população teria curso universitário, enquanto a outra, educação especializada de nível superior. As pessoas não viveriam mais em casas, e sim em "palácios comunais", edifícios construídos em terrenos de até 40 mil metros quadrados, que comportariam entre 2 mil e 2.500 pessoas, com áreas de manutenção, enfermaria, correio, cabeleireiros e lavanderias. Em alguns andares habitariam os adultos, em outros as crianças e, ainda em pisos diferentes, idosos que necessitassem de cuidados especiais (além de pavimentos específicos reservados para casados, solteiros, jovens trabalhadores e estudantes); em cada piso existiria um espaço de 800 a 1.000 metros quadrados para salas de refeição, leitura, lazer e música. Ninguém seria obrigado a morar nesses locais, mas, de acordo com os "intelectuais" do partido, poucos quereriam perder essa oportunidade!

Os "pesquisadores" da Acus chegaram a dizer como supostamente seria a vida do homem novo comunista no século XXI, assim como as principais características tecnológicas da época. Para eles, as pessoas desse período se vestiriam e se alimentariam de produtos sintéticos de qualidade superior aos naturais; enquanto isso, os metais poderiam durar séculos, seriam mais leves e de fácil manuseio. As minas de carvão, ferro, cobre e sal se tornariam coisas do passado: o homem produziria metais de acordo com a composição desejada, e a metalurgia nuclear daria origem a um novo ramo das indústrias. Já as redes de transmissão teriam tensões normais de aproximadamente 2 milhões de volts, enquanto as de longa distância, voltagens mais altas. Com o avanço tecnológico, seria possível criar explosões convencionais capazes de destruir cadeias de montanhas como a do Himalaia e, portanto, permitir a construção de vias de transporte e comunicação. Todas as doenças conhecidas no século XX seriam eliminadas até 2007, o que levaria os médicos e cientistas a deixar de se preocupar com esse problema e a se dedicar ao aperfeiçoamento do organismo humano, principalmente do sistema nervoso superior[32].

No setor agrícola, seriam desenvolvidos adubos químicos que estimulariam o crescimento das plantas, agindo ao mesmo tempo contra o surgimento de enfermidades e outros elementos prejudiciais. Muitos minérios seriam obtidos no fundo dos oceanos, e as plantas marinhas, muito mais utilizadas na dieta da população.

Os cidadãos do terceiro milênio também construiriam um sol artificial, colocado numa altura de 20 ou 30 quilômetros de altura, que teria a capacidade de iluminar uma área equivalente à da cidade de Moscou. Raios eletromagnéticos emitidos por quatro estações de alta frequência se cruzariam em cima da praça Vermelha, e uma reação provocaria a incandescência de moléculas de nitrogênio e oxigênio, que possibilitaria a iluminação de toda a região da capital soviética[33].

Em relação aos transportes, alguns acreditavam que haveria calçadas móveis, formadas por faixas paralelas, deslocando-se numa velocidade de 20 km/h, percorrendo todas as ruas em ambos os sentidos. Nesse caso, provavelmente bancos ou cadeiras (assim como postos de venda de sucos e cigarros) seriam colocados nos passeios, que cobririam toda a área urbana das metrópoles, enquanto os ônibus e bondes circulariam apenas nas periferias (também haveria um aumento na utilização de helicópteros nos perímetros urbanos). Os terráqueos começariam a conquistar e a criar cidades na Lua e em outros planetas.

Todas essas discussões, contudo, aparentemente passaram despercebidas pela população, que não se interessou ou pelo menos não foi devidamente informada do que se debatia. Na realidade, o que se pode concluir é que na era Khruschov houve muito excesso e pouco pragmatismo. Com a ascensão de Kossyguin e Brejniev ao poder, as expectativas exageradas de alcançar os Estados Unidos em produção *per capita* até 1970 e de chegar à total abundância e ao comunismo até 1980 foram deixadas de lado e substituídas por prognósticos mais realistas. Apesar disso, nenhum novo projeto foi apresentado no XXIII Congresso; portanto, oficialmente o "programa" da administração anterior, não obstante todas as suas extravagâncias, continuou sendo o documento oficial do partido.

Interessante também era a concepção maoista. À diferença das ideias de pensadores como Marx, Engels e Lênin, o "grande timoneiro" defendia conceitos de "homem novo" e de "nova sociedade" em uma linha centrada, em boa parte, nas próprias tradições seculares chinesas. O dirigente do PCCh não acreditava no eventual desaparecimento de uma autoridade política e defendia a ideia da inevitabilidade de uma "liderança dominante" em qualquer situação histórica[34]. Para ele, o comunismo se configuraria pela abolição das classes; mesmo assim, continuaria havendo contradições de outras naturezas e atitudes antissociais, tendo em vista que o homem seria um ser imperfeito, que manteria determinadas características em quaisquer circunstâncias. Para alguns maoistas, a obra do "jovem Marx" deveria até mesmo ser desprezada e considerada "contrarrevolucionária", já que teria sido escrita por alguém com uma "mente imatura", influenciada pelo "materialismo mecânico" e pelo "socialismo utópico"[35]. De acordo com Chu Yang, alguns marxistas sustentam que, para

> eliminar a "alienação do homem", é necessário destruir a ditadura do proletariado e o sistema socialista. Ao defender o retorno a si mesmo, eles estão, na realidade, defendendo a liberdade individual absoluta e pedindo ao povo que vive no socialismo que retorne à natureza humana do individualismo burguês e restaure o capitalismo que o cria.[36]

Neste sentido, vale comentar brevemente a relação de Guevara com as ideias do "jovem Marx"[37]. No artigo "O sistema orçamentário de financiamento", publicado em *Nuestra Industria* em fevereiro de 1964, o revolucionário argentino citou os *Manuscritos econômico-filosóficos de 1844* (os quais havia descoberto justamente naquele período e considerava estudos "extraordinários por sua penetração")[38], mesmo que, segundo o ministro de Indústrias, as ideias do filósofo alemão sobre economia ainda fossem imprecisas. Para o Che, naquela ocasião o Mouro estava na plenitude de sua vida e já abraçara a causa dos humildes, apesar de carecer do mesmo rigor científico de sua produção posterior. O fato de a citação do editor da *Nova Gazeta Renana* ser da juventude não teria menos valor, pois era expressão legítima de seu pensamento[39].

O "guerrilheiro heroico" estudou na época a obra de Herbert Marcuse, o qual chegou a expressar que em Cuba havia a "enorme possibilidade de fazer uma revolução não controlada por burocratas nem imposta coactivamente". Além disso, parecia corroborar certas correntes que se opunham a uma leitura "estruturalista" da obra de Marx, a qual se delineava nos meios acadêmicos. Alguns intelectuais, como Louis Althusser[40] (o Che leu, anotou e discutiu bastante o que o francês havia escrito e o considerava completamente "fora de foco"[41]), começaram a fazer "cortes" epistemológicos visando identificar o processo de evolução das ideias do autor de *O capital,* com um intuito mais "academicista" e "filosófico" que necessariamente de intervenção política prática[42]. Análises de discurso, o uso de técnicas psicanalíticas e a "decodificação" de passagens passaram a ser vistos como importantes instrumentos para interpretar a obra marxiana. A procura pelo "consciente" e pelo "inconsciente" nas linhas e entrelinhas, a formação e as leituras de Marx, a busca pelo discurso oculto constituíam um emaranhado de ideias que supostamente apresentariam uma maior complexidade do filósofo e levariam a uma compreensão mais ampla de seus livros.

Os trabalhos, assim, poderiam ser entendidos como uma sobreposição de textos explícitos e implícitos, que se articulariam e se enriqueceriam, fazendo com que uma leitura simultânea dessas duas dimensões fosse essencial. De forma geral, poder-se-ia dividir a vida de Marx, segundo a análise althusseriana, assim: período de 1840 a 1844 (obras da juventude), época em que ele escreveu sua tese de doutorado e *A sagrada família*; depois, em 1845, as obras de "corte", como *A ideologia alemã*; em seguida, a etapa de amadurecimento teórico, de 1845 a 1857, terminando no momento imediatamente anterior aos primeiros ensaios de redação de *O capital*; e, finalmente, a fase da produção da maturidade, de 1857-1883, ou seja, até sua velhice. Para Althusser, as obras da mocidade também poderiam ser separadas em dois momentos distintos, o racionalista-liberal, com os artigos da *Gazeta Renana*, e o racionalista-comunitário, nos anos 1842-1845. Os marxólogos se questionavam se havia uma continuidade e uma unidade no pensamento do Mouro, que mudanças ou variações poderiam ter ocorrido em seus conceitos etc. O "jovem Marx", portanto, seria Marx, mas não necessariamente marxista, ou seja, não o mesmo Marx de *O capital*.

Na juventude, o "prussiano vermelho" teria elaborado seus argumentos relacionando a história à essência humana, compreendida com base em critérios como "liberdade" e "razão". A partir de 1845 haveria uma ruptura, e ele discutiria a História baseado em conceitos como "formação social", "forças produtivas", "relações de produção", "superestrutura", "ideologias" e "economia", o que representaria a negação de uma suposta "cientificidade" do humanismo filosófico, já que não teria relação concreta com a realidade da economia política. Como se sabe, essas correntes "estruturalistas" foram duramente criticadas por diversos intelectuais e marxistas militantes da época[43]. A distinção entre o "objeto real" e o "do conhecimento" não agradava a muitos desses estudiosos, que desaprovavam ir do concreto ao abstrato não para retornar ao concreto, mas apenas para produzir "pensamento" a partir de outros conhecimentos. Uma análise mais equilibrada parece ser aquela apresentada pelo pesquisador alemão Michael Heinrich. De acordo com ele:

> Tendo em vista a complexidade da obra marxiana e de seu desenvolvimento, ambas as hipóteses me parecem falhas, tanto a da continuidade quanto a de uma ruptura – com a difundida oposição entre o "jovem" Marx (filosófico, humanista) e o "velho" Marx (econômico, científico). As linhas temáticas perseguidas por

> Marx sempre foram muito variadas. Mesmo que, a partir de 1843-1844, ele tenha se dedicado intensamente aos estudos de economia política, o desenvolvimento d'*O capital* como sua "principal obra" ainda não estava necessariamente dado: além da crítica da economia, Marx também fez, a partir de 1843, a crítica da política e do Estado; suas investigações moviam-se sempre por diversas áreas. Além disso, havia, em paralelo com os temas principais, uma grande variedade de temáticas menores, que apareciam ocasionalmente e, por vezes, desapareciam de novo. Entre outras áreas, Marx estudou intensamente matemática, ciências naturais, antropologia, linguística e, com frequência, questões ligadas à história. Essa diversidade de temas só pode ser compreendida em toda sua abrangência se levarmos em consideração os inúmeros artigos de jornal escritos por Marx e, sobretudo, seus cadernos de excertos – que serão publicados *na íntegra,* pela primeira vez, na seção IV da MEGA. Em todas essas áreas, há tanto linhas de continuidade quanto rupturas de dimensões diversas, sendo que tais rupturas não aconteceram necessariamente ao mesmo tempo. Mas só é possível compreender tudo isso estando disposto a conceber as obras de Marx como expressão de um processo de aprendizagem em aberto, permanente e, de modo nenhum, linear, em vez de vê-las como formulações – bem ou malsucedidas – de verdades atemporais.[44]

Na prática, por mais que se quisesse apontar as diferenças entre o "jovem Marx" e o "Marx científico", o homem foi sempre o centro de suas preocupações. Nesse sentido, mesmo que o enfoque tenha sido diferente, com variadas elaborações e diversos graus de aprofundamento de questões de economia política, a criação de um homem desalienado, que rompesse as amarras do capitalismo para construir um mundo onde pudesse desenvolver plenamente suas capacidades, sempre esteve presente em suas elaborações[45]. Fica claro que Guevara, ao ler Marx, deu especial importância ao fator da consciência e não se preocupou demasiadamente em diferenciar suas fases de vida, até por estar mais engajado em questões práticas da construção do socialismo em Cuba que em discussões acadêmicas que para ele não tinham interesse direto, principalmente naquele momento. Vale recordar que, para o ministro de Indústrias,

> o comunismo é um fenômeno de consciência, não se chega a ele mediante um salto no vazio, um câmbio de qualidade produtiva, ou o choque simples entre as forças produtivas e as relações de produção. O comunismo é um fenômeno de consciência e há que desenvolver essa consciência no homem, de onde a educação individual e coletiva para o comunismo é uma parte consubstancial a ele.[46]

Desde seus tempos de estudante, o filósofo renano já mostrava sua preocupação social e interesse na transformação dos homens[47]. Na universidade ele foi mais longe, ao defender explicitamente, em sua tese de doutorado, a importância da "consciência". Daí em diante, a "autoconsciência" passou a ser um conceito central em sua reflexão. Ela teria de ser orientada para a sociedade. Segundo ele:

> A filosofia tem, portanto, de renunciar a si mesma para se tornar filosofia *aplicada*; e assim como a poesia da arte se transforma em prosa de pensamento, a filosofia deve descer das alturas da teoria para a práxis. A filosofia prática, ou, mais precisamente, a filosofia da práxis (cujo impacto na vida e nas condições sociais equivale ao emprego de ambas na atividade concreta) – este é o futuro destino da filosofia em geral [...]. Assim como o pensamento e a reflexão superaram as *beaux-arts,* a ação e a atividade social irão agora superar a filosofia.[48]

Nem Marx nem Guevara, ao falar do homem novo, queriam utilizar o termo para projetar a imagem remota de uma sociedade idílica, fantasiosa, um mundo composto de abstrações. Ao esboçar os traços do "homem do futuro", o Mouro o fez com a mesma seriedade com que descreveu os indivíduos no capitalismo, associando seu surgimento à evolução da sociedade capitalista, de onde viriam as condições necessárias para a transformação dos sujeitos. O trabalhador adquiriria consciência de sua própria degradação e, a partir disso, começaria um processo que o tornaria verdadeiramente humano: para a construção da *neue Gesellschaft*, os proletários teriam de reconhecer o que significa a alienação em relação ao produto de seu labor, à sua atividade e aos meios de produção.

Mas o homem novo não é apenas o produto da revolução: ele se constrói em seu processo, é a criação da práxis, ou seja, da transformação da natureza e das relações sociais. Em *A ideologia alemã* (escrito com Friedrich Engels), Marx dizia que,

> tanto para a criação em massa dessa consciência comunista quanto para o êxito da própria causa, faz-se necessária uma transformação massiva dos homens, o que só se pode realizar por um movimento prático, por uma *revolução*; [...] a revolução, portanto, é necessária não apenas porque a classe dominante não pode ser derrubada de nenhuma outra forma, mas também porque somente com uma revolução a classe *que derruba* detém o poder de desembaraçar-se de toda a antiga imundície e de se tornar capaz de uma nova fundação da sociedade.[49]

Em outras palavras, a necessidade da revolução é justificada não apenas pela tomada do aparato da superestrutura burguesa, que será utilizado para a manutenção no poder, como também por ser a única possibilidade de real transformação das pessoas. Ao mudar os meios e relações de produção, o indivíduo mudaria a si mesmo. O homem novo, portanto, pode ser encontrado depois da revolução, mas também durante esta e no meio de outros confrades que a realizaram. O filósofo renano afirmava:

> Quando os trabalhadores comunistas se associam, sua finalidade é inicialmente a doutrina, a propaganda etc. Mas ao mesmo tempo adquirem com isso uma nova necessidade, a necessidade da sociedade, e o que parecia meio se converte em fim. Pode-se contemplar esse movimento prático em seus mais brilhantes resultados quando se veem reunidos os trabalhadores socialistas franceses. Já não necessitam de meios de união ou pretextos de reunião como fumar, beber, comer etc. A sociedade, a associação, a conversa, que por sua vez têm a sociedade como fim, lhes bastam. Entre eles, a fraternidade dos homens não é uma frase, senão uma verdade, e a nobreza do homem brilha nos rostos endurecidos pelo trabalho.[50]

O homem, na sociedade burguesa, tornara-se um "indivíduo", mas sua "individualidade", em vez de ser relacionada com a comunidade, expressava-se numa intensa competitividade contra ela. Como Marx insistia, a liberdade como um direito fundamentava-se não nas relações entre as pessoas, mas na separação delas. Em outras palavras, "nenhum dos assim chamados direitos humanos transcende o homem egoísta, o homem como membro da sociedade burguesa, a saber, como indivíduo recolhido ao seu interesse privado e ao seu capricho privado e separado da comunidade"[51]. Para ele:

> Consequentemente o homem não foi libertado da religião. Ele ganhou a liberdade de religião. Ele não foi libertado da propriedade. Ele ganhou a liberdade de propriedade. Ele não foi libertado do egoísmo do comércio. Ele ganhou a liberdade de comércio.
> [...] O homem *egoísta* é o resultado *passivo*, que simplesmente está *dado*, da sociedade dissolvida, objeto da certeza imediata, portanto, objeto *natural*. A *revolução política* decompõe a vida burguesa em seus componentes sem *revolucionar* esses mesmos componentes nem submetê-los à crítica. Ela encara a sociedade burguesa, o mundo das necessidades, do trabalho, dos interesses privados, do direito privado, como o *fundamento de sua subsistência*, como um pressuposto sem qualquer fundamentação adicional e, em consequência, como sua *base natural*. Por fim, o homem na qualidade de membro da sociedade burguesa é o que vale como o *homem propriamente dito*, como o *homme* em distinção ao *citoyen*, porque ele é o homem que está mais próximo de sua existência sensível individual, ao passo que o homem *político* constitui apenas o homem abstraído, artificial, o homem como pessoa *alegórica*, *moral*. O homem real só chega a ser reconhecido na forma do *indivíduo egoísta*, o homem *verdadeiro*, só na forma do *citoyen abstrato*.
> [...]

> *Toda* emancipação é *redução* do mundo humano e suas relações ao *próprio homem.* A emancipação política é a redução do homem, por um lado, a membro da sociedade burguesa, a indivíduo *egoísta independente*, e, por outro, a *cidadão*, a pessoa moral.
> Mas a emancipação humana só estará plenamente realizada quando o homem individual real tiver recuperado para si o cidadão abstrato e se tornado *ente genérico* na qualidade de homem individual na sua vida empírica, no seu trabalho individual, nas suas relações individuais, quando o homem tiver reconhecido e organizado suas "*forces propres*" [forças próprias] como forças sociais e, em consequência, não mais separar de si mesmo a força social na forma da força *política*.[52]

Fundamental, portanto, transformar esse ser individualizado no homem socialista, que precisaria da comunidade para desenvolver sua singularidade. Segundo o "jovem Marx", o socialismo começaria com um senso de percepção teórico e prático do homem e da natureza como elementos essenciais, partindo não apenas da negação da religião e do capitalismo mas também de uma autoconsciência positiva, que mais tarde progrediria para o comunismo, ou seja, que significaria o começo do desenvolvimento da humanidade; mas, para atingir esse nível histórico, o papel do pensamento e das ideias precederia as ações[53].

A leitura que o Che faz de Marx, portanto, parece-nos, de forma geral, correta. Como dito anteriormente, o ministro de Indústrias preocupava-se com os aspectos práticos do avanço econômico da ilha. Mas sua interpretação "filosófica" das ideias do Mouro também vale ser notada. Em discussões com companheiros do governo, afirmava que algum "falso" marxista poderia dizer que as pessoas são iguais e que não se poderia mudar sua inteligência nem seu caráter. Isso seria um dogmatismo estreito. Para ele, os cubanos haviam construído o primeiro sistema "marxista", "socialista", no qual o centro seria o "homem", no qual se fala do indivíduo, da pessoa e da importância que estes têm para a revolução. Insistia, porém, que, apesar disso, eles ainda não eram capazes de conseguir que esse homem desse tudo o que podia, e que existia a tendência a fazer dele uma máquina[54]. A consciência, em última instância, seria o aspecto principal. Para o Che,

> Marx pensava na libertação do homem e via o comunismo [não apenas] como a solução das contradições que produzirão sua alienação, mas [também como] um ato consciente. Quer dizer, não se pode ver o comunismo meramente como resultado de contradições de classe em uma sociedade de alto desenvolvimento, que se resolveriam em uma etapa de transição para atingir o auge; o homem é o agente consciente da história. Sem esta *consciência,* que engloba a de seu ser social, não pode haver comunismo.[55]

O interesse cada vez maior por Marx naquele período (especialmente os "manuscritos" de 1844 e a *Crítica ao programa de Gotha*) levou Guevara a escrever uma síntese biográfica do Mouro e de seu amigo Engels. Seu opúsculo seria baseado em grande medida em *Karl Marx: a história de sua vida*, de Franz Mehring, o qual citou em alguns momentos. Nele, o comandante diria que "esse ser tão humano, cuja capacidade de carinho se estendeu aos sofredores do mundo inteiro, mas levando-lhes a mensagem da luta séria, do otimismo inquebrantável, foi desfigurado pela história até ser convertido em um ídolo de pedra"[56]. Por isso, "para que seu exemplo seja ainda mais luminoso, é necessário resgatá-lo e dar-lhe sua dimensão humana"[57]. Aparentemente o próprio Che, antes de partir para o Congo e a Bolívia, solicitou que fosse publicado em Cuba *Karl Marx e Friedrich Engels,* de Auguste Cornu, o que ocorreu pouco tempo depois[58]. Em certa medida, tudo isso foi uma reação aos manuais soviéticos distribuídos em Cuba, que pouco faziam para instigar o pensamento crítico no país. E uma forma de criar interesse no estudo da vida e obra dos fundadores do socialismo científico.

6.1 Sistema de incentivos e emulação socialista

O sistema de incentivos foi um dos pontos mais discutidos nos primeiros anos da revolução. Enquanto um grupo, encabeçado por Charles Bettelheim e Carlos Rafael Rodríguez, defendia o uso de estímulos materiais, Guevara e seus colaboradores mais próximos, por sua vez, eram grandes propagandistas dos morais. O fundador do Cemi acreditava que o comportamento dos homens não era determinado pela consciência, mas fundamentalmente influenciado pelo estágio de desenvolvimento em que se encontravam as forças produtivas[59]. Para ele,

> as técnicas de estímulo podem ser reduzidas ao nível das diferentes unidades técnicas que constituem uma unidade de produção propriamente dita (por exemplo, no nível das oficinas, pela instituição de prêmios atribuídos a esse nível); podem assim descer, evidentemente, até as equipes e mesmo até os postos de trabalho. Nesse último caso, trata-se de uma técnica de estímulo ligada a uma política determinada de salários.[60]

Ou seja: política de preços, salários e créditos. Mais tarde, o professor francês concordou que era relevante acrescentar mais estímulos "não econômicos", como "espírito de solidariedade", "senso de honra" e "competição socialista". Tais princípios deveriam crescer ao longo do tempo, mesmo que se continuassem priorizando os incentivos materiais. O mesmo acreditava Ota Šik (a autoridade por trás das reformas liberais e dos mecanismos de mercado na Tchecoslováquia), ao afirmar que, "na presente etapa de desenvolvimento das forças de produção e devido à natureza atual do processo de trabalho, os incentivos materiais são, indubitavelmente, o estímulo primordial"[61].

Já Che Guevara sustentava uma opinião diamentralmente oposta. Para o dirigente do governo cubano, era necessário criar o homem novo ao mesmo tempo que se desenvolvia a técnica. Seria absurdo acreditar que os estímulos materiais se dissipariam com o tempo, a partir do momento em que os bens de consumo começassem a ser produzidos em excesso e se tornassem abundantes no mercado[62]. Isso acarretaria uma contradição em termos dentro de uma sociedade socialista, pois esse tipo de estímulo levaria à individualização e ao egoísmo, não facilitando nem propiciando o surgimento e o aprimoramento da consciência. Em outras palavras, o estímulo material constituía um "resquício" do mundo capitalista, que devia ser abandonado em prol de uma argumentação econômica mais eficiente em termos práticos e "culturais". Guevara, assim, achava que os estímulos materiais poderiam criar uma camada burocrática nos órgãos estatais e nas empresas e indústrias em geral, bem como grupos elitistas e tecnocráticos que se tornariam uma casta "parasitária". Não negava a necessidade objetiva deles; apenas insistia que esta não poderia ser a alavanca fundamental da economia e da edificação do Estado socialista[63]. Ernest Mandel mostrou bem a situação. Para ele,

> os que colocam o postulado absoluto do desenvolvimento *prévio* das forças produtivas, antes que se possa expandir a consciência socialista, pecam todos de um pensamento mecanicista à semelhança daqueles que acreditam poder suscitar, por meios puramente subjetivos (a educação, a propaganda, a agitação etc.), idêntica consciência de maneira imediata. Há uma interação constante entre a criação de uma infraestrutura material necessária para a expansão da consciência socialista e o desenvolvimento desta mesma consciência.[64]

Temos de observar também os aspectos econômicos objetivos de Cuba, que, naquele momento, era um país com escassez material e financeira, e relativamente pouco industrializado. Os estímulos morais cumpririam, assim, o papel de criar um "espírito de grupo" e uma "consciência" da importância de cada trabalhador na construção do socialismo. Esse ímpeto revolucionário, premiado com bônus, medalhas e diplomas, seria valorizado em todo o território e induziria outros a seguir o exemplo dos proletários mais dedicados. É claro que os estímulos materiais ainda seriam necessários, tendo em vista que a nação estaria passando por uma fase de transição e lidando com homens da antiga sociedade. Mas, para o "guerrilheiro heroico", estes deveriam ser aplicados com restrições, sempre como coadjuvantes dos "morais" e eliminados aos poucos, principalmente por meio da educação. Além disso, a prioridade teria de ser dada aos estímulos materiais de cunho social, como a ajuda a centros de trabalho que demonstrassem maior dedicação em relação ao socialismo, na construção de casas, escolas e centros de saúde, além da regulação de salários por aptidões dos proletários e oferta de melhores condições de estudo para estes aprimorarem seu nível técnico. A intenção do Che era eliminar gradualmente os incentivos materiais principalmente a partir de condições concretas, como o aumento do acesso aos bens de consumo no país. De qualquer modo, ele estava ciente das implicações de seu projeto. Em termos comparativos, para ele – mesmo não havendo uma forma de medição nem cálculos sobre esse assunto –, num prazo relativamente curto o desenvolvimento da "consciência" traria resultados mais favoráveis em termos econômicos que o estímulo material[65].

Guevara estudou, na ocasião, diversas variantes do sistema de incentivos. Entre estes: incentivos materiais com base na escala salarial mais um pagamento de bônus por atender às normas laborais e completar ou ultrapassar os planos de produção; desincentivos materiais para quem não conseguir atingir as metas de produtividade ou qualidade; e incentivos materiais na forma de prêmios coletivos[66].

Na concepção do Che, o modelo de normas que ele respaldava tinha o mérito de estabelecer a obrigatoriedade da capacitação profissional, que permitiria ascender de uma categoria a outra e, assim, aumentar o nível técnico dos profissionais. Portanto, quem não cumprisse a regra estaria deixando de realizar seu dever social e seria repreendido pela "sociedade" com um desconto em seu soldo. Fundamental nesse caso seria a ação do controle administrativo, com o partido atuando como "motor" ideológico, utilizando todas as formas de exemplo aos operários, inclusive na capacitação e na participação dos assuntos econômicos da fábrica.

O polonês Oskar Lange via nos incentivos um tema importante. Estes seriam, porém, definidos de acordo com cada caso e com o estágio de avanço do país em questão. Para ele, os funcionários teriam de estar interessados econômica e moralmente na realização satisfatória de sua companhia. Ou seja, os estímulos "devem ser criados de forma que o interesse pessoal e coletivo do quadro de pessoal da empresa seja idêntico à tarefa social que ela tem de executar"[67]. Ele lembrava que há dois tipos de propriedade de empresa socialista, a nacional e a grupal (como as cooperativas). Ambas são depositárias dos interesses dos trabalhadores, mas funcionam de maneiras diferentes. As "grupais" teoricamente permitiriam, em alguns setores, maior harmonização dos incentivos dos próprios funcionários com o interesse social geral, enquanto nas "nacionais" deveria haver um "autogoverno" substancial dos operários; caso contrário, os estímulos econômicos e morais não funcionariam, e a empresa se tornaria burocratizada e ineficiente[68]. Para ele,

> em consequência da propriedade social dos meios de produção, os incentivos também podem ser determinados pela superestrutura administrativa da economia, os métodos de planejamento e realização do plano, os princípios da contabilidade econômica adotados, os métodos de pagamento de salários, os tipos de participação nos lucros das empresas, o papel do mercado, e assim por diante. Tudo isso ajuda a determinar os incentivos dos trabalhadores. Assim, a organização adequada da superestrutura administrativa da economia é essencial para promover a operação dos incentivos necessários para garantir o ajustamento da produção às necessidades da sociedade, o uso racional dos recursos e a promoção do progresso técnico.[69]

Em outros países, como a China, o sistema de incentivos também foi discutido. Mao Tsé-tung acreditava que o atraso econômico do país e o nível de desenvolvimento de suas forças produtivas no final dos anos 1950 fossem uma vantagem para o "Império do Centro", já que possibilitariam maior entusiasmo do povo na edificação do comunismo. No primeiro estágio da economia local, coincidente com seu primeiro plano quinquenal (1953-1957), o PCCh seguiu o modelo soviético e o uso de estímulos materiais. Porém, com o "Grande Salto para a Frente", iniciado em 1958, deu-se ênfase aos "morais", ao apelar para as virtudes do desprendimento pessoal, do ascetismo e do bem-estar coletivo. Os quadros partidários se tornariam especialistas, com formação ideológica e técnica apurada, tentando diminuir a distância entre o campo e a cidade ao levar a industrialização ao interior, assim como um maior número de escolas e postos de saúde. Os "intelectuais" da agremiação também deveriam ser enviados ao meio rural para realizar atividades manuais, e crianças e labregos iriam aos centros urbanos, em regime de metade trabalho, metade estudo, para se tornarem "mestres em tecnologia".

O "Grande Salto para a Frente", em última instância, resultou em grandes reveses[70]. Mesmo assim, no que se refere a alguns de seus pressupostos, foi admirado pelo revolucionário argentino. De qualquer forma, o Che teve de enfrentar seus críticos. Um dos argumentos dos adeptos dos estímulos morais era que não poderia haver incentivos materiais se bens de consumo não estivessem disponíveis para satisfazer as necessidades ou os "caprichos" dos *obreros.* Para Adolfo Gilly,

> a escassez de bens de consumo, como em Cuba hoje, após certo ponto afeta muito o trabalhador, já que este não pode comprar o que gostaria. Consequentemente, se as preocupações materiais estiverem em suas perspectivas, ele preferiria ganhar menos e fazer menos esforço.[71]

Aos poucos, porém, a aceitação das ideias do "guerrilheiro heroico" começou a perder força, à medida que seu projeto econômico aparentemente não apresentava os resultados esperados. Em 1965, a partir de sugestões de Carlos Rafael Rodríguez, os incentivos materiais voltaram a ser proeminentes. Os estímulos propostos por Fidel na ocasião foram viagens a outros países socialistas e entrega de refrigeradores e motocicletas. Naquele ano foram distribuídas 1.500 geladeiras, 1.000 motos, 500 viagens a democracias populares e 2 mil à praia de Varadero. Dos *tours* internacionais, porém, apenas 80 foram aceitos: a maioria dos agraciados preferiu trocá-los por bens de consumo duráveis[72].

Os "prêmios" morais, por outro lado, eram representados por medalhas, bandeiras, bótons e certificados. Os maiores títulos que podiam ser obtidos eram os de "Trabalhador Herói Nacional" e "Trabalhador de Vanguarda da Nação". As "punições", por sua vez, seriam a divulgação, nas indústrias, dos nomes dos operários e das unidades que tivessem produzido menos. No início dos experimentos com incentivos materiais e morais, além de bens de consumo e "diplomas", dava-se também dinheiro, que com o tempo deixou de integrar as gratificações dos indivíduos mais inovadores e produtivos. Mesmo assim, alguns mecanismos continuaram existindo, com o objetivo de contemplar a "vanguarda" (os que se dedicassem à revolução sem interesses materiais). Uma lei de seguridade social promulgada em 27 de março de 1963 concedia benefícios por doença a todos os trabalhadores cubanos, oferecendo pagamento em numerário durante o período integral necessário para o tratamento de saúde até um ano ou para a aposentadoria. Em geral, o cidadão poderia recolher até 40% de seu salário dos fundos de pensão se estivesse hospitalizado e 50% se estivesse se tratando em sua própria casa, mas os "vanguardistas" na mesma situação teriam 100% de seus vencimentos em benefícios[73].

Em 1968 o governo foi mais longe, ampliando os benefícios, mas somente àqueles que demonstrassem uma atitude "comunista" em relação a suas atividades. Isso significava renunciar ao pagamento por horas extras, dedicar 40 horas ou mais à labuta por semana, não ter nenhuma ausência não autorizada do serviço, exceder as cotas laborais e ser um participante ativo do trabalho voluntário. Contudo, um ano depois, apenas 6% dos cidadãos se enquadravam nessas características[74].

O sistema de incentivos está intimamente relacionado à emulação socialista, que seria uma maneira de erigir o socialismo por meio do aproveitamento máximo da mão de obra do país, assim como um instrumento para elevar a consciência. O método consistia em agraciar os melhores funcionários e mostrá-los aos outros como exemplo, por meio de uma intensa campanha publicitária. Os demais operários, então, se sentiriam motivados a apresentar maior rendimento, inspirados pelos companheiros. Tanto na União Soviética (onde a emulação foi implementada seguindo as formulações de V. I. Lênin e ganhou impulso principalmente a partir de 1929, com o primeiro Plano Quinquenal) como na China, a ideia foi usada para promover um desenvolvimento mais rápido daquelas nações. O principal objetivo da emulação era o incremento da produtividade individual e do *output* geral, estimulando um controle de qualidade e ao mesmo tempo fazendo "pressão" sobre os operários para que rendessem mais; funcionava também como elemento ideológico, tendo em vista que estimularia uma "competição fraternal" entre os pares e exaltaria as virtudes do socialismo.

A emulação foi posta em prática em Cuba a partir de 1960 – inicialmente no corte de cana, depois na agricultura e mais tarde nas indústrias –, em parte para tentar resolver o problema do absenteísmo, que crescia no país. Na metade de 1962, este fenômeno havia atingido proporções inaceitáveis, o que fez com que punições gradativas fossem introduzidas em 27 de agosto daquele ano, indo de reduções salariais a transferência de emprego. Mesmo assim, os resultados continuavam insatisfatórios, enquanto parte da população expressava descontentamento. Até 1964, outras medidas foram tomadas para desincentivar a indisciplina e aumentar a produtividade, por meio de um sistema de metas e normas efetivado com o objetivo de garantir que cada operário atingisse determinados níveis de produção para receber seu salário integral. Caso o trabalhador não conseguisse atingir o fito, poderia ter seus vencimentos reduzidos proporcionalmente (se, por sua vez, o indivíduo produzisse mais, receberia incremento nos soldos). Além disso, atacou-se a questão do ausentismo "indireto", ou seja, atrasos e saídas antes do fim do expediente.

Apesar de um aparente fracasso da emulação em diversos setores, o governo resolveu estender o sistema para todas as áreas da economia nacional[75]. Mesmo assim, até o final de 1962 apenas 9% de toda a força de trabalho do país participava dessa atividade[76].

A emulação era dividida em formas individuais e coletivas. A primeira incentivava o empregado a produzir o máximo com o maior esforço e dedicação possíveis e o recompensava com incentivos materiais ou morais. Já a segunda "organizava" uma disputa entre setores, seções e departamentos das fábricas e fazendas. Esse processo ocorria em locais em que os diferentes ramos dependessem uns dos outros e fazia com que uns, concorrendo por maior produtividade, entusiasmassem os outros a seguir o exemplo e manter, e até mesmo ampliar, o ritmo da produção[77]. Como o sistema ainda não estava funcionando como desejavam os líderes da ilha e o absenteísmo travava a elevação do *output*, uma nova lei laboral foi divulgada em 1964, considerando como faltas graves o não cumprimento das cotas ou dos horários, ausência injustificada, danos às ferramentas usadas, negligência e desrespeito aos superiores. Essa lei seria administrada pelos próprios operários em seus conselhos, compostos de membros que deviam preencher requisitos como ter uma atitude "socialista" perante o trabalho, demonstrar disciplina, não ser considerado "absenteísta" e nunca ter sido repreendido por nenhum órgão da justiça do trabalho. A partir de 1965, contudo, ao notar que essas medidas não se mostravam muito populares, as autoridades decidiram gradualmente mudar sua ênfase, diminuindo ou eliminando sanções[78].

6.2 Trabalho voluntário

O trabalho voluntário também desempenhou um papel ideológico, ao mesmo tempo que cumpriu uma função econômica relevante, já que por vezes foi decisivo para a colheita da cana-de-açúcar, por exemplo. Essa modalidade seria uma ligação concreta entre o labor intelectual e o manual, deveria ser cumprida com prazer e significaria uma participação consciente dos envolvidos, afastando-os da alienação. Como diria Michael Löwy,

> as teses de Che sobre o trabalho voluntário e seu significado para o desenvolvimento do homem novo não dependem unicamente de uma problemática "voluntarista", "utópica", estranha ao marxismo (como pretenderam alguns dos seus críticos "materialistas"), mas se inserem numa tradição autenticamente *leninista*.[79]

Essa modalidade podia ser de vários tipos, entre os quais: os desempenhados por aqueles empregados num determinado ramo de produção atuando gratuitamente em outra área fora de seu horário de serviço; o trabalho de mulheres desocupadas; o dos estudantes, como parte da "educação socialista"; tarefas impostas a presos políticos como forma de reabilitação social; e aquele considerado parte do serviço militar obrigatório[80]. O trabalho de homens e mulheres fora de seu horário normal podia ser desempenhado de maneiras diferentes: por exemplo, horas extras depois do serviço; nos fins de semana, especialmente aos domingos; durante as férias; ou por um período de vários meses seguidos, quando estivessem afastados de seus ofícios regulares. Esta última modalidade era conhecida como trabalho voluntário de longo prazo e significava uma ausência por seis meses de seus empregos, principalmente para realizar atividades no campo. Aqueles que permanecessem nas indústrias deveriam esforçar-se para manter os níveis de produção – sem a presença dos companheiros ausentes –, mesmo que isso significasse se esforçar mais do que normalmente. Entre 1962 e 1967, o número de voluntários aumentou de 15 mil para 70 mil nos mais variados setores, desde o corte de cana e colheita de café até consertos em casas danificadas por furacões e construção de edifícios. Eles não recebiam pagamento por esses serviços, mas tinham direito a hospedagem, além de lhes serem fornecidas as ferramentas para realizar as tarefas. A partir de 1963, puderam utilizar as horas de trabalho voluntário como tempo de serviço para o cálculo da aposentadoria.

No início da revolução, essa modalidade era em grande parte espontânea, mas a partir de 1962 os cidadãos começaram a ser recrutados e organizados em batalhões e brigadas. Era incumbência do Estado regulamentar a atividade, e uma série de medidas foi introduzida: autocrítica entre os *obreros*; contratos anuais estipulando determinado número de horas de trabalho não remunerado; administração e vistorias dos sindicatos para garantir a quantidade e a qualidade do serviço realizado; relatórios semanais feitos pelos próprios batalhões sobre seu desempenho; equipes de inspeção para manter a disciplina; e punições por violações disciplinares dos regulamentos[81].

Tanto a Federação das Mulheres Cubanas como a União da Juventude Comunista foram extremamente ativas na difusão e consolidação desse procedimento. Milhares de donas de casa foram recrutadas para o labor na área rural, enquanto um grande número de estudantes realizou seu trabalho durante as férias escolares. Em 1964, o Mined tornou essa atividade compulsória[82]. Um ano mais tarde, o mesmo ministério solicitou às universidades que seus alunos participassem daquela modalidade por um período de três a seis meses por ano, com direito a alimentação e alojamento.

Outros tipos de atividade não remunerada incluíam a participação de presos políticos e militares. Servidores públicos que cometessem faltas e transgressões no desempenho de suas funções, bem como prisioneiros por motivos ideológicos, recebiam como punição a obrigatoriedade de cumprir determinadas tarefas não pagas como forma de reabilitação e reeducação, o que também servia para o aumento da mão de obra e uma pequena elevação da produtividade geral do país. Os "crimes" eram julgados pela Codiad, que depois de analisar cada caso enviava os culpados para campos de trabalho administrados pelo Ministério do Interior. De acordo com números oficiais, entre 1964 e 1965 havia de 15 mil a 20 mil presos políticos na ilha[83]. Como nos outros casos, os detentos recebiam alimentação, vestuário e alojamentos.

Com o objetivo de acabar com a ociosidade de um número considerável de pessoas, em 1963 foi instituído o serviço militar obrigatório para homens de 16 a 45 anos por um período de três anos. Os recrutas eram divididos em dois grupos: os "não completamente integrados politicamente" e os "insuspeitos". O primeiro era deslocado para as Unidades Militares de Apoio à Produção, atuando na agricultura enquanto durasse seu período no serviço, enquanto o segundo de maior confiança, entrava no treinamento regular combinado com labor produtivo. Em 1966, o número de soldados chegava a pelo menos 84 mil[84].

Em 1967, a contribuição dos não remunerados era substancial. De uma força de trabalho de 2,5 milhões de pessoas, entre 200 mil e 300 mil exerciam atividades de graça para o Estado. A maior cota de participação era a de indivíduos do sexo masculino empregados regularmente: entre 60 mil e 70 mil realizavam trabalho voluntário. Em seguida, as mulheres, entre 5 mil e 10 mil. Com uma cifra que variava de 18 mil a 23 mil jovens, os estudantes de escolas secundárias compunham outro relevante setor de apoio àquela modalidade. Mais de 90 mil recrutas do serviço militar ajudavam a aumentar a produção sem receber pagamento. E, finalmente, os presos políticos, que desempenhavam essas funções como forma de punição[85].

No próprio Ministério de Indústrias, Guevara resolveu criar o que foi designado na época de Batalhão Vermelho, com 120 a 130 militantes, que tinham como obrigação cumprir pelo menos 240 horas de labor voluntário por indivíduo para obter o "certificado de trabalho comunista" e continuar integrando esse corpo. O Che chamava o grupo do Minind de "supervanguarda" da revolução e acreditava que seu objetivo era não só contribuir para o aumento da produção mas principalmente dar o exemplo[86]. O comandante argentino ressaltava que, em conversas com outros membros do governo, havia pensado em tornar "obrigatório" que todos trabalhassem 240 horas num período de seis meses para conseguir seu "certificado", mas explicava que essa deveria ser uma "obrigação voluntária".

Guevara também insistia no êxito de seu projeto, embora algum tempo depois se constatasse que os resultados alcançados não eram tão favoráveis quanto se gostaria. Mesmo assim, houve casos impressionantes de esforço individual. Em 11 de janeiro de 1964, em discurso na CTC-R, o "guerrilheiro heroico" mencionou alguns exemplos de excepcional dedicação, como o de operários que em quatro meses haviam trabalhado 980 horas voluntárias, ou seja, mais de oito por dia nesse período. A mulher que labutou mais tempo sem pagamento completou 340 horas. Até o início daquele ano, o órgão do governo que mais havia acumulado horas voluntárias fora o Vice-Ministério para a Indústria Leve, com 774.344 horas. Dentro deste, em primeiro lugar ficara o ramo mecânico, com 404 mil horas; em seguida, o têxtil, com 141 mil horas; depois o químico, que contabilizou 117 mil horas; e finalmente o setor alimentício, com 110 mil horas.

No ato de entrega dos prêmios para 45 *obreros* de maior destaque no Minind, em 30 de abril de 1962, o Che exaltou os feitos de operários que haviam cortado milhares de arrobas de cana em períodos relativamente curtos e, em seguida, expressou sua concepção do que deveria ser um dos objetivos do trabalho voluntário. Para ele, a palavra de ordem deveria ser produzir cada dia mais, com maior entusiasmo, e se empenhar com afinco para aumentar a produção em cada empresa. Em 15 de agosto de 1964, porém, em mais um ato de entrega de "certificados de trabalho comunista" para os empregados ligados a seu ministério, no teatro da CTC, em Havana, Guevara deu outro enfoque ao tema:

> O trabalho voluntário não deve ser visto pela importância econômica que representa para o Estado; o trabalho voluntário, fundamentalmente, é o fator que

> desenvolve a consciência mais que qualquer outro. E ainda mais quando estes trabalhadores exercem seu trabalho em lugares não habituais, cortando cana, em situações bastante difíceis às vezes, ou quando nossos trabalhadores administrativos ou técnicos conhecem os campos de Cuba e conhecem as fábricas de nossa indústria por haverem trabalhado voluntariamente. E se estabelece, também, uma nova coesão e compreensão entre os dois fatores que a técnica de produção capitalista mantinha sempre afastados e hostis um ao outro, porque isto fazia parte de seu trabalho de divisão constante para manter um forte exército de desempregados, de gente desesperada, pronta a lutar por um pedaço de pão contra todas as conveniências a longo prazo e, às vezes, contra todos os seus princípios.[87]

E ele insistia:

> O trabalho voluntário se converte então em um veículo de ligação e de compreensão entre nossos trabalhadores administrativos e os trabalhadores manuais para preparar o caminho em direção a uma nova etapa da sociedade, em que não existirão as classes e, portanto, não poderá haver diferença alguma entre trabalhador manual e trabalhador intelectual, entre operário e camponês.[88]

Durante o primeiro semestre de 1964, a única delegação provincial que ganhou o "certificado" foi a de Matanzas, com um trabalhador. Entre as empresas, a que teve menor destaque no período foi a consolidada da Química Básica, com apenas um funcionário do setor administrativo. Já no Ministério de Indústrias, 1.002 conseguiram obter seu atestado[89].

Como podemos perceber, o Che aos poucos foi dando maior importância aos aspectos "educacionais" desse tipo de atividade. O próprio Guevara demonstrava um enorme esforço em se destacar nela. Nos moinhos José Antonio Echeverría, no povoado de Regla (Havana), ele participou de uma jornada intensa em 31 de julho de 1962 e foi quem fechou o saco de farinha de trigo de número mil produzido naquele mês. Do início de fevereiro de 1963 até o dia 18, por sua vez, viajou para várias localidades da província de Camagüey, onde, entre outras atividades, atuaria no corte de cana, como operador de máquinas colhedoras[90]. Ao final, ele ceifou 137.740 arrobas[91]. Geronimo Alvarez Batista recorda que, no mesmo período, o ministro ainda presidiu reuniões na Comissão Local Açucareira, fez discursos, deu entrevistas a jornalistas estrangeiros, se reuniu com Lutsia Ivánova (Universidade de Moscou) e Anatóli Vorkrissiénski (auditor-geral do banco estatal soviético), inaugurou em Nuevitas a primeira seção da fábrica de arame farpado "Esteban Lugo", visitou o *astillero* Emiliano Cedeño e diversas indústrias (uma agroquímica, uma de tubos e bombas de poço, outras de ladrilhos refratários e de charutos), além de engenhos (como a central "Ciro Redondo", por exemplo)[92]. Mas o Che sabia das dificuldades de tornar o trabalho voluntário parte intrínseca da vida dos cidadãos de Cuba:

> Atualmente o trabalho voluntário deve tornar-se um fenômeno de massas; que exige também um salto qualitativo na organização, para que quem trabalha voluntariamente não tenha a sensação de estar perdendo seu tempo, que é a sensação mais desagradável que existe. No domingo passado cansei de fazer trabalho voluntário e me aconteceu uma coisa que nunca me acontece, salvo quando trabalho com a cana, olhar para o relógio de 15 em 15 minutos para ver quando terminava o horário e eu poderia ir embora, porque o que estava fazendo não tinha sentido. Quero dizer que a identificação do homem com seu trabalho é uma coisa a ser construída, a ser organizada.[93]

Mais adiante, insistia que

> nós ainda não conseguimos encontrar a forma pela qual o homem dê algo seu. Criamos um aparato mediante o qual a sociedade suga o trabalho voluntário [...]. Que o homem se sinta impelido ao trabalho por determinação interna própria ou então pelo ambiente que o rodeia são coisas diferentes. [...] O ambiente deve ajudar o homem a sentir interiormente esta necessidade, mas, se for só o ambiente, se se trata apenas de uma pressão moral que o empurra; quer dizer, não realizará algo seu, algo novo feito em liberdade. Continuará sendo escravo do trabalho.[94]

Por isso, o trabalho voluntário deveria permear a vida dos cidadãos cubanos desde a infância e ser uma forma efetiva de expô-los a valores de companheirismo e ajuda mútua. No caso dos adolescentes, o treinamento militar e o labor não remunerado em equipe tentavam também evitar a constituição de uma camada parasitária na nova geração, assim como instruí-la a cooperar para o desenvolvimento do país. Já os adultos teriam essa atividade como uma forma de educação tardia. Burocratas governamentais que supostamente apresentassem os "vícios" de épocas anteriores e cometessem faltas que pudessem "ferir" a revolução utilizariam essa modalidade para se reabilitar e dar sua contribuição ao novo Estado que se constituía.

Podemos dizer que o antecedente direto dos "trabalhos voluntários" em Cuba foram os "sábados comunistas" instituídos por Lênin nos primeiros anos da Revolução Russa. Esse exemplo certamente inspirou Guevara. Para o dirigente bolchevique:

> Os "sábados comunistas" têm uma imensa importância histórica precisamente porque nos mostram a iniciativa consciente e voluntária dos operários no

> desenvolvimento da produtividade do trabalho, na passagem a uma nova disciplina do trabalho e na criação de condições socialistas na economia e na vida. [...] [Eles] foram iniciados não por operários que se encontram em condições excepcionalmente favoráveis, mas por operários de diversas especialidades, incluindo também operários não especializados, serventes que se encontram nas condições *habituais*, isto é, *as mais duras*. Todos conhecemos muito bem a condição fundamental da queda da produtividade do trabalho que se verifica não apenas na Rússia, mas em todo o mundo: a ruína e a miséria, a exasperação e o cansaço provocados pela guerra imperialista, as doenças e a subalimentação. Pela sua importância, esta última ocupa o primeiro lugar. [...] E para suprimir a fome é necessário elevar a produtividade do trabalho na agricultura, como nos transportes e na indústria. Encontramo-nos, por conseguinte, perante uma espécie de círculo vicioso: para elevar a produtividade do trabalho é preciso escapar à fome, e para escapar à fome é preciso elevar a produtividade do trabalho. [...] E estes operários famintos, cercados pela maldosa agitação contrarrevolucionária da burguesia, dos mencheviques e dos socialistas-revolucionários, organizam os "sábados comunistas", trabalham horas extraordinárias *sem qualquer remuneração* e conseguem *um aumento enorme da produtividade do trabalho*, apesar de se encontrarem cansados, atormentados e extenuados pela subalimentação. Não será isto um heroísmo grandioso? Não será o começo duma viragem de importância histórica universal? [...] A grande iniciativa dos "sábados comunistas" deve ser aproveitada também noutro sentido, a saber: para *depurar* o partido. Era absolutamente inevitável, nos primeiros tempos depois da revolução, quando a massa das pessoas "honestas" e de espírito pequeno-burguês estava particularmente amedrontada, quando a intelectualidade burguesa, incluindo, claro está, os mencheviques e os socialistas-revolucionários, sabotava sem exceção, como lacaios da burguesia, [...] que aderissem ao partido dirigente aventureiros e outros elementos nocivos. [...] O importante é que o partido dirigente, apoiando-se na classe avançada, sã e forte, saiba depurar as suas fileiras.[95]

Os "sábados comunistas" foram iniciados em 1919 e, um ano mais tarde, ultrapassados em importância por modalidades laborais compulsórias e mais coercitivas. O próprio Lênin mudou relativamente suas posições anteriores, e trabalhos voluntário e obrigatório coexistiram durante certo tempo na Rússia. Como o proletariado (o grupo "consciente" e "confiável" ligado aos bolcheviques) era pequeno no conjunto da população, milhares de operários foram deslocados para diversas funções, ingressando nas fileiras do Exército, fazendo parte de destacamentos de abastecimento, de grupos de propaganda, da direção política e do setor administrativo, diminuindo, consequentemente, sua presença constante nas fábricas. Assim, os "sábados comunistas" teriam também a função de manter esse "antigo" proletariado – transferido para o *Krásnaia Ármiia* ou para posições burocráticas no aparelho do Estado soviético – em contato direto com o setor produtivo[96]. Nesse caso, a ideologia funcionaria como elemento de incentivo às atividades, ou seja, os estímulos ideológicos seriam os mais importantes nessa situação, sem a utilização de qualquer incentivo material.

Durante os "sábados comunistas", os *rabótchie* intelectuais e manuais se misturavam. Ainda assim se os burocratas podiam se aproximar da realidade dos obreiros braçais, o contrário não ocorria, na medida em que não havia nenhuma política de elevação do nível técnico ou cultural do proletariado especificamente nessa tarefa.

O trabalho voluntário, portanto, funcionava também como um meio para resolver o grave problema estrutural da economia cubana, principalmente no que se referia à falta de mão de obra na agricultura, além do excedente do setor terciário, concentrado nas cidades. No início da revolução ocorreu uma forte migração interna para metrópoles como Santiago e Havana. Esses contingente foi em parte absorvido pelas Forças Armadas, por diversas organizações de massa e pelo ramo da construção. Mas um número considerável de cubanos não encontrava ocupação, o que acarretou desemprego ou subemprego, decorrentes principalmente dos problemas na esfera industrial. Com a nacionalização, muitas das companhias estrangeiras saíram da ilha, o que diminuiu o número de vagas no setor; com a eliminação das empreiteiras privadas, responsáveis pela construção imobiliária, muitas pessoas igualmente perderam seus antigos postos. Esses fatores, combinados, exerceram uma influência decisiva na situação ocupacional do país. A partir da necessidade de incrementar o setor agrícola, parte desse excedente de mão de obra teve de ser deslocado para o meio rural. Os trabalhadores voluntários na agricultura, portanto, eram recrutados majoritariamente nos centros urbanos. Em 1967, chegavam a representar de 8% a 12% da mão de obra[97].

De alguma forma, a ideia de construir o homem novo pode ser relacionada à própria vida de Guevara e a suas concepções do mundo, a partir de sua experiência pessoal. Por outro lado, não podemos deixar de dar o devido valor aos aspectos concretos e práticos de suas teorias, não apenas no âmbito do marxismo como também nos eventos da Revolução Cubana. As elaborações do guerrilheiro argentino certamente tiveram grande influência tanto nas linhas de atuação do governo da ilha como no imaginário de muitos movimentos de esquerda da América Latina, além de apresentar algumas consequências reais na economia local na época.

Momento de descanso durante jornada de trabalho voluntário na construção civil, em 1965.
Crédito: Osvaldo Salas.

7

Che Guevara e as tendências marxistas

Ainda que exaustivamente analisado por vários estudiosos ao longo das décadas, o pensamento de Che Guevara continua sendo objeto de discussões acirradas nos meios acadêmico e partidário. O caráter antidogmático e antiburocrático do "guerrilheiro heroico", assim como seu marxismo heterodoxo e dinâmico, tornou--o alvo de diversas críticas de seus contemporâneos. Muitas dessas polêmicas permanecem na atualidade. Mas qual seria, afinal, a verdadeira relação entre o comandante argentino e as tendências marxistas? De que maneira ele interpretava o ideário de personalidades como Stálin, Mao Tsé-tung e Trótski? Nesse sentido, vale a pena traçar a aproximação do revolucionário com os debates em torno de algumas dessas correntes, especialmente na América Latina, não só para entender melhor seu credo mas também para compor uma imagem mais completa de sua trajetória como um dos mais icônicos personagens do século passado.

Como se sabe, o amadurecimento político do Che se deu paulatinamente. Filho de pais antiperonistas[1], Ernesto estava exposto a todo tipo de discussão que se travava em sua casa. Não só as questões relativas a seu país de origem como aquelas sobre a Guerra Civil Espanhola e a Segunda Guerra Mundial permeavam seu ambiente familiar. É sabido que leu livros de Bertrand Russell, Aldous Huxley, Jack London e Emilio Salgari, assim como uma série heterogênea de autores latino-americanos, entre os quais Domingo Sarmiento, José Hernández, Carlos Luis Fallas, Ciro Alegría, Rubén Darío, Miguel Ángel Asturias, José Enrique Rodó, José Ingenieros e Pablo Neruda. Da mesma forma, ele se interessou por textos de Josef Stálin (os volumes 2 e 5 das *Obras completas*), de Lênin ("Aos pobres do campo", "A catástrofe que nos ameaça e como combatê-la", *O imperialismo, fase superior do capitalismo* e *Um passo em frente, dois atrás*) e trabalhos dos fundadores do socialismo científico (o *Manifesto Comunista* e partes de *O capital*, entre outros), tendo escrito, no fim da adolescência, seu *Dicionário filosófico* (também conhecido como *Cadernos filosóficos*), uma coleção de anotações sobre temas gerais, com verbetes sobre Hegel, Platão, Schopenhauer, Marx e Engels, entre outros[2]. Ainda na fase de formação, estudou diferentes volumes sobre o materialismo histórico e o Diamat (incluindo uma introdução ao assunto preparada por Thalheimer e *Sobre o materialismo dialético e o materialismo histórico*, de Stálin) e também demonstrou curiosidade pelas ideias de Freud e Sartre.

Os diálogos com equevos naqueles anos ajudariam a instigar seu interesse pelo marxismo. Tita Infante, amiga íntima e colega de universidade, integrava uma célula da Juventude Comunista da Faculdade de Medicina de Buenos Aires e trocava cartas com ele, nas quais ambos expressavam suas convicções. A colega seria uma de suas confidentes mais acercadas. Foi ela quem o introduziu na leitura de Aníbal Ponce, autor de *Educación y lucha de clases*, *El viento en el mundo* e *Humanismo burgués y humanismo proletário*, obras que certamente marcaram o "guerrilheiro heroico"[3]. Outra pessoa muito próxima a Guevara foi Alberto Granado, seu companheiro de viagem de motocicleta pela América do Sul. Além deles, vale lembrar do doutor Hugo Pesce, médico vinculado a José Carlos Mariátegui, fundador e membro graduado do Partido Socialista do Peru, e depois do PCP, que recebeu Ernesto e Granado em Lima, quando estiveram naquela cidade em 1952. Ainda que tenham convivido por breve período, a influência do anfitrião seria sentida por bastante tempo. Afinal, foi Pesce (apelidado pelo Che de *El maestro*) que apresentou os *Sete ensaios de interpretação da realidade peruana* ao rapaz. Como diria o biógrafo Jon Lee Anderson,

> Pesce foi o primeiro médico que Ernesto conheceu que estava conscientemente dedicando sua vida ao "bem comum" [...], um homem que empregava seus conhecimentos nos problemas endêmicos da América Latina, levando o tipo de vida de elevados princípios que Ernesto esperava levar ele próprio. Chegando no momento em que Ernesto buscava uma filosofia social que o guiasse, as crenças e o exemplo pessoal de Pesce proporcionavam uma possível estrutura a ser imitada.[4]

Anos mais tarde, o comandante mandaria ao leprólogo um exemplar de seu *A guerra de guerrilhas* com uma dedicatória: "Ao doutor Hugo Pesce, que, talvez sem o saber, provocou uma grande mudança na minha atitude em relação à vida e à sociedade, com o mesmo espírito aventureiro de sempre, porém canalizado na direção de objetivos mais condizentes com as necessidades da América"[5].

A política em si, porém, não era a *principal e exclusiva* preocupação de Ernesto naquela época, e ele não integrou nenhum partido, assim como não teve participação ativa ou protagonismo nos eventos em seu período estudantil. Guevara só travou contato com uma experiência de transformação social, de fato, em sua segunda grande viagem, a partir de 1953, quando viu pessoalmente o processo de reforma agrária da Revolução Boliviana, que havia triunfado em 9 de abril do ano anterior – ainda que esta tivesse um caráter claramente reformista. Apesar de apelar às massas e propor mudanças que teoricamente melhorariam a vida dos segmentos marginalizados (aproximadamente 78% da população do país era de origem rural), aumentando a participação dos índios e analfabetos e fortalecendo, até certo ponto, os mineiros (mediante a nacionalização das minas e da criação da COB), ela não foi acompanhada por transformações econômicas ou técnicas profundas; demonstrou, como indica Halperin Donghi, "ser apenas uma versão mais radical da política favorável à redistribuição do poder político e, até certo ponto, do bem-estar no interior de uma estrutura fundamentalmente invariada"[6]. Mais tarde, o próprio Che afirmou que aquela era

> uma revolução burguesa muito tímida, muito debilitada pelas concessões que teve de fazer, com sua economia totalmente ligada à economia imperialista e totalmente monoprodutora, composta de exportadores de estanho, uma burguesia que devia ser em parte mantida pelo imperialismo.[7]

Apesar disso, as discussões sobre o desenrolar daquele episódio eram ricas. Marcante, nesse sentido, foi a contribuição do Partido Operário Revolucionário, de tendência trotskista, fundado em Córdoba (Argentina), em 1934, por Guillermo Lora, José Aguirre Gainsborg e Tristán Marof (que se associava ao marxismo heterodoxo de Mariátegui, com significativa influência "indigenista", buscando inspiração nas tradições coletivistas incaicas). Em 1938 este último se afastou da agremiação e criou o PSOB, enquanto o POR, a partir dos anos 1940, se desvencilhou aos poucos de sua sombra, à medida que outros grupos ganhavam voz internamente.

Mais notória foi a crescente importância e ascendência de Lora no meio político-intelectual. Em 1946, ele conseguiu a aprovação de suas *Teses de Pulacayo* pela FSTMB, fato que evidenciou, pela primeira vez no continente, a aceitação oficial, por um ajuntamento de trabalhadores de peso, das ideias de "revolução permanente" de Leon Trótski.

Aquele ambiente estimulante e as controvérsias entre stalinistas do Partido Comunista Boliviano, trotskistas do POR e membros do MNR, portanto, não poderiam ter passado despercebidos do jovem Ernesto. O viajante, em sua estada no país, teve a oportunidade de presenciar as diferentes visões e interpretações daquele momento histórico singular, de falar com políticos e ter contato direto com os mineiros. O Che era crítico do "duplo poder", no qual coexistiriam numa mesma realidade o governo nacional e a COB, milícias operárias e camponesas e Exército, em constante contradição e contraposição. De acordo com ele, esse "equilíbrio instável" favorecia a captura do comando pela burguesia, o que veio a acontecer. O proletariado urbano e os trabalhadores rurais deveriam ser capazes de tomar o poder e mantê-lo. Do contrário, a classe dominante, reconstituindo as Forças Armadas, massacraria as massas populares, absorveria seus movimentos e hegemonizaria o processo[8].

A outra experiência fundamental para o argentino foi sua permanência na Guatemala. O golpe militar (apoiado pela CIA) contra Jacobo Árbenz, em 1954, interrompeu o andamento de mudanças sociais inspiradas, em parte, pelos comunistas do PGT. O presidente afirmara que os três objetivos fundamentais da "revolução" seriam: converter o país de nação dependente e de economia semicolonial em um país economicamente independente; de país atrasado e de economia predominantemente "feudal" em um país capitalista moderno; e elevar o nível de vida do povo[9]. Apesar de o projeto ser ingênuo e conceitualmente equivocado, Guevara declarou defender as posições do chefe de Estado e dos membros daquele partido[10]. Em carta a sua tia Beatriz, de 12 de fevereiro de 1954, ele comentou que havia

> tomado posição decidida junto ao governo guatemalteco e, dentro dele, no grupo do PGT, que é comunista, relacionando-me ademais com intelectuais dessa tendência que editam aqui uma revista e trabalhando como médico nos sindicatos, o que me colocou em confronto com o Colégio Médico, que é absolutamente reacionário.[11]

Após a derrota, houve um intenso debate sobre o caráter daquela revolução, principalmente entre os stalinistas e os trotskistas. Como afirmou Raúl Fornet-Betancourt:

> As revoluções boliviana e guatemalteca [...], além disso, contribuem para a compreensão mais exata do contexto sociopolítico desta etapa, porque a discussão realizada entre o stalinismo e o trotskismo, no quadro de suas experiências, esclarece a circunstância de que, nesse tempo, se originam, na América Latina, formas de análise social, bem como de programática política, que se enquadram conscientemente na esquerda do comunismo oficial e exigem uma interpretação mais radical da herança marxista. Ao lado do trotskismo, deve-se aqui, naturalmente, fazer menção ao maoismo, cuja influência, porém, torna-se sistemática apenas a partir de 1956, portanto após o conflito sino-soviético.[12]

O Che, como observador e participante de alguns eventos emblemáticos de sua época (mesmo que de forma marginal), não poderia ficar alheio às querelas travadas por diferentes tendências nem deixar de se posicionar. Mas o contato direto com fontes trotskistas e maoistas ainda era muito limitado. Com uma formação marxista desregrada e incompleta, proveniente de suas observações, discussões com sua primeira esposa, a peruana Hilda Gadea Acosta (ligada à Apra), e com militantes de esquerda (inclusive estrangeiros, como Harold White, Elena Leiva e Henry Holst), assim como de leituras de alguns clássicos, o jovem Che ainda não possuía conhecimento *profundo* do materialismo histórico[13]. Para o historiador britânico Hugh Thomas, "ao final de 1955, Guevara era um revolucionário, mas não necessariamente um marxista, se entendemos com esse termo simplesmente a convicção de que a mudança política nasce com a transformação dos meios de produção"[14]. O mesmo afirmam Jorge Castañeda (ele teria, segundo esse autor, um preparo desestruturado e autodidata da teoria do filósofo renano e "um mero conhecimento superficial" de história e economia)[15] e um colega do Che de então, Alfonso Bauer Paiz, que comentou que tanto ele como o futuro comandante, mesmo que já influenciados pelo "marxismo-leninismo", ainda conservavam "ideias próprias das teses populistas tão em voga"[16].

O fato é que no México as posições de Ernesto se consolidaram. Em carta à mãe, Celia de la Serna, no final de 1954, ele afirmou:

> Os comunistas não têm a mesma noção de amizade que a sua, mas entre eles a possuem no mesmo grau, ou maior, que a sua. Vi isso claramente na hecatombe em que a Guatemala se transformou depois da queda, quando todos só pensavam em se salvar, [mas] os comunistas mantiveram intactas sua fé e sua camaradagem e foram o único grupo que continuou trabalhando lá [...]. Acho que eles merecem respeito e que, mais cedo ou mais tarde, entrarei para o Partido. Mais que tudo, o que me impede de fazer isso agora é que eu tenho uma ânsia fantástica de viajar pela Europa e não poderia fazê-lo submetido a uma disciplina férrea.[17]

No ano seguinte, outra epístola para a progenitora comunicava seu comprometimento com o ideário do "prussiano vermelho"[18], enquanto o argentino Arnaldo Orfila Reynal, diretor do Fondo de Cultura Económica, entregou os três volumes de *O capital* para o rapaz, que meses depois ministrou cursos sobre o Mouro para os membros do Movimento 26 de Julho[19].

Seja como for, ao ser preso e interrogado na capital mexicana, um pouco mais tarde (1956), Guevara teria, segundo o antigo oficial da Dirección Federal de Seguridad Fernando Gutiérrez Barrios, afirmado "com toda a clareza que sua ideologia era marxista-leninista. Fidel Castro era um seguidor de Martí. Mas o Che fez uma declaração sobre a situação, expressando sua profundidade ideológica e sua convicção"[20]. Naquele mesmo ano, ele ainda mandaria outra missiva para a mãe na qual comentava: "Antes eu me dedicava precariamente à medicina e passava o tempo livre estudando San Carlos [Marx] de uma maneira informal. Esta nova etapa de minha vida exige uma mudança nas prioridades: agora San Carlos vem em primeiro lugar, é o eixo"[21].

Na realidade, uma de suas principais referências na década de 1950 era Josef Vissariónovitch Djugashvíli. Como se sabe, Ernesto chegou até mesmo a assinar uma carta como "Stálin II"[22]. Em uma correspondência de 1953, ele disse que havia "jurado perante uma fotografia de papai e chorado sobre o companheiro Stálin que não repousaria enquanto não visse destruídas estas sanguessugas capitalistas"[23]. Mesmo assim, nunca ingressou no PCA, tampouco no PGT, quando estava na Guatemala, pois considerava que estes tinham um regulamento demasiadamente rígido[24].

É verdade que entre 1963 e 1964, durante o debate econômico em Cuba, ele em alguns momentos citou *Uncle Joe* em seus textos. Mas sua atitude mudaria radicalmente em relação aos stalinistas e à URSS, e as afirmações de que Guevara era "um grande amigo e admirador da União Soviética"[25], como insistiam alguns, distorcem os fatos. Na realidade, foi justamente na conjuntura do "grande debate" que o "guerrilheiro heroico" começou a ter maior contato com a literatura trotskista, tornando-se o interlocutor de alguns militantes ligados à Quarta Internacional, como o próprio Ernest Mandel, que acolhia em boa medida suas ideias.

Devemos lembrar que, nos anos 1950, a maior parte dos livros editados pela Acus era de qualidade duvidosa, assim como seu conteúdo, excessivamente tendencioso. A Academia publicou, por exemplo, uma longa biografia de Lênin na qual o "profeta banido" praticamente não era citado (aparecia apenas em raras passagens, como se não tivesse tido participação significativa na Revolução de Outubro)[26].

Stálin, por outro lado, sempre era exaltado nas publicações soviéticas como o líder genial dos povos e o fiel continuador intelectual da obra de Marx, Engels e Lênin, sendo descrito como um dos mais destacados personagens de sua época. *Stálin e as Forças Armadas da União Soviética,* de Klimient Vorochílov, publicado em 1953, retratava o "generalíssimo" como um homem incansável, que estava em vários lugares quase simultaneamente, passando noites em claro estudando, dias seguidos organizando os militantes do partido, preparando soldados, dirigindo o país. Ao mesmo tempo, era implacável contra os inimigos, os "semeadores do pânico" e os sabotadores. É claro que Trótski praticamente não aparece no livro e, quando seu nome é mencionado, é atacado. Em discussões com o autor de *O novo curso,* o comissário para as Nacionalidades estava "sempre" certo, inclusive em relação ao RKKA, já que ele teria sido o verdadeiro instaurador do *Krásnaia Ármiia* e, com Lênin, um dos maiores estrategistas militares da História. Afinal,

> Stálin não é somente a personificação do bolchevismo e do poder soviético, é também o nome do socialismo triunfante que alenta e inspira nosso povo na ação heroica e no trabalho criador, infundindo-lhe arrojo; é o nome das esperanças,

> dos anseios e dos horizontes dos trabalhadores do mundo inteiro. Stálin é um nome que ultrapassou todas as fronteiras, convertendo-se na bandeira de combate pelos grandes ideais da humanidade.[27]

O livro termina com diversas exaltações ao primeiro-secretário do PCUS, descrito como "sábio", "genial chefe" e "mestre" dos trabalhadores, assim como "homem magnífico" e "grande amigo de todas as pessoas progressistas do universo"[28]. Considerando que muitos desses materiais eram divulgados na América Latina e que, no início da década de 1950, a URSS e Koba eram vistos como símbolos do socialismo, da vitória contra o nazifascismo, da luta contra o imperialismo norte-americano e como uma alternativa ao capitalismo, é compreensível que Guevara, até então, pudesse se entusiasmar e apoiar o regime soviético[29].

A partir de 16 de maio de 1934, Stálin e Mólotov assinaram um decreto relativo ao ensino de História na URSS, introduzindo uma linha oposta à anterior, liderada por Mikhail Pokróvski, autor do famoso volume *História da Rússia* (considerada a "Bíblia" da historiografia soviética, admirada pelo próprio Lênin, com edições vendidas em diversos países). A partir daí, muitos dos discípulos do estudioso foram acusados de "inimigos do povo", "agentes do trotskismo" e até mesmo "fascistas". Em pouco tempo, os textos do professor foram banidos e um livro da Acus, *Contra a concepção da história de M. N. Pokróvski*, com 500 páginas, foi utilizado para acabar de vez com sua reputação. Essa nova historiografia, que ganhava fortes traços nacionalistas, divulgava que a URSS representava as aspirações de toda a humanidade e fazia "previsões" ou "antecipações" do que ocorreria no futuro a partir da lógica da evolução universal em direção ao comunismo. Palavras como "proletariado" e "trabalhadores" foram aos poucos substituídas por "povo", enquanto cada vez mais ocorria uma exaltação do Estado e de alguns dirigentes ligados ao PCUS. Até mesmo os termos "pátria" e "patriotismo", por muito tempo fora de uso, voltaram a ser empregados, desta vez com maior ênfase. Uma visão "messiânica" da História foi adotada oficialmente pelo aparato burocrático a partir de então, numa linha cronológica que começava com as primeiras civilizações do planeta (uma vez que, segundo essa interpretação, tudo o que havia acontecido ao longo de vários séculos levava, em última instância, à Revolução Russa). No quinto aniversário da vitória soviética na Segunda Guerra Mundial, o *Pravda* publicou um artigo que afirmava que

> o povo russo criou a cultura mais exuberante: ofereceu ao mundo uma constelação completa de grandes acadêmicos, escritores, compositores, artistas, pensadores e inventores. A Rússia tornou-se o lar do leninismo, que é o ápice da ciência e da civilização do mundo. O povo russo ofereceu para a humanidade o pensador de maior genialidade, Lênin [...]. A classe trabalhadora russa jogou um papel

eminente na história de toda a humanidade. Foi a primeira no mundo a fazer uma revolução soviética, e a partir daí instituir uma nova era [...]. A grande União Soviética hoje segue como a guarda avançada de toda a humanidade progressista.[30]

O fato é que, a partir da nova escola historiográfica, uma visão um tanto distorcida da realidade e o culto à personalidade tornaram-se comuns[31]. O mesmo pode ser dito dos manuais de economia política, extremamente tendenciosos, com pouca profundidade teórica e sem maior originalidade. Essas mesmas publicações, que mais pareciam instrumentos de propaganda, eram divulgadas em outras partes do planeta, inclusive na América Latina. Por isso, não é de estranhar que Guevara tivesse conhecimento desses impressos na época.

O primeiro relacionamento informal do Che com os soviéticos foi no México, logo após se mudar para lá. Em 1956, na capital, foi apresentado por Raúl Castro a Nikolai Leónov, um funcionário do Ministério das Relações Exteriores da URSS que havia conhecido o irmão de Fidel alguns anos antes. Como Ernesto não tinha conhecimentos mais aprofundados sobre o que se passava na terra de Lênin, discutiu extensamente com seu interlocutor de trás da "Cortina de Ferro", que lhe contou detalhes de sua pátria e lhe indicou livros de realismo socialista. Não custa lembrar que, na adolescência, Guevara já lera vários materiais sobre aquele país, entre os quais *Stalin,* de Henri Barbusse; *El Comité Regional Clandestino actúa,* de Fiódorov; *Chapaev,* de Fúrmanov; *La epopeya de Stalingrado,* de V. Grossman; *Los conceptos políticos y filosóficos de Belinski,* de Z. Smírnova; *Conferencias sobre Pávlov,* da Acus; *La protección de la salud de los trabajadores en la URSS,* de N. Vinográdov; assim como *Historia del PC (b) de la URSS* e *Constitución (Ley Fundamental) de la URSS.* De qualquer forma, desde o final de 1955, o Che frequentava o Instituto de Intercâmbio Cultural Russo-Mexicano, onde participava de cursos para aprender o idioma eslavo e aumentar seus conhecimentos sobre aquela nação. Ele teria até, segundo diferentes biógrafos, assistido como ouvinte a reuniões do Partido Comunista Mexicano[32] e cogitado, caso algum dia tivesse um filho, lhe dar o nome Vladimiro (uma homenagem explícita ao líder bolchevique), o que não ocorreu[33]. Pensou também em partir rumo aos Estados Unidos, à Europa Ocidental e, depois, às "democracias populares" e à União Soviética (alguém supostamente lhe disse que ele poderia até mesmo participar de um Congresso da Juventude Comunista, na China, se tivesse condições de arcar com parte dos custos da viagem)[34]. Esses fatos, aparentemente pouco significativos, fizeram com que anos mais tarde alguns autores insinuassem que o "guerrilheiro heroico" teria sido um agente treinado e infiltrado pelos soviéticos no M-26-7 para influenciar seus dirigentes, o que não era verdade.

Durante a guerra revolucionária em Cuba, o Che conviveu com indivíduos de diversas tendências. Os membros do Vinte e Seis de Julho, em sua maioria, não eram comunistas, e os que se consideravam próximos ao marxismo não se vinculavam a nenhum partido, nem mesmo ao PSP – defensor, na época, da "via pacífica" de tomada do poder. O dirigente mais conhecido do movimento que fora filiado àquela agremiação era Raúl Castro, afastado após o ataque ao quartel Moncada. Também se sabe que alguns trotskistas (ou pessoas que haviam abandonado essa tendência), especialmente da região do Oriente, tiveram uma pequena participação durante o processo[35], como Pablo Díaz González, Ñico Torres, Alejandro Lamo e Gustavo Fraga, todos incorporados ao grupo.

A desilusão de Guevara com os soviéticos começou em 1962 com a Crise dos Mísseis, principalmente porque se sentiu "traído" pelo Krêmlin, que retirou seu armamento de Cuba sem consultar o governo da ilha e capitulou diante dos Estados Unidos. Em seguida, decepcionou-se com o equipamento industrial do bloco socialista, que considerou ultrapassado e de categoria inferior. O aumento na produção sempre preocupou o Che, mas a qualidade dos produtos para ele era algo fundamental[36]. Além disso, achava os *utchébniki* soviéticos péssimos, pois "tinham o inconveniente de não te deixarem pensar; já que o partido o fez por ti e tu deves digerir. Como método, é o mais antimarxista, mas, além disso, são muito ruins"[37] (na Bolívia, comentaria sobre o compêndio preparado por Mark Moisiéievitch Rosental, o qual considerou "um manual incompleto, cheio de dogmatismo e de referências de conteúdo partidário e até ao XX Congresso. Não serve senão para tirar algumas citações e ter uma ideia do que os clássicos pensavam a respeito")[38]. Como apontam Roberto Massari e Néstor Kohan, sua condenação era dirigida tanto aos "tijolos" exportados da terra de Lênin como àqueles produzidos a partir do *"seguidismo ideológico"*, especialmente os teóricos "oficiais" do PCF, supervisionados por Roger Garaudy, que, por sinal, estivera em Havana em fevereiro de 1962 e de setembro daquele ano a janeiro de 1963 para um ciclo de palestras, quando disse que a grande preocupação de seu partido havia sido não se adiantar ao movimento de massas e que "o grande mérito da análise marxista é o de evitar qualquer espécie de aventureirismo político"[39] (muitos enquadraram o pensador de Marselha, naquela época, na linha stalinista, ainda que outros estudiosos e o próprio autor não concordassem com isso)[40].

O ministro de Indústrias certamente ia perdendo aos poucos sua fé na burocracia da URSS. Para Alberto Granado, Ernesto ficara empolgado com Stálin em virtude dos livros que lera, mas depois, já como dirigente do governo cubano,

> começou a encontrar um mundo que não era só de *slogans* e manifestos – um mundo importante –, e acho que isso o deixou inebriado e fez com que achasse que na União Soviética estava a solução para a vida, acreditando que lá se aplicaria tudo o que lera. Porém, em 1963 e 1964, quando se deu conta de que o andaram

enganando – você sabe que Che não suportava que mentissem para ele –, então veio uma reação violenta.[41]

Entre 4 e 18 de novembro de 1964, o comandante visitou Moscou, liderando uma delegação diplomático-comercial. Após discutir com Vladímir Trapiéznikov – um dos principais defensores das reformas econômicas na URSS –, com membros do PCUS e com estudantes, foi acusado de ser trotskista. Incomodado, afirmou: "Creio que ou temos a capacidade de destruir as opiniões contrárias ou temos de deixar que se expressem. [...] Não é possível destruir as opiniões com a força, porque isso bloqueia todo o livre desenvolvimento da inteligência"[42].

Aquele foi apenas um exemplo de sua posição desconfortável então. Sua visão sobre a "pátria do socialismo" tornou-se cada vez mais ácida, até culminar, mais tarde, em seu *Apuntes críticos a la economía política,* o esboço de um trabalho com comentários contra os manuais soviéticos, no qual denunciava abertamente os princípios do chamado cálculo econômico. Para ele, desde Lênin pouco fora acrescentado para atualizar as interpretações do marxismo, com uma ou outra exceção. A URSS, a seu ver, tornar-se-ia gradualmente um país capitalista, caso continuasse no curso de suas reformas. Seu texto, porém, nunca foi divulgado oficialmente[43] (a obra só seria lançada em 2006). De qualquer forma, ele preparou um "*plan tentativo*" do livro que pretendia escrever, visando sanar esses problemas e que demonstrasse de maneira sofisticada suas ponderações sobre o assunto[44].

Seja como for, o Che havia lido muito pouco de Trótski na época, não apenas porque não havia edições oficiais desse revolucionário em Cuba, mas pelo fato de que as informações sobre ele vinham, em geral, dos cartapácios soviéticos[45]. A primeira obra séria que estudou sobre o líder do *Krásnaia Ármiia* aparentemente foi a trilogia de Isaac Deutscher[46], ainda que o militante peruano Ricardo Napurí tenha afirmado que Guevara conhecia *A revolução permanente* (e a havia discutido com ele) já em 1960, enquanto o irmão mais novo do comandante, Juan Martín, foi mais longe, ao comentar que o primogênito tivera acesso aos textos do fundador do RKKA em francês desde a juventude, na biblioteca pessoal de seus pais[47].

Mas o "guerrilheiro heroico" foi muitas vezes mal interpretado, tanto por marxistas ortodoxos, que o acusavam de trotskista, como por alguns elementos dessa tendência, que o viam como pró-soviético. Em Punta del Este, em agosto de 1961, o Che concedeu uma entrevista para a revista *Quatrième Internationale,* apesar da oposição do PCU. Esse gesto não foi bem-visto pelos comunistas e aparentou ser uma concessão extrema aos aderentes da QI.

Assim, enquanto grupos como a Socialist Labour League, liderada por Gerry Healy, eram contrários ao apoio dado por outras agremiações "irmãs" à Revolução Cubana *da forma como ela se desenvolvia* e às interpretações que estas faziam do processo, organizações como o Socialist Workers Party, de Joseph Hansen, escudavam abertamente o processo da maneira como era levado a termo pelos dirigentes da ilha – mesmo que por momentos tivessem de se defender de acusações de alguns dirigentes cubanos – e expressavam seu suporte ao Che.

Após o triunfo dos barbudos, distintas correntes trotskistas apresentaram posições divergentes em relação a seu caráter. Os seguidores do grego Michel Pablo consideravam que os posicionamentos castristas estavam, *em certa medida*, alinhados à Quarta Internacional, exaltando os acontecimentos em Cuba como um "fenômeno inédito". O Secretariado Unificado considerava aquele país um "Estado operário", mantendo uma posição de apoio ao governo de Castro. Ao contrário de outras tendências, o SU achava que Fidel e seu grupo prestavam uma grande contribuição à vitória da revolução no continente. Enquanto isso, o Comitê Internacional – os lambertistas e a SLL, por exemplo – não via a ilha como exemplo de Estado operário, tendo dificuldades em enquadrar aquela experiência em seus esquemas tradicionais. Para o CI, não teria ocorrido uma revolução em Cuba; a expropriação dos interesses dos EUA seria resultado apenas da pressão daquele país sobre o novo governo; e as massas só teriam participado do processo após serem "convocadas" pelos líderes. Gerry Healy chegou até a apoiar Aníbal Escalante e sua "microfração" – vinculada aos grupos mais conservadores da União Soviética e identificada com o stalinismo – contra Fidel, considerado pelo agrupamento como "semifascista". Já na Argentina, algumas tendências influenciadas por Nahuel Moreno (que mantinham vínculos com o peronismo de esquerda) classificaram o regime castrista de "gorila", associando *"El Caballo"* e seu grupo a tendências pequeno-burguesas e favoráveis ao imperialismo norte-americano, uma posição certamente tendenciosa[48]. Segundo outra fonte, porém, o "tigre de Pobladora" chegara a dizer que sua admiração pelos líderes do governo cubano não tinha limites, e que, com Lênin e Trótski, Che e Fidel estavam entre os maiores gênios revolucionários do século[49], apesar de manter várias objeções a ambos[50]. Não custa lembrar que também os comunistas ortodoxos muitas vezes atacavam o Che, de maneira velada ou explícita; o primeiro-secretário do PCA, Victorio Codovilla, por exemplo, até mesmo chamou Guevara, ironicamente, de "garibaldino" e fez abundantes reprimendas aos dirigentes da ilha[51].

Dentro de Cuba, os trotskistas eram na época um grupo pequeno, especialmente situado em Guantánamo e com reduzida força política. Mas isso não impediu que o jornal *Hoy* os atacasse. Não só reproduzia as mesmas versões sobre o fundador do RKKA divulgadas na URSS como acusava Eusebio Mujal de ser "o líder do trotskismo em Cuba"[52]. Além disso, o periódico também afirmou que George Meany, principal dirigente sindical da AFL, tinha características trotskistas. Segundo o *Hoy*, os membros da Quarta Internacional trabalhavam para "combater a revolução ao se apresentar como mais revolucionários" que ela[53] e seu esforço era "tentar semear a confusão, desviar as pessoas do trabalho revolucionário sério com o objetivo de lançá-las em discussões e mais discussões sem sentido, semear a dúvida no futuro da revolução e criar quaisquer obstáculos que possam encontrar em seu desenvolvimento"[54]. E as admoestações continuavam. Para esse periódico:

> Os trotskistas se queixam de que nos Estados socialistas eles não têm liberdade de atuação. Na União Soviética eles a tinham até 1927. Para que eles a usaram? Para atacar o Partido, para fomentar a divisão, para distrair militantes do trabalho revolucionário construtivo com discussões intermináveis, para enfraquecer a confiança na possibilidade de a revolução soviética triunfar perante seus inimigos e construir o socialismo entre os povos da velha Rússia, para conspirar e sabotar. O povo soviético, por causa disso, teve de acabar com sua liberdade de atuação.[55]

Em 23 de junho de 1962, *Hoy* continuou suas investidas, agora reagindo a um discurso de J. Posadas no Brasil, publicado mais tarde na edição de 7 de maio do *Voz Proletaria,* de Buenos Aires. Sobre os trotskistas, a publicação dizia:

> Para eles, "a política da liderança cubana continua sendo a de limitar a extensão da revolução latino-americana". Por quê? Porque em todos os discursos, em toda a imprensa cubana, nenhuma palavra sequer aparece indicando que a vitória definitiva da Revolução Cubana depende do triunfo da revolução socialista mundial ou do triunfo da revolução colonial. Tudo é colocado exclusivamente em relação à construção do socialismo em Cuba. Esta é a concepção do socialismo em um só país.[56]

Em relação à liberdade de oposição e propaganda, novamente o jornal atacava os adeptos da Quarta Internacional:

> Com essa propaganda, eles continuam a contribuir diretamente com a campanha do imperialismo sobre a falta de liberdade em Cuba. Consequentemente, eles exigem: "As massas do continente devem ter o sentimento de que uma oposição revolucionária existe em Cuba".
>
> Nem as massas do continente nem as massas de Cuba precisam, na menor forma que seja, da existência de uma oposição em Cuba, a qual, seja com frases da esquerda seja com argumentos da direita, serviria o imperialismo em seu intuito de promover distúrbios em nosso país e preparar condições econômico-sociais para seus planos criminosos de uma nova intervenção armada contra a revolução.[57]

De qualquer forma, segundo Joseph Hansen, Guevara chegou a conversar com posadistas na "*mayor de las Antillas*" antes de partir para o Congo, quando aparentemente lhes informou que "muito em breve todas as obras do revolucionário

Leon Trótski serão publicadas em Cuba". Na mesma entrevista, ele teria dito que "os comunistas me chamam de trotskista e vocês, trotskistas, me chamam de aventureiro"[58]. E completou: "Muito em breve nós iremos varrer todos esses burocratas conservadores"[59].

Mais tarde, quando o Che não mais atuava no governo cubano, Fidel Castro (inclusive em seu discurso na Conferência Tricontinental) fez ataques veementes aos trotskistas, considerados por ele "os principais porta-vozes na campanha imperialista de intriga e difamação contra Cuba em relação ao companheiro Guevara". Nesse sentido, "se em um tempo o trotskismo representou uma posição errônea, mas uma posição dentro do campo das ideias políticas, o trotskismo tornou-se, nos anos recentes, um instrumento vulgar do imperialismo e da reação"[60]. Este fato fez com que o Secretariado Unificado da Quarta Internacional publicasse uma "carta aberta" a Castro, mantendo seu apoio à revolução, mas se defendendo de todas as acusações. Adolfo Gilly, por sua vez, diria que aquele era um ataque desleal, "*insensato y descabellado*", uma "acumulação de insultos e calúnias conscientes que nenhum revolucionário em seu perfeito juízo pode aceitar"[61], a culminação do fracasso daquele encontro, que aprovou um texto sem nenhum valor político, uma "fraude a qualquer movimento revolucionário responsável"[62].

Essas afirmações, porém, devem ser vistas com todas as precauções necessárias. As broncas de Castro vinham em circunstâncias extremamente delicadas, e as acusações de que ele se teria livrado do "guerrilheiro heroico" originavam-se tanto dos países capitalistas quanto de seus detratores de esquerda, entre os quais Gilly e Posadas. É só lembrar que o primeiro, em um artigo publicado em 1965, depois de fazer duras afrontas a Fidel, precipitadamente afirmou:

> Sem um programa claramente definido e com expressões confusas, o Che representava na alta direção a tendência revolucionária que se inclinava à extensão da revolução à América Latina como via para consolidar a Revolução Cubana. O programa de estender a revolução vai unido à defesa da igualdade dentro do próprio Estado operário, à luta contra os privilégios da burocracia estatal e partidária, à ideia de elevar a produção não por meio da igualdade salarial e dos estímulos materiais, e sim aludindo ao sentimento e à consciência socialista das massas cubanas. A linha do Che chocava-se com toda a política interna e internacional da direção da União Soviética e com a que seus representantes e partidários adotavam em Cuba. Aproximava-se, por outro lado, da política dos chineses, e todo o mundo sabia que ele era "o homem dos chineses" na direção da revolução.[63]

Mais tarde, o mesmo autor afirmou que "toda a evolução vertiginosa dos últimos meses da direção cubana autoriza a pensar que sim, que Guevara foi assassinado ou impedido por qualquer meio de se expressar politicamente"[64]. Os comentários eram provocadores. Por isso, talvez, uma reação tão ríspida de Fidel. Naquele momento específico, não era possível revelar onde estava o amigo nem qual era sua missão. Na realidade, o "líder máximo" e o Che sempre foram intimamente ligados por laços de companheirismo, o que é algo incontestável. Quando o "guerrilheiro heroico" foi lutar na Bolívia (com total apoio do idealizador do ataque ao quartel Moncada), tentou, entre outros fatores, criar uma retaguarda para a Cuba, já que não confiava demasiadamente nos soviéticos e acreditava que seu país não podia ficar de maneira alguma isolado. Ele não exportaria a revolução, mas incentivaria e ajudaria a preparar as condições para que ocorressem processos com características próprias em outras nações do continente.

De qualquer forma, alguns anos mais tarde, seriam divulgadas obras bastante contrárias a diferentes tendências[65]. O livro *La lucha del partido bolchevique contra el trotskismo después de la Revolución de Octubre*, da Acus, é um exemplo claro disso. O trabalho tenta destruir a reputação de Trótski e acusá-lo de revisionista e contrarrevolucionário. Depois de atacar os militantes latino-americanos da Quarta Internacional, insiste que a China seguia uma linha muito próxima daqueles, afirmando que Mao era um irresponsável, ao encampar o culto à violência e à guerra. O texto vai mais longe, ao dizer que o primeiro-secretário do PCCh fazia coro à QI, combatendo a coexistência pacífica e o desarmamento geral. Assim, Jong Guo seria o centro do movimento revolucionário mundial, subordinando os movimentos comunistas e de libertação nacional a seus interesses egoístas, aproveitando-se da bagagem retórica e intelectual desenvolvida pelos trotskistas. Os seguidores do "grande timoneiro" teriam como objetivo desorganizar e desunir os diversos movimentos que lutavam juntos contra o imperialismo[66].

De acordo com um "dicionário" de "comunismo científico" publicado pelos soviéticos, o maoismo era uma doutrina pseudomarxista estreitamente ligada ao culto da personalidade, uma ideologia estatal de um regime antipopular e burocrático-militar, com características nacionalistas, antissoviéticas, voluntaristas, "aventureiristas" e igualitaristas, afastando-se do que consideravam ser o verdadeiro socialismo[67].

Em relação aos maoistas, Guevara também manteve uma posição mais flexível que a de muitos outros membros de seu governo. O Che teve três encontros com Mao e supostamente saiu das reuniões "persuadido" da pureza daquela vertente como variante mais dinâmica do marxismo de sua época[68]. Ele teria dito que

> alguns companheiros soviéticos tendem a entender meus pontos de vista – sobre temas como a guerra de guerrilhas como principal meio para a libertação dos povos latino-americanos, ou o problema da autogestão financeira contra o financiamento orçamentário – como posições chinesas, e tiram daí a conclusão de que Guevara é pró-China.[69]

E então perguntava se não podia ter sua própria opinião, independentemente do que pensavam os chineses. Essas declarações mostram bem o desconforto do Che em relação a possíveis pressões do governo cubano e de alguns funcionários soviéticos. Em 1963, ele teria repreendido o embaixador Alekséiev por haver deixado de visitá-lo, supostamente por considerá-lo favorável a Pequim. O diplomata, ao que consta, começou a se eximir de se encontrar com o argentino para evitar problemas em sua chancelaria[70]. De qualquer forma, o "guerrilheiro heroico" afirmava que "a direção chinesa tem uma posição em relação a Cuba que é difícil de criticar. Dispensa-nos uma ajuda considerável, que não podemos desprezar. Pedimos, por exemplo, armas aos tchecos, e eles negaram. Os chineses concordaram em questão de dias e nem sequer cobraram, dizendo que não se vendem armas a amigos"[71]. Por esse e outros motivos, a CIA o considerou admirador de Mao Tsé-tung e de suas ideias[72].

Temos de lembrar que, entre 1950 e 1960, a China fez um enorme esforço de propaganda na América Latina, e essa política de "diplomacia cultural" possivelmente influenciou o jovem Ernesto, ainda que a literatura vinda da URSS predominasse entre os grupos de esquerda do continente. Embora nos primeiros anos da década de 1950 ainda não tivessem nem os recursos materiais nem um interesse mais aprofundado na região, os chineses intensificaram suas atividades à medida que perceberam a importância de uma postura mais ativa entre os movimentos progressistas locais que começavam a incomodar os Estados Unidos. Essa política também criava uma posição favorável a Pequim entre os latino-americanos, sendo um contraponto à influência soviética. Já em 1958, o primeiro-ministro Chu En-lai afirmava que os povos da AL representavam a vanguarda da contenda contra o imperialismo[73]. Naquele mesmo ano, foi publicada no país uma longa justificativa para a luta armada na região, ainda que os dirigentes do "dragão vermelho" achassem pouco provável que houvesse condições para que ocorresse por algum tempo. Mesmo com a vitória dos barbudos, ainda acreditavam ter uma participação maior no campo da propaganda ideológica do que necessariamente no apoio direto à atividade bélica. Na metade de 1960, contudo, um artigo no periódico *Hung Ch'I* [Bandeira Vermelha], órgão oficial do CC do PCCh, exaltava a guerra de guerrilhas em Cuba e apontava aquele país como exemplo para todo o continente. Em novembro daquele ano, em um jantar em homenagem a Guevara, Chu En-lai afirmou que o povo da ilha era a esperança e o exemplo para todos os povos da região. Num comunicado conjunto assinado pelos dois dirigentes, estes diziam que

> o lado chinês expressa admiração e alegria pela grande vitória do povo cubano, que, mantendo a unidade e persistindo em sua luta armada, aumentou suas forças de pequenas para grandes, de fracas para fortes, e finalmente conseguiu derrubar a ditadura reacionária de Batista. Consideramos que a luta e a vitória do povo

cubano forneceram uma experiência abundante e deram um exemplo para todos os povos oprimidos do mundo, especialmente os povos da América Latina, em suas lutas para ganhar e manter sua independência nacional.[74]

A propaganda de Pequim no continente tinha como objetivos principais difundir um sentimento anti-Estados Unidos, propagar o modelo maoista de GPP e melhorar a imagem de seu país para obter eventuais apoios nos foros internacionais. Entre as diferentes formas de intercâmbio "cultural", houve um aumento no número de chineses visitando a região (estudantes, dançarinos e até uma ópera), assim como delegações latino-americanas (compostas de artistas, intelectuais, jornalistas e dirigentes políticos) indo para a China[75], onde percorriam cidades, povoados, plantações e fábricas, eram apresentadas a líderes locais e encorajadas a escrever sobre os progressos de Jong Guo em seus respectivos países[76].

Ainda em 1960, foram enviados alguns jovens para participar do Primeiro Congresso da Juventude Latino-Americana e para integrar o trabalho voluntário. O embaixador chinês e seus funcionários chegaram a Havana em dezembro do mesmo ano. Na capital cubana já funcionava, desde abril de 1959, a ANNC, que transmitia para todo o continente e cooperava com a agência Prensa Latina, que organizou e divulgou extensamente um festival de cinema daquela nação. Em março de 1961, por sua vez, ocorreu no Museu de Belas-Artes de Havana a Exposição da Edificação Econômica da República Popular da China, com mostras de maquinaria das indústrias leve e pesada (assim como de outros setores da economia, arte e cultura, em exibições de bastante sucesso, com intensa presença do público local).

Uma grande quantidade de publicações chinesas traduzidas para o espanhol começou a ser distribuída na região, enquanto autores como Euclides da Cunha, Jorge Amado, Pablo Neruda, Ricardo Güiraldes, Nicolás Guillén e José Martí tiveram suas obras vertidas para o mandarim. Com as restrições impostas por diversos governos latino-americanos aos materiais de propaganda do "dragão do Oriente" e a hostilidade dos soviéticos a suas políticas, a influência de Pequim diminuiu relativamente, mesmo havendo adeptos em alguns partidos comunistas "marxistas-leninistas" na região. Ainda assim, é compreensível que o Che *de alguma forma* tivesse sofrido influência das ideias maoistas que ultrapassava a simples discussão sino-soviética e as pressões concretas da política pragmática do governo cubano. Não custa lembrar que, já em 1954, na Guatemala, a futura esposa de Guevara, Hilda Gadea, lhe emprestou um exemplar de *Nova China,* de Mao Tsé-tung, a qual, segundo ela,

foi a primeira obra que ele leu sobre a Grande Revolução. Depois que terminou de lê-la e de termos conversado a seu respeito, ele manifestou uma grande admiração pela

> longa luta do povo chinês para tomar o poder, com a ajuda da União Soviética. Ele também compreendeu que o caminho deles para o socialismo era um tanto diferente daquele seguido pelos soviéticos e que a realidade chinesa estava mais próxima da dos nossos índios e camponeses. Como eu também admirava a Revolução Chinesa, frequentemente falávamos a respeito dela e de tudo o que estava sendo feito lá.[77]

Na mesma época, em carta aos irmãos, Ernesto escreveu que quando conseguisse um trabalho exercendo a medicina, começaria a levar a vida a sério, "até que meu amigo Mao me chame"[78]. O Che expressou diversas vezes interesse em morar no país asiático.

Vale recordar, nesse sentido, a Carta de Anshan, reeditada por Mao Tsé-tung em 1960, que estipulava uma série de princípios essenciais para "revolucionar" as relações de produção. O documento defendia que se deveria antepor a política às decisões econômicas, reforçar a direção do partido, estimular movimentos de massa, incentivar a participação dos quadros no trabalho produtivo e dos obreiros na gestão das empresas, reformar os regulamentos que não demonstrassem eficiência, aumentar a cooperação entre quadros, operários e especialistas e estimular as inovações técnicas[79]. Os dirigentes chineses chegaram a ressaltar que pôr em andamento a revolução e promover a produção era um princípio "totalmente" justo, que mantinha corretamente a relação entre o "espírito" e a "matéria", entre a "superprodução" e a "infraestrutura econômica", entre as "relações de produção" e as "forças produtivas", ou seja, dando uma dimensão igual para os aspectos políticos e econômicos[80].

As discordâncias com os soviéticos, contudo, eram ácidas. Durante a era Khruschov, Pequim afirmou, num documento, que o dirigente soviético,

> preconizando o estímulo material, reduziu as relações entre os homens a relações de dinheiro e desenvolveu o individualismo e o egoísmo. Foi ele que rebaixou de novo o trabalho manual e rendeu glórias aos prazeres auferidos com apropriação dos frutos do trabalho alheio. O clima moral e os costumes encorajados por Khruschov estão a 10 mil léguas do comunismo.[81]

Quando Kossyguin e Brejniev assumiram o poder, os chineses continuaram as repreensões. De acordo com eles:

> O relatório sobre os problemas industriais apresentados pelo presidente do Conselho de Ministros, A. Kossyguin, no decurso da última sessão plenária do Comitê Central do PCUS, e a resolução que foi adotada mostram o grande passo dado na economia soviética para a restauração do capitalismo. [...]
> O "novo sistema" de gestão industrial que a nova direção do PCUS introduziu, em essência, volta a aplicar o princípio do lucro capitalista, ao "reforçar os estímulos

> econômicos" e ao fazer da procura do lucro a principal força motriz da produção nas empresas. [...]
> Conferiu aos diretores de empresas o direito de admitir e despedir os operários, de fixar as normas dos salários e os prêmios e de dispor livremente de fundos importantes, de sorte que eles são, de fato, os donos das empresas, podendo, à vontade, maltratar, oprimir os operários e apropriar-se dos frutos do trabalho deles. Isso significa, na realidade, a restauração do capitalismo, a substituição da propriedade socialista do povo todo e a transformação gradual das empresas socialistas da União Soviética em empresas capitalistas de uma espécie particular. Isso nada tem de "criação nova". É cópia desenvolvida da velha "experiência" de restauração do capitalismo na Iugoslávia pela claque de Tito.[82]

Guevara, como um dos principais dirigentes responsáveis pela gestão industrial da ilha, provavelmente estava ciente desses documentos. A influência dos chineses, de acordo com declarações do próprio Che, não esteve relacionada apenas à luta revolucionária, mas certamente se estendeu também para diversos aspectos da economia cubana. Ele chegou a citar o "grande timoneiro" em uma reunião:

> Há uma frase de Mao, muito bonita, que diz algo assim: "O homem, como ser alienado, é escravo de sua própria produção", escravo de um trabalho em que consome parte de sua natureza, e só pode realizar-se como pessoa quando faz as coisas que não são necessárias para sua sobrevivência física, isto é, quando o trabalho se transforma em arte, ou quando realiza um trabalho voluntário e contribui para a sociedade com algo seu.[83]

De qualquer forma, segundo Orlando Borrego,

> o Che leu tudo o que os chineses haviam publicado em espanhol. A barreira idiomática era tremenda. Aquilo a que tínhamos acesso da China era muito escasso. O que nos chegava era um boletim que se chamava *Xinhua,* do escritório de informação e da imprensa internacional deles. Ali saíam sínteses interessantes. Todas as manhãs a embaixada chinesa nos enviava isso. Nós sempre o líamos. Quando entraram em crise com os soviéticos, os chineses começaram a "atacar" com mais bibliografia. Então enviavam *Xinhua* bem "*llenito*", um boletim bem gordo. Distribuía-se no Ministério para o Che, para mim e creio que para dois vice-ministros mais. Os outros ficaram com medo pela bronca dos chineses com os soviéticos. Não o receberam mais. Eu continuei a recebê-lo.[84]

Como vimos, os posicionamentos de Che Guevara em relação aos stalinistas, trotskistas e maoistas foram mudando gradualmente nos primeiros anos após o triunfo dos barbudos. Acusados de mujalistas e "agentes provocadores", membros do POR(T) cubano – um partido pequeno e com pouca penetração social – eram constantemente presos, afastados de seus locais de trabalho, vigiados periodicamente, tendo suas publicações censuradas e muitas vezes apreendidas. Além disso, as aparentes tentativas de alguns militantes de invadir a base norte-americana de Guantánamo causaram desconforto às autoridades cubanas, para quem esse tipo de atitude poderia complicar ainda mais a já delicada situação do país. Ao participar de uma coletiva de imprensa em Montevidéu, em 9 de agosto de 1961, o Che diria em relação aos trotskistas:

> Veja, houve uma pequena gráfica que publicava um semanário que teve alguns problemas conosco.
> Tomamos algumas medidas administrativas, porque não tinham nem papel nem permissão para usar papel nem gráfica nem nada; e, simplesmente, resolvemos que não era prudente que o trotskismo continuasse chamando à subversão. Porque, entre outras coisas, senhor – já que pergunta isso –, acontece que há um antecedente muito interessante. Nós com os trotskistas tivemos algumas relações; um dos membros do "26 de Julho" que tinha muita afinidade com o trotskismo, David Salvador, foi quem levou à morte nossos homens no dia 9 de abril [de 1958], negando-se a uma ação unida com os partidos de massa na greve e tratando de fazer uma greve de tipo putschista, que simplesmente foi destruída por Batista.
> Sabe quem pode falar muito bem dessa greve? Um senhor que você talvez conheça, que se chama Jules Dubois, que estava presente e era um dos que sabiam da greve, e por certo também Batista sabia da greve, já que, mesmo sendo uma greve clandestina, logo após iniciada, foram assassinados grandes companheiros nossos.
> Depois disso, o trotskismo nasce em Guantánamo. É uma rara coincidência, mas nasce em Guantánamo e tem sua força ali. Guantánamo é uma cidade que dista uns poucos minutos da Base Naval Guantánamo, e nós suspeitamos que podia haver certa relação com essa "proximidade geográfica". Por isso, tomamos algumas medidas para que as pessoas que não representavam nada e cujo dinheiro não sabíamos de onde tiravam não continuassem, a partir de posições de extrema esquerda, molestando o desenvolvimento de nossa Revolução.[85]

No mês seguinte, o comandante concedeu uma entrevista a Maurice Zeitlin, numa linha similar. Disse que as placas de impressão usadas para a publicação de *A revolução permanente* haviam sido destruídas por um erro cometido por um funcionário de segundo escalão, o que não deveria ter acontecido. Apesar disso, afirmou:

> Consideramos que o partido trotskista está agindo contra a revolução. Por exemplo, estavam seguindo a linha de que o governo revolucionário é pequeno-burguês, e chamavam o proletariado a exercer pressão sobre o governo, e inclusive a levar a cabo outra revolução na qual o proletariado chegaria ao poder. Isso prejudica a necessária disciplina desses momentos.[86]

E completou:

> Não tenho nenhuma opinião sobre os trotskistas em geral. Mas aqui em Cuba – vou te dar um exemplo – têm um de seus principais centros na cidade de Guantánamo, perto da base estadunidense. E agitaram ali para que o povo cubano marchasse sobre a base – algo que não se pode permitir. Algo mais. Há algum tempo, quando apenas havíamos criado os comitês técnicos dos trabalhadores, os trotskistas os caracterizavam como uma migalha dada aos trabalhadores, porque os trabalhadores pediam a direção das fábricas.[87]

Por algum tempo, portanto, Che Guevara apoiou as medidas do governo. A sucessão dos fatos é significativa: no dia 18 de agosto de 1962, ocorreu a prisão de Juan León Ferrera Ramírez, por fazer "propaganda" trotskista (ele havia distribuído um folheto em um Congresso de Cooperativas de Cana-de-Açúcar); em seguida, os eventos em memória do 22º aniversário do assassinato de Trótski foram proibidos em Guantánamo; pouco depois, Idalberto Ferrera, secretário-geral do POR(T), e José Lungarzo, representante da seção argentina da Quarta Internacional (posadista), foram encarcerados. Em 8 de junho de 1963, Andrés Alfonso foi detido pelos Serviços de Segurança do Estado, mas liberado poucas horas depois (ele voltou a ser preso em novembro). Adolfo Gilly, por sua vez, foi deportado de Cuba naquele ano. O POR(T) foi proscrito em 1965.

Um pouco antes disso, contudo, em 1964, quando teve início o processo contra militantes trotskistas, acusados de serem "agentes imperialistas", a atitude de Guevara já havia mudado o suficiente para que ele interviesse pessoalmente na questão[88]. Assim, alguns ativistas foram soltos, como Angel Fanjul, Roberto Tejera e Armando Machado (estes dois últimos, supostamente por ordens diretas do Che). Além disso, o "guerrilheiro heroico" recebia periodicamente em seu escritório no Ministério de Indústrias uma cópia do *Voz Proletaria* (um boletim quinzenal, mimeografado, com uma tiragem de mil exemplares). E Roberto Acosta Hechavarría, membro do POR(T), foi nomeado diretor de Normas e Metrologia. Quando este foi detido, disse ao seu chefe que não poderia abandonar suas atividades partidárias. O comandante argentino teria concordado e afirmado que, se ele e os membros da QI acreditavam em suas ideias, deviam continuar a lutar até atingir seu objetivo[89]. Alguns trotskistas trabalhavam no Minind com a permissão de Guevara, que certa vez recebeu queixas de membros da União dos Jovens Comunistas de que aqueles faziam propaganda política durante o trabalho voluntário, assim como naquele órgão do governo. Sua resposta aos militantes da UJC foi que não se pode atacar ideias com a força ou por censura, e sim com outras ideias e pelo exemplo. Se quisessem combater os trotskistas, teriam de mostrar que suas concepções eram melhores e se esforçar mais que de costume. Em seguida, convocou os trotskistas para sua sala e perguntou-lhes que livros de Liev Davídovitch Bronstein haviam lido. Quando disseram que nenhum, o Che sugeriu que procurassem conhecer a obra do fundador do Exército Vermelho para que pudessem discutir com maior profundidade seu pensamento[90].

Não podemos nos esquecer de que Ernest Mandel visitou Cuba em 1964 a convite do governo, ficando várias semanas na ilha, e se tornou amigo do Che, com quem teve longas conversas em Havana (textos daquele teórico europeu seriam traduzidos e publicados no país, especialmente na revista *Pensamiento Crítico*). Vale lembrar também que Orlando Borrego, em entrevista a Néstor Kohan, comentou que Guevara leu o *Tratado de economia marxista* inteiro e que a crítica à NEP feita pelo belga o aproximava do comandante argentino. Os dois, portanto, tinham boas relações[91].

Além disso, depois da saída do "guerrilheiro heroico" de Cuba, alguns trotskistas encarcerados foram libertados, com o compromisso de que parassem suas atividades políticas independentes e deixassem de publicar seus jornais. Para completar, o livro *Stálin,* de Isaac Deutscher, foi editado na ilha em 1967, apesar de ter a circulação restrita entre os quadros do partido.

Na Bolívia, Guevara entrou em contato com diversas organizações de esquerda, e tinha como intuito que grupos distintos participassem da luta revolucionária. Em La Paz, segundo Roberto Massari, encontrou-se com dirigentes dos dois POR, abrindo a possibilidade de seus militantes participarem de seu grupo[92]. Para ele, mesmo com as eventuais diferenças conceituais, havia uma realidade e um inimigo comuns, o que facilitaria a unificação das diferentes organizações socialistas. Por isso, ele não encontrou problemas em conversar e pedir apoio a partidos diversos. É preciso notar, porém, a diferença de concepção dos trotskistas e maoistas bolivianos e do Che para entender a forma de atuação de cada um desses atores políticos.

Para Guillermo Lora, principal líder porista, uma guerrilha só poderia ser bem-sucedida em um país onde existisse um governo eleito democraticamente se os militares estivessem claramente subordinados a um poder imperialista (como os Estados Unidos) ou se existisse um partido suficientemente organizado para liderar a revolução[93]. A guerrilha, assim, *deveria estar sempre subordinada a um partido.* Para Lora, esperar pelas condições ideais para iniciar a luta armada era coisa para "sociais-democratas e membros dos partidos comunistas ortodoxos".

Com isso, demonstrava que não só acreditava na viabilidade naqueles métodos como achava que o combate poderia e deveria ser levado a cabo mesmo sem todas as condições necessárias no momento, uma vez que elas *poderiam ser criadas* caso houvesse um partido como vanguarda. Apesar disso, ele pensava que o nível de desenvolvimento político e histórico era diferente nos países latino-americanos e que, por isso, não se poderia aplicar o modelo cubano em todos os casos, como uma "fórmula". Para Juan Lechín, contudo, Lora (que se recusava a se submeter a uma frente única contra um inimigo comum, como o imperialismo)[94] e seu grupo se incorporaram à "luta pacífica" e não quiseram apoiar Guevara. Somente mais tarde aquele teria começado a advogar a luta armada[95].

Outra versão aponta para um caminho distinto. Loyola Guzmán, tesoureira da guerrilha, afirma que, no início de 1966, alguns membros do Exército de Libertação Nacional – incluindo ela própria – iniciaram contatos com um setor do Partido Obrero Revolucionario disposto a lutar com eles. Foram organizados, então, pequenos núcleos para dar treinamento aos poristas, a fim de iniciar atividades nas cidades. Esse grupo, porém, estava ligado ao setor de Hugo González Moscoso, que enviou a Rodolfo Saldaña (enlace urbano do ELN) endereços de prováveis colaboradores em La Paz. De qualquer forma, mesmo com participação ínfima, muitíssimo limitada e extraoficial no projeto continental de Guevara, sabemos que o POR tentou participar do congresso da Tricontinental, mas foi barrado por recomendação do PCB.

Guillermo Lora afirma que "o POR boliviano foi o partido que mais atenção prestou ao problema das guerrilhas; não somente discutiu e escreveu sobre esse método de luta mas também realizou trabalhos preliminares para sua constituição"[96]. Segundo o dirigente, o antitrotskismo de Fidel Castro representava um "sectarismo suicida", que se tornou regra quando se tratava de acordos de apoio para movimentos guerrilheiros e provou ser desastroso: o que antes era imposição dos soviéticos acabou por se tornar norma de conduta. Além do mais, "a situação boliviana exige outro tipo de guerrilha, aquela que seja resultado de uma frente única das tendências operárias"[97]. Ainda assim, num documento oficial publicado no periódico *Masas*, o partido demonstrou sua solidariedade e apoio ao ELN, mesmo afirmando que este não resolveria por si só o principal problema do processo revolucionário, que para eles era a questão da direção, e tampouco acreditando que os combatentes pudessem ficar à margem dos problemas do país. Assim, os guerrilheiros, "apesar de todas as limitações" possíveis, eram parte da vanguarda armada do povo.

De acordo com o líder trotskista, a ideia de subversão simultânea em vários países do continente seria simplesmente utópica. Como ele mesmo afirmou,

> não pode ser uma justificativa o argumento de que Ñancahuazú era um simples elo de um plano continental: instalar focos guerrilheiros na maior parte dos

> países latino-americanos, movendo-se sob a direção cubana, para facilitar a luta contra o imperialismo e as ditaduras *criollas*. Se observarmos a partir desse plano, o surgimento de novas guerrilhas constitui um feito de importância enorme porque é coadjuvante do movimento continental; não obstante, seu isolamento, sua falta de ligação com as massas se transformará, ao longo do tempo, em uma das causas de seu progressivo enfraquecimento. A revolução latino-americana começará incorporando-se dentro das fronteiras de um país e então se projetará ao plano continental.[98]

Já o Partido Comunista marxista-leninista (PC-ml, dissidência do PC boliviano pró-soviético), fundado em abril de 1965 e dirigido por Óscar Zamora, não teve nenhuma participação efetiva na empreitada liderada pelo Che nem a apoiou oficialmente. Para Zamora, era necessário promover uma GPP, que deveria ser encabeçada por seu partido. Alguns dissidentes daquela agremiação lutaram no ELN junto a Guevara, mas nenhum deles estava mais vinculado formalmente a ela.

E o PCB, que durante anos vinha colaborando estreitamente com os cubanos em outros projetos, dando apoio logístico a combatentes que lutariam no Peru e no norte da Argentina (como o EGP, encabeçado por Jorge Ricardo Masetti), no caso específico da campanha do ELN na Bolívia deixou de lado seu trabalho com o governo castrista e preferiu não apoiar Ernesto. Apesar de Mário Monje, primeiro-secretário do partido, ter se recusado a ajudá-lo, alguns dissidentes, desligados da organização, participaram e se destacaram na época.

Por seu caráter internacionalista, antiburocratista e libertário, o Che foi muitas vezes acusado de trotskista – termo que não aceitava –, chegando a ser considerado por alguns implicitamente como o "Trótski da Revolução Cubana"[99]. É bem verdade que militantes como Ernest Mandel e Mario Roberto Santucho eram simpáticos às ideias do "guerrilheiro heroico" e as respaldavam. Santucho, a quem agradava um sincretismo entre diversas tendências marxistas na luta contra um mesmo inimigo, exemplificou a incorporação do guevarismo na pugna política e foi protagonista da luta armada em seu país de origem, a Argentina, onde chegou a editar a emblemática revista *Che Guevara*, órgão da JCR, em 1974[100]. Mas o ministro de Indústrias nunca se considerou trotskista, embora alguns críticos tenham apontado similaridades entre seu ideário e o do fundador do Exército Vermelho. Guevara certa vez disse:

> Também no pensamento de Trótski se pode colher uma série de coisas, embora, na minha opinião, seus conceitos fundamentais estivessem equivocados, sua ação sucessiva fosse errônea e, no último período, pouco clara. Os trotskistas não contribuíram em nada para o movimento revolucionário, em nenhum lugar; onde se fez alguma coisa, como no Peru, foi um fracasso, porque seus sistemas não são bons.

> É por isso que o companheiro Hugo Blanco, pessoalmente um homem inatacável e cheio de espírito de sacrifício, está destinado a fracassar. De qualquer forma [resulta que neste tipo de discussão] sempre há alguém que lança a acusação de trotskismo. Creio que isso não depende tanto da posição que se adote frente a este ou àquele problema, mas do fato de que sobre este ponto [do método de gestão] há uma discussão ardente, violenta, amarga e, como todas as discussões desse tipo, pouco flexível, pouco generosa para reconhecer opiniões alheias. Sobre toda uma série de coisas emiti opiniões que se aproximam às dos companheiros chineses: sobre a guerra de guerrilhas, sobre a guerra do povo, sobre o trabalho voluntário, sobre os incentivos materiais, em resumo, uma série de coisas que também afirmam os chineses. Mas como meus interlocutores me identificavam com o sistema orçamentário, [...] confundiram [minhas ideias] com uma posição trotskista. Quanto ao resto, também dos chineses dizem que são divisionistas e trotskistas e que colocariam a carapuça em mim também. Por outra parte, quando estou no exterior, represento o governo e, sendo disciplinado, não represento estritamente a opinião que implicaria definir como trotskista o governo de Cuba, coisa impossível.[101]

Tanto Guevara como Trótski eram a favor de um bloco internacional contra o capitalismo. Sendo assim, a coexistência pacífica para eles era uma proposta ilusória. Mas o argentino, à diferença do antigo dirigente soviético, colocava mais ênfase no papel da guerrilha e do campesinato do que propriamente nas lutas proletárias nas cidades, sem jamais descartá-las, é claro. De qualquer forma, para o trotskismo, a vitória da revolução socialista e o comunismo somente poderiam ocorrer a partir de um processo simultâneo em diferentes países; mesmo que triunfasse inicialmente numa nação atrasada, agrícola, deveria ser estendida para as industrializadas; o objetivo deveria ser não apenas a nacionalização e socialização dos meios de produção, mas a construção de um processo contínuo para destruir gradualmente a herança, os valores e as instituições capitalistas; o nacionalismo e o patriotismo são essencialmente restritivos e devem estar subordinados ao internacionalismo proletário e à revolução mundial; os processos democráticos na organização e operacionalidade do PC devem ser estritamente observados, para evitar a manipulação inescrupulosa de alguns dirigentes; é importante ter cuidado com a burocratização e o afastamento do partido das massas; e, finalmente, por meio da socialização dos meios de produção, da eliminação das relações de mercado e da instituição do planejamento centralizado, as leis econômicas objetivas deixam de existir no socialismo e os trabalhadores se tornam os verdadeiros protagonistas do processo[102].

É bem verdade que Guevara lera, nos últimos meses de sua vida, quando combatia na Bolívia, dois volumes da *História da Revolução Russa,* de Trótski, encontrados pelo Exército boliviano em um acampamento guerrilheiro, além de extratos de *Literatura e revolução*, *A revolução traída* e *A revolução permanente* (alguns dos quais, da antologia preparada por Charles Wright Mills). Para o Che, *História da Revolução Russa*

> é um livro apaixonante... [que] lança luz sobre toda uma série de acontecimentos da grande revolução que estavam mascarados pelo mito. Ao mesmo tempo, faz afirmações isoladas cuja validade é total no dia de hoje. Em suma, se abstraímos a personalidade do autor e nos remetemos ao livro, este deve considerar-se uma fonte de primeira ordem para o estudo da Revolução Russa.[103]

Não se pode deixar de mencionar, contudo, que ele também tinha anotado em suas listas de leituras trabalhos de diversos outros autores. Em sua *libreta* do Congo, estavam incluídos: o volume 4 das obras escolhidas de Mao Tsé-tung; os tomos 32 e 33 das obras completas e o 2 das escolhidas de Lênin; *Los problemas de la dialéctica en El Capital*, de Rosental; *Nous, les negres* (com textos de James Baldwin, Malcolm X e Martin Luther King); *Contribuição à crítica da economia política*, de Marx; *A ideologia alemã* e *Correspondência*, de Marx e Engels; e *Por Marx*, de Louis Althusser. Já no plano de leituras para a Bolívia, os já mencionados trabalhos de Trótski, além de: *Memórias de guerra*, de Charles De Gaulle; *Memórias*, de Winston Churchill; *El indoamericanismo y el problema racial en las Américas*, de Alejandro Lipschutz; *Internacionalismo e nacionalismo*, de Liu Shao Chi; *El materialismo histórico en Federico Engels*, de Rodolfo Mondolfo; *Nacionalismo y socialismo en América Latina*, de Óscar Waiss; três livros de Lênin, *O desenvolvimento do capitalismo na Rússia*, *Materialismo e empiriocriticismo* e *Cadernos filosóficos*; três de Stálin, *A questão nacional e o leninismo*, *O marxismo e o problema nacional e colonial* e *Questões do leninismo*; *A nova classe*, de Milovan Djilas; *O jovem Hegel e os problemas da sociedade capitalista*, de György Lukács; e *Categorias do materialismo dialético*, de Rosental e Straks, entre vários outros[104].

Não custa recordar também a importância de Lênin, recorrentemente evocado pelo Che. Afinal, já em seu "dicionário" (ou "cadernos"), o jovem Ernesto redigiria um verbete sobre o fundador do *Iskra* (descreveu seu perfil a partir de uma obra de R. P. Ducatillon) e outro sobre o "marxismo", no qual citaria como fonte alguns trabalhos leninianos. Na relação de obras lidas no período, estavam "Aos pobres do campo", "A catástrofe que nos ameaça e como combatê-la", *O imperialismo, fase superior do capitalismo* e *Um passo à frente, dois passos atrás*. Anos mais tarde, por sinal, em seu "O socialismo e o homem em Cuba", expôs, em traços gerais, seu modelo ideal de partido operário, muito próximo do formato tradicional leninista.

Em seu rol de leituras na Sierra Maestra, constariam as obras escolhidas de Lênin; posteriormente, quando era ministro, faria observações críticas e anotações sobre textos do mesmo autor coligidos nas obras completas (tomos 32 e 33) e nas escolhidas (tomo 3): *O Estado e a revolução* (este ele estudara no México, pouco antes da expedição do *Granma*); "VIII Congresso do PC (b) da Rússia", "IX Congresso do PC (b) da Rússia", "X Congresso do PC (b) da Rússia" e "XI Congresso do PC (b) da Rússia"; *Esquerdismo, doença infantil do comunismo*; "II Congresso da Internacional Comunista"; "VII Congresso dos Sovietes de Toda a Rússia"; "Sobre o imposto em espécie"; "Relatório sobre a atividade do Conselho de Comissários do Povo (24/1/1918)"; "Sobre os sindicatos, o momento atual e os erros de Trótski", "As tarefas imediatas do poder soviético" e "O infantilismo 'esquerdista' e o espírito pequeno-burguês"; "Por ocasião do IV Aniversário da Revolução de Outubro", "A NEP e os objetivos da educação política" e "A Nova Política Econômica (relatório na VII Conferência do Partido da Província de Moscou)"; "Sobre o significado do ouro agora e depois da vitória completa do socialismo"; "Sobre o papel e as tarefas dos sindicatos nas condições da Nova Política Econômica"; "Discurso pronunciado no Plenário do Soviete de Moscou em 22 de novembro de 1922"; "Para o item relativo ao aumento do número de membros do CC"; "Sobre a cooperação" e "Do diário de um publicista". Além disso, aparentemente apreciava a biografia de Vladímir Ilitch Uliánov escrita pelo historiador francês Gérard Walter[105] (lançada originalmente em 1950), que acabaria sendo publicada em Cuba em 1967.

A presença de Lênin, como se pode perceber, era constante. Em setembro de 1961, por exemplo, numa entrevista a Maurice Zeitlin para a revista *Root and Branch*, da Universidade da Califórnia, Berkeley, o Che afirmou:

> O valor do leninismo é enorme, no mesmo sentido em que o trabalho de um grande biólogo é valorável em relação ao de outros biólogos. Lênin é provavelmente o líder que fez a maior contribuição à teoria da revolução. Foi capaz de aplicar o marxismo, em dado momento, aos problemas de Estado, e sair com leis de validade universal.[106]

Guevara, entretanto, sentia-se livre para fazer as críticas que julgasse necessárias. E foi duro com alguns aspectos do ideário leniniano, ainda que sua admiração e respeito por ele continuassem. De um lado, afirmou que *O Estado e a revolução* podia ser considerado

> uma Bíblia de bolso para os revolucionários. A última e mais importante obra teórica de Lênin em que aparece o revolucionário integral e ortodoxo. Não pôde cumprir em seu país algumas das receitas marxistas e teve de fazer concessões que ainda hoje pesam sobre a URSS; mas os tempos não estavam para experimentos de longo prazo; era preciso alimentar um povo e organizar a defesa contra

possíveis ataques. Diante da realidade de hoje, *O Estado e a revolução* é a fonte teórico-prática mais clara e fecunda da literatura marxista.[107]

De outro, porém, disse que em determinados momentos coexistiriam dois (ou até três) Lênins, "o da marcha segura para um futuro comunista que espreita e o pragmático desesperado que trata de encontrar uma saída racional para a desorganização econômica"[108].

Nas atas taquigrafadas de uma célebre reunião no Ministério de Indústrias, em 1964, o Che chegou a comentar que

estamos na presença de alguns fenômenos que se produzem porque existe uma crise de teoria, e a crise teórica se produz por haver esquecido a existência de Marx e porque ali se baseiam somente numa parte do trabalho de Lênin. O Lênin dos anos [19]20 é tão somente uma pequena parte de Lênin, porque Lênin viveu muitos anos e estudou muito... É um fato que entre o Lênin de *O Estado e a revolução* e o de *O imperialismo, fase superior do capitalismo* e o Lênin da NEP existe um abismo. Na atualidade se considera sobretudo este último período, admitindo como verdade coisas que teoricamente não são certas, que foram impostas pela prática, que estão revestidas ainda pelo perfil prático e são analisadas teoricamente, como todos os problemas da economia política do período de transição.[109]

Em outras palavras, o antigo diretor do *Vperiod* seria "o revolucionário de grandes conhecimentos teóricos, desenvolvendo o que Marx diz e falando de toda uma série de coisas parecidas, do controle operário; e o revolucionário depois que teve que deparar com a revolução, numa Rússia atrasada e que tem uma linguagem distinta"[110].

O pensamento de Guevara modificou-se rapidamente desde o início da Revolução Cubana até sua luta guerrilheira na Bolívia, transitando de um conhecimento geral do materialismo histórico, ainda em processo de amadurecimento, para um marxismo heterodoxo, ágil e dinâmico, aberto a diversas leituras e interpretações, nitidamente inserido numa linha progressista e libertadora que unia Marx, Engels e Lênin ao integracionismo latino-americano, ao nacionalismo cubano, ao internacionalismo, ao anti-imperialismo e ao "humanismo proletário", podendo ser visto, de certa forma, como um continuador e *herdeiro político e intelectual* de homens como Simón Bolívar, José Martí, Julio Antonio Mella e José Carlos Mariátegui. Orlando Borrego chegou a afirmar que

o Che nos ensinou e ensina às novas gerações que é preciso ler e estudar a todos. Ele, com muito esforço e perseverança, estudou muito e leu durante toda sua

> vida. É preciso se apropriar de todo o conhecimento social que existe. É preciso estudar *O capital*. É preciso ler Fidel Castro e Che Guevara, Lênin, Trótski, Stálin, Mao. É preciso ler e estudar a todos. A todos! É preciso ler até nossos inimigos: o que publicam os norte-americanos. Ao inimigo imperialista não se pode criticar sem conhecê-lo. Como se pode ser um verdadeiro revolucionário, um verdadeiro marxista, se não se lê o que se produz? Para ser um bom militante, é preciso fazer um esforço diário. É preciso se preparar e estudar rigorosamente todos os dias.[111]

Como diria o historiador cubano José Tabares del Real, "o Che não era trotskista, nem titoísta, nem maoista. O Che era o Che, somente isso"[112]. Nesse sentido, é compreensível, portanto, seu interesse pelas obras de autores tão diversos como Stálin, Mao e Trótski, bem como sua maior abertura para discutir com militantes de diferentes correntes políticas. Guevara nunca foi trotskista nem maoista, mas sem dúvida demonstrou respeito por diferenças de opinião e pelos debates abertos em relação a suas ideias.

Che Guevara visita as instalações de impressão gráfica da *Verde Olivo*, em 3 de julho de 1960.
Crédito: Arquivo/Cuba Defensa.

Conclusão

Para que possamos elaborar uma análise geral sobre o debate econômico cubano e seus resultados, é necessário expor aqui os diferentes temas discutidos na época e apresentados ao longo deste trabalho. A transição ao socialismo foi um objeto polêmico que esteve extremamente em voga nos círculos acadêmicos e políticos durante boa parte do século XX, sendo foco de acirradas contendas entre marxistas de posicionamentos e tendências variadas.

No caso específico de Cuba, Che Guevara talvez tenha sido a personalidade que mais se destacou nos debates de então. Outros intelectuais, contudo, também foram de suma importância nas discussões daquele momento: desde as elaborações feitas pela Cepal e seus desdobramentos na ilha, a partir de figuras ativas na comissão, como Regino Boti e Juan Noyola, até os posicionamentos dos comunistas endógenos, representados principalmente por Blas Roca e Carlos Rafael Rodríguez, foram muitos os que deram sua contribuição para os rumos da revolução.

A presença de técnicos e assessores latino-americanos, soviéticos e da Europa Oriental também colaborou para enriquecer o ambiente de discussões e trocas de experiências entre os vários interlocutores naquele período. Durante o "debate econômico" que ocorreu nas revistas de organismos do governo, estiveram presentes nomes de peso, como Charles Bettelheim e Ernest Mandel, enquanto teóricos que não tiveram uma participação direta na questão, como Leo Huberman, Paul Sweezy e outros membros da *Monthly Review,* iam ao país e davam seu apoio à nova administração por meio de suas publicações.

Como se sabe, Guevara não era economista nem um acadêmico. Por sua posição de dirigente político e seu próprio caráter objetivo, suas preocupações eram essencialmente de ordem prática e, embora se esforçasse em manter rigor e seriedade em seus escritos – demonstrando que havia lido autores marxistas clássicos e estava a par do que acontecia no mundo socialista –, mostrava que seu intuito principal era o de agir na realidade concreta e tentar reconstituir o molde social da ilha, ao mesmo tempo que fazia todo o possível para impulsionar de vez o pleno avanço das forças produtivas do país.

Nas discussões daquele período, enquanto um grupo teoricamente buscava soluções mais pragmáticas no trato do aparelho estatal, por meio de uma sobrevalorização de incentivos materiais, descentralização administrativa, autogestão financeira e utilização de índices de lucro como fator primordial de avaliação do desempenho da empresa, outro se preocupava em exaltar aspectos que supostamente apresentavam uma aparência idealista e eram teoricamente menos eficientes em termos econômicos, com o uso de estímulos morais e maior centralização gestionária do aparato industrial cubano. Na prática, porém, isso não necessariamente correspondia à realidade, uma vez que a defesa dessas posições estava intrinsecamente vinculada a um momento histórico e a uma situação específica na transição ao socialismo. Isso significa que esses pressupostos poderiam ser modificados e readaptados à medida que a conjuntura exigisse alterações.

Guevara era bastante crítico ao processo que ocorria na União Soviética e nas democracias populares. Para ele, construir o socialismo com elementos do capitalismo sem modificá-los em seu significado levaria a um modelo político e econômico inviável, que pouco a pouco obrigaria a novas concessões, e estas lentamente fariam o sistema ruir[1].

Isso ficou claro no esboço que escreveu atacando os manuais de economia política soviéticos, os quais considerava repletos de equívocos. De fato, a forma como se configuravam o painel econômico, os mecanismos de planificação e a gestão industrial da URSS na década de 1960 incomodava sobremaneira o comandante. E o modo como Moscou encarava retrospectivamente a *Nóvaia Ekonomítcheskaia Politika* também. Guevara seria um ácido acusador da NEP e das posturas de Lênin no momento de sua implementação. Em seus *Apuntes críticos a la economía política*, o guerrilheiro, de maneira polêmica, ousada e quase herética, acusou o próprio líder bolchevique de ser o grande culpado pelo que chamava de "pragmatismo inconsistente" em todos os campos da vida dos povos socialistas e da situação econômica em que se encontrava a União Soviética naquele momento[2]. O Che acreditava que, se aquele país continuasse seguindo o caminho que estava tomando, gradualmente se degeneraria por completo e se afastaria de vez da direção do comunismo. Daí a necessidade constante de trabalhar com mecanismos ideológicos que permitissem a elevação da consciência dos trabalhadores, por meio do uso de incentivos morais, emulação socialista e trabalho voluntário.

Naquele início de década, um dos objetivos principais era industrializar o país a qualquer custo. Isso significava dar prioridade à diversificação agrícola e promover a construção de uma base industrial sólida. Esses fatores levaram à desestruturação de grandes porções de terra, o que acabou acarretando uma diminuição substancial da safra de cana, apesar do relativo aumento na produção de outros produtos alimentícios. Alguns anos mais tarde, notando as dificuldades em industrializar a nação sem ter o volume de capital necessário nas reservas do governo e sabendo que o produto tradicional do país proporcionaria maior rentabilidade em curto e médio prazo por meio de exportações, houve um esforço dos dirigentes em mudar o rumo dos investimentos e a política de produção agrícola e industrial, com a volta do açúcar como o carro-chefe da economia local. De modo geral, a ilha viu um aumento significativo em seu comércio com o bloco socialista, assim como o crescimento de sua produtividade global, embora este não atingisse os níveis necessários para torná-la uma nação desenvolvida.

Cuba teve de passar por uma conversão de praticamente toda sua maquinaria para o sistema soviético. Os técnicos da Juceplan, por outro lado, recomendaram que se comprassem fábricas completas da URSS e da Europa Oriental. Essas unidades, em geral, trabalhavam com tecnologia obsoleta e produziam artigos de baixa qualidade. A falta de muitas matérias-primas obrigava os cubanos a trazer de fora insumos necessários para o funcionamento de suas fábricas. Por outro lado, a burocracia, o atraso nos investimentos e a falta de conhecimentos técnicos faziam com que muitos desses equipamentos vindos do exterior ficassem parados em armazéns, se deteriorassem ou fossem subutilizados. Só com o tempo e um melhor preparo dos especialistas cubanos foi possível fazer o aparato industrial funcionar melhor. No fim dos anos 1960, o país já contava com pessoal habilitado para pôr em operação máquinas modernas, principalmente as herdadas dos antigos monopólios norte-americanos, com tecnologia avançada e de difícil manuseio até mesmo para os profissionais estrangeiros que ali atuavam. Algumas das indústrias tão desejadas pelo governo nunca foram construídas ou não funcionaram com plena capacidade, enquanto outras, como a de utensílios domésticos, comprada da Tchecoslováquia e que demorou a ser completada, não produziam artigos competitivos nem mesmo no mundo socialista.

O próprio Guevara era crítico em relação à categoria dos produtos soviéticos e à eficiência das empresas no sistema socialista. Para ele, era importante utilizar as técnicas capitalistas e a tecnologia das nações desenvolvidas sem temer um "contágio" ideológico. Ou seja, seria fundamental criar mecanismos para garantir uma modernização industrial e ao mesmo tempo trabalhar para a elevação da consciência dos trabalhadores. A formação de técnicos e especialistas cubanos, a utilização de computadores e o avanço tecnológico sempre foram preocupações do Che, que incentivou a priorização de todos esses aspectos em seu projeto. Assim, ele promoveu a criação de várias instituições governamentais que teoricamente poderiam garantir a pesquisa científica na ilha, como o Instituto Cubano para a Pesquisa dos Derivados da Cana-de-Açúcar (ICIDCA), o Instituto Cubano para o Desenvolvimento da Indústria Química (ICDIQ), o Instituto Cubano para Pesquisas Tecnológicas (ICIT), o Instituto Cubano de Desenvolvimento de Maquinaria (ICDM), o Instituto Cubano de Recursos Minerais (ICRM), o Instituto Cubano de Pesquisas de Mineração e Metalurgia (ICIMM) e a Direção de Automatização e Eletrônica, entre outras.

A organização e a administração da economia local modificaram-se ao longo dos anos e, pouco a pouco, os pressupostos de Guevara em relação à estruturação e à gestão das empresas foram deixados de lado. Diversos ministérios surgiram a partir do Minid. Em 1964, foi criado o Ministério da Indústria Açucareira; em seguida, o da Indústria Básica, o da Indústria Leve e o da Indústria Alimentícia; e, em 1974, finalmente, o da Indústria Sideromecânica. Durante algum tempo, o sistema orçamentário de financiamento e o cálculo econômico conviveram no país. A partir de 1976, entretanto, foi implantado em Cuba o Sistema de Direção da Economia, que se baseava em grande medida na autogestão financeira[3]. Mesmo assim, críticos do SOF no início dos anos 1960, como Carlos Rafael Rodríguez, mais tarde admitiram a eficiência e as qualidades do modelo proposto pelo Che.

Para o "guerrilheiro heroico", assim como para outros marxistas heterodoxos de sua época, era complicado discutir as "leis" do socialismo. Se houvesse uma lei verdadeira nesse sistema, esta seria a própria planificação[4]. De acordo com Guevara, esta era constituída não apenas de elementos técnicos mas principalmente com base no fator da consciência[5]. Afastar-se de um planejamento eficiente e promover uma abertura ao mercado significaria também se distanciar do próprio socialismo. O planejamento deveria contar com a participação de diversos níveis decisórios, desde os funcionários nas fábricas até as mais altas instâncias do governo. Em relação aos sindicatos, o ministro de Indústrias era categórico ao afirmar que eles deveriam cumprir um papel diferente do tradicional no período de transição ao socialismo. Guevara dava especial importância aos aspectos técnicos na gestão das indústrias e acreditava que alguns mecanismos originais para o caso cubano poderiam funcionar. Os sindicatos, portanto, deveriam atuar em estreita cooperação com os CTA e com os diretores das empresas, procurando evitar greves e estimular um melhor relacionamento com as autoridades do país, assim como se preocupar com a melhor qualidade possível dos artigos e o aumento da produtividade.

O socialismo em Cuba passou por momentos distintos. Com a entrada da ilha no Conselho de Assistência Econômica Mútua, no início dos anos 1970, houve uma tentativa ainda maior de colaboração com outras economias planificadas. A eficiência dos planos nesse período é questionável, mas, apesar da desintegração do bloco soviético, o país permaneceu firme, tentando se adaptar aos novos tempos como pôde, apesar das diversas dificuldades materiais e da falta do auxílio dos antigos aliados. Em razão disso, precisou mais uma vez reconverter sua maquinaria herdada do período anterior e direcionou grande parte de seus investimentos para o setor do turismo. De qualquer forma, os dirigentes cubanos ainda acreditam na importância do uso da imagem de Che Guevara para as novas gerações como forma de estímulo para a continuação e o aperfeiçoamento do sistema socialista no país.

Notas

Introdução

[1] Ver Francisco López Segrera, *Cuba: capitalismo dependiente y subdesarrollo (1510-1959)* (Havana, Casa de las Américas, 1972), p. 284.

[2] Ver James O'Connor, "Cuba: It's Political Economy", em Rolando E. Bonachea e Nelson P. Valdés (orgs.), *Cuba in Revolution* (Nova York, Anchor Books, 1972), p. 54.

[3] Ver Julio Le Riverend, *Historia económica de Cuba* (Havana, Instituto del Libro, 1967), p. 250.

[4] Ver James O'Connor, "Cuba: Its Political Economy", cit., p. 61.

[5] Ver Francisco López Segrera, *Cuba: capitalismo dependiente y subdesarrollo (1510-1959)*, cit., p. 340.

[6] Ibidem, p. 294.

[7] Ibidem, p. 277.

[8] Ver Paul Baran e Paul Sweezy, *Capitalismo monopolista* (Rio de Janeiro, Zahar, 1974), p. 15-6.

[9] Ver Francisco López Segrera, *Cuba: capitalismo dependiente y subdesarrollo (1510-1959)*, cit., p. 351.

[10] Ibidem, p. 357.

[11] Tirso W. Sáenz, *O ministro Che Guevara: testemunho de um colaborador* (Rio de Janeiro, Garamond, 2004), p. 43.

[12] Francisco López Segrera, *Cuba: capitalismo dependiente y subdesarrollo (1510-1959)*, cit., p. 357.

[13] Ver Manuel A. Varona, citado em Nicolas Rivero, *Fidel Castro, um dilema americano* (São Paulo, Dominus, 1963), p. 57.

[14] Ibidem, p. 58.

[15] Ver Leo Huberman e Paul Sweezy, *Cuba, Anatomy of a Revolution* (Nova York, Monthly Review Press, 1960), p. 108.

[16] Ver Tirso W. Sáenz, *O ministro Che Guevara: testemunho de um colaborador* (Rio de Janeiro, Garamond, 2004), p. 48.

[17] Ver Nicolas Rivero, *Fidel Castro, um dilema americano*, cit.

[18] Ver Leo Huberman e Paul Sweezy, *Cuba, Anatomy of a Revolution*, cit., p. 109.

[19] Ver Theodore Draper, *Castrismo, teoria e prática* (Rio de Janeiro, GRD, 1966), p. 77-8.

[20] Ibidem, p. 98.

[21] Ver Radoslav Selucky, citado em ibidem, p. 99.

[22] Ibidem, p. 100.

[23] Ver Julio Le Riverend, *Historia económica de Cuba*, cit., p. 249.

[24] Ibidem, p. 103.

[25] Ver Francisco López Segrera, *Cuba: capitalismo dependiente y subdesarrollo (1510-1959)*, cit., p. 342.

[26] Ver Nicolas Rivero. *Fidel Castro, um dilema americano,* cit., p. 62-3.

[27] Ver Leo Huberman e Paul Sweezy, *Cuba, Anatomy of a Revolution*, cit., p. 3.

[28] Ver Nicolas Rivero, *Fidel Castro, um dilema americano*, cit., p. 63.

[29] Ver Francisco López Segrera, *Cuba: capitalismo dependiente y subdesarrollo (1510-1959)*, cit., p. 310.

[30] Ibidem, p. 311.

[31] Ibidem, p. 342.

[32] Ver Oscar Pino-Santos, *El asalto a Cuba por la oligarquia financiera yanki* (Havana, [s. n.], 1972), p. 210.

[33] Ver José Luis Rodríguez García et al., *Cuba: revolución y economía 1959-1960* (Havana, Editorial de Ciencias Sociales), 1985, p. 20.

[34] Ibidem, p. 21.

[35] Ver Tirso W. Sáenz, *O ministro Che Guevara: testemunho de um colaborador*, cit., p. 47.

[36] Ibidem, p. 47-8.

[37] Ver Nicanor León Cotayo, *El bloqueo a Cuba* (Havana, Editorial de Ciencias Sociales, 1983), p. 27.

[38] Referimo-nos ao momento imediatamente posterior ao triunfo da revolução.

[39] Ver Nicanor León Cotayo, *El bloqueo a Cuba*, cit., p. 34.

[40] Ver Tad Szulc, *Fidel, A Critical Portrait* (Nova York, Avon Books, 1987), p. 536-7.

[41] Ibidem, p. 537.

[42] Ver Nicanor León Cotayo, *El bloqueo a Cuba*, cit., p. 38.

[43] Uma *caballería* equivale a 33,2 acres ou 13,4 hectares.

[44] Ver Nicanor León Cotayo, *El bloqueo a Cuba*, cit., p. 38.

[45] Ver Michel Gutelman, "Cuba's Lessons on Economic Policies", em Rolando E. Bonachea e Nelson P. Valdés (orgs.), *Cuba in Revolution*, cit., p. 242.

[46] Idem.

[47] Ver José Luis Rodríguez García et al., *Cuba: revolución y economía 1959-1960*, cit., p. 154.

[48] Ibidem, p. 155.

[49] Ibidem, p. 220.

[50] Ver Nicanor León Cotayo, *El bloqueo a Cuba*, cit., p. 39.

[51] Ibidem, p. 40.

[52] Ibidem, p. 41-2.

[53] Ibidem, p. 42-3.

[54] Ibidem, p. 69-70.

[55] Ibidem, p. 75.

[56] Ver Raúl Cepero Bonilla, "El convenio cubano-soviético", em *Escritos históricos* (Havana, Editorial de Ciencias Sociales, 1989), p. 327.

[57] Ibidem, p. 329.

[58] Ibidem, p. 332.

[59] Ibidem, p. 337.

[60] A política de créditos da União Soviética aos países em desenvolvimento forçou os Estados Unidos, nas décadas de 1960 e 1970, a diminuir os juros e ampliar os prazos de pagamento. Ver V. Rimalov, *La cooperación económica de la Unión Soviética con los países subdesarrollados* (Moscou, Ediciones de Lenguas Extranjeras, [1961 ou 1962]), p. 43-54.

[61] Ver John Gunther, *A Rússia por dentro* (trad. Lino Valandro, Flávio Vellinho de Lacerda e Gilberto Miranda, Porto Alegre, Globo, 1959), p. 380-1.

[62] Ver Carlos Rafael Rodríguez, *Cuba en el tránsito al socialismo (1959-1963)/Lenin y la cuestión colonial* (Cidade do México, Siglo XXI, 1978), p. 123.

[63] De acordo com o artigo b, parágrafo 5º da Lei n. 851, haveria um pagamento de indenização, por meio de um fundo de indenizações que seria criado pelo governo cubano e aberto no Banco Nacional do país.

[64] Ver Juan Noyola, "Aspectos económicos de la Revolución Cubana", em *La economía cubana en los primeros años de la revolución* (Cidade do México, Siglo XXI, 1978), p. 121-4.

[65] Em 4 de setembro de 1961, o Congresso norte-americano aprovou o Foreign Assistance Act, vetando ajuda a Cuba e autorizando o presidente a estabelecer e manter um "embargo total sobre todo o comércio entre Cuba e os Estados Unidos"; em 7 de fevereiro de 1962, Kennedy declarou embargo comercial à ilha, impedindo qualquer importação de produtos da *"mayor de las Antillas"* e reexportação de artigos estadunidenses a Cuba por outros países; em 1º de agosto de 1962, o Congresso fez uma emenda ao Foreign Assistance Act, proibindo Washington de fornecer ajuda a qualquer país que prestasse auxílio a Cuba; em 2 de outubro de 1962, os EUA fecharam seus portos a qualquer navio que levasse armas à ilha; embarcações que haviam parado em países socialistas ficaram proibidas de aportar no "Colosso do Norte" durante a viagem, e as companhias que comerciavam com Cuba, de levar produtos norte-americanos; em 8 de fevereiro de 1963, a Casa Branca proibiu seus cidadãos de viajar a Cuba e fazer negócios com o governo revolucionário; em 14 de maio do mesmo ano, o Departamento de Comércio dos Estados Unidos começou a exigir aprovações específicas para produtos alimentícios e remédios enviados à ilha; em dezembro do mesmo ano, o Congresso fez uma emenda ao Foreign Assistance

Act, a fim de que nações que não proibissem aviões ou navios de suas empresas nacionais de comerciar com Cuba não recebessem ajuda dos EUA.

[66] Ver Blas Roca, *Los fundamentos del socialismo en Cuba* (Havana, Ediciones Populares, 1961), p. 220-1.

[67] Ver Aníbal Escalante, citado em Carmelo Mesa-Lago, *The Labor Sector and Socialist Distribution in Cuba* (Nova York, Frederick A. Praeger, [197-]), p. 28.

[68] As ORI foram criadas em 1961 a partir da união do M-26-7, do Diretório Revolucionário e do PSP. Em 1962, houve uma depuração nos quadros e foi criado o Partido Unificado da Revolução Socialista, que em 1965 se tornou o novo partido comunista do país.

[69] Ver Orlando Borrego, *Entrevista*. Entrevistador: Luiz Bernardo Pericás. Havana, nov. 2001.

[70] Ver José Luis Rodríguez García et al., *Cuba: revolución y economía 1959-1960*, cit., p. 251.

[71] Ibidem, p. 251.

[72] Ver Carlos Rafael Rodríguez, *Letra con filo* (Havana, Editorial de Ciencias Sociales, 1983), t. 2, p. 123-5.

[73] Ver Juan Noyola, "Principios de economía", em Juan Noyola, *La economía cubana en los primeros años de la revolución*, cit., p. 197-8.

[74] Ibidem, p. 204.

[75] Ver José Luis Rodríguez, "Cuarenta años de planificación en Cuba, nuestro modelo no es el que falló en los ex-socialistas". Entrevistadora: Arleen Rodriguez Derivet, em *El Economista de Cuba* (Havana), n. 38, 2000. Disponível em: <www.eleconomista.cubaweb.cu>. Acesso em: 14 dez. 2001.

1. Desenvolvimento econômico e industrialização

[1] Ver Paco Ignácio Taibo II, *Ernesto Guevara, também conhecido como Che* (São Paulo, Scritta, 1997), p. 351.

[2] P. G. Vilas-Bôas Castro, "'Che' Guevara economista", *ADB – Boletim da Associação de Diplomatas Brasileiros*, Brasília, ano 2, n. 9, jan. 1994, p. 5.

[3] Para mais informações sobre os bastidores da formação do novo governo revolucionário, ver Luis M. Buch Rodríguez, *Gobierno revolucionario cubano: génesis y primeros pasos* (Havana, Editorial de Ciencias Sociales, 1999).

[4] Devemos lembrar que, durante a guerra revolucionária, Guevara se destacou como inovador e empreendedor, por ter estimulado a criação de pequenas indústrias nos vilarejos camponeses, como panificadoras, oficinas, sapatarias e fábricas para a produção de bombas rústicas.

[5] Ver Orlando Borrego, *Che, el camino del fuego* (Havana, Imagen Contemporanea, 2001), p. 11.

[6] Ver Jon Lee Anderson, *Che Guevara: uma biografia* (trad. M. H. C. Cortês, Rio de Janeiro, Objetiva, 1997), p. 516.

[7] Ver José Luis Rodríguez García et al., *Cuba: revolución y economía 1959-1960*, cit., p. 62.

[8] Ver Jon Lee Anderson, *Che Guevara, uma biografia*, cit., p. 521-2.

[9] Ver Che Guevara, "Intervención en el ciclo de conferencias del Banco Nacional", em Che Guevara, *Temas económicos* (Havana, Editorial de Ciencias Sociales, 1988), p. 96.

[10] Ver José Luis Rodríguez García et al., *Cuba: revolución y economía 1959-1960*, cit., p. 238.

[11] Ibidem, p. 239.

[12] Ver Che Guevara, "Intervención en el ciclo de conferencias del Banco Nacional", em *Temas económicos*, cit., p. 97-8.

[13] Ibidem, p. 96.

[14] Ver Nicolas Rivero, *Fidel Castro, um dilema americano*, cit., p. 91-3.

[15] Ver Anatoli Bekarévich e Anastasio Mansilla, "Transformaciones socialistas y problemas del período de transición en Cuba", em Academia de Ciências da União Soviética, *La historia de Cuba* (Moscou, 1980), p. 37.

[16] Ver Jorge Castañeda, *Che Guevara, a vida em vermelho* (trad. Bernardo Joffily, São Paulo, Companhia das Letras, 1997), p. 201.

[17] Ver John Gerassi, "Introduction", em John Gerassi (org.), *Venceremos! The Speeches and Writings of Che Guevara* (Londres, Panther Books, 1969), p. 41.

[18] A edição utilizada no curso era a do Fondo de Cultura Económica, traduzida por Wenceslao Roces.

[19] Segundo Orlando Borrego, em entrevista a Néstor Kohan, o círculo de estudos sobre Marx, a cargo do professor Mansilla (enviado a Cuba por escolha dos soviéticos, por falar espanhol), começou "em 1961, quando o Ministério de Indústrias havia acabado de ser criado. Já se concluíra o primeiro seminário sobre *O capital* no Conselho de Ministros, reunido provavelmente em fins de 1960. Anastasio Mansilla não foi a Cuba para o seminário do Ministério de Indústrias. Este foi um segundo seminário. Mansilla foi a Cuba para um seminário prévio com um grupo de companheiros do Conselho de Ministros, onde estavam Fidel, o Che, Regino Boti – o da Junta Central de Planificação – e três ou quatro ministros mais. Os mais interessados nesse tema". Aquele seminário "durou pouco tempo. Havia muitas interrupções. Imagine o Conselho de Ministros e Fidel permanentemente mobilizados, e tudo isso. [...] Quando termina o seminário no Conselho de Ministros, o Che pergunta a Mansilla se ele pode voltar a dar o seminário no Ministério de Indústrias com a equipe que o Che queria que estudasse. E Mansilla lhe responde que por ele seria um prazer. Mas que havia ido a Cuba só por uma temporada de seis meses. Então o Che acertou com os soviéticos para que Mansilla passasse mais tempo em Cuba. Foram mais dois anos". Participaram desse segundo seminário (que durou aproximadamente um ano, com reuniões semanais) o próprio Che, Enrique Oltuski, Francisco García Vals, Mario Zorrilla, Juan Manuel Castiñera, Luis Álvarez Rom e Orlando Borrego. Ver Néstor Kohan, "Che Guevara, lector de *El capital*", 2 jul. 2003, disponível em <http://contrahegemoniaweb.com.ar/che-guevara-lector-de-el-capital/>, acesso em out. 2017.

[20] Sobre Noyola, diria Celso Furtado: "[...] estudara economia na Universidade Autônoma do México e era um lídimo representante da geração que se formara no entusiasmo das jornadas revolucionárias da fase de Lázaro Cárdenas. [...] A consciência de que seu país dera um salto avante na História era clara em Noyola. Em seu espírito, a História somente avança nas asas de uma revolução e todas as revoluções de uma época emanam de uma mesma mutação histórica. E o México estava no centro do processo revolucionário do século XX. [...] Na época

em que Noyola estudou, predominava na Escola de Economia do México um marxismo que era essencialmente uma mistura de agrarismo e anti-imperialismo. As raízes da opressão que vitimava os povos estariam nas estruturas latifundiárias e na dominação internacional. [...] Noyola se imaginava marxista quando pensava politicamente, mas era o primeiro a apelar para os instrumentos da análise econômica convencional quando se abordavam problemas especificamente econômicos. Possuía uma formação completa de economista e os dois anos que passara trabalhando no FMI o haviam vacinado contra o monetarismo". Ver Celso Furtado, *A fantasia organizada* (Rio de Janeiro, Paz e Terra, 1985), p. 125-6.

[21] Ver José Luis Rodríguez García et al., *Cuba: revolución y economía 1959-1960*, cit., p. 207.

[22] Ibidem, p. 207-8.

[23] Ver Che Guevara, "O papel da universidade no desenvolvimento econômico de Cuba", em *Textos econômicos para a transformação do socialismo* (São Paulo, Edições Populares, 1982), p. 161.

[24] Ver idem, "Intervención en el ciclo de conferencias del Banco Nacional", em *Temas económicos*, cit., p. 98.

[25] Ver José Luis Rodríguez García et al., *Cuba: revolución y economía 1959-1960*, cit., p. 69-70.

[26] Ver Raúl Prebisch, "Prefácio", em Octavio Rodríguez, *Teoria do subdesenvolvimento da Cepal* (Rio de Janeiro, Forense Universitária, 1981), p. 11.

[27] Para mais informações sobre as ideias do economista argentino no contexto da Cepal, ver Raúl Prebisch "Aspectos econômicos da Aliança para o Progresso", em John C. Dreier (org.), *A Aliança para o Progresso* (trad. Ruy Jungmann, Rio de Janeiro, Fundo de Cultura, 1962), p. 55-102 e idem, *Dinâmica do desenvolvimento latino-americano* (São Paulo, Fundo de Cultura, 1964). Para detalhes sobre o pensamento de Prebisch, ver Jorge Grespan, "O estruturalismo da Cepal na obra de Raúl Prebisch", *História Unisinos*, (São Leopoldo, jan./jun. 2001), v. 5, n. 3, p. 105-25.

[28] Ver Octavio Rodríguez, *Teoria do subdesenvolvimento da Cepal*, cit., p. 36.

[29] Ibidem, p. 45.

[30] Ver Che Guevara, "Sobre a conferência de Genebra para o comércio e desenvolvimento", em *Textos econômicos para a transformação do socialismo*, cit., p. 100.

[31] Para uma crítica às ideias cepalinas, ver Ramón Losada Aldana, *Dialética do subdesenvolvimento* (trad. Ignácio M. Rangel, Rio de Janeiro, Paz e Terra, 1968).

[32] Ver James O'Connor, "Cuba: It's Political Economy", cit., p. 76.

[33] Ver Carlos Rafael Rodríguez, *Letra con filo*, cit., t. 2, p. 41.

[34] Ibidem, p. 42.

[35] Ibidem, p. 57.

[36] Ibidem, p. 59-61.

[37] Ibidem, p. 65.

[38] Ibidem, p. 141.

[39] Ibidem, p. 147.

[40] Ibidem, p. 171.

[41] Ver James O'Connor, "Cuba: It's Political Economy", cit., p. 78-9.

[42] Ver Maria del Carmen Ariet, *Che, pensamiento político* (Havana, Editora Política, 1988), p. 139.

[43] Ver Che Guevara, "Em Genebra (Conferência Mundial de Comércio e Desenvolvimento – ONU)", *Por uma revolução internacional* (São Paulo, Edições Populares, 1981), p. 64.

[44] Ver V. Vakhruchev, *O neocolonialismo e os seus métodos* (Lisboa, Prelo, 1975, p. 63-4).

[45] Ibidem, p. 73.

[46] Ibidem, p. 186-7.

[47] Ibidem, p. 188-9.

[48] Ibidem, p. 191.

[49] Ibidem, p. 241-2.

[50] Ibidem, p. 245.

[51] Ibidem, p. 274-6.

[52] Ibidem, p. 295.

[53] Ibidem, p. 299.

[54] Ibidem, p. 304-5.

[55] Ver Maria del Carmen Ariet, *Che, pensamiento político*, cit., p. 139-40.

[56] Ver Che Guevara, notas de "A classe operária e a industrialização em Cuba", em *Textos econômicos para a transformação do socialismo*, cit., p. 272. Noyola, entretanto, acreditava ser possível um mercado comum no continente: "Diz-se que os países da América Latina não são economias complementares, e sim bem competitivas. Em outros termos, [...] estão especializadas mais ou menos nos mesmos tipos de produtos para exportação fora da área latino-americana, e quase todas as suas importações são obtidas também em outros centros de abastecimento extralatino-americanos. [...] Esse não pode ser um argumento decisivo ou uma razão para descartar as possibilidades de ampliar o comércio interlatino-americano, já que a complementariedade ou a posição competitiva das economias não é um resultado de leis naturais. [...] Mas a maior parte do comércio mundial não é feita entre países tropicais e industriais; é feita [entre os] países industriais [...], e os fatores que determinam a especialização no comércio entre os países industriais não são exclusivamente fatores geográficos ou diferenças de dotação de produtos naturais. [...] Nos países que têm colônias, as relações com estas são mais intensas do que seriam se essas colônias fossem independentes, pelos investimentos que nelas foram feitos, pela existência de convênios pagos, por uma série de fatores de tipo institucional ou histórico ou de preços relativos que não têm diretamente que ver com a dotação de recursos. Por conseguinte, a complementaridade ou competitividade das economias não são coisas vagas, são coisas suscetíveis de modificação histórica, tanto mais quanto mais influa a política econômica nesse sentido". Ver Juan Noyola, "Aspectos económicos de la Revolución Cubana", cit., p. 88-90. Por outro lado, Noyola reconhecia que "é evidente que um mercado comum só poderá ter sentido quando os países latino-americanos tiverem conquistado de verdade sua independência econômica, ou seja, quando tiverem feito a reforma agrária profunda, quando tiverem destruído o poder dos monopólios imperialistas e quando estiverem em condições de se industrializar de acordo com os interesses de seus próprios povos e mediante a utilização de seus recursos naturais". Ver ibidem, p. 139.

[57] Ver Che Guevara, "Em Genebra (Conferência Mundial de Comércio e Desenvolvimento – ONU)", cit., p. 73.

[58] Ver idem, *Temas económicos*, cit., p. 92.

[59] Em 1959, Guevara já havia liderado uma missão diplomática para vários países. Na ocasião, visitou o Egito, a Índia, a Indonésia, o Ceilão, a Birmânia, o Japão, o Sudão, o Marrocos, o Paquistão e a Iugoslávia. Essa viagem visou estreitar os vínculos comerciais e diplomáticos com essas nações.

[60] Ver Che Guevara, "Relatório de uma viagem aos países socialistas", em *Textos econômicos para a transformação do socialismo*, cit., p. 103-5.

[61] Ver Luiz Alberto Moniz Bandeira, *De Martí a Fidel: a Revolução Cubana e a América Latina* (Rio de Janeiro, Civilização Brasileira, 1998), p. 298.

[62] Ibidem, p. 108.

[63] Ibidem, p. 107.

[64] Ibidem, p. 111.

2. Administração, planificação e produtividade

[1] Ver Francisco López Segrera, *Cuba: capitalismo dependiente y subdesarrollo*, cit., p. 352.

[2] Ver Che Guevara, "As tarefas fundamentais da indústria e os trabalhos de direção", em *Textos econômicos para a transformação do socialismo*, cit., p. 120.

[3] Ver Francisco López Segrera, *Cuba: capitalismo dependiente y subdesarrollo*, cit., p. 352.

[4] Ver Che Guevara, "A classe operária e a industrialização em Cuba", cit., p. 27.

[5] Ver I. Lavretski, *Che Guevara* (Moscou, Progreso, 1975), p. 175.

[6] Ver Martha Pérez-Rolo, "La organización y la dirección de la industria socialista en el pensamiento y la acción de Ernesto Che Guevara", em Centro de Estudios sobre América, *Pensar al Che: los retos de la transición socialista* (Havana, Centro de Estudios sobre América/José Martí, 1989), v. 2, p. 261.

[7] Ver Carmelo Mesa-Lago, *The Labor Sector and Socialist Distribution in Cuba*, cit., p. 28-31.

[8] Os planos podiam ter objetivos nacionais, regionais ou locais, sendo preparados de acordo com a região e o tipo de empresa (agrícola, indústria, grupos de trabalhadores e até trabalhadores individuais).

[9] Ver Carmelo Mesa-Lago, *The Labor Sector and Socialist Distribution in Cuba*, cit., p. 35.

[10] Ver Nicolas Rivero, *Fidel Castro, um dilema americano*, cit., p. 90.

[11] Ver Che Guevara, "O plano e o homem", em *Textos econômicos para a transformação do socialismo*, cit., p. 58.

[12] Ver Guillermo Cabrera, *Memories of Che* (Secaucus, NJ, Lyle Stuart, 1987), p. 143-4.

[13] Para René Dumont, "seu ministério não parecia estar se concentrando em seu trabalho real e se preocupava com problemas que não deveriam ser de sua conta; assim, o ministério se afundou sob as preocupações diárias. Ele [Che] tentava gerir as fábricas pessoalmente, pela falta de energia e matérias-primas que ameaçavam paralisá-las a qualquer momento". Ver René Dumont, *Cuba: Socialism and Development* (Nova York, Grove Press, 1970), p. 76-7.

[14] Ver Guillermo Cabrera, *Memories of Che*, cit., p. 144.

[15] Segundo Alcides Bedoya, na União Soviética, Khruschov começou a fazer projeções mais longas (planos de sete, dez e vinte anos), ao contrário da tendência anterior de elaborar apenas planos quinquenais. Isso certamente influenciou alguns setores do governo cubano. Com a entrada de Brejniev e Kossyguin no poder, voltou-se ao sistema anterior. Ver Guillermo Cabrera, *Memories of Che*, cit., p. 144-5.

[16] Ver Carlos Tablada Pérez, "La creatividad en el pensamiento económico del Che", em Centro de Estudios sobre América, *Pensar al Che: los retos de la transición socialista*, cit., t. 2, p. 229.

[17] Mais tarde, por Guevara discordar das relações mercantis no setor estatal, o nome desse departamento foi mudado para Direção de Intercâmbio.

[18] Ver Che Guevara, "A classe operária e a industrialização em Cuba", cit., p. 31.

[19] Ver Orlando Borrego, "El Che y el socialismo", em Centro de Estudios sobre América, *Pensar al Che: los retos de la transición socialista*, cit., t. 2, p. 326-7.

[20] Ibidem, p. 329-30.

[21] Ver Orlando Borrego, *Che, el camino del fuego*, cit., p. 288-9.

[22] O Ministério de Indústrias tinha, em seu inventário, ao término de 1964, em torno de 31.078.400 pesos.

[23] Ver Tirso W. Sáenz, *O ministro Che Guevara: testemunho de um colaborador*, cit., p. 240.

[24] Ver Orlando Borrego, *Che, el camino del fuego*. cit., p. 68-9.

[25] Ver idem, "El Che y el socialismo", cit., p. 333-6.

[26] Ver Che Guevara, "O sistema orçamentário de financiamento", em *Textos econômicos para a transformação do socialismo*, cit., p. 188.

[27] Ver Jurgen Kuczynski et al., "Los pronósticos económicos de la Esso Standard Oil de Cuba", em Horacio García Brito (org.), *Monopolios norteamericanos en Cuba* (Havana, Editorial de Ciencias Sociales, 1973), p. 56.

[28] Ibidem, p. 58.

[29] De acordo com Carlos Rafael Rodríguez, em razão do grau de submissão neocolonial não só econômico mas também cultural a que se chegou em Cuba, havia técnicos que estavam "claramente contra o processo"; estes eram irrecuperáveis. Não obstante, havia outro gênero de profissional que, embora não convencido pelo socialismo, ou ainda convencido da necessidade do capitalismo, tinha uma consciência nacional que lhe permitia reagir na defesa de seu país. "A experiência da Revolução Cubana indica que se deve trabalhar com esses técnicos." Para esse autor, o radicalismo da direção, principalmente nos níveis locais, foi o responsável pela baixa integração dessas pessoas. Ver Carlos Rafael Rodríguez, *Letra con filo*, cit., t. 2, p. 447.

[30] Ver Oskar Lange, "O marxismo e a economia burguesa", em V. B. Singh et al., *Da economia política* (trad. Waltensir Dutra, Rio de Janeiro, Zahar, 1966), p. 73.

[31] Mais tarde, Bukhárin insistiria na necessidade de um intercâmbio equivalente entre indústria e agricultura, pensando num desenvolvimento da indústria estatal dependendo da agricultura. A industrialização seria, portanto, lenta, mas só poderia se realizar se não fossem alienadas as camadas médias do campesinato. A teoria do desenvolvimento equilibrado de Bukhárin implicava a necessidade de avançar muito lentamente, não só econômica como também politicamente,

para o socialismo. Ver Bernard Jobic, "La revolución cultural y la crítica del economicismo", em *Cuadernos de Pasado y Presente*, Córdoba, n. 46, 1973, p. 193-4. Já Preobrajiénski defendia o crescimento acelerado, afirmando que, "num período de estancamento, a acumulação só poderia ter sucesso mediante uma redução dos salários ou um aumento dos preços; uma diminuição dos preços só seria possível em detrimento da acumulação ou dos salários [...]. Porém, com o aumento da produtividade do trabalho, pode-se resolver globalmente este problema triangular". Ver Preobrajiénski, citado em Basílio Miranda, "Estado e partido na transição para o socialismo", em *Teoria & Política*, São Paulo, ano 1, n. 3, p. 145-74, 1980, p. 172.

32 Orlando Borrego afirma, em relação à obra de Preobrajiénski, que "a estudamos entre nós. Mansilla falava de Preobrajiénski com bastante reprovação. Ele sugeria que Preobrajiénski era um 'revisionista'. Começamos a conhecer Preobrajiénski através de Mansilla, mas '*muy ligeramente*'. Mansilla não levou textos de Preobrajiénski. Referia-se a ele sem textos. Depois conseguimos os livros de Preobrajiénski e o estudamos diretamente". Em relação às ideias do Che e o intelectual russo, Borrego diria que "Preobrajiénski propunha coisas parecidas, em alguns aspectos. Que se construísse um sistema no qual não se incluíssem os elementos de mercado. Também a ideia de que em uma primeira etapa deveria centralizar-se muito, porque naquele imenso país com poucas comunicações era preciso centralizar. Preobrajiénski insistia muito nesta tese. Claro, não era essa a proposta do Che. Mas há muitas coisas similares". Além disso, "Preobrajiénski foi um grande crítico da NEP! Até que se livraram dele, o mataram, porque, já naquele momento, aquele que enfrentasse Stálin, Stálin o matava. Essas foram as coisas negras de Stálin". Segundo Borrego, o Che, portanto, leu *A nova economia*, de Preobrajiénski. Ver Néstor Kohan, "Che Guevara, lector de *El capital*", cit.

33 Roberto Massari faz analogia entre as ideias de Guevara e Preobrajiénski. Para o dirigente soviético, o desenvolvimento acelerado da indústria era a chave de todos os problemas – inclusive os políticos. Seria necessária uma política de "trocas não equivalentes" entre agricultura e indústria, em favor da última, para que pudesse ocorrer a industrialização. Nisso consistiria a "acumulação socialista originária", já que beneficiaria prioritariamente o setor "socialista" ou "estatal", através de uma acumulação baseada no excedente criado pela economia socialista no período de transição, utilizada para sua reprodução e ampliação. Ver Roberto Massari, *Che Guevara, grandeza y riesgo de la utopia* (Navarra, Txalaparta, 1993), p. 169-70. Para alguns críticos, isso seria um exemplo de capitalismo de Estado: a "acumulação socialista originária" consistiria na exploração de um setor capitalista privado pelo setor capitalista de Estado, que asseguraria seu poder. Para mais informações, ver Bernard Jobic, "La revolución cultural y la crítica del economicismo", em *Cuadernos de Pasado y Presente*, Córdoba, n. 46, 1973, p. 192-3.

34 Ver Nikolai Bukhárin e Evguiéni Preobrajiénski, citado em Michael Ellman, *Planejamento socialista* (Rio de Janeiro, Zahar, 1980), p. 32-3.

35 Ver Carlos Tablada Pérez, "La creatividad en el pensamiento económico del Che", em Centro de Estudios sobre América *Pensar al Che: los retos de la transición socialista.*, cit.

36 A União Soviética, naquele momento, vendia para Cuba 4 milhões de toneladas por ano de petróleo e levava de volta, nos mesmos navios – depois de limpá-los com um detergente especial –, 2,7 milhões de toneladas de açúcar comprados dos cubanos.

37 Ver Nicanor León Cotayo, *El bloqueo a Cuba*, cit., p. 95-102.

38 Ver Che Guevara, "A classe operária e a industrialização em Cuba", cit., p. 45.

[39] A ideia era que as populações de algumas regiões, mesmo que não estivessem extremamente necessitadas de trabalho no momento, "mereciam" uma compensação em forma de desenvolvimento industrial de algum tipo como prêmio por sua atitude revolucionária. Um exemplo seria a zona camponesa de Ciénaga de Zapata, na região de Playa Girón, onde as pessoas combateram "bravamente" os contrarrevolucionários financiados pelos Estados Unidos.

[40] De acordo com os planos do Ministério de Indústrias, com o objetivo de equilibrar a distribuição das unidades produtivas em todo o território cubano, não se desenvolveriam muitas indústrias em Havana.

[41] Ver Che Guevara, "A classe operária e a industrialização em Cuba", cit., p. 40.

[42] Ver Nicolas Rivero, *Fidel Castro, um dilema americano*, cit., p. 93-4.

[43] Entre 1947 e 1958, os serviços elétricos de Cuba cresceram significativamente. Nesse período, saltou de 248 para 301 o número de localidades que recebiam os serviços de energia. A capacidade geradora das usinas também aumentou: em 1947, era de 138.542 quilowatts; em 1950, subia para 163.590 quilowatts; em 1953, chegava a 191.090 quilowatts; em 1958, as usinas cubanas geravam em torno de 429.900 quilowatts. Contudo, o grau de eletrificação em todo o país ainda era baixo. Durante o governo Batista, diversos obstáculos foram eliminados para facilitar investimentos estrangeiros. Entre 1947 e 1958, foram construídas novas usinas e houve a ampliação de 6,6 mil quilômetros de linhas elétricas para 10 mil quilômetros no final da década. Entre 1954 e 1958, o lucro da CCE foi de US$ 28.128.343, em comparação com US$ 14.969.245, entre 1949 e 1953. As reservas da empresa aumentaram de US$ 27,5 milhões em 1948 para US$ 57,5 milhões em 1959. O número de empregados também cresceu, indo de 4.765 em 1949 para 7.464 em 1958. Para a maior parte da população, contudo, as tarifas elétricas eram altas. Embora houvesse capital cubano na empresa, a Foreign Power ainda controlava, no começo de 1959, 88% das ações; os 1.343 acionistas cubanos possuíam apenas 4%. Quando o governo revolucionário decretou a diminuição nas tarifas, em 19 de agosto de 1959, a CCE, filial da Foreign Power, tentou negociar com o novo regime, mas, um ano mais tarde, em 6 de agosto de 1960, as empresas estrangeiras foram nacionalizadas e a CCE teve de entrar no sistema de planificação geral do governo revolucionário. Para mais informações, ver Dieter Baudis e Gloria García, "La planificación a largo plazo de la Cuban Electric Company", em Horacio García Brito (org.), *Monopolios norteamericanos en Cuba* (Havana, Editorial de Ciencias Sociales, 1973), p. 77-167.

[44] Ver Tirso W. Sáenz, *O ministro Che Guevara: testemunho de um colaborador*, cit., p. 175.

[45] Ver Che Guevara, *Temas económicos*, cit., p. 168-9.

[46] Ver Lucinda Miranda Fernández, *Lázaro Peña, capitán de la clase obrera cubana* (Havana, Editorial de Ciencias Sociales, 1984), p. 314-5.

[47] Ver Theodore Draper *Castrismo, teoria e prática*, cit., p. 147.

[48] Ver Che Guevara, "Discurso en la Primera Reunión Nacional de Producción", em *Temas económicos*, cit., p. 173.

[49] Ibidem, p. 176-7.

[50] Ibidem, p. 196.

[51] Ver Marcelo Fernández Font, "Desenvolvimento e funções do sistema bancário socialista em Cuba", em Che Guevara, *Textos econômicos para a transformação do socialismo*, cit., p. 208.

[52] Ainda assim, o engenheiro Boruch Milman (que participou do projeto que obteve o segundo lugar no concurso que escolheu o plano de Lúcio Costa para a construção de Brasília), que trabalhava em Cuba na época como calculista de estruturas, diria, em carta ao historiador Caio Prado Júnior, que "existe agora na imprensa [brasileira] alimentada pelas agências americanas grande exploração do tema do racionamento da alimentação e alguns artigos como sabonete e pasta de dentes. Por ironia, aliás muito comum nessa guerra fria que envolve o mundo atualmente, justamente aquilo que mais serve para uso dos inimigos do socialismo é também o que mais convém ao povo, ao homem comum que dispõe de recursos limitados e que constitui a grande parte da humanidade. Como governo socialista é sinônimo de governo do povo, racionar significa dar a todos e a cada um uma porção igual daquilo de que se dispõe. Não é pouco, porém não estamos no comunismo, de modo que, para dar carne, leite, ovos e feijão para todos, a preços baixos e acessíveis a qualquer operário, chegou-se à conclusão de que era necessário racionar. E o racionamento garante: 1 frango, 5 ovos, 6 litros de leite, 0,3 kg de carne por mês por pessoa. Não está racionado (e existe em abundância): o pão, as latas de conserva, banana, amendoim, açúcar (digo-o também porque talvez o *Estado de S. Paulo* terá bastante gosto em publicar alguma notícia que sugira ou insinue que falta açúcar em Cuba...). Existem também todos os demais artigos de alimentação, como peixe, frutas, verduras, dependendo da estação, da diligência de cada um, e da região do país, a obtenção dos alimentos que estão à venda no mercado livre. [...]" Ver carta de Boruch Milman a Caio Prado Júnior, Camagüey, 21 abr. 1962, em acervo Caio Prado Júnior no IEB/USP, código de referência CPJ-CP-MIL001.

[53] Ver Che Guevara, "Sobre las tareas fundamentales de la industria y los trabajos de dirección", em *Temas económicos*, cit., p. 228.

[54] Ibidem, p. 229.

[55] Ver Michel Gutelman, "Cuba's Lessons on Economic Policies", cit., p. 233.

[56] Em 1962, ocorreu em Havana a "Primera Muestra Nacional de Piezas de Repuesto", exposição feita na Empresa Consolidada do Petróleo, com a exibição de aproximadamente 500 peças bastante variadas, como equipamentos mecânicos para usos na indústria petroleira, eletrodos, eixos para bombas e máquinas, desenvolvidos principalmente nas oficinas das refinarias Hermanos Díaz, em Santiago de Cuba, e Nico López, na capital.

[57] Ver René Dumont, *Cuba: Socialism and Development*, cit., p. 77.

[58] Ver Theodore Draper, *Castrismo, teoria e prática*, cit. p. 148.

[59] Ver René Dumont, *Cuba: Socialism and Development*, cit., p. 78-9.

[60] Os números citados aparentemente diferem dos apresentados por Guevara em outras ocasiões.

[61] Ver Jorge Castañeda, *Che Guevara, a vida em vermelho*, cit., p. 253.

[62] Ver Che Guevara, "Discurso en la inauguración de la exposición industrial en Ferrocarril", em *Temas económicos*, cit., p. 54-5.

[63] Ver Che Guevara, "Tareas industriales de la revolución", em *Temas económicos*, cit., p. 194.

[64] Para mais informações, ver Leo Huberman e Paul Sweezy, *Socialism in Cuba* (Nova York, Modern Reader, 1970), p. 73.

[65] Ver Che Guevara, "Discurso a la clase obrera", em *Temas económicos.*, cit., p. 63-4.

[66] Ver Tirso W. Sáenz, *O ministro Che Guevara: testemunho de um colaborador*, cit., p. 63.

[67] Observe-se que, embora enviasse técnicos para outros países e treinasse estudantes estrangeiros, a União Soviética tinha enorme falta de pessoal especializado internamente. Entre 1946 e 1950, houve um déficit de 17,9% de engenheiros mecânicos, 17% de técnicos químicos, 4% de engenheiros na indústria leve e têxtil, 66% de economistas e 41% em outros setores. Em 1962, em relação às especialidades agrárias, havia insuficiência de 36% de engenheiros mecânicos, 53% de engenheiros eletricistas e 33% de veterinários no país. Ver Osvaldo Coggiola e Robério Paulino, *O fim do "socialismo real" em debate* (São Paulo, [s. n.], 2001), p. 43.

[68] Ver Theodore Draper, *Castrismo, teoria e prática*, cit., p. 143.

[69] Ibidem, p. 144.

[70] Em 1968 os trabalhadores cubanos já controlavam as máquinas sofisticadas da usina de níquel de Moa, uma das mais avançadas do mundo. Os cubanos soldavam fendas em *heat exchangers* de titânio, que custavam US$ 40 mil cada um e US$ 10 mil para reparos. Por aí se pode avaliar o nível de desenvolvimento e conhecimento técnico alcançado. Naquele ano já havia 46.595 trabalhadores em institutos tecnológicos e 1.626 cubanos em institutos tecnológicos militares. Ver Leo Huberman e Paul Sweezy, *Socialism in Cuba*, cit., p. 46-8.

3. O debate econômico na União Soviética e na Europa Oriental

[1] Um exemplo é o manual *El partido marxista-leninista*, de Kuusinen. Mesmo sendo crítico a esses manuais, Guevara escreveu o prefácio do livro de Kuusinen utilizando os mesmos jargões e clichês dos textos soviéticos. Ver Roberto Massari, *Che Guevara, grandeza y riesgo de la utopia*, cit., p. 122. De acordo com Ernst Halperin, durante os anos Khruschov a preocupação com a ideologia deixou de ser função dos principais dirigentes para ser atribuída a personalidades de "segunda categoria" como o "dogmático" Súslov, os "pedantes burocráticos" Pospiélov e Ponomariev e o "loquaz falastrão" Kuusinen. Ver Ernst Halperin, "Beyond Libermanism", em *Problems of Communism*, Washington, n. 1, v. 16, jan./fev. 1967, p. 47. Carlos Rafael Rodríguez, por outro lado, considerava Otto Kuusinen um "grande teórico" e "divulgador do marxismo", que teria escrito o "melhor manual introdutório de marxismo-leninismo publicado em espanhol". Ver Carlos Rafael Rodríguez, *Letra con filo*, cit., v. 2, p. 192.

[2] Para mais informações sobre a taxa anual de crescimento da produção industrial na União Soviética e nos países da Europa Oriental, consultar Maurice Dobb, *Socialist Planning: Some Problems* (Londres, Lawrence & Wishart, 1970), p. 42-3.

[3] Ver Isaac Deutscher, "A falência do krushevismo", em Isaac Deutscher et al., *Problemas e perspectivas do socialismo* (trad. Marco Aurélio de Moura Mattos, Rio de Janeiro, Zahar, 1969), p. 14-5.

[4] Para Isaac Deutscher, "o ritmo geral de atividade econômica diminuiu. A renda nacional líquida teve um aumento em 1964 de apenas 5%, comparado à taxa de 7% a 8% de crescimento nos anos anteriores (e uma taxa de 8% prevista para o ano de 1965). A taxa de crescimento na construção e equipamentos de fábricas sofreu um acréscimo de apenas 3,3% em 1964 – previsto em 8,2% para 1965. A escala de desenvolvimento industrial permanecia ainda impressionante: a indústria metalúrgica, por exemplo, com seus 85 milhões de toneladas de produção anual, quase alcançou o nível estadunidense do início da década de 1960". Ver Isaac Deutscher, "A falência do krushevismo", cit., p. 15. Como na era stalinista, o crescimento era mais uma vez disforme e desigual, relativamente constante na indústria tradicional (indústria pesada e

de armamentos), mas lento e vacilante nas novas indústrias (fibras sintéticas e eletrônica). A quantidade da produção não era igualada pela qualidade; as organizações comerciais estatais apresentavam enormes excedentes invendáveis de bens de consumo de qualidade inferior. Para mais informações sobre a economia soviética do período, ver Carlos de Baráibar, "Ante el desafío económico comunista", em *Estudios sobre el Comunismo*, Santiago do Chile, ano V, n. 16, abr./jun. 1957, p. 1-8, e Lucien Laurat, "Estadísticas soviéticas", em *Estudios sobre el Comunismo*, cit., p. 54-7.

[5] Ver Maurice Dobb, *Socialist Planning: Some Problems*, cit., p. 43. Ainda que na literatura em português seja pouco comum usar "firmas" e "companhias" para referir a empresas no contexto socialista (o termo "empresa" era preferido pelos soviéticos e por aqueles que dialogavam diretamente com eles), há uma bibliografia robusta que os emprega como equivalentes. Ver, por exemplo, autores como Leonard Kukić, Rory Archer, Jaroslav Vanek, Michael Barrett Brown e Daniel Jakopovich. Quanto às mudanças descritas, elas também ocorreram em outros países, como a Bulgária. Mesmo com um projeto mais "cauteloso" que os de Alemanha Oriental, Tchecoslováquia e Hungria, o programa búlgaro teve repercussões profundas na economia do país. Ao contrário das economias alemã-oriental e tchecoslovaca, a búlgara era em grande medida subdesenvolvida. Para os líderes búlgaros, esse quadro de subdesenvolvimento do país já era suficiente para se tentar outro modelo de gestão econômica. Com exceção da indústria pesada, todos os outros setores e aspectos da economia, como qualidade dos produtos, rentabilidade e fixação de preços, iam mal. As discussões em torno das ideias de Liberman influenciaram bastante a mudança de direção econômica do país. No VIII Congresso do PC da Bulgária, foi aprovada uma resolução aceitando o princípio da necessidade de reforma no sistema de administração e planejamento, assim como o aumento dos incentivos materiais em toda a economia. Para mais detalhes ver J. F. Brown, "Economics and Politics: III, Reforms in Bulgaria", em *Problems of Communism*, Washington, n. 3, v. 15, maio/jun. 1966, p. 17-8.

[6] Ver Evsiei Liberman, citado em Maurice Dobb, *Socialist Planning: Some Problems*, cit., p. 44.

[7] Idem.

[8] Maurice Dobb, *Socialist Planning: Some Problems*, cit., p. 45.

[9] Ver Charles-Henri Favrod (org.), *Os soviéticos* (Lisboa, Dom Quixote, 1978, Enciclopédia do Mundo Atual, v. 16), p. 120-1.

[10] Ver Ivan Mirónov, citado em Carl Landauer, *Sistemas econômicos contemporâneos* (trad. Waltensir Dutra, Rio de Janeiro, Zahar, 1966), p. 482.

[11] Ver J. F. Brown, "Economics and Politics: III, Reforms in Bulgaria", cit., p. 18-9.

[12] Em janeiro de 1964, as ideias de Kunin começaram a ser testadas na fábrica têxtil Liliana Dimitrova, em Sófia, com inovações como financiamento não estatal e sistema de remuneração e prêmios baseado no lucro. No mesmo mês, o Politburo do Partido Comunista Búlgaro e o Conselho de Ministros anunciaram experiências similares em outras cinquenta indústrias a partir de 1º de abril de 1964. Em 1965, o experimento foi ampliado, com a utilização de 33,5% de todos os trabalhadores do país e contribuindo com 44% do total da produção industrial.

[13] Ver Ivan Mirónov, citado em J. F. Brown, "Economics and Politics: III, Reforms in Bulgaria", cit., p. 19.

[14] Ver Ernst Halperin, "Beyond Libermanism", cit., p. 47-9.

[15] Ver Carl Landauer, *Sistemas econômicos contemporâneos*, cit., p. 482-4.

[16] Ver Charles-Henri Favrod (org.), *Os soviéticos*, cit., p. 102-3.

[17] Ver Allen Solganick, "Las reformas económicas soviéticas, el peligro de los incentivos materiales", em *Monthly Review*, Nova York, ano 4, n. 37, abr. 1967, p. 44-5.

[18] Ver Che Guevara, "O plano e o homem", em *Textos econômicos para a transformação do socialismo*, cit., p. 69.

[19] Ibidem, p. 12.

[20] Ibidem, p. 68.

[21] Ver Ernst Halperin, "Beyond Libermanism", cit., p. 49.

[22] Podgórny era o chefe de Estado, já que exercia o cargo de presidente do Presidium do Soviete Supremo da União Soviética; Kossyguin, o chefe de governo, era o presidente do Presidium do Conselho dos Comissários; e Brejniev, o primeiro-secretário do Partido Comunista da União Soviética e quem tinha efetivamente maior parcela de poder político.

[23] Ver Oskar Lange, "Planejamento e teoria econômica", em Lenina Pomeranz (org.), *Oskar Lange* (trad. Anita Kon, Fausto Roberto N. Pellegrini e Lenina Pomeranz, São Paulo, Ática, 1981), p. 93-109.

[24] Ver Oskar Lange, "A economia política do socialismo", em V. B. Singh et al., *Da economia política*, cit., p. 92.

[25] Ver Che Guevara, "Discussão coletiva: decisão e responsabilidades únicas", em *Textos econômicos para a transformação do socialismo*, cit., p. 132.

[26] Ver idem, "O sistema orçamentário de financiamento", em *Textos econômicos para a transformação do socialismo*, cit., p. 186-7.

[27] Ver Orlando Borrego, *Entrevista*. Entrevistador: Luiz Bernardo Pericás, cit.

[28] Para mais informações sobre os planos econômicos poloneses anteriores, ver Seymour E. Harris, *Economic Planning: The Plans of Fourteen Countries with Analyses of the Plans* (Nova York, Alfred A. Knopf, 1949), p. 432-53.

[29] Devemos recordar que nesse momento já não ocorria a participação de Lange. Em Cuba, Guevara também não mais participava diretamente dos assuntos econômicos.

[30] Dirigentes poloneses, contudo, já haviam mostrado certo ceticismo em relação à descentralização e autogestão operária. Para W. Gomulka, primeiro-secretário do Partido Operário Unificado Polonês (Poup), "se cada fábrica se tornasse uma espécie de empresa cooperativa de trabalhadores, todas as leis que governam a empresa capitalista se revigorariam e produziriam todos os seus resultados usuais. O planejamento central e a administração [...] teriam de desaparecer". Talvez isso explique em parte a maior "cautela" das reformas na Polônia em relação a outros países. Apesar das críticas, as mudanças continuaram ocorrendo. Ver Bruce McFarlane, "Iugoslávia: perspectivas políticas atuais", em Isaac Deutscher et al., *Problemas e perspectivas do socialismo*, cit., p. 106.

[31] Lange aparentemente apoiava essa medida: "Mencionaremos um exemplo da experiência polonesa: o fato de que os prêmios pagos ao pessoal administrativo e aos trabalhadores nas empresas estivessem relacionados com a medida na qual o plano era executado, provocou, com a regularidade de uma lei econômica, duas consequências: primeira, os planos eram demasiado

modestos, porque havia o incentivo de um plano modesto que pode ser facilmente superado; segunda, os planos tendiam a ser superados apenas ligeiramente, de modo que não fossem ampliados demasiadamente no ano seguinte. [...] Desejamos, por assim dizer, abolir esse tipo de lei econômica. Ao invés disso, os prêmios serão baseados nos melhoramentos relativos da empresa em relação ao ano anterior". Temos de lembrar que esse artigo foi escrito em 1957. Os poloneses, portanto, já vinham testando diversos mecanismos diferenciados de gestão econômica muito antes de implementarem oficialmente suas novas políticas econômicas. Ver Oskar Lange, "A economia política do socialismo", em V. B. Singh et al., *Da economia política*. cit., p. 90.

[32] Ver Leon Smolinski, "Economics and Politics: IV, Reforms in Poland", em *Problems of Communism,* Washington, n. 4, v. 15, jul./ago. 1966.

[33] Guevara refere-se ao Partido Operário Unificado Polonês (Poup).

[34] Ver Che Guevara, "O plano e o homem", em *Textos econômicos para a transformação do socialismo*, cit., p. 57-8.

[35] Ver Luiz Alberto Moniz Bandeira, *De Martí a Fidel: a Revolução Cubana e a América Latina*, cit., p. 178.

[36] Ver Georges Lasserre, *A empresa socialista na Jugoslávia* (trad. Vasco Pulido Valente, Lisboa, Morais, 1966).

[37] Ver Zbigniew K. Brzezinski, *The Soviet Bloc, Unity and Conflict*, (Nova York, Frederick A. Praeger, 1965), p. 189.

[38] Os conselhos de produtores eram órgãos representativos criados por uma lei constitucional de 1953. Existiam em diversos níveis. No nível nacional, tinham os mesmos direitos que a Assembleia Nacional em relação à legislação econômica, social e trabalhista. Os conselhos de produtores também existiam no âmbito das repúblicas e no das comunas. Eles incluíam apenas os representantes da agricultura, do artesanato e da indústria, eleitos pelos produtores proporcionalmente à participação de cada setor na renda nacional. Os conselhos de produtores tinham como função reconhecer a situação de diversos setores e organismos econômicos, dos planos, do orçamento e da distribuição de fundos, e eram um poderoso meio de lutar contra possíveis tendências de particularidades nos órgãos locais de poder.

[39] Georges Lasserre, *A empresa socialista na Jugoslávia*, cit., p. 19-21.

[40] As comunas eram os únicos organismos dos quais as empresas realmente dependiam. Eram elas – e não a administração central – que representavam a coletividade junto às empresas. Havia 708 comunas na Iugoslávia, com cerca de 5 mil a 20 mil habitantes. A comuna criava a maioria das empresas, designava seus diretores, recebia parte dos lucros e concedia-lhes empréstimos em algumas ocasiões.

[41] Em dezembro de 1963, o Fundo Nacional de Investimentos foi praticamente abolido. Ele havia sido um instrumento importante para unificar as ramificações da economia a partir da distribuição de fundos aos setores e indústrias que precisavam se desenvolver, considerando sua importância dentro do plano.

[42] Ver Georges Lasserre, *A empresa socialista na Jugoslávia*, cit.

[43] Ver Bruce McFarlane, "Iugoslávia: perspectivas políticas atuais", em Isaac Deutscher et al., *Problemas e perspectivas do socialismo*, cit., p. 107.

[44] Ibidem, p. 109.

[45] Ibidem, p. 113-4.

[46] Ibidem, p. 114.

[47] Ibidem, p. 115.

[48] Por exemplo, o artigo de V. Bakarić, na revista *Economska Politika*, de 10 de novembro de 1964, para quem "hoje em dia estamos nos aproximando de mudanças no sistema econômico a partir do ponto de vista da centralização *versus* descentralização. Simplificando a coisa ainda mais – tenho eu sozinho o poder ou cinco de nós é que o têm. Nesse particular, a base ideológica, a base das relações econômicas ou sociais, nessa façanha, não se altera. Devemos nos dirigir para o campo das relações econômicas mais livres". Ver Bruce McFarlane, "Iugoslávia: perspectivas políticas atuais", cit., p. 119.

[49] Ver Paul Sweezy, "Czechoslovakia, Capitalism and Socialism", em Paul Sweezy e Charles Bettelheim, *On the Transition to Socialism* (Nova York, Modern Reader, 1972), p. 6-7.

[50] Ver Bruce McFarlane, "Iugoslávia: perspectivas políticas atuais", cit., p. 127-8.

[51] Ver Ernest Mandel, "La teoría económica yugoslava", em *Monthly Review*, Nova York, ano IV, n. 41, ago. 1967, p. 22.

[52] Ver Che Guevara, "Yugoslavia", em *Che periodista* (Havana, Pablo de la Torriente, 1988), p. 68-9.

[53] Ver idem, "O plano e o homem", em *Textos econômicos para a transformação do socialismo*, cit., p. 70.

[54] Idem.

4. O debate econômico cubano

[1] Ver Che Guevara, "Consideraciones sobre los costos de producción como base del análisis económico de las empresas sujetas a sistema presupuestario", em *Nuestra Industria: Revista Económica*, Havana, n. 1, jun. 1963; idem, "La planificación socialista, su significado", em *Cuba Socialista*, Havana, n. 34, jun. 1964; Luis Álvarez Rom, "Sobre el método de análisis de los sistemas de financiamiento", *Cuba Socialista*, Havana, n. 35, jul. 1964; Alexis Codina Jiménez, "Experiencias sobre el control en el sistema presupuestario", em *Nuestra Industria: Revista Económica*, Havana, n. 10, dez. 1964; e Mario Rodríguez Escalona, "La concepción general de las finanzas en la historia y el sistema presupuestario en el período de transición", em *Nuestra Industria: Revista Económica*, Havana, n. 10, dez. 1964.

[2] Discutiremos o sistema de incentivos, a emulação socialista e o trabalho voluntário no sexto capítulo, "O socialismo e o 'homem novo'".

[3] Ver Ernest Mandel, "O debate econômico em Cuba durante o período 1963-1964", em Che Guevara, *Textos econômicos para a transformação do socialismo*, cit., p. 166.

[4] Nas palavras de Guevara: "Com relação à teoria da formação dos preços, temos também divergências profundas. Na autogestão os preços se formam 'atendendo à lei do valor', mas não se explica (até onde chegam os nossos conhecimentos) qual expressão da lei do valor é tomada. Parte-se do trabalho socialmente necessário para produzir certo artigo, mas se negligenciou o fato de que 'trabalho socialmente necessário' é um conceito econômico-histórico e, portanto,

em mutação, não só [...] [em âmbito] local (ou nacional) mas também em termos mundiais: os contínuos avanços no campo da tecnologia, consequência da concorrência no mundo capitalista, diminuem o gasto do trabalho necessário e, portanto, o valor do produto. Uma sociedade fechada pode ignorar as mudanças durante um determinado tempo, mas sempre terá de voltar a essas relações internacionais para cotejar seu valor. Se uma dada sociedade as ignorar durante um longo período, sem desenvolver fórmulas novas e exatas que as substituam, criará inter-relações internas que configurem seu próprio esquema de valor, coerente consigo mesma, mas contraditório com as tendências da técnica mais desenvolvida (o exemplo do aço e do plástico); isso pode provocar atrasos relativos de alguma importância e, em todo caso, distorções da lei do valor em escala internacional que tornam as economias não comparáveis." Ver Che Guevara, "O sistema orçamentário de financiamento", em *Textos econômicos para a transformação do socialismo*, cit., p. 195.

5 Portanto, enquanto o item permanecesse circulando no interior do setor estatal, não seria mercadoria.

6 Os preços do mercado internacional eram diferenciados daqueles propostos apenas para dentro da ilha, que representavam, na prática, uma forma de medida ideal.

7 O Ministério de Indústrias dividiu os custos em: matérias-primas, materiais diretos, materiais indiretos, força de trabalho, depreciação e segurança social.

8 Ver Che Guevara, "Considerações sobre os custos de produção como base para a análise econômica das empresas sujeitas ao sistema orçamentário", em *Textos econômicos para a transformação do socialismo*, cit., p. 172-7.

9 Ver S. L. Savin, R. S. Fonte e S. E. Jorsov, *Breve diccionario de economia concreta* (Havana, Editora Política, 1981), p. 11.

10 Ibidem, p. 55.

11 Ver Che Guevara, "O sistema orçamentário de financiamento", em *Textos econômicos para a transformação do socialismo*, cit., p. 195.

12 Ver ibidem, p. 196.

13 Idem.

14 Ibidem, p. 199.

15 Ver Luis Álvarez Rom, "Las finanzas como un método de desarrollo político", em *Nuestra Industria: Revista Económica*, Havana, n. 1, jun. 1963; Miguel Cossío, "Contribución al debate sobre la ley del valor", em *Nuestra Industria: Revista Económica*, Havana, n. 4, dez. 1963; Joaquín Infante Ugarte, "Características del funcionamiento de la empresa autofinanciada", em *Cuba Socialista*, Havana, n. 34, jun. 1964.

16 Ver Charles Bettelheim, "Formas y métodos de la planificación socialista y nivel de desarrollo de las fuerzas productivas", em *Cuba Socialista*, Havana, n. 32, abr. 1964.

17 Ver idem, *Planificação e crescimento acelerado* (trad. Dirceu Lindoso, Rio de Janeiro, Zahar, 1976), p. 23.

18 Ibidem, p. 24.

19 Ibidem, p. 27. Ou seja, seria o avanço das forças produtivas e das relações de produção que agiria gradualmente na transformação da estrutura do setor socialista.

[20] Ibidem, p. 28.

[21] Ver Josef Stálin, *Problemas econômicos do socialismo na URSS* (Rio de Janeiro, Vitória, 1953). Michael Löwy é um dos defensores da tese de que Bettelheim apoiava a posição do dirigente soviético. Ver Michael Löwy, "Ni calco ni copia: Che Guevara en búsqueda de un nuevo socialismo II", em *La Insignia*, 29 jun. 2001. Disponível em: <www.lainsignia.org>. Acesso em: 2 out. 2001. Mais tarde, em 1970, Bettelheim citou o texto de Stálin em seu *Cálculo econômico e formas de propriedade* com mais moderação. Esse autor explica diversas vezes que as respostas do dirigente da União Soviética sobre as categorias mercantis no socialismo não eram falsas, mas insuficientes. Ver Charles Bettelheim, *Cálculo económico y formas de propiedad* (Cidade do México, Siglo XXI, 1972) [ed. port.: *Cálculo económico e formas de propriedade*, Lisboa, Dom Quixote, 1972].

[22] Ver Joseph Stálin, *Problemas econômicos do socialismo na URSS*, cit., p. 3-6.

[23] Ibidem, p. 14-5.

[24] Ibidem, p. 20.

[25] Ibidem, p. 24.

[26] Ver Harry Magdoff, "Are There Economic Laws of Socialism?", em *Monthly Review*, Nova York, v. 37, n. 3, jul./ago. 1985, p. 118-9.

[27] Idem.

[28] Ibidem, p. 125.

[29] Trata-se da questão da sobrevivência das categorias mercantis na União Soviética a partir da existência de dois tipos de propriedade socialista, a do povo e a kolkhoziana. Isso significaria tentar explicar as categorias econômicas por meio da superestrutura jurídica, algo que Bettelheim não aceitava.

[30] Anos mais tarde Bettelheim afirmou que "a competição entre capitais na economia soviética concretamente se manifesta na existência de unidades de produção e comercialização *separadas*. Essas unidades são colocadas sob a autoridade dos diretores que, em realidade, possuem grande parcela de autonomia. [...] O planejamento econômico é ele próprio uma das áreas na qual uma forma específica de competição ocorre. [...] Esta forma de competição é obviamente uma competição de um tipo especial [...] diferente da 'livre concorrência' que os economistas clássicos discutem e da 'competição monopolista' analisada pela economia política contemporânea. Essas diferenças são ligadas às características particulares do capitalismo soviético, notadamente do que é sujeito a um *modo de regulação específico*. [...] Os ajustes feitos são sujeitos a correções impostas pelas relativamente intensas faltas de produtos existentes num sistema em que a oferta é geralmente menor que a demanda (o que engendra um processo inflacionário, em parte aberto, em parte oculto). Assim, os 'objetivos' do plano resultam de um *processo conflitivo que não está sob controle*. Eles são raramente 'realistas' e devem constantemente ser modificados à medida que surgem faltas de produtos não previstas ou quando a balança de forças entre as empresas, outros agentes econômicos e diferentes grupos sociais muda. [...] O plano não é o instrumento por meio do qual o Estado impõe suas decisões numa economia que não mais funciona autonomamente. Ele é composto de uma série de números modificados tão comumente, sob múltiplas pressões, que ninguém realmente sabe até que grau seus diferentes 'objetivos' foram alcançados." Ver Charles Bettelheim, "More on the Nature of the Soviet System" em *Monthly Review*, Nova York, v. 38, n. 7, dez. 1986, p. 31-2. É de notar que essa crítica de Bettelheim,

feita nos anos 1980, expressa certo descontentamento com a "autogestão financeira" num sistema que não possa impor mecanismos de controle verdadeiramente socialistas. Ou seja, a "autogestão financeira" das empresas, no ambiente denominado por ele de "capitalismo soviético", levaria a um distanciamento do socialismo e a uma volta ao capitalismo. Essas observações são, de certo modo, similares às que Guevara fazia quando era ministro das Indústrias de Cuba. Para mais informações sobre as origens da degeneração do sistema soviético, ver Charles Bettelheim, *A luta de classes na União Soviética* (trad. Bolívar Costa, Rio de Janeiro, Paz e Terra, 1976).

[31] Ou seja, estaria trabalhando pela ampliação do capital.

[32] Ver Charles Bettelheim, *Cálculo económico y formas de propiedad*, cit., p. 104-8.

[33] Ibidem, p. 185-6.

[34] Solius, autor de *Economia política do socialismo*, mais um dos manuais "oficiais" da Acus, afirmava: "O caráter objetivo das leis econômicas do socialismo consiste em que sua vigência é determinada pelas relações socialistas de produção que existem objetivamente. Estas últimas dependem, por sua vez, do nível e do caráter das forças produtivas. [...] As deformações idealistas do caráter das leis econômicas tiveram lugar em vários países socialistas no período de transição do capitalismo ao socialismo. Os portadores de semelhantes concepções na União Soviética eram os trotskistas, que, passando por cima das exigências objetivas das leis econômicas, trataram de impor ao partido e ao governo um ritmo de industrialização socialista sem sustentação. [...] A incompreensão do caráter objetivo das leis econômicas do socialismo ou a negação deste, como também a subestimação dos fatores objetivos e o exagero dos subjetivos, conduzem ao voluntarismo na política econômica e oferecem possibilidades para atos aventureiros por parte de uns e outros dirigentes da economia nacional". Ver G. Solius, *Economía política del socialismo* (Havana, Orbe, 1976), p. 58-9.

[35] Para mais informações sobre o desenvolvimento intelectual de Bettelheim, ver Mimmo Porcaro, "Charles Bettelheim, um longo adeus", em *Outubro*, São Paulo, n. 5, p. 59-81, 2001.

[36] Ver Roberto Massari, *Entrevista*. Entrevistador: Luiz Bernardo Pericás (Bolsena, dez. 2001, via internet).

[37] Ver Néstor Kohan, *En la selva: los estudios desconocidos del Che Guevara, a propósito de sus Cuadernos de lectura de Bolívia* (Barcelona/Buenos Aires, Amauta Insurgente/Yulca/La Llamarada, 2013), p. 404.

[38] Idem.

[39] Carlos Rafael Rodríguez, "El nuevo camino de la agricultura cubana", *Cuba Socialista*, Havana, n. 27, nov. 1963, p. 71-8.

[40] Ver idem, *Palabras en los setenta* (Havana, Editorial de Ciencias Sociales, 1984), p. 133.

[41] Ver idem, citado em Che Guevara, *Textos econômicos para a transformação do socialismo*, cit., p. 276.

[42] Ver idem, "Sobre la contribución del Che al desarrollo de la economía cubana", em *Cuba Socialista*, Havana, n. 33, maio/jun. 1988, p. 3.

[43] Ibidem, p. 3-4.

[44] Marcelo Fernández Font, "Desarrollo y funciones de la banca socialista en Cuba", *Cuba Socialista*, Havana, n. 30, mar. 1964, p. 32-50.

[45] Guevara argumentou que Fernández Font mostrou a gênese dos bancos em forma de divulgação, com pouca profundidade teórica. Esse teria sido o motivo de seus equívocos sobre como esse organismo e seus dirigentes deveriam atuar. Ver Che Guevara, "O sistema bancário, o crédito e o socialismo", em *Textos econômicos para a transformação do socialismo*, cit., p. 223-4.

[46] Para o Che, os bancos só poderiam financiar investimentos se o fizessem com seus próprios recursos, o que considerava absurdo numa economia socialista. O banco deveria distribuir os recursos do orçamento nacional estabelecidos pelo plano de investimentos e pô-los à disposição dos aparelhos investidores correspondentes. Ver Che Guevara, "O sistema bancário, o crédito e o socialismo", em *Textos econômicos para a transformação do socialismo*, cit., p. 219.

[47] Guevara achava que Fernández Font se deixava levar em demasia pela ideia de divulgação e propaganda, sem explicar suas ideias claramente. Font dizia: "O dinheiro poupado deixa de circular, o que contribui para restabelecer o equilíbrio entre o fundo de mercadorias e o poder aquisitivo da população, coisa particularmente útil nas condições atuais de Cuba. Além disso, as poupanças da população constituem importante fonte do Banco para outorgar créditos destinados ao financiamento do desenvolvimento da economia nacional". Guevara afirmava que "o dinheiro poupado deixa de circular temporariamente e esta fonte de recursos só tem aplicação com o sentido econômico quando se emprega para financiar mediante empréstimos bancários a atividade privada, já que seria absurdo acreditar que numa economia socialista o custo do juro que se paga a quem poupa seja recompensado com o juro que se cobra das empresas estatais". Para ele, era muito mais interessante e útil conhecer a composição da poupança e seu custo, porque se pouparia a partir da escala das pessoas que o fazem e então se tomariam as medidas econômicas mais aconselháveis. Ver Che Guevara, "O sistema bancário, o crédito e o socialismo", em *Textos econômicos para a transformação do socialismo*, cit., p. 219.

[48] Ver Marcelo Fernández Font, "Desenvolvimento e funções do sistema bancário socialista em Cuba", em Che Guevara, *Textos econômicos para a transformação do socialismo*, cit., p. 210-1.

[49] Ibidem, p. 211.

[50] Ibidem, p. 212.

[51] Alberto Mora, "En torno a la cuestión del funcionamiento de la ley del valor en la economia cubana en los actuales momentos", em *Comercio Exterior*, n. 1, jun. 1963, p. 2-10

[52] Ver Ernest Mandel, "As categorias mercantis no período de transição", em Che Guevara, *Textos econômicos para a transformação do socialismo*, cit., p. 241-60.

[53] Idem, "O debate econômico em Cuba durante o período 1963-1964", em Che Guevara, *Textos econômicos para a transformação do socialismo*, cit., p. 168.

[54] Ver ibidem, p. 170-1.

[55] Ibidem, p. 257.

5. Organização sindical e trabalhadores

[1] Ver Odir Alonso Júnior, "A esquerda cubana antes da revolução: anarquistas, comunistas e trotskistas", em Osvaldo Coggiola (org.), *Revolução Cubana: história e problemas atuais* (São Paulo, Xamã, 1998), p. 30.

[2] Ver Carlos Del Toro, *El movimiento obrero cubano en 1914* (Havana, Instituto del Libro, 1969), p. 58-60.

[3] Ibidem, p. 64-5.

[4] Ibidem, p. 67. Ver também Luiz Bernardo Pericás, "Carlos Baliño, pioneiro do marxismo na América Latina", em *Revista Eletrônica da ANPHLAC,* ano 13, n. 20, jan.-jun. 2016, p. 126-40.

[5] Carlos Del Toro, *El movimiento obrero cubano en 1914,* p. 68.

[6] Ver Carlos Baliño et al., *La Revolución de Octubre y su repercusión en Cuba* (Havana, Instituto del Libro, 1967), p. 5-6.

[7] Ver Roberto León Expósito, "1 de mayo de 1919 en La Habana", em Ernesto Chávez Álvarez (org.), *Los obreros hacen y escriben su historia* (Havana, Editorial de Ciencias Sociales, 1975), p. 327-36. Ver também Luiz Bernardo Pericás, "A revolução de Outubro e Cuba", em *Mouro,* ano 9, n. 12, jan. 2018, p. 121-36.

[8] Ver Carlos Baliño et al., *La Revolución de Octubre y su repercusión en Cuba*, cit., p. 7.

[9] Ver Odir Alonso Júnior, "A esquerda cubana antes da revolução: anarquistas, comunistas e trotskistas", cit., p. 34.

[10] Ver Blas Roca, *Los fundamentos del socialismo en Cuba*, cit., p. 162.

[11] O Partido Revolucionário Cubano, ou Autêntico, foi constituído por Grau San Martín e líderes do Diretório Estudantil. Criado para dar continuidade às lutas pela revolução em Cuba, frustrada pela intervenção de Fulgencio Batista, foi inspirado no primeiro Partido Revolucionário Cubano, fundado por José Martí em 5 de janeiro de 1892. O programa dos autênticos defendia o nacionalismo político e econômico, justiça social e liberdades civis. O partido fez oposição a Batista durante os anos 1930 e metade dos anos 1940. Quando Grau San Martín foi eleito presidente em 1944, o partido começou a usar de violência contra opositores e ficou conhecido por diversos casos de corrupção.

[12] Ver Odir Alonso Júnior, "A esquerda cubana antes da revolução: anarquistas, comunistas e trotskistas", cit., p. 44.

[13] Ver Blas Roca, *Los fundamentos del socialismo en Cuba*, cit., p. 162-3.

[14] Ver Rufo López-Fresquet, *Fui ministro de Fidel* (Rio de Janeiro, Laudes, 1969), p. 37.

[15] Ver Odir Alonso Júnior, "A esquerda cubana antes da revolução: anarquistas, comunistas e trotskistas", cit., p. 51.

[16] Ver Theodore Draper, *Castrismo, teoria e prática*, cit., p. 35.

[17] Ver Carlos Rafael Rodríguez, *Letra con filo*, cit., t. 2, p. 441.

[18] Ibidem, p. 441.

[19] Ver Theodore Draper, "Castrismo", em Milorad M. Drachkovitch (org.), *O marxismo no mundo moderno* (Rio de Janeiro, Zahar, 1966), p. 294.

[20] Ver Serafino Romualdi, *Presidents and Peons* (Nova York, Funk & Wagnalls, 1967), p. 194.

[21] Ver Jorge G. Castañeda, *Che Guevara: a vida em vermelho* (São Paulo, Companhia das Letras, 1997), p. 142-143.

[22] Desde o início da Revolução Cubana, a AFL-CIO tentou destruir o novo governo por meio dos antigos contatos com dirigentes sindicais da ilha que podiam ser úteis na subversão inter-

na. Mas todos os antigos líderes foram afastados e Eusebio Mujal foi deposto; a maioria dos dirigentes foi para Miami e logo se vinculou a organizações apoiadas pela AFL-CIO. Mujal tornou-se líder da CTC no exílio no México; Jesús Artigas Carbonell, antigo tesoureiro da confederação, assumiu como representante do IADTL, na América Central; e Esteban Rustan, antigo secretário-geral da Confederação dos Bancários, tornou-se homem da Orit na Costa Rica. A CIA e a AFL-CIO influenciaram por anos a política sindical na ilha. Ver George Morris, *A CIA e o movimento operário americano* (trad. Rodolfo Konder, Rio de Janeiro, Civilização Brasileira, 1967), p. 77-9.

[23] Ver Che Guevara, "O plano e o homem", em *Textos econômicos para a transformação do socialismo*, cit., p. 72.

[24] Ibidem, p. 73.

[25] Ver Isaac Deutscher, *Soviet Trade Unions* (Londres, Royal Institute of International Affairs, 1950), p. 18-9.

[26] Ibidem, p. 19.

[27] Ibidem, p. 20.

[28] Ibidem, p. 22.

[29] O ponto 6 afirmava que a próxima tarefa do governo soviético seria a máxima utilização da força de trabalho disponível, sua correta distribuição e redistribuição geográfica e nos diversos ramos da economia. Já o sétimo defendia uma reeducação das massas por meio de seu trabalho disciplinado, a ser coordenado pelos sindicatos, que deveriam adotar e pôr em prática a contabilidade do trabalho, as normas de produção e as responsabilidades dos trabalhadores. No 8, o programa pedia aos sindicatos que aprendessem com os técnicos e especialistas burgueses, para acabar com o ultrarradicalismo e a desconfiança. Assim, o Estado pagaria maiores salários aos especialistas burgueses por seus conhecimentos técnicos e o igualitarismo seria um projeto apenas para o futuro.

[30] Ver Isaac Deutscher, *Soviet Trade Unions*, cit., p. 54-6.

[31] Ver Adam Ulam, *Lenin and the Bolsheviks* (Londres, The Fontana Library, 1969), p. 615-6.

[32] Em relação a Lênin e os sindicatos, ver V. I. Lênin, "Mais uma vez sobre os sindicatos, o momento atual e os erros dos camaradas Trótsky e Bukhárine", em *Obras escolhidas em três tomos*, v. 3 (Lisboa/Moscou, Avante/ Progresso, 1979), p. 433-62; e "Projeto de resolução, as tarefas dos sindicatos e os métodos da sua realização", em *Obras escolhidas em três tomos*, v. 3, cit., p. 408.

[33] Do ponto de vista econômico devemos recordar que, em certa medida, as ideias do ministro de Indústrias eram similares às de Preobrajiénski, ou seja, era importante uma elevação de produtividade no curto prazo, uma aceleração econômica. Os sindicatos, nesse sentido, deviam ser interpretados por sua função econômica e, assim como outros instrumentos do proletariado, estavam diretamente condicionados pelo fato de a indústria ser estatal e se fundir ao Estado proletário. Ver Basílio Miranda, "Estado e partido na transição para o socialismo", em *Teoria & Política*, São Paulo, ano 1, n. 3, 1980, p. 172-3.

[34] Ver Che Guevara, "O plano e o homem", em *Textos econômicos para a transformação do socialismo*, cit., p. 73.

[35] Idem.

[36] Ver idem, "Discurso a la clase obrera", em *Temas económicos*, cit., p. 72-3.

[37] Ver idem, "Conferencia en el ciclo 'Economía y planificación' de la Universidad Popular", em *Temas económicos.*, cit., p. 132.

[38] Ibidem, p. 133.

[39] Idem.

[40] Para o Che, "cada agrupamento humano é mais importante que o indivíduo, e todo o grupo de um setor operário é mais importante que o sindicato de um centro de trabalho, e todos os operários são mais importantes que um. Isso é algo que se deve compreender; há que se organizar novamente para mudar a mentalidade anterior". Ou seja: "Mudar a mentalidade do chefe do sindicato, que não tem como função ser o que grita contra o patrão, ser o que impõe algumas vezes medidas absurdas dentro da ordem da produção, mas que tendem a falsamente fazer que um operário esteja ali ganhando algo, ainda que não faça nada. O operário que hoje recebe um salário sem ganhar nada, sem fazer nada, na realidade está conspirando contra a Nação e contra si mesmo". Ver Che Guevara, "Discurso a la clase obrera", em *Temas económicos*, cit., p. 71-2.

[41] Ver Che Guevara, "Conferencia en el ciclo 'Economía y planificación' de la Universidad Popular", em *Temas económicos*, cit., p. 134.

[42] Ver D. Losovsky, *Marx e os sindicatos* (São Paulo, Anita Garibaldi, [198-?]), p. 198.

[43] Ver Che Guevara, *Apuntes críticos a la economía política*, (Havana, Ocean Sur, 2006), p. 137.

[44] Ver idem, "Conferencia en el ciclo 'Economía y planificación' de la Universidad Popular", em *Temas económicos*, cit., p. 135.

[45] Ver idem, "Soberanía política e independencia económica", em *Temas económicos*, cit., p. 51.

[46] Idem.

[47] Ver Carmelo Mesa-Lago, *The Labor Sector and Socialist Distribution in Cuba*, cit., p. 41.

[48] Ver Maurice Dobb, *Socialist Planning: Some Problems*, cit., p. 58-9.

[49] Ver Nicolas Rivero, *Fidel Castro, um dilema americano*, cit. p. 41-2.

[50] Ver Carlos Franqui, *Retrato de família com Fidel* (Rio de Janeiro, Record, 1981), p. 63.

[51] Ibidem, p. 72.

[52] Ibidem, p. 73.

[53] Ver Serafino Romualdi, *Presidents and Peons*, cit., p. 202.

[54] Ver ibidem, p. 203. Para ter uma ideia de como os sindicalistas estadunidenses interpretavam o movimento operário cubano, é útil ler a declaração de Ernst Schwarz, secretário-executivo do Comitê dos Negócios Latino-Americanos da CIO, de 1956, da qual reproduzimos um trecho: "a Confederação dos Trabalhadores de Cuba resistiu brilhantemente à última tempestade política causada pelo golpe de Batista, em março de 1952. Pôde, assim, preservar sua união e força como poderosa instituição cubana na qual nem mesmo o novo regime ditatorial ousou tocar. A CTC possibilitou aos trabalhadores cubanos estabelecer um exemplo, para outros, do que se pode realizar pela união e pela força dos trabalhadores. Os salários estão muito acima dos que são pagos em muitas outras partes das Caraíbas e mesmo da América Latina, [...] o dia de oito horas de trabalho é a base para todos nos contratos coletivos concluídos pelas organizações filiadas à

CTC. Normas modernas de proteção e seguro sociais acham-se dispostas em leis, regulamentos ou contratos dos sindicatos; ao mesmo tempo, fundos mantidos e administrados em comum pelos trabalhadores, empregadores e autoridades asseguram meios adequados para pô-los em prática. [...] Além disso, a CTC assumiu papel de completa responsabilidade dentro da comunidade cubana como um todo, e presentemente desenvolve seu próprio programa econômico para compensar a natureza periódica do emprego e da produção na indústria açucareira". Nicolas Rivero, *Fidel Castro, um dilema americano*, cit., p. 59. Essas opiniões são bem diferentes do que pensavam o PSP e o M-26-7 sobre o tema naquela época...

[55] Ver Serafino Romualdi, *Presidents and Peons*, cit., p. 203.

[56] Ibidem, p. 204.

[57] Ibidem, p. 214.

[58] Ver Lucinda Miranda Fernández, *Lázaro Peña, capitán de la clase obrera cubana*, cit., p. 284-5.

[59] Ibidem, p. 285-6.

[60] Ver ibidem, p. 291.

[61] Ver Rolando Bonachea e Nelson P. Valdés (org.), *Cuba in Revolution*, cit., p. 363.

[62] James O'Connor baseou-se nas informações preparadas por Maurice Zeitlin em *La política revolucionaria y la clase obrera cubana* (Buenos Aires, Amorrortu, 1970).

[63] Ver James O'Connor, "Revolution and the Cuban Workers", em *Monthly Review*, Nova York, v. 21, n. 1, maio 1969, p. 53.

[64] Ibidem, p. 53.

[65] Ibidem, p. 53-4.

[66] Ibidem, p. 54.

6. O socialismo e o "homem novo"

[1] Ver Michael Löwy, *O pensamento de Che Guevara* (Lisboa, Bertrand, 1976).

[2] Ibidem, p. 37-8.

[3] Ver Leopoldo Zea, "El Che y el hombre nuevo", em *Casa de las Américas*, Havana, ano 37, n. 206, jan./mar. 1997, p. 84.

[4] Idem.

[5] Ver Raúl Fornet-Betancourt, *O marxismo na América Latina* (São Leopoldo, Unisinos, 1995), p. 272.

[6] Ibidem, p. 273.

[7] Ver Carlos Rafael Rodríguez, *Cuba en el tránsito al socialismo (1959-1963)/Lenin y la cuestión colonial*, cit., p. 66.

[8] Ver Abelardo Villegas, *Reformismo y revolución en el pensamiento latinoamericano* (Cidade do México, Siglo XXI, 1986), p. 272-3.

[9] Ver Kevin Devlin, "The Permanent Revolutionism of Fidel Castro", em *Problems of Communism*, Washington, v. XVII, n. 1, p. 1-11, jan./fev. 1968.

[10] Para V. I. Lênin, "da revolução democrática começaremos a passar em seguida, e precisamente na medida de nossas forças, das forças do proletariado consciente e organizado, à revolução socialista. Somos partidários da revolução ininterrupta. Não ficaremos na metade do caminho". De acordo com E. Batálov, "o processo revolucionário, sendo um processo *ininterrupto* que somente ao chegar a seu fim se conclui com a instauração do regime socialista, pode durar mais ou menos tempo e dar à luz *estruturas transitórias*, intermediárias, de tipo revolucionário-democrático, o que, como dissera Lênin, '*ainda não seria* o socialismo, mas *já não seria* o capitalismo'. [...] Nos países de baixo nível de desenvolvimento do capitalismo, onde o proletariado está na etapa inicial de sua formação; onde é forte (na economia e na cultura) a sobrevivência das relações pré-capitalistas; onde ainda estão em processo de formação as premissas materiais do socialismo, surgem as condições para um Estado revolucionário-democrático de orientação socialista. A aparição desse Estado e de todo o sistema da ditadura revolucionário-democrática é, como regra, resultado do movimento de libertação nacional, da luta das forças revolucionário-democráticas nacionais contra o imperialismo, o colonialismo e o neocolonialismo. A ditadura revolucionário-democrática é capaz de realizar medidas que abram o caminho para o socialismo e preparem as condições para a sucessiva passagem de poder para as mãos da classe trabalhadora". Os defensores da teoria da revolução ininterrupta eram os marxistas pró-soviéticos ou vinculados politicamente à União Soviética, muitas vezes utilizando esse e outros esquemas téoricos não só para se contrapor ao trotskismo ou a outras correntes de esquerda como também para legitimar suas posições. Ver E. Batálov, *La teoria leninista de la revolución* (Moscou, Progreso, 1985), p. 96, 100-1.

[11] Ver Sergio De Santis, "Debate sobre la gestión socialista en Cuba", em Sergio De Santis et al., *La economía socialista: debate* (Barcelona, Terra Nova, [197-?]).

[12] A "revolução permanente" de Mao seria "a ideia de que a consecução do comunismo só poderia ocorrer por meio de ondas de luta incessante, nas quais o avanço ideológico radical acompanhava (ou mesmo era precondição para) um aumento na produção econômica". Ver Paul Bailey, "Maoismo", em William Outhwait e Tom Bottomore (org.), *Dicionário do pensamento social do século XX* (trad. Álvaro Cabral e Eduardo Francisco Alves, Rio de Janeiro, Zahar, 1996), p. 443.

[13] Ver Roberto Massari, *Che Guevara, grandeza y riesgo de la utopia* (Navarra, Txalaparta, 1993), p. 157.

[14] Ver Nicolas Rivero, *Fidel Castro, um dilema americano* (São Paulo, Dominus, 1963), p. 89-90.

[15] Ver Florestan Fernandes, *Da guerrilha ao socialismo: a Revolução Cubana* (São Paulo, TAQ, 1979), p. 145-6.

[16] Ibidem, p. 147.

[17] Ibidem, p. 154.

[18] Ver J. F. Normano, *A economia na Rússia* (trad. Guilherme Boeing, São Paulo, Atlas, 1945).

[19] Ibidem, p. 170.

[20] Ver Henri Chambre, *El marxismo en la Unión Soviética* (Madri, Tecnos, 1960), p. 226-9.

[21] Ver León Trótski, citado em Wolfgang Leonhard, *O futuro do comunismo soviético* (Rio de Janeiro, Nórdica, 1977), p. 23.

[22] Ibidem, p. 23-4.

[23] Ver Che Guevara, "Certificado de trabalho comunista", em Che Guevara, *Textos econômicos para a transformação do socialismo*, cit., p. 145.

[24] Ver Lloyd Eastman, "Mao, Marx, and the Future Society", em *Problems of Communism*, Washington, v. 18, n. 3, maio/jun. 1969, p. 23.

[25] Idem.

[26] Ver Wolfgang Leonhard, *O futuro do comunismo soviético* (Rio de Janeiro, Nórdica, 1977), p. 78-80.

[27] Ibidem, p. 84-5.

[28] Ibidem, p. 82-6.

[29] Ibidem, p. 86.

[30] Ver Zbigniew K. Brzezinski, *The Soviet Bloc, Unity and Conflict* (Nova York, Frederick A. Praeger, 1965), p. 401-2.

[31] Ver V. Afanássiev, *Os fundamentos do comunismo científico* (Moscou, Progresso, 1985), p. 176-7.

[32] Ver Wolfgang Leonhard, *O futuro do comunismo soviético* (Rio de Janeiro, Nórdica, 1977).

[33] Ibidem.

[34] Ver Lloyd Eastman, "Mao, Marx, and the Future Society", em *Problems of Communism*, cit., p. 21.

[35] Ibidem, p. 25.

[36] Idem.

[37] De acordo com o Che, "lemos aos rapazes um parágrafo de Marx, mas desse que se chama o jovem Marx, porque Marx, no ano de 1848, quando jovem – tinha 30 anos em 1848 –, um pouco antes em 1844, havia escrito as primeiras coisas econômicas com uma grande ascendência da filosofia de Hegel, e a linguagem de Marx era completamente distinta, como linguagem, da linguagem de *O capital*; que é o que nós vemos, ou a linguagem das últimas obras, sobretudo *O capital*, que é o que dele influi mais. Marx, como especialista econômico, queria demonstrar a inevitabilidade da chegada do socialismo pela via do desenvolvimento das contradições econômicas, demonstrando que todo o desenvolvimento da sociedade é um desenvolvimento que se produz por contradições e lutas de classes. Chegava, em um momento dado, a prever o estouro da última contradição entre a burguesia e a classe operária e o estabelecimento do socialismo. Daí, pois, aquela coisa que escreveu na *Crítica do programa de Gotha*, na qual não prevê um período de transição de tipo subdesenvolvido como este que ocorreu na União Soviética. Quando Marx escrevia como jovem, como filósofo combativo, representante das ideias liberais da época, escrevia em outra linguagem, que queria dizer o mesmo, mas que ia a outras pessoas, sim. Então, nessa linguagem, fala mais do comunismo como um fenômeno consciente, e como a necessidade de que fosse consciente para que se pudesse produzir, e como o episódio final da eliminação do que chama 'a alienação do homem', ou seja, a entrega do homem vendido em forma de força de trabalho, vendido aos exploradores". Ver Che Guevara, *Apuntes críticos a la economía política*, cit., p. 295-6.

[38] Ver Néstor Kohan, *En la selva: los estudios desconocidos del Che Guevara, a propósito de sus Cuadernos de lectura de Bolívia* (Barcelona/Buenos Aires, Amauta Insurgente/Yulca/La Llamarada, 2013), p. 377. Ver também Che Guevara, "Síntesis biográfica de Marx y Engels", em *Apuntes críticos a la economía política*, p. 39.

[39] Ver Che Guevara, "O sistema orçamentário de financiamento", cit., p. 183-4.

[40] Devemos recordar que Althusser já havia escrito diversos artigos sobre o "jovem Marx" desde 1960 em revistas francesas, que mais tarde foram reunidos e publicados no livro *Por Marx*. Althusser não participou em nenhum momento do "debate econômico" nem sequer foi citado na discussão. No entanto, vale lembrar que o Che leu *Por Marx* em sua versão em espanhol, *La revolución teórica de Marx*, traduzido por Marta Harnecker, e fez extensas anotações naquela edição. O livro estava em suas listas de leitura de outubro de 1966. Ver também a versão cubana daquela obra, Louis Althusser, *Por Marx* (Havana, Edición Revolucionaria, 1966) [ed. bras.: *Por Marx*, trad. Maria Leonor F. R. Loureiro, Campinas, Editora da Unicamp, 2015].

[41] De acordo com Orlando Borrego, "o Che leu Althusser, mas não creio que tenha havido alguma reunião centrada em discutir os textos de Althusser. Um dos temas, sim, girava em torno de um acordo a respeito da polêmica sobre validade do Marx jovem e do Marx maduro, já formado. O Che nos dizia que era preciso ir ao Marx jovem, era preciso começar por aí. No Marx jovem, com ideias frescas, com mais carga de filosofia que de economia". Ver Néstor Kohan, "Che Guevara, lector de *El capital*", cit. Ver também Roberto Massari, "Guevara and Marx: Critical Remake of an Old Film", texto inédito; e Javier Muñoz Soro, *Cuadernos para el diálogo (1963-1976): una historia cultural del segundo franquismo* (Madri, Marcial Pons Historia, 2006), p. 197.

[42] Para o professor George Kline, da Bryn Mawr College, os escritos do "jovem Marx" seriam uma adaptação e uma variação engenhosa de temas hegelianos, mas não seriam filosoficamente originais nem profundos. Já para Irving Fetscher, da Universidade de Frankfurt, somente a partir da compreensão dos textos da juventude é que seria possível descobrir os motivos que o levaram a escrever a crítica à economia política, que contém, implícita ou explicitamente, uma crítica à alienação, parte central em seus textos de juventude. O acadêmico soviético E. V. Iliénkov, da Acus, por sua vez, achava que não havia uma diferença essencial entre o pensamento do "jovem Marx", o do Marx "maduro" e o do Marx "velho". Na prática, o que teria ocorrido é que especificamente a fraseologia dos escritos da juventude foi trocada por uma mais concreta e elaborada. Ver Edmund Demaitre, "The Wonders of Marxology", em *Problems of Communism,* Washington, v. 15, n. 4, jul./ago. 1966, p. 29-35. Outro autor que discorda de um "corte" entre o "jovem Marx" e o "Marx maduro" é Stanley Rothman, para quem os trabalhos do filósofo em sua fase de maturidade eram baseados nos conceitos do período anterior, apesar de mudanças em seu vocabulário e em algumas de suas preocupações. Stanley Rothman, "Understanding Marxism", em *Problems of Communism,* Washington, v. 15, n. 4, jul./ago. 1966, p. 52.

[43] Ver, por exemplo, André Glucksmann, *Althusser: un estructuralismo ventrílocuo* (Barcelona, Anagrama, 1971); Carlos Nelson Coutinho, *O estruturalismo e a miséria da razão* (Rio de Janeiro, Paz e Terra, 1972); Caio Prado Júnior, *Estruturalismo de Lévi-Strauss/Marxismo de Louis Althusser* (São Paulo, Brasiliense, 1971); e E. P. Thompson, *A miséria da teoria ou um planetário de erros: uma crítica ao pensamento de Althusser* (trad. Waltensir Dutra, Rio de Janeiro, Zahar, 1981).

[44] Ver Michael Heinrich, *Karl Marx e o nascimento da sociedade moderna,* v. 1 – 1818-1841 (trad. Claudio Cardinali, São Paulo, Boitempo, 2018), p. 32.

[45] Ver Bernd Oelgart, *Ideólogos e ideologias da nova esquerda* (trad. Serafim Ferreira e Maria Julieta, Lisboa, Presença, [*c.* 1970]), p. 131-67.

[46] Ver Che Guevara, "A modo de prólogo: algunas reflexiones sobre la transición socialista", em *Apuntes críticos a la economia política*, cit., p. 14-5.

[47] Na adolescência, Marx afirmou: "A História chama aqueles homens de maior grandeza, que se enobrecem ao trabalhar pelo universal. A experiência concede maior felicidade àquele que fez mais pessoas felizes. [...] Quando escolhemos a vocação por meio da qual mais podemos contribuir para a humanidade, os fardos não podem nos dobrar, já que são apenas sacrifícios para todos. Então, não vivenciamos nenhuma alegria falsa, egotista; nossa felicidade pertencerá a milhões, nossos feitos continuarão vivendo [...] e lágrimas radiantes de nobres homens cairão sobre nossas cinzas". Ver David McLellan, *Marx Before Marxism* (Nova York, Harper & Row Publishers, 1970), p. 38.

[48] Ver Karl Marx, citado em David McLellan, *Marx Before Marxism*, cit., p. 65.

[49] Ver Karl Marx e Friedrich Engels, *A ideologia alemã* (trad. Rubens Enderle, Nélio Schneider e Luciano Cavini Martorano, São Paulo, Boitempo, 2007), p. 42.

[50] Ver Karl Marx, citado em Gabriel Guijarro Díaz, *La concepción del hombre en Marx* (Salamanca, Sígueme, 1975), p. 317.

[51] Ver idem, *Sobre a questão judaica* (trad. Nélio Schneider e Wanda Caldeira Brant, São Paulo, Boitempo, 2010), p. 50.

[52] Ibidem, p. 53-4.

[53] Ver Ernst Fischer, *Marx in His Own Words* (Londres, Penguin, 1978), p. 21.

[54] Ver Che Guevara, "O plano e o homem", em *Textos econômicos para a transformação do socialismo*, cit., p. 66.

[55] Ver idem, "O sistema orçamentário de financiamento", cit., p. 184.

[56] Ver idem, "Síntesis biográfica de Marx y Engels", em *Apuntes críticos a la economía política*, cit., p. 54; Franz Mehring, *Karl Marx: a história de sua vida* (São Paulo, Sundermann, 2014).

[57] Ibidem.

[58] Ver Roberto Massari, "Guevara and Marx: Critical Remake of an Old Film", texto inédito.

[59] Uma opinião similar pode ser encontrada em alguns textos de Stálin, como neste caso: "Se a consciência dos homens, seus usos e costumes são determinados pelas condições exteriores, se a inadequação das formas jurídicas e políticas se baseia no conteúdo econômico, é claro que devemos contribuir para a transformação radical das relações econômicas, a fim de que juntamente com elas mudem pela base os usos e costumes do povo e sua ordem política". Ver Joseph Stálin, *Em defesa do socialismo científico* (São Paulo, Anita Garibaldi, 1990), p. 121-2.

[60] Ver Charles Bettelheim, *Planificação e crescimento acelerado* (trad. Dirceu Lindoso, Rio de Janeiro, Zahar, 1976), p. 255.

[61] Ver Ota Šik, citado em Allen Solganick, "Las reformas económicas soviéticas, el peligro de los incentivos materiales", em *Monthly Review*, Nova York, ano IV, n. 37, abr. 1967, p. 46.

[62] Intelectuais ocidentais e do bloco socialista criticaram a predominância dos incentivos materiais na transição ao socialismo. Os editores da revista *Monthly Review* são um exemplo disso, assim como muitos albaneses e chineses. Para os editores da *Monthly Review*, "se as recompensas dos trabalhadores e diretores estiverem intimamente relacionadas com ganhos materiais, germinarão aí as sementes da desintegração do socialismo e da restauração do capitalismo, ainda que não seja esta a intenção das partes interessadas". Ver Allen Solganick, "Las reformas económicas soviéticas, el peligro de los incentivos materiales", cit., p. 42.

[63] Ver Che Guevara, "O sistema orçamentário de financiamento", cit., p. 189-90.

[64] Ver Ernest Mandel, "O debate econômico em Cuba durante o período 1963-1964", em Che Guevara, *Textos econômicos para a transformação do socialismo* (São Paulo, Edições Populares, 1982), p. 169.

[65] Ver Che Guevara, "O sistema orçamentário de financiamento", cit., p. 190.

[66] Ver Carlos Tablada, *Che Guevara: Economics and Politics in the Transition to Socialism* (Sidney, Pathfinder, 1989), p. 215.

[67] Ver Oskar Lange, "A economia política do socialismo", em V. B. Singh et al., *Da economia política* (trad. Waltensir Dutra, Rio de Janeiro, Zahar, 1966), p. 91.

[68] Ibidem, p. 91-2.

[69] Ibidem, p. 93.

[70] Entre os motivos dos reveses do "Grande Salto para a Frente" estão catástrofes naturais, sistemas de transporte ineficientes, utilização de trabalhadores do campo para projetos industrializantes e de irrigação gigantescos e exagerados. Ocorreram um declínio considerável na produção agrícola e fome em grande parte do país. Ver Paul Bailey, "Maoismo", em William Outhwait e Tom Bottomore (org.), *Dicionário do pensamento social do século XX*, cit., p. 443.

[71] Ver Adolfo Gilly, citado em Carmelo Mesa-Lago, *The Labor Sector and Socialist Distribution in Cuba*, cit., p. 122.

[72] Ver Carmelo Mesa-Lago, *The Labor Sector and Socialist Distribution in Cuba*, cit., p. 141.

[73] Ver Rolando Bonachea e Nelson P. Valdés (org.), *Cuba in Revolution*, cit., p. 361.

[74] Ibidem, p. 362.

[75] Ver Carmelo Mesa-Lago, *The Labor Sector and Socialist Distribution in Cuba*, cit., p. 131.

[76] Ver Rolando Bonachea e Nelson P. Valdés (org.), *Cuba in Revolution*, cit., p. 369.

[77] Ibidem, p. 136-8.

[78] Ver Rolando Bonachea e Nelson P. Valdés (org.), *Cuba in Revolution*, cit., p. 370-1.

[79] Ver Michael Löwy, *O pensamento de Che Guevara*, cit., p. 101.

[80] Ver Carmelo Mesa-Lago, "Economic Significance of Unpaid Labor in Socialist Cuba", em Rolando E. Bonachea e Nelson P. Valdés (org.), *Cuba in Revolution*, cit., p. 385.

[81] Ver ibidem, p. 388-9.

[82] De acordo com Carmelo Mesa-Lago, entre 150 mil e 180 mil alunos secundaristas trabalhavam em fazendas estatais e fábricas nos fins de semana e nas férias, e aproximadamente 1,28 milhão de estudantes de escola primária desempenhavam um trabalho chamado de "socialmente útil", com o objetivo de suprimir as diferenças entre o trabalho físico e intelectual, assim como para inculcar nas crianças um sentido de obrigação para com o país. Ibidem, p. 389.

[83] Outras fontes indicam que os números variavam de 50 mil a 75 mil presos políticos. Ver ibidem, p. 390.

[84] Ver ibidem, p. 391.

[85] Ibidem, p. 391-2. Segundo Carmelo Mesa-Lago, em 1967 essa cifra já estaria entre 20 mil e 75 mil.

[86] Ver Che Guevara, "Certificado de trabalho comunista", em *Textos econômicos para a transformação do socialismo*, cit., p. 144.

[87] Ver Che Guevara, "Uma atitude comunista frente ao trabalho", em *Textos econômicos para a transformação do socialismo*, cit., p. 76.

[88] Idem.

[89] Ibidem, p. 82.

[90] Ver Victor Pérez-Galdós, *Un hombre que actúa como piensa* (Manágua, Vanguardia, 1987), p. 125; e Geronimo Alvarez Batista, *Che: uma nueva batalla,* Paris, Pablo de la Torriente/Sección de rotativistas del Sindicato General del Libro de Paris, 1994, p. 166-72.

[91] Em sua primeira jornada como operador de máquinas colhedoras, no dia 4, o comandante ceifou 6.800 arrobas em quase nove horas e meia. No segundo dia, ele completou 5.900 arrobas em 6 horas e 51 minutos. No dia 6, foram 8.800 arrobas; no 7, 3.500 arrobas (durante 3 horas e 55 minutos); no 8, 10.200 arrobas ao longo de 10 horas e 20 minutos de labor ininterrupto; no dia 9, depois de 7 horas e 27 minutos, Guevara cortou 7.600 arrobas usando uma máquina adaptada a um trator soviético (em 4 horas e 5 minutos); no dia 11, derrubou 18.700 arrobas de cana após 9 horas e 24 minutos; e, no dia 12, completou mais 21.400 arrobas (neste caso, operou a máquina das 7 da manhã ao meio-dia e, depois, das 13h45 às 17h30). O esforço para dar o exemplo continuaria. Em 14 de fevereiro, depois de 12 horas, cortou 22 mil arrobas, seu recorde pessoal; no dia 15, 4.240 arrobas; no 16, 9.600 arrobas; e, no 17, quando finalmente encerrou sua jornada, 20 mil arrobas em menos de 10 horas. Ver Geronimo Alvarez Batista, *Che: uma nueva batalla,* cit., p. 166-72.

[92] Ver idem.

[93] Ver Che Guevara, "O plano e o homem", cit., p. 59.

[94] Ibidem, p. 67.

[95] Ver V. I. Lênin, "Uma grande iniciativa", em *Obras escolhidas*, v. 3, cit., p. 152-8.

[96] Ver Robert Linhart, *Lenin, os camponeses, Taylor* (Rio de Janeiro, Marco Zero, 1983), p. 144-5.

[97] Ver Rolando Bonachea e Nelson P. Valdés (org.), *Cuba in Revolution*, cit., p. 359.

7. Che Guevara e as tendências marxistas

[1] Mesmo assim, Guevara parecia achar importante apoiar Perón. Em carta ao pai, em fevereiro de 1955, afirmava que a "Argentina é o oásis da América, tem de se dar todo o apoio possível a Perón para evitar entrar na guerra [da Coreia], que promete ser terrível; goste você ou não, assim é". Um amigo do Che diria que "com relação ao que passava em seu país, Guevara mantinha uma posição eclética, ou seja, não participava da polarização entre peronistas e antiperonistas. Ele reconhecia os métodos e as coisas positivas do governo de Perón, mas apontava suas limitações, suas debilidades e suas partes negativas". Segundo William Gálvez, contudo, "Ernesto é um agudo crítico de Perón, por não abrir seu mercado ao campo socialista e seguir dependendo dos EUA". Ver William Gálvez, *Viajes y aventuras del joven Ernesto* (Havana, Editorial de Ciencias Sociales, 1997), p. 250, 266 e 335. Devemos lembrar que Guevara apelidou seu grupo guerrilheiro em Cuba de Los Descamisados e, mais tarde, quando membro do governo, conversou com peronistas de esquerda para tentar conseguir apoio a seu projeto revolucionário.

[2] Esse material se encontra no acervo do Centro de Estudos Che Guevara, em Havana.

[3] Ver Roberto Massari, "Guevara and Marx: Critical Remake of an Old Film", texto inédito. Carlos, irmão de Tita Infante, definiu o Che daquela época como um "liberal progressista". Ver Jon Lee Anderson, *Che Guevara: uma biografia*, cit., p. 69.

[4] Ver Jon Lee Anderson, *Che Guevara: uma biografia*, cit., p. 107-8.

[5] Ibidem, p. 108.

[6] Ver Túlio Halperin Donghi, *História da América Latina* (trad. Carlos Nelson Coutinho, São Paulo, Paz e Terra, 1989), p. 256.

[7] Ver Che Guevara, citado em Sergio Guerra Vilaboy e Iván de la Nuez, "Che: una concepción antiimperialista de la historia de América", em Centro de Estudios sobre América, *Pensar al Che: desafíos de la lucha por el poder político* (Havana, Centro de Estudios sobre América/Editorial José Martí, 1989), v. 1, p. 308.

[8] Ver Guillermo Almeyra e Enzo Santarelli, *Guevara: il pensiero ribelle* (Roma, Datanews, 1994), p. 37. Para mais detalhes sobre a experiência de Che Guevara na Bolívia naquele momento, ver Carlos "Calica" Ferrer, *De Ernesto a Che: a segunda e última viagem de Guevara pela América Latina* (São Paulo, Planeta, 2009); Ernesto Guevara, *Outra vez: diário inédito da segunda viagem pela América Latina, 1953-1956* (trad. Joana Angelica D'Avila Melo, Rio de Janeiro, Ediouro, 2003); e William Gálvez, *Viajes y aventuras del joven Ernesto*, cit.

[9] Ver Maria del Carmen Ariet, *Che, pensamiento político*, cit., p. 45.

[10] Ibidem, p. 47.

[11] Ver Che Guevara, *América Latina: despertar de un continente* (Havana, Ocean Sur, 2006), p. 140.

[12] Ver Raúl Fornet-Betancourt, *O marxismo na América Latina*, cit., p. 221-2.

[13] Ver Hilda Gadea, *Ernesto: A Memoir of Che Guevara* (Londres, W. H. Allen, 1973).

[14] Ver Hugh Thomas, citado em Roberto Massari, *Che Guevara, grandeza y riesgo de la utopia*, cit., p. 82.

[15] Ver Jorge Castañeda, *Che Guevara, a vida em vermelho*, cit., p. 106-7.

[16] Ver ibidem, p. 95.

[17] Ver Jon Lee Anderson, *Che Guevara: uma biografia*, cit., p. 192; Che Guevara, *América Latina: despertar de un continente* (Havana, Ocean Sur, 2006), p. 146.

[18] Ver Roberto Massari, "Guevara and Marx: Critical Remake of an Old Film", texto inédito.

[19] Ver idem, *Che Guevara, grandeza y riesgo de la utopia*, cit., p. 82. Segundo Paco Ignacio Taibo II, contudo, o Che e Orfila, aparentemente, "não se deram bem". Ver Paco Ignacio Taibo II, *Ernesto Guevara, também conhecido como Che*, cit., p. 99.

[20] Ver Jorge Castañeda, *Che Guevara, a vida em vermelho*, cit., p. 117.

[21] Ibidem, p. 107.

[22] Ver William Gálvez, *Viajes y aventuras del joven Ernesto*, cit., p. 336.

[23] Ver Roberto Massari, *Che Guevara, grandeza y riesgo de la utopia*, cit., p. 108.

[24] Ibidem, p. 109.

[25] Ver Ióssif Griguliévitch, *Luchadores por la libertad de América Latina* (Moscou, Progreso, 1988).

[26] Ver Academia de Ciências da União Soviética, *Lénine, biografia* (Moscou/Lisboa, Progresso/Avante!, 1984).

[27] Ver K. Vorochílov, *Stalin y las Fuerzas Armadas de la URSS* (Moscou, Ediciones en Lenguas Extranjeras, 1953), p. 46-7.

[28] Ibidem, p. 134.

[29] De acordo com Jorge Castañeda, em 1956, durante sua estada no México, Guevara estava lendo o livro *Fundamentos do leninismo segundo Stálin* e afirmou que o relatório de Khruschchov no XX Congresso contra o ex-dirigente soviético fora apenas propaganda imperialista. Ver Jorge Castañeda, *Che Guevara, a vida em vermelho*, cit., p. 108. Carlos Franqui disse que, na mesma época, o Che "alternava Stálin com Baudelaire, a poesia com o marxismo". Ver Paco Ignacio Taibo II, *Ernesto Guevara, também conhecido como Che*, cit., p. 115.

[30] Ver Klaus Mehnert, *Stalin Versus Marx, The Stalinist Historical Doctrine* (Londres, George Allen and Unwin, 1952), p. 31-2.

[31] Para mais informações sobre a "nova" historiografia soviética, ver Adam B. Ulam, *A nova face do totalitarismo soviético* (trad. Evaristo M. Costa, Rio de Janeiro, Record, 1964). Outra crítica contundente à "falsificação" da História pode ser em encontrada em Ernest Mandel, *Da Comuna a Maio de 68* (Lisboa, Antídoto, 1979). Ver também Luiz Bernardo Pericás, "Breve comentário sobre a historiografia soviética e a Revolução Russa", em *Lutas Sociais,* v. 21, n. 39, jul.-dez. 2017, p. 137-49.

[32] Ver, por exemplo, Pacho O'Donnell, *Che: el argentino que quiso cambiar el mundo* (Buenos Aires, Sudamericana, 2012), p. 117.

[33] Ver Jorge Castañeda, *Che Guevara, a vida em vermelho*, cit., p. 94.

[34] Ver Jon Lee Anderson, *Che Guevara: uma biografia*, cit., p. 199. Ele quis até participar da Conferência de Paz das Regiões do Pacífico, em 1954, para depois ficar morando em Pequim, sede do evento, mas não conseguiu. Ver William Gálvez, *Viajes y aventuras del joven Ernesto*, cit., p. 284-5.

[35] Ver Fernando Martínez Heredia, *Entrevista*. Entrevistador: Luiz Bernardo Pericás, Havana, jan. 1999.

[36] Durante um discurso de inauguração da fábrica de biscoitos Albert Kuntz, o ministro de Indústrias de Cuba afirmou: "Nós devemos pensar, a cada dia que trabalhamos aqui, que estamos produzindo para que nosso povo consuma, que é como dizer: nossos irmãos, nossos pais ou nossos filhos, todo o povo de Cuba. Portanto, a luta pela qualidade do produto é uma luta revolucionária e de vanguarda. E nunca se equivoquem em pensar que por ser revolucionário se pode dar ao povo um produto de má qualidade, isso seria atentar contra a revolução". Ver Victor Pérez-Galdós, *Un hombre que actúa como piensa*, cit., p. 106-7.

[37] Ver carta de Che Guevara a Armando Hart, citada em Néstor Kohan, *En la selva: los estudios desconocidos del Che Guevara, a propósito de sus Cuadernos de lectura de Bolívia,* cit., p. 179.

[38] Ibidem.

[39] Ver Roger Garaudy, *Introducción a la metodologia marxista* (Buenos Aires, Ediciones Meridiano, 1964), p. 17; Roberto Massari, "Guevara and Marx: Critical Remake of an Old Film", texto inédito; e Néstor Kohan, *En la selva: los estudios desconocidos del Che Guevara, a propósito de sus Cuadernos de lectura de Bolívia*, cit.

[40] Edwin Mauricio Cortés Sánchez afirma que Garaudy não só admirava Stálin como justificava sua posição antidogmática a partir dele. Isso, contudo, teria mudado depois do XX Congresso do PCUS, em 1956. Após os cursos ministrados em Cuba, ele "se caracteriza por sua posição denunciante e crítica diante do modelo dogmático de marxismo, neste caso, o marxismo oficial de corte *stalinista* [...]. A concepção do marxismo em Garaudy sempre marcou distanciamento da ortodoxia, ainda que seja acusado e difamado como um stalinista defensor do 'modelo' soviético de socialismo". Ver Edwin Mauricio Cortés Sánchez,"Roger Garaudy y la reforma de la educación em Cuba (1962)", disponível em: <www.researchgate.net/publication/305304536_ROGER_GARAUDY_Y_LA_REFORMA_DE_LA_EDUCACION_EN_CUBA_1962>; acesso em: 26 jun. 2018. Néstor Kohan, entretanto, insiste: "Finalmente, diferentemente de Bigo, de Calvez, de Mondolfo ou de Fromm, dentro da tradição comunista ortodoxa, dentro da direção ideológica do PC francês – o mais pró-soviético e afim ao stalinismo do Ocidente –, existiu um autor que também se apoiou nos *Manuscritos de 1844* para tentar tornar apresentável diante da intelectualidade ocidental a ideologia oficial da 'coexistência pacífica' da época de Khruschov: Roger Garaudy. Este filósofo 'oficial' do PC francês, depois da expulsão de Henri Lefebvre em 1956, é autor de uma série interminável de ensaios de onde se retomava a ideia de uma essência humana perdida – alienada – para fundar um 'humanismo' laxo, genérico, supraclassista e indeterminado". Ver Néstor Kohan, *Che Guevara: el sujeto y el poder*, disponível em: <www.rebelion.org/docs/122027.pdf>; acesso em: 26 jun. 2018.

[41] Ver Alberto Granado, citado em Jon Lee Anderson, *Che Guevara: uma biografia*, cit., p. 645.

[42] Ver Roberto Massari, *Che Guevara, grandeza y riesgo de la utopia*, cit., p. 113.

[43] Ver Orlando Borrego, *Che, el camino del fuego*, cit.

[44] Ver Che Guevara, *Apuntes críticos a la economía política*, cit., p. 20-7.

[45] Ibidem, p. 114.

[46] Orlando Borrego afirma que o Che leu em detalhes a trilogia de Deutscher. Néstor Kohan, "Che Guevara, lector de *El capital*", cit.

[47] Ver Juan Martín Guevara e Armelle Vincent, *Mi hermano el Che*, (Madri, Alianza Editorial, 2016).

[48] Ver Osvaldo Coggiola, *Trotsky, ontem e hoje* (Belo Horizonte, Oficina de Livros, 1990), p. 90-7.

[49] Ver Roberto Massari, "Nahuel Moreno, Che Guevara, héroe y mártir de la revolución", em *Quaderni della Fondazione Ernesto Che Guevara*, Bolsena, n. 4, 2001, p. 348.

[50] Para Carlos Miranda, "a independência do castrismo é a característica que reivindicaram então Moreno e sua corrente. E, ainda que nosso autor reconheça e esclareça o caráter não operário do castrismo, ele e o setor do trotskismo que representava tiveram a correta posição de se colocar claramente como parte do movimento". Carlos Miranda, citado em Nahuel Moreno, *Che Guevara, héroe y mártir* (Buenos Aires, La Montaña, 1997), p. 5. Apesar disso, segundo o próprio Moreno, o caráter da direção cubana explicaria "por que pôde transformar-se posteriormente, sem maiores sobressaltos e sem nenhum salto qualitativo, em um partido stalinista: porque seu caráter de classe a unia ao stalinismo mundial [...]. A direção cubana foi permanentemente uma direção pequeno-burguesa, que se transformou de nacionalista revolucionária diretamente em burocrática". Ibidem, p. 6. Para o mesmo Moreno, no artigo "Guevara: héroe y mártir de la revolución permanente", publicado en 1967, o Che havia começado como "revolucionário

pequeno-burguês em nosso país que não compreende o peronismo" e se transformou num "dirigente do movimento pequeno-burguês mais revolucionário da América Latina, o liderado por Fidel", ainda que os dois líderes tenham sido "os melhores porta-vozes da estratégia e da teoria revolucionária da direção cubana". Ibidem, p. 10. Para o autor, Guevara, apesar de cometer erros e não ser um teórico do calibre de Marx, Lênin ou Trótski, era um dos grandes do proletariado e da revolução universal. Ibidem, p. 14. E então, em seu "Dos métodos frente a la revolución latinoamericana", embora afirme que "nossa admiração, respeito, reconhecimento a eles [Che e Fidel], como chefes do processo revolucionário latino-americano, não têm limites", Moreno faz uma crítica *muito dura* a várias das ideias e concepções de Guevara. Ver ibidem, p. 21-42.

[51] Ver Pablo Dominguez, *Victorio Codovilla: la ortodoxia comunista* (Buenos Aires, Capital Intelectual, 2006), p. 10-1; Claudia Dubkin, *Fundadores de la izquierda argentina* (Buenos Aires, Capital Intelectual, 2008), p. 61-81; e Horacio Tarcus (org.), *Diccionario biográfico de la izquierda argentina* (Buenos Aires, Emecé Editores, 2007), p. 136-42.

[52] Ver Joseph Hansen, *Dynamics of the Cuban Revolution. A Marxist Appreciation* (Nova York, Pathfinder, 1994), p. 296.

[53] Ibidem, p. 299.

[54] Idem.

[55] Ibidem, p. 300.

[56] Ibidem, p. 302.

[57] Ibidem, p. 304.

[58] Ibidem, p. 318.

[59] Ibidem, p. 319.

[60] Ver Fidel Castro, *Política internacional de la revolución cubana* (Havana, Editora Política, 1966), v. 1, p. 97.

[61] Ver Adolfo Gilly, "Respuesta a Fidel Castro", em *Marcha*, n. 1.293, 18 fev. 1966, p. 20.

[62] Idem.

[63] Ver idem, "La renuncia del Che", em *Arauco*, ano VI, n. 69, out. 1965, p. 2.

[64] Ver idem, "Respuesta a Fidel Castro", em *Marcha*, n. 1293, 18 fev. 1966, p. 21.

[65] No "dicionário de comunismo científico", de Rumiántsev, muito divulgado em Cuba, e que representava a posição oficial soviética, "trotskismo" aparece como uma corrente político-ideológica oportunista pequeno-burguesa hostil ao marxismo-leninismo, que refletia as ideias de parte da intelectualidade urbana pequeno-burguesa propensa a um revolucionarismo retórico, mas que se mantinha afastada das batalhas classistas e difundia concepções capituladoras em todos os temas fundamentais da luta revolucionária. Para o dicionário, "a base ideológica do trotskismo foi a 'teoria da revolução permanente', que, nutrida parasitariamente da ideia da revolução permanente de Marx e Engels, apontava contra a doutrina leninista da transformação da revolução democrático-burguesa em revolução socialista. São características dessa 'teoria': a falta de fé na capacidade da classe operária de agrupar aliados a seu redor; a negação do papel revolucionário do campesinato; a tendência aventureira a 'fustigar' a revolução, a saltar fases não terminadas desta; a negação dos movimentos democráticos gerais; a orientação para um desenvolvimento de 'guerras revolucionárias'; a negação da possibilidade de construir o socia-

lismo em um só país. Nos anos 1920-1930, essa 'teoria' incorporou um elemento essencial a mais, um antissovietismo tosco, e transformou-se na plataforma unificadora das forças antissocialistas mais heterogêneas. [...] As proposições voluntaristas de Trótski sobre a transferência da revolução de um país para outro excluíam a possibilidade de uma coexistência duradoura de Estados com diferentes sistemas sociais. Para os trotskistas, a Rússia soviética deveria estar em conflito contínuo com o mundo capitalista, arriscar-se ao extremo, até o sacrifício de si mesma, 'estimulando' dessa maneira a revolução em outros países. [...] O trotskismo é um elemento nocivo para o movimento revolucionário, libertador, internacional e objetivamente serve aos interesses da reação. Por isso, para os partidos comunistas, lutar contra o trotskismo é uma tarefa ideológica importante". Ver A. Rumiántsev, *Comunismo científico: diccionário* (Moscou, Progreso, 1981), p. 387-9.

[66] Ver V. Ignátiev (org.), *La lucha del partido bolchevique contra el trotskismo después de la Revolución de Octubre* (Moscou, Progreso, [197-?]).

[67] Ver A. Rumiántsev, *Comunismo científico*, cit., p. 253-5.

[68] Ver Jorge Castañeda, *Che Guevara, a vida em vermelho*, cit., p. 217.

[69] Ibidem, p. 295.

[70] Idem.

[71] Ver ibidem, p. 296.

[72] De acordo com um documento da CIA, "apesar de sua dependência da União Soviética por ajuda econômica, Guevara parece seguir a linha ideológica do Partido Comunista Chinês. Uma indicação de sua militância e desprezo pela política soviética foi sua ameaça, mesmo que vazia, durante a crise de outubro de 1962, de lançar foguetes contra os Estados Unidos. Um admirador de Mao Tsé-tung, persistentemente incentivou a expansão da guerra de guerrilhas em toda a América Latina". Central Intelligence Agency, *CIA Biographic Register on Che*, ago. 1964. Disponível em: <www.companeroche.com/index.php?id=103>. Acesso em: 8 abr. 2018.

[73] Ver William E. Ratliff, "Chinese Communist Cultural Diplomacy Toward Latin America, 1949-1960", em *Hispanic-American Historical Review*, North Carolina, v. 49, n. 1, fev. 1969, p. 55.

[74] Ibidem, p. 56.

[75] Enquanto a maioria dos países latino-americanos viu uma diminuição gradual nas viagens para a China, de 1959 a 1961 Cuba registrou aumento substancial. A maior parte dos visitantes ia para as comemorações do 1º de maio ou para o 1º de outubro. Muitos latino-americanos eram convidados por organizações chinesas, como a Federação de Literatura e Arte, a Federação Sindical, o Comitê de Paz, a Associação Popular para Relações Culturais com Países Estrangeiros e a Associação de Amizade Sino-Latino-Americana, entre outras.

[76] Ver William E. Ratliff, "Chinese Communist Cultural Diplomacy Toward Latin America, 1949-1960", cit.

[77] Ver Jon Lee Anderson, *Che Guevara: uma biografia,* cit., p. 161.

[78] Ibidem, p. 168.

[79] Ver Bernard Jobic, "La revolución cultural y la crítica del economicismo", em *Cuadernos de Pasado y Presente*, Córdoba, n. 46, 1973, p. 200.

[80] Ibidem, p. 201.

[81] Ver Jean Baby, *As grandes divergências do mundo socialista* (trad. A. Luís P. Leite, São Paulo, Senzala, [ca. 1970]), p. 281.

[82] Ibidem, p. 282.

[83] Ver Che Guevara, "O plano e homem", em *Textos econômicos para a transformação do socialismo*, cit., p. 66-7.

[84] Ver Néstor Kohan, "Che Guevara, lector de *El capital*", cit.

[85] Ver Che Guevara, entrevista a um jornalista de *El Heraldo de Florida*, Montevidéu, 9 ago. 1961, reproduzida em Miguel Aguirre Bayley, *Che: Ernesto Guevara en Uruguay* (Montevidéu, Cauce, 2002), p. 103.

[86] Ver Daniel Gaido e Constanza Valera, "Trotskismo y guevarismo en la revolución cubana, 1959-1967". Disponível em: <www.sinpermiso.info/textos/trotskismo-y-guevarismo-en-la--revolucion-cubana-1959-1967>; acesso em: 26 jun. 2018.

[87] Idem.

[88] Ver Gary Tennant, "Che Guevara e os trotskistas cubanos", em Osvaldo Coggiola (org.), *Revolução Cubana, história e problemas atuais*, cit., p. 172-3.

[89] Ibidem, p. 174.

[90] Ver Orlando Borrego, *Entrevista*. Entrevistador: Luiz Bernardo Pericás. Havana, nov. 2001.

[91] Ver Néstor Kohan, "Che Guevara, lector de *El capital*", cit.

[92] Ver Roberto Massari, *Che Guevara, grandeza y riesgo de la utopia*, cit., p. 116.

[93] Ver Sheldon B. Liss, *Marxist Thought in Latin America* (Berkeley, University of California Press, 1984), p. 187.

[94] É interessante notar que, no golpe de Hugo Banzer, em 21 de agosto de 1971, o POR integrou a Frente Revolucionária Anti-imperialista juntamente com o PC, o PC-ml, a outra facção do POR, o ELN, o MIR, o PS, o Prin e o general Torres.

[95] Ver Juan Lechín, *Entrevista*. Entrevistador: Luiz Bernardo Pericás. La Paz, jan. 1995.

[96] Ver Guillermo Lora, *Revolución y foquismo* (Buenos Aires, Documentos, 1978), p. 159. Ele acreditava que uma guerrilha na Bolívia só poderia ter obtido sucesso se a liderança fosse do POR.

[97] Idem.

[98] Ver Guillermo Lora, "La guerrilla y las masas", em Carlos Soria Galvarro (org.), *El Che en Bolivia 3: análisis y reflexiones* (La Paz, Cedoin, 1994), p. 182.

[99] Ver Ronald Radosh, "Incentives, Moral and Material", em *Monthly Review*, Nova York, v. 25, n. 10, mar. 1974, p. 60.

[100] Ver Néstor Kohan, *En la selva: los estudios desconocidos del Che Guevara, a propósito de sus Cuadernos de lectura de Bolívia*, cit., p. 195.

[101] Ver Che Guevara, "O plano e o homem", cit., p. 68.

[102] Ver Josef Wilczynski, *An Encyclopedic Dictionary of Marxism, Socialism and Communism* (Londres, MacMillan, 1981), p. 607-8.

[103] Ver Che Guevara, comentário sobre o livro *História da Revolução Russa*, em Néstor Kohan, *En la selva: los estudios desconocidos del Che Guevara, a propósito de sus Cuadernos de lectura de Bolívia*, cit., p. 319.

[104] Ver Che Guevara, *América Latina: despertar de un continente*, cit., p. 486-92.

[105] Ver Gérard Walter, *Lenin* (Havana, Editorial de Ciencias Sociales, 2007).

[106] Ver Roberto Massari, *Che Guevara, grandeza y riesgo de la utopia*, cit.

[107] Ver Che Guevara, *Apuntes críticos a la economía política*, cit., p. 225.

[108] Ibidem, p. 251; e, no mesmo volume, "A modo de prólogo: algunas reflexiones sobre la transición socialista", p. 10.

[109] Ver Che Guevara, "O plano e o homem", cit., p. 69.

[110] Ver idem, *Apuntes críticos a la economía política*, cit., p. 338-9.

[111] Ver Néstor Kohan, "Che Guevara, lector de *El capital*", cit. Algo similar disse Fidel Castro, em entrevista a Tomás Borge. O "líder máximo" comentou que, "quando se iniciou o processo de retificação, eu promovi que imprimissem esses livros que se referiam ao Che, que se divulgasse o pensamento econômico do Che, não para tomá-lo como algo infalível, porque não se deve tomar nenhuma escola política, não se pode tomar o pensamento de nenhum teórico ou político como algo inflexível, como algo dogmático. Toda minha vida fui inimigo dos dogmas e nós devemos evitar que o pensamento dos políticos mais ilustres, dos revolucionários mais esclarecidos, se converta em dogma, até porque cada pensamento responde a um momento determinado, a uma circunstância determinada, a uma experiência determinada. Assim, coisas que Lênin pode ter visto em dado momento como fórmulas adequadas a uma circunstância determinada não são as fórmulas aplicáveis em outra circunstância diferente, não são as fórmulas aplicáveis em outros tempos diferentes. Digo, por isso, que nem o pensamento de Marx, nem o de Engels, nem o de Lênin, nem o do Che são dogmas, e sim brilhantes mostras de talento, de visão política, de visão social, de visão revolucionária, criadas em um momento determinado". Ver entrevista de Fidel Castro em Tomás Borge, *Un grano de maíz: hablando con Fidel* (Navarra, Txalaparta, 1993), p. 66.

[112] Ver José Tabares del Real, *Entrevista*. Entrevistador: Luiz Bernardo Pericás. Havana, jan. 1999.

Conclusão

[1] Ver Che Guevara, citado em Orlando Borrego, *Che, el camino del fuego*, cit., p. 410.

[2] Ver idem, *Apuntes críticos a la economía política*, cit., p. 29-33.

[3] Ver Martha Pérez-Rolo, "La organización y la dirección de la industria socialista en el pensamiento y la acción de Ernesto Che Guevara", cit., p. 279.

[4] Ver Orlando Borrego, *Che, el camino del fuego*, cit., p. 407.

[5] Ibidem, p. 408.

Lista de siglas

Acus: Akadémiia Naúk SSSR [Academia de Ciências da União Soviética]

AEA: Administración de Estabilización del Arroz [Administração de Estabilização do Arroz]

AFL: American Federation of Labor [Federação do Trabalho dos Estados Unidos]

AL: América Latina

ANNC: Xinhua [Agência de Notícias Nova China]

Apra: Alianza Popular Revolucionaria Americana [Aliança Popular Revolucionária Americana]

Bancec: Banco de Comercio Exterior

Bandes: Banco de Desarrollo Económico y Social [Banco de Desenvolvimento Econômico e Social]

Banfaic: Banco de Fomento Agrícola e Industrial de Cuba

BID: Banco Interamericano de Desenvolvimento

Bird: Banco Internacional para a Reconstrução e o Desenvolvimento (Banco Mundial)

BNC: Banco Nacional de Cuba

Caem: Conselho de Assistência Econômica Mútua (também conhecido como Comecon)

CC: Comitê Central

CCE: Compañia Cubana de Electricidad [Companhia Cubana de Eletricidade]

CE: Conselho Executivo

Cemi: Centre pour l'Étude des Modes d'Industrialisation [Centro para o Estudo dos Modos de Industrialização – França]

Cepal: Comissão Econômica para a América Latina

CI: Comitê Internacional

CIA: Central Intelligence Agency [Agência Central de Inteligência – Estados Unidos]

Cilos: Comitês de Indústrias Locais

Ciosl: Confederação Internacional dos Sindicatos Livres

CLA: Comisión Local Azucarera

CM: Conselho de Ministros

CNOC: Confederación Nacional Obrera Cubana [Confederação Nacional Operária Cubana]

CNRS: Centre National de la Recherche Scientifique [Centro Nacional de Pesquisa Científica – França]

COB: Central Obrera Boliviana [Central Operária Boliviana]

Codiad: Comisión de Disciplina Administrativa [Comissão Disciplinar Administrativa]

CON: Comisión Obrera Nacional [Comissão Operária Nacional]

Copa: Confederação Operária Pan-Americana

CS: Congresso Sindical (Rússia)

CTA: Consejo Técnico Asesor [Conselho Técnico Assessor]

CTAL: Confederação dos Trabalhadores da América Latina

CTC: Confederación de Trabajadores de Cuba [Confederação dos Trabalhadores de Cuba]

CTC-R: Confederación de Trabajadores de Cuba Revolucionaria [Confederação dos Trabalhadores de Cuba Revolucionária]

DI: Departamento de Industrialización [Departamento de Industrialização – Inra]

Diamat: materialismo dialético

Ebasco: Electric Bond and Share Company

EGP: Ejército Revolucionario del Pueblo [Exército Guerrilheiro do Povo – Argentina]

EHESS: École des Hautes Études en Sciences Sociales [Escola de Estudos Avançados em Ciências Sociais – França]

ELN: Ejército de Liberación Nacional [Exército de Libertação Nacional]

Esso: Eastern States Standard Oil

EUA: Estados Unidos da América

FAR: Fuerzas Armadas Revolucionarias [Forças Armadas Revolucionárias]

FCE: Fondo de Cultura Económica [Fundo de Cultura Econômica – México]

FCT: Federación Cubana del Trabajo [Federação Cubana do Trabalho]

FMI: Fundo Monetário Internacional

FOH: Federación Obrera de La Habana [Federação Operária de Havana – Cuba]

FOHC: Frente Obrero Humanista Cubano [Frente Operária Humanista Cubana]

Fonu: Frente Obrero Nacional Unido [Frente Operária Nacional Unida]

FSTMB: Federación Sindical de Trabajadores Mineros de Bolivia [Federação Sindical de Trabalhadores Mineiros da Bolívia]

FTC: Federación de Trabajadores Cubanos [Federação dos Trabalhadores de Cuba]

GATT: General Agreement on Tariffs and Trade [Acordo Geral sobre Tarifas e Comércio]

GE: General Electric

Goelro: Gossudárstvennaia Komissiia po Elektrifikatsi Róssi [Comissão Estatal de Eletrificação – União Soviética]

Gosplan: Gossudárstvennaia Planovaia Komissiia [Comissão Estatal de Planificação – União Soviética]

Gossnab: Gossudárstvennoe Komitet Snabjentcheskoe [Comitê de Estado para o Abastecimento Material e Técnico – União Soviética]

GPP: Guerra Popular Prolongada

IADTL: Instituto Americano pelo Desenvolvimento do Trabalho Livre

IBM: International Business Machines

ICDIQ: Instituto Cubano de Desarrollo de la Industria Quimica [Instituto Cubano para o Desenvolvimento da Indústria Química]

ICDM: Instituto Cubano para el Desarrollo de Maquinaria [Instituto Cubano de Desenvolvimento de Maquinaria]

ICIDCA: Instituto Cubano de Investigaciones de los Derivados de la Caña de Azúcar [Instituto Cubano para a Pesquisa dos Derivados da Cana-de-Açúcar]

ICIMM: Instituto Cubano de Investigaciones de Minería y Metalurgia [Instituto Cubano de Pesquisas de Mineração e Metalurgia]

ICIT: Instituto Cubano de Investigaciones Tecnologicas [Instituto Cubano para Pesquisas Tecnológicas]

ICRM: Instituto Cubano de Recursos Minerales [Instituto Cubano de Recursos Minerais]

Inra: Instituto Nacional de Reforma Agraria

JCR: Junta de Coordinación Revolucionaria [Junta de Coordenação Revolucionária]

JOC: Juventud Obrera Católica [Juventude Operária Católica]

Jucei: Junta de Control, Ejecución e Inspección [Junta de Coordenação, Execução e Inspeção]

Juceplan: Junta Central de Planificación [Junta Central de Planificação]

KGB: Komitet Gosudarstvennoy Bezopssnosti [Comitê de Segurança de Estado – União Soviética]

MEGA: Marx-Engels Gesamtausgabe [Obras completas de Marx-Engels]

Mincex: Ministério do Comércio Exterior

Mincin: Ministério do Comércio Interior

Mined: Ministério da Educação

Minfar: Ministério das Forças Armadas Revolucionárias

Minind: Ministério de Indústrias

Minint: Ministério do Interior

Minrex: Ministério das Relações Exteriores

Mintrab: Ministério do Trabalho

MNR: Movimiento Nacionalista Revolucionario [Movimento Nacionalista Revolucionário]

M-26-7: Movimiento 26 de Julio [Movimento 26 de Julho]

NEP: Nóvaia Ekonomítcheskaia Politika [Nova Política Econômica – União Soviética]

OEA: Organização dos Estados Americanos

ORI: Organizaciones Revolucionarias Integradas [Organizações Revolucionárias Integradas]

Orit: Organização Regional Interamericana dos Trabalhadores

PC: Partido Comunista

PC(b)R: Róssiskaia Kommunistítcheskaia Pártiia (bolchevikov) [Partido Comunista (bolchevique) da Rússia]

PCA: Partido Comunista Argentino

PCB: Partido Comunista Boliviano

PCC: Partido Comunista Cubano

PCCh: Jōng-guo Gongchǎndǎng [Partido Comunista Chinês]

PC-ml: Partido Comunista marxista-leninista (Bolívia)

PCM: Partido Comunista Mexicano

PCP: Partido Comunista de Peru

PCU: Partido Comunista Uruguayo

PCUS: Kommunistítcheskaia Pártiia Soviétskogo Soiuza [Partido Comunista da União Soviética]

PGT: Partido Guatemalteco del Trabajo [Partido Guatemalteco do Trabalho]

PIB: Produto Interno Bruto

POR: Partido Obrero Revolucionario [Partido Operário Revolucionário – Bolívia]

POR(T): Partido Obrero Revolucionario Trotskista [Partido Operário Revolucionário Trotskista – Cuba]

Poup: Polska Zjednoczona Partia Robotnicza [Partido Operário Unificado Polonês]

PRC: Partido Revolucionario Cubano

PRIN: Partido Revolucionario de Izquierda Nacional [Partido Revolucionário de Esquerda Nacional – Bolívia]

PSOB: Partido Socialista Obrero Boliviano [Partido Socialista Operário Boliviano]

PSP: Partido Socialista Popular (Cuba)

Purs: Partido Unido de La Revolución Socialista [Partido Unificado da Revolução Socialista]

QI: Quarta Internacional

RDA: República Democrática Alemã

RKKA: Rabótchie Kriestiánskaia Krásnaia Ármiia [Exército Vermelho – União Soviética]

RPDC: República Popular Democrática da Coreia (Coreia do Norte)

SLL: Socialist Labour League [Liga Socialista Operária – Reino Unido]

SNOIA: Sindicato Nacional Obrero de la Industria Azucarera [Sindicato Nacional Operário da Indústria Açucareira]

SOF: Sistema Presupuestario de Financiamiento [Sistema Orçamentário de Financiamento]

SU: Secretariado Unificado da Quarta Internacional

SWP: Socialist Workers Party [Partido Socialista Operário – Estados Unidos]

Tass: Tieliegrafnoie Aguiéntsvo Soviétskogo Soiuza [Agência Telegráfica da União Soviética]

Texaco: The Texas Company

UJC: Unión de Jóvenes Comunistas [União dos Jovens Comunistas]

Unam: Universidad Nacional Autónoma de México

URSS: União das Repúblicas Socialistas Soviéticas

ZDA: Zona de Desarrollo Agrario [Zona de Desenvolvimento Agrário]

Estudante de nível secundário trabalha organizando as estacas de uma plantação de tomates. Crédito: Corral (Corrales), c. 1962.

Posfácio

*Luiz Alberto Moniz Bandeira**

Muito oportuna, pela atualidade, a iniciativa de Luiz Bernardo Pericás ao reconstruir e analisar o debate desencadeado pelo artigo de Evsiei Liberman que o *Pravda* publicou, em 9 de setembro de 1962, sob o título "O plano, o lucro e os prêmios", defendendo uma reforma macroeconômica nos países do bloco soviético com base no princípio de que o lucro representava o índice de eficiência de uma empresa. Ele questionou o alcance do planejamento central e defendeu a concessão de estímulo às empresas para que buscassem maior eficiência econômica, dando-lhes mais autonomia, promovendo o interesse material e uma política de incentivos aos trabalhadores. O artigo desencadeou intenso debate, cuja recapitulação permite compreender alguns dos fatores que levaram o bloco soviético ao colapso entre 1989 e 1991, ano em que a União Soviética se desintegrou, enquanto a China, inserindo-se cada vez mais no mercado mundial, alcançava extraordinário êxito em seu desenvolvimento econômico.

Da mesma forma que Rosa Luxemburgo e outros teóricos do marxismo, Lênin tinha plena consciência de que somente se poderia estabelecer o socialismo como ordem econômica internacional tendo como alicerce o alto nível de desenvolvimento das forças produtivas impulsionado pelo capitalismo; este, ao mesmo tempo que socializava cada vez mais o trabalho, tornava o progresso discriminatório e excludente, em virtude do caráter privado da apropriação do excedente econômico. Só em tais circunstâncias, com o aumento da oferta de bens e serviços em quantidade e em qualidade, a liquidação das diferenças

---

* Luiz Alberto Moniz Bandeira (1935-2017) foi professor titular na Universidade de Brasília (UnB) e autor de várias obras, entre as quais *De Martí a Fidel: a Revolução Cubana e a América Latina*, *A reunificação da Alemanha: do ideal socialista ao socialismo real* e *Conflito e integração na América do Sul: Brasil, Estados Unidos e Argentina (da Tríplice Aliança ao Mercosul)*. Texto escrito em 2004.

de classe constituiria verdadeiro progresso e teria consistência, sem provocar o estancamento ou mesmo a decadência do modo de produção da sociedade, conforme Engels advertira*.

Entretanto, ao fim da guerra civil, em 1921, a renda nacional da Rússia caíra para um terço do nível de 1913. A indústria fabricava menos de um quinto das mercadorias produzidas antes da Primeira Guerra Mundial; as minas de carvão, menos de um décimo; as fundições de ferro, apenas a quadragésima parte de sua produção normal. A carência de aço, carvão e máquinas ameaçava paralisar totalmente suas indústrias. As ferrovias estavam completamente destruídas, a agricultura, arrasada e as aldeias, despovoadas. A estrutura social da Rússia não fora apenas derrubada: fora esmagada e destruída, conforme observou Isaac Deutscher, salientando que, quando a ditadura do proletariado triunfou, o proletariado quase havia desaparecido, pois, dos 3 milhões de trabalhadores existentes antes da revolução, apenas metade continuava ocupada**. Somente o campesinato emergiu intacto como classe social. E a Rússia, como Kautsky percebeu, estava mais distante do socialismo do que antes da guerra***. Lênin sabia-o. Recuou do comunismo militar ou comunismo de guerra, implantado durante os anos da guerra civil, e tratou de restabelecer o capitalismo, restaurando a economia de mercado com a adoção da *Nóvaia Ekonomítcheskaia Politika* (NEP) a partir de 1922. Não o fez como tática, a fim de enfrentar dificuldades momentâneas, e sim como estratégia de desenvolvimento das forças produtivas, necessário ao socialismo, pois concebia o capitalismo de Estado como o capitalismo privado, e não como a propriedade e a operação das empresas pelo Estado. E sustentou, de acordo com os parâmetros tradicionais da teoria marxista, que o planejamento só teria eficácia com uma economia altamente desenvolvida e concentrada, e não em um país com cerca de 20 milhões de pequenas fazendas.

O socialismo, segundo Lênin, era "inconcebível" sem a grande técnica, montada de acordo com a última palavra da ciência moderna, sem uma organização planificada do Estado, subordinando dezenas de milhões de pessoas ao mais estrito cumprimento das normas únicas de produção e distribuição****. Aí, mais uma vez, transpareceu a alta importância que Lênin atribuía à posição da Alemanha.

---

* Friedrich Engels, "Soziales aus Rußland", em Karl Marx e Friedrich Engels, *Werke* (Berlim, Dietz, 1976), v. 18, p. 556-9.

** Isaac Deutscher, *Trotsky: o profeta desarmado* (Rio de Janeiro, Civilização Brasileira, 1968), p. 15-6.

*** Karl Kautsky, *Von der Demokratie zur Staatssklaverei* (Berlim, Dietz, 1990), p. 232-3.

**** V. I. Lênin, "Sobre el impuesto en especie: significación de la nueva política económica y sus condiciones", em *Obras escogidas* (Moscou, Ediciones en Lenguas Extranjeras, 1948), v. 2, p. 883.

Segundo ele, uma revolução vitoriosa naquele país romperia, "de um golpe, com enorme facilidade", toda a "casca do imperialismo, casca feita, por desgraça, do melhor aço", e permitiria, "com toda a segurança", a vitória do socialismo em escala mundial, "sem dificuldades ou com menores dificuldades"*. Porém, se a revolução na Alemanha tardasse a irromper, "nossa tarefa consiste em aprender o capitalismo de Estado dos alemães, assimilá-lo com todas as nossas forças, não poupar procedimentos ditatoriais para acelerar a assimilação do ocidental pela Rússia bárbara, não nos determos diante de procedimentos bárbaros na luta contra a barbárie"**.

Lênin reconheceu que só uma grande indústria mecanizada, capaz de organizar também a agricultura, podia ser a base material do socialismo***, para o qual o capitalismo monopolista de Estado, que existia na Alemanha, representava, "sem os *junkers* e os capitalistas", sua "antessala", a "preparação mais perfeita"****. E, a fim de aliviar a extrema escassez interna de produtos e romper o isolamento internacional em que a Rússia soviética se encontrava, tratou de impulsionar a economia de mercado, embora sob controle do Estado. A NEP, com o concurso do sistema monetário, tanto estimulou a agricultura quanto reviveu a indústria, fazendo a produção da Rússia duplicar entre 1922 e 1923 e alcançar, em 1926, os níveis anteriores aos da Primeira Guerra Mundial*****. O propósito de Lênin foi, ao que tudo indica, promover não apenas a pacificação e a conciliação internas como normalizar as relações da Rússia soviética com os demais Estados europeus, sobretudo com a Alemanha, cujas fábricas de material bélico, as mais modernas da Europa, estavam paralisadas em consequência das proibições impostas pelo humilhante Tratado de Versalhes. Como comissário da Guerra, Trótski, interessado em montar uma indústria de armamentos para o poder soviético, iniciou então contatos secretos com as empresas alemãs Krupp, Blohm & Voss e Albatross, e Lênin autorizou-o a lhes oferecer vantagens, de modo a atraí-las. Aquelas empresas dispuseram-se a cooperar com a Rússia soviética, fornecendo maquinaria e assistência técnica necessárias à fabricação de aviões, artilharia e munições, cuja produção o Tratado de Versalhes proibia dentro do território da Alemanha. Em 16 de abril de 1922, a Alemanha e a Rússia soviética assinaram o Tratado de Rapallo, de extraordinária importância econômica e política para

---

* Ibidem, p. 884.

** Idem.

*** V. I. Lênin, "Tesis sobre el informe de la táctica del PC(b) de Rusia, presentado ante el III Congreso de la IC", em *Obras escogidas*, cit., v. 2, p. 293.

**** Idem, "Sobre el impuesto en especie: significación de la nueva política económica y sus condiciones", em *Obras escogidas*, cit., v. 2, p. 885.

***** León Trótski, *La Révolution trahie* (Paris, Bernard Grasset, 1936), p. 35.

os dois países naquele momento. A Alemanha, reconhecendo a Rússia soviética, rompeu o cerco a que ela ainda estava submetida. Entretanto, conforme Kautsky diagnosticou, o ensaio socialista falhara, nada mais restara à Rússia soviética senão a retirada para *Staatskapitalismus* (capitalismo de Estado), que não era novo, porquanto, lá, o capitalismo desde sempre existira graças somente ao poder do Estado*.

Com a morte de Lênin, em 1924, Josef Stálin, na condição de secretário-geral do PCUS, enfeixou em suas mãos o poder onímodo, igual ou maior do que o dos antigos tsares. E entendeu, diante do fracasso da revolução na Europa, sobretudo na Alemanha, que a União Soviética atrasada, agrícola, onde o capitalismo ainda não desenvolvera todas as suas forças produtivas, poderia, isoladamente, construir o socialismo. Sob o manto de um tal marxismo-leninismo, ele ressuscitou a velha teoria – tão combatida por Marx e Engels – dos *naródniki* (populistas), segundo a qual a Rússia poderia saltar diretamente para o socialismo sem atravessar a etapa do capitalismo. Em 1928, liquidou a experiência da NEP, que sofrera severa oposição dentro do PCUS, chegando alguns de seus membros a acusar Lênin de revisionismo e de trair a revolução**.

Com a perspectiva de instituir o socialismo dentro das fronteiras nacionais da União Soviética, Stálin passou a executar o Plano Quinquenal (1928-1933). Promoveu radical coletivização das terras e acelerou brutalmente o processo de industrialização. Kautsky, com razão, salientou que o regime soviético transportou os métodos do "absolutismo monárquico" da política para as indústrias, aumentou mais e mais os poderes dos diretores de fábricas sobre os operários, porém submeteu os mesmos diretores a tal subserviência ao aparelho político que lhes tirou toda a capacidade de agir com independência e tomar por conta própria qualquer iniciativa no processo de produção e distribuição***. E, por meio da restrição do consumo a um mínimo absolutamente intolerável, o Estado apropriou-se do excedente econômico, com o qual se dispôs a criar e organizar usinas, centrais de energia elétrica, indústrias de máquinas e equipamentos, assim como de outros bens de capital****. Essa acumulação primitiva de capital, em que a socialização se convertera não mais em consequência e sim em via de desenvolvimento, só se tornou viável mediante a socialização também do terror.

Na década de 1930, ao insistir na inviabilidade do socialismo num só país, conforme Stálin defendia, Trótski observou que o ponto fraco da economia na

---

* Karl Kautsky, *Von der Demokratie zur Staatssklaverei*, cit., p. 278.

** Ibidem, p. 17-8.

*** Idem, *Le Bolchevisme dans l'impasse* (Paris, Félix Alcan, 1931), p. 67.

**** Ibidem, p. 6.

União Soviética, além do atraso que herdara do passado, consistia no seu isolamento, dado que ela não podia aproveitar os recursos da economia mundial, nem de acordo com os princípios socialistas nem de acordo com os princípios capitalistas, sob a forma de crédito internacional normal, do financiamento, cuja importância era decisiva para os países atrasados*. As crises agudas da economia soviética – Trótski ponderou – lembravam que as forças produtivas, criadas pelo capitalismo, não podiam se adaptar à moldura nacional e só podiam ser coordenadas e harmonizadas, de forma socialista, em um plano internacional. Essas crises, ele acrescentou, representavam "alguma coisa de infinitamente mais grave que as moléstias infantis ou de crescimento": elas constituíam "severas advertências" do mercado internacional, ao qual a União Soviética estava subordinada e ligada e do qual não podia se separar**. Conforme a previsão de Trótski, se não houvesse uma revolução política e a democracia, com plena liberdade dos sindicatos e dos partidos políticos, não fosse restabelecida na União Soviética, a restauração da propriedade privada dos meios de produção tornar-se-ia ali inevitável e a nova classe possuidora, para a qual as condições estavam criadas, encontraria seus servidores entre os burocratas, técnicos e dirigentes, em geral, do Partido Comunista***.

A Segunda Guerra Mundial (1939-1945), não obstante os imensos danos que causara à União Soviética e o imenso atraso desta em relação ao Ocidente, aliviou-lhe, de certo modo, as dificuldades, possibilitando que ela incorporasse a seu espaço econômico os países do Leste Europeu e se impusesse como potência política e militar, à frente do chamado "bloco socialista". Nikita S. Khruschov, após denunciar o terror e os crimes de Stálin no XX Congresso do PCUS (1956), tentou empreender algumas reformas, entre 1954 e 1964, com o propósito de levar a União Soviética a suplantar o Ocidente industrializado. Impulsionou o cultivo de 35 milhões de hectares de terras virgens, encorajou os camponeses a plantar mais em suas terras particulares, aumentou os pagamentos pelas safras das fazendas coletivas e, em 1957, descentralizou as decisões no setor da indústria, transferindo os ministérios para os *sovnarkhozes*, conselhos econômicos regionais. Em 1965, o primeiro-ministro Aleksei N. Kossyguin procurou diminuir a supervisão das empresas pelos ministérios, de modo que elas se orientassem para o mercado, melhorando a qualidade dos produtos, aumentando as vendas e buscando lucros.

O choque do petróleo, ocorrido após a Guerra do Yom Kippur (1973), não somente abalou o Ocidente como afetou a União Soviética (lembrando

---

* León Trótski, *La Révolution trahie*, cit., p. 11.

** Ibidem, p. 12.

*** Ibidem, p. 285-6, 306, 324-5.

que ela integrava o mercado mundial capitalista, do qual nunca se libertara, apesar da estatização dos meios de produção e da planificação da economia). Entretanto, além do atraso que herdara do passado, a União Soviética, cuja crise econômica começara a se aguçar, continuava sem poder aproveitar os recursos da economia mundial, sob a forma de crédito e financiamento internacionais padrão, enquanto, ao mesmo tempo, a burocratização do sistema produtivo e a tentativa de equalização social criavam empecilhos para a acumulação de capital necessária ao esforço de desenvolvimento econômico. O governo de Leonid Brejniev (1964-1982), secretário-geral do PCUS, buscou maior diálogo com o Ocidente, uma vez que necessitava reduzir despesas militares da União Soviética e pretendia obter, sobretudo da RFA, tecnologia e equipamentos que possibilitassem a modernização de alguns setores de sua indústria, a fim de aumentar a produtividade e, consequentemente, a oferta de bens de consumo para a população. Mas não se entusiasmou com as reformas que então se estagnaram, obstaculizadas pela burocracia hostil a elas. Apenas tratou de agrupar as empresas em grandes associações industriais, similares às capitalistas, de modo a reduzir a interferência ministerial nas fábricas e permitir que elas tivessem melhor desempenho econômico. E, em 1979, Brejniev tentou outra reforma, introduzindo nova norma de produção, que também não funcionou e foi abandonada aos primeiros sinais de resistência por parte da burocracia, interessada em preservar a estabilidade do sistema. Essas tímidas reformas, iniciadas na União Soviética desde o artigo de Evsiei Liberman, estagnaram-se. Por isso, durante o encontro com os dirigentes da extinta República Democrática Alemã, em 1989, Mikhail Gorbatchov, após dissertar demoradamente sobre os problemas com que a União Soviética se defrontava, advertiu: "Quem vem tarde demais a vida castiga". Naquele ano, o bloco soviético estava a desmoronar e, dois anos depois, a própria União Soviética esbarrondou-se.

A China, porém, não sofreu maior abalo. Em 1978, dois anos após a morte de Mao Tsé-tung (1976), Deng Xiaoping começara a empreender reformas econômicas, abrindo a China aos investimentos estrangeiros, o que lhe possibilitou extraordinário crescimento econômico em vinte anos e a quadruplicação do seu PIB, da ordem de US$ 5,7 trilhões em 2002, de acordo com o método da paridade do poder de compra*. O modelo implementado por Deng Xiaoping e aprofundado por Jiang Zemin e Li-Peng, que impulsionaram a reorganização institucional no governo e no Partido Comunista da China, inspirou-se nas linhas do capitalismo de Estado, concebido por Lênin quando promoveu a NEP não como tática, e sim como estratégia de desenvolvimento das forças produtivas

---

* Na China, o setor privado passou a representar 39% do PIB, e o setor público, 36%, sendo os 25% restantes creditados à produção das áreas rurais e às cooperativas.

por meio do capitalismo privado sob o controle do Estado, e não por meio da estatização das empresas, como Stálin pretendeu organizar o socialismo, tendo uma União Soviética atrasada e isolada, dentro de uma economia mundial de mercado.

O capitalismo, ao longo da História, foi, entretanto, a única formação econômica com capacidade de expansão mundial. Sua evolução, desde o mercantilismo, constituiu um processo de contínua internacionalização da economia. Ao arruinar gradativamente as economias naturais e pré-capitalistas, o capitalismo vinculou todos os povos num sistema de vasos comunicantes e tornou as sociedades interdependentes, apesar e/ou em consequência da diversidade de seus graus de progresso e civilização. E a teoria de Marx sobre o colapso do capitalismo falhou, conforme Rosa Luxemburgo demonstrou em *Die Akkumulation des Kapitals* (obra publicada em 1913), porque ele fizera sua análise "em uma época na qual o imperialismo ainda não havia aparecido no cenário mundial"*, ou seja, em uma época em que a acumulação do capital ainda não se processava à custa das economias naturais e regiões não capitalistas ou pré-capitalistas, ainda não dominadas e integradas no sistema capitalista mundial**.

Leon Trótski salientou diversas vezes que a economia mundial não podia ser considerada a simples adição de unidades nacionais, e sim uma poderosa realidade independente, criada pela divisão internacional do trabalho e pelo mercado mundial, que se sobrepunha aos mercados de todos os países e os dominava***. Segundo ele, pretender construir a sociedade socialista, que deveria representar uma fase mais elevada que o capitalismo, no interior dos limites nacionais, significava fazer as forças produtivas recuarem, mesmo em relação ao capitalismo, não obstante os triunfos temporários que pudesse obter. "É uma utopia reacionária querer criar no quadro nacional um sistema harmonioso e suficiente, composto de todos os ramos econômicos, sem ter em conta as condições geográficas, históricas e culturais de um país [...] que fazem parte da unidade nacional" – Trótski acentuou****. Com efeito, a divisão internacional do trabalho, a subordinação da indústria na União Soviética ou em qualquer outro país do bloco soviético à tecnologia estrangeira, a dependência das forças produtivas dos

---

* Rosa Luxemburgo, *Gesammelte Werke: August 1914 bis Januar 1919* (Berlim, Dietz, 1990), v. 5, p. 518 [ed. bras: *A acumulação do capital*, trad. Marijane Vieira Lisboa e Otto Erich Walter Mass, São Paulo, Nova Cultural, 1988].

** Ibidem, p. 391.

*** León Trótski, A *revolução permanente* (São Paulo, Livraria Editora Ciências Humanas, 1979), p. 4.

**** Idem.

países capitalistas mais adiantados em relação às matérias-primas da Ásia, África ou América Latina tornavam impossível o estabelecimento de uma sociedade socialista autônoma, isolada, em qualquer região do mundo.

Trótski não levou seu pensamento às últimas consequências, ou melhor, não o deixou claro, em virtude da campanha stalinista, a estigmatizá-lo como traidor, e não se libertou do voluntarismo bolchevique, cuja matriz ideológica fora *Der Revolutionskateschismus* [O catecismo da revolução], atribuído a Serguei Guennádievitch Netcháiev (1847-1882). Porém, Trótski estava consciente de que, conforme Marx acentuara no prefácio de *Zur Kritik der politschen Ökonomie,* uma formação social nunca desmorona sem que as forças produtivas dentro dela estejam suficientemente desenvolvidas, e as novas relações de produção superiores jamais aparecem no lugar antes que as condições materiais de sua existência sejam incubadas nas entranhas da própria sociedade antiga*. Marx e Engels jamais conceberam o socialismo como via de desenvolvimento ou modelo alternativo para o capitalismo, senão como consequência de sua expansão. Para Marx e Engels, o que viabilizaria cientificamente o socialismo seria o alto nível de desenvolvimento das forças produtivas que o capitalismo impulsionava; este, no entanto, ao mesmo tempo que socializava cada vez mais o trabalho, tornava o progresso discriminatório e excludente, dado o caráter privado da apropriação do excedente econômico. Como já vimos, apenas em tais condições o aumento da oferta de bens e serviços, em quantidade e em qualidade, poderia atingir um nível em que a liquidação das diferenças de classe constituísse verdadeiro progresso e tivesse consistência, sem provocar o estancamento ou decadência do modo de produção da sociedade.

A tendência para a descentralização e a desburocratização da economia, a valorização do lucro e dos estímulos materiais ao trabalho, bem como outras práticas similares às do capitalismo, revelavam certa tomada de consciência de que o esforço para instituir o socialismo sem o aumento da oferta de bens e serviços, em quantidade e em qualidade, não tinha consistência e chegava a um nível em que a liquidação das diferenças de classe começava a provocar o referido estancamento e mesmo a decadência do modo de produção da sociedade soviética. Guevara, porém, nunca fora realmente familiarizado com o pensamento de Marx e Engels. Embora publicasse na revista *Verde Olivo,* nos primeiros anos da Revolução Cubana, uma série de artigos em que manifestava grande simpatia pela experiência da Iugoslávia, onde as empresas funcionavam com base no

* Karl Marx, "Zur Kritik der politischen Ökonomie – Vorwort", em Karl Marx e Friedrich Engels, *Werke*, cit., v. 13, p. 7-8 [ed. bras.: *Contribuição à crítica da economia política*, trad. Florestan Fernandes, São Paulo, Expressão Popular, 2007].

princípio da autogestão, ele se manifestou extremamente crítico ao processo de reformas, iniciado timidamente na União Soviética e na Europa Oriental. Todos os pronunciamentos que fez sobre a lei do valor e as características do chamado período de transição para o socialismo demonstravam, no entanto, que seu raciocínio teve sempre como fundamento a possibilidade de que um país atrasado pudesse, isoladamente, avançar para o socialismo, dentro de uma economia mundial de mercado.

Como ressaltou Luiz Bernardo Pericás, as reformas empreendidas não agradavam a Guevara, que via com desconfiança a implementação de práticas que redirecionavam a União Soviética e os demais países do bloco para o sistema capitalista. Entretanto, apesar de ter manifestado ingênua admiração por Stálin quando jovem e de seu raciocínio se desenvolver dentro das pautas de organizar o socialismo isoladamente, nos marcos nacionais de um país, sem considerar a economia mundial como um todo, suas concepções sobre a Revolução Cubana revelavam certo parentesco com as de Trótski. Ele rejeitava a teoria das etapas consecutivas e tratava de imprimir um caráter permanente na passagem das medidas meramente democráticas e burguesas para o socialismo e o comunismo. Com tal perspectiva, Guevara pretendeu promover aceleradamente a industrialização de Cuba, tal como Trótski advogara na União Soviética, à custa dos camponeses ricos, os *kulak,* o que implicou a coletivização forçada da agricultura, aliás, ironicamente promovida por Stálin nos anos 1930. E, da mesma forma que Trótski, Guevara entendeu que a construção do socialismo e do comunismo em Cuba só poderia prosseguir e manter-se caso a revolução abrisse outros *fronts* no Terceiro Mundo, razão pela qual, dentro do governo cubano, foi quem mais tratou de apoiar, em diversos países, quaisquer movimentos nacionalistas e anti-imperialistas, fossem ou não comunistas, que se dispusessem a se insurgir contra a ordem econômica e política vigente. Na *Mensaje a los pueblos del mundo a través de la Tricontinental,* ao proclamar a necessidade de "criar dois, três... muitos Vietnãs"*, ele expôs uma estratégia de luta que visava a romper revolucionariamente o impasse internacional configurado pela Guerra Fria. E, com aquela palavra de ordem, sintetizou a ideia da revolução internacional, permanente, no momento em que os Estados Unidos pagavam alto preço, tanto interna quanto externamente, por seu envolvimento cada vez maior na guerra da Indochina. Tal propósito transpareceu inequivocamente na seguinte recomendação: "Atacar dura e ininterruptamente [o domínio imperialista dos Estados Unidos] em cada ponto de confrontação deve ser a tática geral dos povos", e "levar a guerra até onde o inimigo a leve [...]; fazê-la total"; desenvolver "exércitos proletários internacionais, [...] de tal

---

* Ernesto Guevara, *Obras escogidas: 1957-1967* (Havana, Editorial de Ciencias Sociales, 1991), v. 1 e 2, p. 588, 596.

modo que morrer sob as insígnias do Vietnã, da Venezuela, [...] da Colômbia, da Bolívia e do Brasil [...] seja igualmente glorioso e aprazível para um americano, um asiático, um africano e, mesmo, um europeu".

Embora pareça divergir de Michael Löwy, para quem Guevara se afigura um homem conduzido mais por fatores de inspiração ética e quase religiosa, Luiz Bernardo Pericás, em sua excelente monografia *Che Guevara* e *a luta revolucionária na Bolívia*, reconheceu que "poucos sabem [...] que a imagem do Cristo e do seu sacrifício sempre permearam a vida do Che"*. Em carta à sua mãe, escrita aos 28 anos, Guevara escreveu que ela havia "lançado ao mundo um pequeno profeta ambulante que anuncia a vinda do dia do juízo final com voz estentórea"**. E, na data de seu aniversário, 14 de junho de 1952, anotou: "Día de San Guevara". O apelo para "criar dois, três... muitos Vietnãs" e sua própria partida para a Bolívia a fim de abrir um foco de guerrilha isolado do contexto social e político, após haver lutado no Congo, revelam, outrossim, um homem profundamente imbuído de fé e misticismo, a ponto de extremar o voluntarismo inerente ao bolchevismo, ao pretender promover revoluções, ainda que condições objetivas, materiais, não houvesse. Guevara, na verdade, encarnou, como revolucionário, o mais perfeito personagem da filosofia existencial de Søren Kierkegaard. Ele viveu o momento estético, em que buscou, como poeta, boêmio e vagabundo, o prazer no imediato, em suas jornadas através da América Latina durante os anos 1952 e 1953***. E essa existência em incessante busca de sensação redundou em fracasso e em tédio até que um homem, com a face mergulhada nas sombras, lhe revelou seu destino, e ele percebeu que seria sacrificado a uma "autêntica revolução", a grande niveladora da vontade individual, "pronunciando o exemplar *mea culpa*"****. O real dissolveu-se no possível. O tempo fluiu. Já não lhe restou esperança. Defrontou-se apenas com o nada e o desespero. E do gozo passou ao dever, da estética à ética, e este momento, negação do primeiro, caracterizou--se pela aceitação do conceito do pecado. Aí, porém, a alternativa de Abraão sobreveio: matar seu próprio filho ou desobedecer à ordem de Deus. A salvação estava na fé, este paradoxo em que o indivíduo se situava por cima do geral (da ética), como Kierkegaard definiu, e sempre de tal maneira que o movimento se repetia e, como consequência, o indivíduo, depois de estar no geral, isolava-se no

---

* Luiz Bernardo Pericás, *Che Guevara* e *a luta revolucionária na Bolívia* (São Paulo, Xamã, 1997), p. 208-9.

** Ibidem, p. 209.

*** Essa fase foi a que Guevara descreveu em seus primeiros diários. Ver Ernesto Guevara, *The Motorcycle Diaries: A Journey around South America* (Londres, Fourth Estate, 1995).

**** Ibidem, p. 152.

sucessivo como indivíduo por cima do geral. O "herói trágico" de Kierkegaard renunciou a si mesmo para expressar o geral; o "cavaleiro da fé" renunciou ao geral para se converter em indivíduo, em que a vida religiosa subordinava a si a ética, mas reabilitava a dúvida, a incerteza e a angústia diante da possibilidade de remissão dos pecados. Nada poderia refletir melhor a trajetória existencial de Che Guevara, da fase estética à da ética e à da fé, do que o texto escrito por ele próprio em 2 de julho de 1959, quando viajava pela Índia:

> Algo que realmente se desenvolveu dentro de mim é uma noção do conjunto em contraposição ao pessoal. Continuo sendo o mesmo solitário que costumava ser, procurando minha trilha sem ajuda pessoal, mas agora possuo uma percepção do meu dever histórico. Não tenho nenhum lar, nenhuma mulher, nenhum filho, nem pais, nem irmãos, nem irmãs; meus amigos são meus amigos apenas enquanto pensarem politicamente como eu. E, no entanto, estou contente. Sinto algo na vida, não apenas uma poderosa Força interior, que sempre senti, mas também o poder de instilar em outros, e um sentimento absolutamente fatalista de minha missão, que me despe de qualquer medo.*

Guevara possivelmente nunca lera os Evangelhos, mas o apóstolo Marcos narrou que, certa vez, quando alguém disse a Jesus, o Cristo, que seus irmãos e sua mãe o buscavam fora da casa onde ele se reunia com os discípulos, sua resposta foi: "Quem é minha mãe? Quem são meus irmãos?". E, olhando os que estavam sentados ao redor, disse: "Eis aqui minha mãe e meus irmãos. Pois aquele que fizer a vontade de Deus, este será meu irmão, minha irmã e minha mãe"**. Em outra ocasião, segundo Lucas, ele disse que não podia ser seu discípulo aquele que a ele fosse e não renunciasse ao pai e à mãe, à mulher e aos filhos, aos irmãos e às irmãs ou mesmo à própria vida***. Che Guevara assim procedeu, não para seguir o Cristo, mas para se tornar o messias da luta armada, na qual, dando ele próprio o exemplo do sacrifício, mais uma vez se lançou, com a esperança de salvar a sociedade e criar "o homem novo", "o homem do século XXI", redimido da necessidade de se vender como mercadoria****. "Muitos dirão que sou um aventureiro, e sou de fato, só que um tanto diferente, sou daqueles que arriscam a vida

---

* Jon Lee Anderson, *Che Guevara, uma biografia*, cit.

** Evangelium nach Markus, *Die heilige Schrift des alten und neuen Testamentes*, (Aschaffenburg, Paul Pattloch Verlag, 1965), cap. 3, versículos 31-5.

*** Evangelium nach Lukas, *Die heilige Schrift des alten und neuen Testamentes*, cit., cap. 14, versículo 26.

**** Ernesto Guevara, *Obras escogidas: 1957-1967*, cit., p. 368-84.

para demonstrar suas verdades"* – escreveu a seus pais, despedindo-se e, com a pura e austera moralidade dos cristãos primitivos que sempre lhe caracterizou o comportamento, renunciou a todos os seus cargos em Cuba e partiu para a África.

Guevara foi apossado por uma ilusão, embora logo percebesse e, criticando abertamente a União Soviética, ousasse dizer, em Argel, que os países socialistas eram, "de certa forma, cúmplices da exploração imperialista"**, pois julgava um "absurdo" que um país socialista quisesse averiguar a possibilidade de pagamento de um povo que lutava pela libertação ou necessitava de armas para defender sua liberdade. "Pode-se argumentar que o intercâmbio com os países subdesenvolvidos constitui uma parte insignificante do comércio exterior destes países" – ponderou, ressaltando, porém, que não eliminava "o caráter imoral da troca". "Os países socialistas têm o dever moral de liquidar sua cumplicidade com os países exploradores do Ocidente" – acrescentou***. Aí, mais uma vez, ele demonstrou sua pureza, o idealismo do "herói trágico", renunciando a si mesmo para expressar o geral, e do "cavaleiro da fé", que renunciou ao geral para se converter em indivíduo, subordinando sua vida à ética, mas reabilitando a dúvida, a incerteza e a angústia diante da possibilidade de remissão dos pecados, uma vez que "não pode haver socialismo se não houver uma mudança na percepção do homem capaz de gerar uma nova atitude fraternal para com a humanidade, tanto no plano individual, na sociedade que constrói ou construiu o socialismo, como no plano mundial, em relação a todos os povos que sofrem a opressão imperialista"****.

O aspecto místico, quase religioso, não só do comportamento mas igualmente da concepção que Che Guevara tinha do socialismo e do *hombre nuevo* evidenciou-se também no debate sobre as reformas econômicas na União Soviética propostas por Evsiei Liberman, que Luiz Bernardo Pericás reconstituiu tão bem. Torna-se muito oportuno, portanto, revisitar os textos escritos por Guevara e outros intérpretes do marxismo na primeira metade dos anos 1960, para que se perceba nitidamente o que o historiador francês François Furet intitulou *le passé d'une illusion* (o passado de uma ilusão)*****. O desmoronamento de todo o bloco soviético (1989) e da própria União Soviética (1991), que não implementara a tempo as reformas de acordo com o modelo da NEP comprovou ser ilusória

* Idem, "Carta a sus padres (1965?)", em *Obras escogidas: 1957-1967*, cit., p. 639.

** Ibidem, v. 2, p. 572-83.

*** Ibidem, p. 574.

**** Idem.

***** François Furet, *Le Passé d'une illusion: essai sur l'idée communiste au XXème siècle* (Paris, Robert Laffont/Calmann-Lévy, 1995).

a possibilidade de implantar o socialismo em um ou mais países, atrasados e isolados, dentro da economia mundial de mercado, capitalista, da qual jamais puderam ou podiam libertar-se, como partes integrantes desse sistema. E, ao contrário de negar, confirmou a teoria de Marx e Engels de que não seria possível realizar o socialismo sem o rápido aperfeiçoamento dos instrumentos de produção e o constante progresso dos meios de transporte e de comunicação, com que a burguesia arrastava até as nações mais bárbaras à civilização*.

* Karl Marx, "Zur Kritik der politischen Ökonomie – Vorwort", em Karl Marx e Friedrich Engels, *Werke*, cit., p. 7-8.

Índice onomástico

R

S

T

Referências

ACADEMIA DE CIÊNCIAS DA UNIÃO SOVIÉTICA. *La historia de Cuba*. Moscou, 1980.

_____. *La política exterior de la Cuba socialista*. Moscou, Progreso, 1982.

_____. *Lénine*: biografia. Moscou/Lisboa, Progresso/Avante!, 1984.

ADAMS, Jerome R. *Latin American Heroes*. Nova York, Ballantine Books, 1993.

AFANÁSSIEV, V. *Os fundamentos do comunismo científico*. Moscou, Progresso, 1985.

AGUIRRE BAYLEY, Miguel. *Che*: Ernesto Guevara en Uruguay. Montevidéu, Cauce Editorial, 2002.

ALARCÓN DE QUESADA, Ricardo; ÁLVAREZ SÁNCHEZ, Miguel. *Bloqueo*: guerra económica de Estados Unidos contra Cuba. Havana, Editora Política, 2001.

ALMEYRA, G.; SANTARELLI, E. *Guevara*: il pensiero ribelle. Roma, Datanews, 1994.

ALONSO JÚNIOR, Odir. A esquerda cubana antes da revolução: anarquistas, comunistas e trotskistas. In: COGGIOLA, Osvaldo (org.). *Revolução Cubana*: história e problemas atuais. São Paulo, Xamã, 1998. p. 29-50.

ALONSO TEJADA, Aurélio. *Entrevista*. Entrevistador: Luiz Bernardo Pericás. Havana, jan. 1999.

ALTHUSSER, Louis. *Por Marx*. Havana, Edición Revolucionaria, 1966 [ed. bras.: *Por Marx*, trad. Maria Leonor F. R. Loureiro, Campinas, Editora da Unicamp, 2015].

ALTMANN, Werner. *México e Cuba*: revolução, nacionalismo, política externa. São Leopoldo, Unisinos, 2001.

ALVAREZ BATISTA, Geronimo. *Che*: una nueva batalla. Paris, Pablo de la Torriente, 1994.

ANDERSON, Jon Lee. *Che Guevara*: uma biografia. Trad. M. H. C. Cortês. Rio de Janeiro, Objetiva, 1997.

ARICÓ, José. *Marx e a América Latina*. São Paulo, Paz e Terra, 1982.

_____. La sed de absoluto. *La Ciudad Futura*, Buenos Aires, n. 7, out. 1987. p. 32.

ARIET, Maria del Carmen. *Che*: pensamiento político. Havana, Editora Política, 1988.

AROCA, Santiago. *Fidel Castro*: el final del camino. Cidade do México, Planeta, 1992.

BABY, Jean. *As grandes divergências do mundo socialista.* Trad. A. Luís P. Leite. São Paulo, Senzala, [ca. 1970].

BAILEY, Paul. Maoísmo. In: OUTHWAIT, William; BOTTOMORE, Tom. (org.). *Dicionário do pensamento social do século XX.* Trad. Álvaro Cabral e Eduardo Francisco Alves. Rio de Janeiro, Zahar, 1996. p. 441-5.

BALIÑO, Carlos et al. *La Revolución de Octubre y su repercusión en Cuba.* Havana, Instituto del Libro, 1967.

BALOYRA, Enrique A.; MORRIS, James A. (org.). *Conflict and Change in Cuba.* Albuquerque, University of New Mexico Press, 1993.

BARAGAÑO, J. A. La Historia los condenará. *Lunes de Revolución*, Havana, n. 79, 3 out. 1960. p. 4-7.

BARÁIBAR, Carlos de. Ante el desafío económico comunista. *Estudios sobre el Comunismo,* Santiago do Chile, ano V, n. 16, abr./jun. 1957. p. 1-8.

BARAN, Paul. La planificación social y económica. *Monthly Review,* Nova York, ano 2, n. 20, 1965. p. 6-16.

______; SWEEZY, Paul. *Capitalismo monopolista.* Rio de Janeiro, Zahar, 1974.

BARROS FILHO, Omar de. *Bolívia*: vocação e destino. São Paulo, Versus, 1980.

BARTON, Paul. La legislación del trabajo en la URSS. *Estudios sobre el Comunismo,* Santiago do Chile, ano VII, n. 25, jul./set. 1959. p. 46-52.

BARTRA, Alberto. La reforma agraria y el proceso económico. *Lunes de Revolución,* Havana, n. 38, 7 dez. 1959. p. 2-5.

BASMÁNOV, M.; LEIBZÓN, B. *Vanguardia revolucionaria*: problemas de la lucha ideológica. Moscou, Progreso, 1978.

BATÁLOV, E. *La teoria leninista de la revolución.* Moscou, Progreso, 1985.

BATISTA, Geronimo Alvarez. *Che:* uma nueva batalla. Paris, Pablo de la Torriente/Sección de rotativistas del Sindicato General del Libro de Paris, 1994.

BAUDIS, Dieter; GARCÍA, Gloria. La planificación a largo plazo de la Cuban Electric Company. In: GARCÍA BRITO, Horacio (org.). *Monopolios norteamericanos en Cuba.* Havana, Editorial de Ciencias Sociales, 1973. p. 77-167.

BEKARÉVICH, Anatoli; MANSILLA, Anastasio. Transformaciones socialistas y problemas del período de transición en Cuba. In: ACADEMIA DE CIÊNCIAS DA UNIÃO SOVIÉTICA. *La historia de Cuba.* Moscou, 1980. p. 24-71.

BELOÚSSOV, R. *Gestão planificada da economia socialista.* Moscou, Progresso, 1986.

BENACHENHOU, Abellatif. For Autonomous Development in the Third World. *Monthly Review,* Nova York, v. 32, n. 3, jul./ago. 1980. p. 43-52.

BETTELHEIM, Charles. La planificación y el mercado. *Monthly Review,* Nova York, ano 2, n. 21, maio 1965. p. 42-9.

_____. *Cálculo económico y formas de propiedad.* Cidade do México, Siglo XXI, 1972.

_____. *A luta de classes na União Soviética.* Trad. Bolívar Costa. Rio de Janeiro, Paz e Terra, 1976.

_____. *Planificação e crescimento acelerado.* Trad. Dirceu Lindoso. Rio de Janeiro, Zahar, 1976.

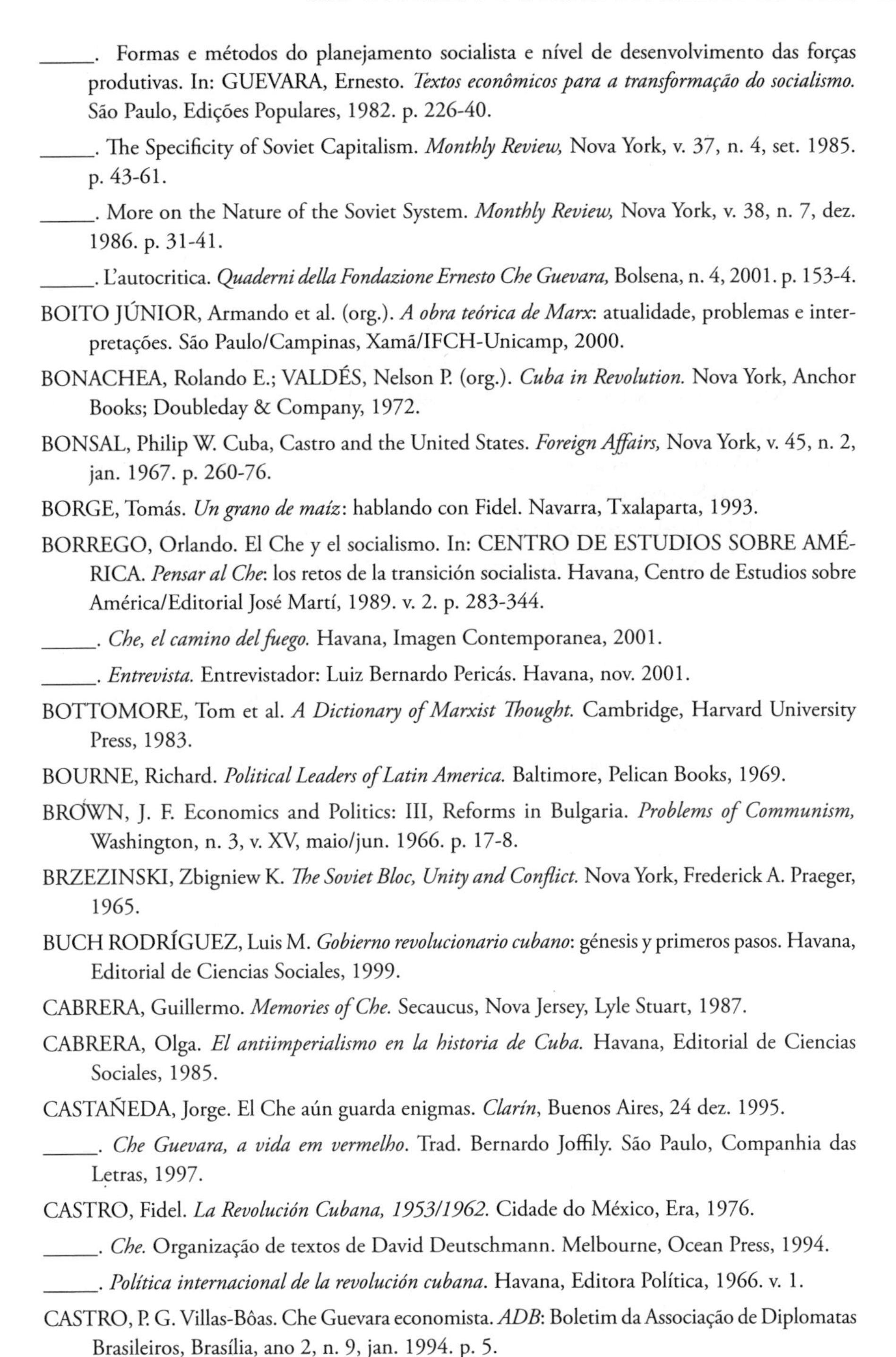

_____. Formas e métodos do planejamento socialista e nível de desenvolvimento das forças produtivas. In: GUEVARA, Ernesto. *Textos econômicos para a transformação do socialismo.* São Paulo, Edições Populares, 1982. p. 226-40.

_____. The Specificity of Soviet Capitalism. *Monthly Review,* Nova York, v. 37, n. 4, set. 1985. p. 43-61.

_____. More on the Nature of the Soviet System. *Monthly Review,* Nova York, v. 38, n. 7, dez. 1986. p. 31-41.

_____. L'autocritica. *Quaderni della Fondazione Ernesto Che Guevara,* Bolsena, n. 4, 2001. p. 153-4.

BOITO JÚNIOR, Armando et al. (org.). *A obra teórica de Marx*: atualidade, problemas e interpretações. São Paulo/Campinas, Xamã/IFCH-Unicamp, 2000.

BONACHEA, Rolando E.; VALDÉS, Nelson P. (org.). *Cuba in Revolution.* Nova York, Anchor Books; Doubleday & Company, 1972.

BONSAL, Philip W. Cuba, Castro and the United States. *Foreign Affairs,* Nova York, v. 45, n. 2, jan. 1967. p. 260-76.

BORGE, Tomás. *Un grano de maíz*: hablando con Fidel. Navarra, Txalaparta, 1993.

BORREGO, Orlando. El Che y el socialismo. In: CENTRO DE ESTUDIOS SOBRE AMÉRICA. *Pensar al Che*: los retos de la transición socialista. Havana, Centro de Estudios sobre América/Editorial José Martí, 1989. v. 2. p. 283-344.

_____. *Che, el camino del fuego.* Havana, Imagen Contemporanea, 2001.

_____. *Entrevista.* Entrevistador: Luiz Bernardo Pericás. Havana, nov. 2001.

BOTTOMORE, Tom et al. *A Dictionary of Marxist Thought.* Cambridge, Harvard University Press, 1983.

BOURNE, Richard. *Political Leaders of Latin America.* Baltimore, Pelican Books, 1969.

BROWN, J. F. Economics and Politics: III, Reforms in Bulgaria. *Problems of Communism,* Washington, n. 3, v. XV, maio/jun. 1966. p. 17-8.

BRZEZINSKI, Zbigniew K. *The Soviet Bloc, Unity and Conflict.* Nova York, Frederick A. Praeger, 1965.

BUCH RODRÍGUEZ, Luis M. *Gobierno revolucionario cubano*: génesis y primeros pasos. Havana, Editorial de Ciencias Sociales, 1999.

CABRERA, Guillermo. *Memories of Che.* Secaucus, Nova Jersey, Lyle Stuart, 1987.

CABRERA, Olga. *El antiimperialismo en la historia de Cuba.* Havana, Editorial de Ciencias Sociales, 1985.

CASTAÑEDA, Jorge. El Che aún guarda enigmas. *Clarín,* Buenos Aires, 24 dez. 1995.

_____. *Che Guevara, a vida em vermelho.* Trad. Bernardo Joffily. São Paulo, Companhia das Letras, 1997.

CASTRO, Fidel. *La Revolución Cubana, 1953/1962.* Cidade do México, Era, 1976.

_____. *Che.* Organização de textos de David Deutschmann. Melbourne, Ocean Press, 1994.

_____. *Política internacional de la revolución cubana.* Havana, Editora Política, 1966. v. 1.

CASTRO, P. G. Villas-Bôas. Che Guevara economista. *ADB*: Boletim da Associação de Diplomatas Brasileiros, Brasília, ano 2, n. 9, jan. 1994. p. 5.

CENTRO DE ESTUDIOS SOBRE AMÉRICA. *Pensar al Che*: desafíos de la lucha por el poder político. Havana, Centro de Estudios sobre América/Editorial José Martí, 1989. v. 1.

_____. *Pensar al Che*: los retos de la transición socialista. Havana, Centro de Estudios sobre América/Editorial José Martí, 1989. v. 2.

CEPERO BONILLA, Raúl. *Escritos económicos.* Havana, Editorial de Ciencias Sociales, 1983.

_____. *Escritos históricos.* Havana, Editorial de Ciencias Sociales, 1989.

_____. El convenio cubano-soviético. In: _____. *Escritos históricos.* Havana, Editorial de Ciencias Sociales, 1989. p. 321-41.

CHAMBRE, Henri. *El marxismo en la Unión Soviética.* Madri, Tecnos, 1960.

_____. *De Marx a Mao Tse Tung.* Trad. Henrique de Lima Vaz. São Paulo, Duas Cidades, 1963.

CHAVANCE, Bernard. Sobre as relações de produção na URSS. *Teoria & Política*, São Paulo, ano I, n. 3, 1980. p. 92-104.

CHÁVEZ ÁLVAREZ, Ernesto (org.). *Los obreros hacen y escriben su historia.* Havana, Editorial de Ciencias Sociales, 1975.

CHÁVEZ LIMA, Israel. *Entrevista.* Entrevistador: Luiz Bernardo Pericás. Havana, nov. 2001.

CHIROT, Daniel. *Social Change in the Twentieth Century.* Nova York, Harcourt Brace Jovanovich, 1977.

CHITARIN, Atilio. Consideraciones "ideológicas" sobre la transición. *Cuadernos de Pasado y Presente,* Córdoba, n. 46, 1973. p. 15-25.

_____. Problemas de la transición del capitalismo al socialismo en la URSS. *Cuadernos de Pasado y Presente*, Córdoba, n. 46, 1973. p. 125-40.

CHVIRTOV, I. M. *O planeamento económico de Estado.* Moscou, Progresso, 1989.

CLAUDÍN, Fernando. *A oposição no "socialismo real".* Rio de Janeiro, Marco Zero, 1983.

COGGIOLA, Osvaldo. *Trotsky, ontem e hoje.* Belo Horizonte, Oficina de Livros, 1990.

_____. (org.). *Revolução Cubana, história e problemas atuais.* São Paulo, Xamã, 1998.

_____. *Imperialismo e guerra na Iugoslávia.* Radiografia do conflito nos Bálcãs. São Paulo, Xamã, 1999.

_____; PAULINO, Robério. *O fim do "socialismo real" em debate.* São Paulo, [s. n.], 2001.

COLE, Ken. *Cuba from Revolution to Development.* Londres, Pinter, 1998.

CONNEL-SMITH, Gordon. *The United States & Latin America.* Londres, Heinemann, 1974.

COOKE, John William. La revolución y su ética. *Lunes de Revolución*, Havana, n. 76, 12 set. 1960. p. 2-4.

CORMIER, Jean. *Che Guevara, compagnon de la révolution.* Paris, Gallimard, 1996.

CUBA. Ministério da Fazenda; Gabinete da Presidência. *Decreto n. 2.261*, de 26 de novembro de 1959. Nomeação de Ernesto Guevara para o cargo de presidente do Banco Nacional. Havana, 1959.

_____. Ministério das Relações Exteriores. *Carta a Daniel M. Braddock* (encarregado de negócios dos Estados Unidos em Havana). Havana, 18 mar. 1960.

_____. Ministério das Relações Exteriores. *Carta a Daniel M. Braddock* (encarregado de negócios *ad interim* dos Estados Unidos em Havana). Havana, 22 fev. 1960.

_____. *Decreto n. 2.950*, de 27 de fevereiro de 1961. Nomeação de Ernesto Guevara para o cargo de ministro das Indústrias. Havana, 1961.

COUTINHO, Carlos Nelson. *O estruturalismo e a miséria da razão.* Rio de Janeiro, Paz e Terra, 1972.

DEBRAY, Régis. *Revolução na Revolução.* Havana, Casa de las Américas, 1967.

_____. Latin America: Some Problems of Revolutionary Strategy. In: HOROWITZ, I. L.; CASTRO, J.; GERASSI, J. (orgs.). *Latin American Radicalism.* Londres, Jonathan Cape, 1969. p. 499-531.

DEL ROSAL, Amaro. *Los congresos obreros internacionales en el siglo XX.* Barcelona, Grijalbo, 1973.

DEL TORO, Carlos. *El movimiento obrero cubano en 1914.* Havana, Instituto del Libro, 1969.

DEMAITRE, Edmund. The Wonders of Marxology. *Problems of Communism*, Washington, v. XV, n. 4, jul./ago. 1966. p. 29-35.

DE SANTIS, Sergio. Debate sobre la gestión socialista en Cuba. In: ______ et al. *La economía socialista*: debate. Barcelona, Terra Nova, [197-?].

DETROIT, Mark. Cuba in the 1960's: Bureaucrats Head to "Communism" without the Workers. *Communist Voice*, v. 4, n. 2, 20 abr. 1998. Disponível em: <www. home.flash.net/~comvoice/17cCuba60s.html>. Acesso em: 27 out. 2000.

DEUTSCHER, Isaac. *Soviet Trade Unions.* Londres, Royal Institute of International Affairs, 1950.

_____. *The Unfinished Revolution, 1917/1967.* Nova York, Oxford University Press, 1967.

_____. A falência do krushevismo. In: ______ et al. *Problemas e perspectivas do socialismo.* Trad. Marco Aurélio de Moura Mattos. Rio de Janeiro, Zahar, 1969.

______ et al. *Problemas e perspectivas do socialismo.* Trad. Marco Aurélio de Moura Mattos. Rio de Janeiro, Zahar, 1969.

DEVLIN, Kevin. The Permanent Revolutionism of Fidel Castro. *Problems of Communism*, Washington, v. XVII, n. 1, jan./fev. 1968. p. 1-11.

DINERSTEIN, Herbert. Moscow and the Third World, Power Politics or Revolution? *Problems of Communism*, Washington, v. XVII, n. 1, jan./fev.1968. p. 52-6.

DJILAS, Milovan. *A nova classe.* Trad. Waltensir Dutra. Rio de Janeiro, Agir, 1958.

DOBB, Maurice. *Socialist Planning*: Some Problems. Londres, Lawrence & Wishart, 1970.

DOMINGUEZ, Pablo. *Victorio Codovilla*: la ortodoxia comunista. Buenos Aires, Capital Intelectual, 2006.

DOZER, Donald Marquand. *América Latina, uma perspectiva histórica.* Trad. Leonel Vallandro. Porto Alegre/São Paulo, Globo/USP, 1966.

DRACHKOVITCH, Milorad M. (org.). *O marxismo no mundo moderno.* Rio de Janeiro, Zahar, 1966.

DRAPER, Theodore. Castrismo. In: DRACHKOVITCH, Milorad M. (org.). *O marxismo no mundo moderno.* Rio de Janeiro, Zahar, 1966. p. 271-316.

_____. *Castrismo, teoria e prática.* Rio de Janeiro, GRD, 1966.

DREIER, John C. (org.). *A Aliança para o Progresso.* Trad. Ruy Jungmann. Rio de Janeiro, Fundo de Cultura, 1962.

DUBKIN, Claudia. *Fundadores de la izquierda argentina.* Buenos Aires, Capital Intelectual, 2008.

DUMONT, René. *Cuba*: Socialism and Development. Nova York, Grove Press, 1970.

_____; MAZOYER, Marcel. *Desarrollo y socialismos.* Caracas, Tiempo Nuevo, 1969.

DUTRA, Hélio. *Querida ilha.* São Paulo, Mandacaru, 1988.

EASTMAN, Lloyd. Mao, Marx, and the Future Society. *Problems of Communism,* Washington, v. XVIII, n. 3, maio/ jun. 1969. p. 21-6.

ELLMAN, Michael. *Planejamento socialista.* Rio de Janeiro, Zahar, 1980.

ESCOBAR, Froilán; GUERRA, Félix. *Che sierra adentro.* Havana, Editora Política, 1988.

ESCOSTEGUY, Jorge. *Cuba hoje*: 20 anos de revolução. São Paulo, Alfa-Omega, 1978.

ESTADOS UNIDOS DA AMÉRICA. Central Intelligence Agency. *CIA Biographic Register on Che.* Ago. 1964. Disponível em: <www.companeroche.com/index.php?id=103>. Acesso em: 8 abr. 2018.

FARIA, Octavio de. *Destino do socialismo.* São Paulo, Ariel, 1933.

FAVROD, Charles-Henri (org.). *Os soviéticos.* Lisboa, Dom Quixote, 1978. (Enciclopédia do Mundo Atual, v. 16.)

FENGHI, Francesco. Economía de transición y superación del "modelo socialista" en China. *Cuadernos de Pasado y Presente,* Córdoba, n. 46, 1973. p. 141-65.

FERNANDES, Florestan. *Da guerrilha ao socialismo*: a Revolução Cubana. São Paulo, TAQ, 1979.

FERNÁNDEZ FONT, Marcelo. Desenvolvimento e funções do sistema bancário socialista em Cuba. In: GUEVARA, Ernesto. *Textos econômicos para a transformação do socialismo.* São Paulo, Edições Populares, 1982. p. 202-13.

FERNANDEZ RÍOS, Olga. *Formación y desarollo del Estado socialista en Cuba.* Havana, Editorial de Ciencias Sociales, 1988.

FERRER, Carlos "Calica". *De Ernesto a Che*: a segunda e última viagem de Guevara pela América Latina. São Paulo, Planeta do Brasil, 2009.

FERRERA DIAZ, Jorge. *Entrevista.* Entrevistador: Luiz Bernardo Pericás. Havana, nov. 2001.

FISCHER, Ernst. *Marx in His Own Words.* Londres, Penguin, 1978.

FITZGERALD, Frank T. Cuba and the Problem of Socialist Development. *Monthly Review,* Nova York, v. 33, n. 11, abr. 1982. p. 48-51.

FLORES CASAMAYOR, Bárbara. Aspectos económicos del período de transición en Cuba. *Cuba Socialista,* Havana, n. 35, set./out. 1988. p. 105-25.

FORNET-BETANCOURT, Raúl. *O marxismo na América Latina.* São Leopoldo, Unisinos, 1995.

FRANQUI, Carlos. Cultura y revolución. *Lunes de Revolución,* Havana, n. 19, 26 jul. 1959. p. 11-2.

_____. *Retrato de família com Fidel.* Rio de Janeiro, Record, 1981.

FUNG RIVERÓN, Thalia M. *En torno a las regularidades y particularidades de la revolución socialista en Cuba.* Havana, Editorial de Ciencias Sociales, 1982.

FURTADO, Celso. *A fantasia organizada.* Rio de Janeiro, Paz e Terra, 1985.

FURTAK, Robert K. Revolución mundial y coexistencia pacífica. *Foro Internacional*, Cidade do México, 25-26, v. VII, n. 1 e 2, [1971?]. p. 1-28.

GADEA, Hilda. *Ernesto*: A Memoir of Che Guevara. Londres, W. H. Allen, 1973.

GAIDO, Daniel; VALERA, Constanza. Trotskismo y guevarismo en la revolución cubana, 1959-1967. Disponível em: <www.sinpermiso.info/textos/trotskismo-y-guevarismo-en-la-revolucion-cubana-1959-1967>. Acesso em: 23 jun. 2017.

GÁLVEZ, William. *Camilo, señor de la vanguardia.* Havana, Editorial de Ciencias Sociales, 1979.

_____. *Viajes y aventuras del joven Ernesto.* Havana, Editorial de Ciencias Sociales, 1997.

_____. *Camilo en Camilo.* Havana, Verde Olivo, 1998.

_____. *El joven Camilo.* Havana, Gente Nueva, 1998.

_____. *Entrevista.* Entrevistador: Luiz Bernardo Pericás. Havana, jan. 1999.

GARAUDY, Roger. *Introducción a la metodologia marxista.* Buenos Aires, Meridiano, 1964.

GARCÍA BRITO, Horacio (org.). *Monopolios norteamericanos en Cuba.* Havana, Editorial de Ciencias Sociales, 1973.

GERASSI, John (org.). *Venceremos! The Speeches and Writings of Che Guevara.* Londres, Panther Books, 1962.

GERRATANA, Valentino. Estado socialista y capitalismo de Estado. *Cuadernos de Pasado y Presente*, Córdoba, n. 46, 1973. p. 81-123.

_____. Formación económico-social y proceso de transición. *Cuadernos de Pasado y Presente*, Córdoba, n. 46, 1973. p. 45-79.

GIACOBETTI, Francis. *Che's Compañeros*: Witnesses to a Legend. Paris, Assouline, [entre 1997 e 1999].

GILLY, Adolfo, La renuncia del Che. *Arauco*, ano VI, n. 69, out. 1965. p. 2-9.

_____. Respuesta a Fidel Castro. *Marcha*, n. 1293, 18 fev. 1966. p. 20-4.

GIRARDI, Giulio. Critica rivoluzionaria del "socialismo reale" e critica marxista del marxismo dogmatico. *Quaderni della Fondazione Ernesto Che Guevara*, Bolsena, n. 4, 2001. p. 73-95.

GLUCKSMANN, André. *Althusser*: un estructuralismo ventrílocuo. Barcelona, Anagrama, 1971.

GONZALEZ CARBAJAL, Ladislao. *El ala izquierda estudiantil y su época.* Havana, Editorial de Ciencias Sociales, 1974.

GOODMAN, Elliot R. *O plano soviético de Estado mundial.* Trad. Fábio Alves Ribeiro. Rio de Janeiro, Presença, 1965.

GORENDER, Jacob. *Entrevista.* Entrevistador: Luiz Bernardo Pericás. São Paulo, jul. 2001.

GORKIN, J. G. (org.). *La transición del capitalismo al comunismo.* Madri, Akal, [197-?]

GRESPAN, Jorge. O estruturalismo da Cepal na obra de Raúl Prebisch. *História Unisinos*, São Leopoldo, v. 5, n. 3, jan./jun. 2001. p. 105-25.

GRIGULÉVICH, Iósif. *Luchadores por la libertad de América Latina.* Moscou, Progreso, 1988.

GUEVARA, Ernesto. *Carta a Regino Boti.* Havana, 28 out. 1963.

_____. *Carta a José Medero.* Havana, 26 fev. 1964.

_____. *Carta a Charles Bettelheim.* Havana, 24 out. 1964.

_____. *Cartas.* São Paulo, Edições Populares, 1980.

_____. *Diário da guerrilha boliviana.* São Paulo, Edições Populares, 1980.

_____. *Sierra Maestra*: da guerrilha ao poder. Passagens da guerra revolucionária. São Paulo, Edições Populares, 1980.

_____. *Por uma revolução internacional.* São Paulo, Edições Populares, 1981.

_____. *Reflexões sobre a história cubana.* São Paulo, Edições Populares, 1981.

_____. *Textos políticos e sociais.* São Paulo, Edições Populares, 1981.

_____. *Textos econômicos para a transformação do socialismo.* São Paulo, Edições Populares, 1982.

_____. *Che Guevara Speaks.* Nova York, Pathfinder Press, 1985.

_____. *Escritos y discursos.* Havana, Editorial de Ciencias Sociales, 1985. v. 5.

_____. *Che Guevara and the Cuban Revolution.* Sydney, Pathfinder, 1987.

_____. *Textos revolucionários.* São Paulo, Edições Populares, 1987.

_____. *Che periodista.* Havana, Pablo de la Torriente, 1988.

_____. *Temas económicos.* Havana, Editorial de Ciencias Sociales, 1988.

_____. *A New Society*: Reflections for Today's World. Melbourne, Ocean Press, 1991.

_____. *Notas de viaje.* Havana/Madri, Abril/Sodepaz, 1992.

_____. *Outra vez*: diário inédito da segunda viagem pela América Latina, 1953-1956. Trad. Joana Angelica D'Avila Melo. Rio de Janeiro, Ediouro, 2003.

_____. *América Latina*: despertar de un continente. Havana, Ocean Sur, 2006.

_____. *Apuntes críticos a la economía política.* Havana, Ocean Sur, 2006.

GUEVARA, Juan Martín; VINCENT, Armelle. *Mi hermano el Che.* Madri, Alianza Editorial, 2016.

GUEVARA LYNCH, Ernesto. *Meu filho Che.* Trad. Emir Sader. São Paulo, Brasiliense, 1986.

GUIJARRO DÍAZ, Gabriel. *La concepción del hombre en Marx.* Salamanca, Sígueme, 1975.

GUNTHER, John. *A Rússia por dentro.* Trad. Lino Valandro, Flávio Vellinho de Lacerda e Gilberto Miranda. Porto Alegre, Globo, 1959.

GUTELMAN, Michel. Cuba's Lessons on Economic Policies. In: BONACHEA, Rolando E.; VALDÉS, Nelson P. (org.). *Cuba in Revolution.* Nova York, Anchor Books, 1972. p. 231-37.

GÚZMAN, Oscar. *Entrevista.* Entrevistador: Luiz Bernardo Pericás. Havana, jan. 1999.

HAGELBERG, G. B. Cuba: A First Hand Account. *Monthly Review*, Nova York, v. 20, n. 5, out. 1968. p. 87-93.

HALPERIN, Ernst. Beyond Libermanism. *Problems of Communism*, Washington, n. 1, v. XVI, jan./fev. 1967. p. 47.

HALPERIN DONGHI, Túlio. *História da América Latina.* Trad. Carlos Nelson Coutinho. São Paulo, Paz e Terra, 1989.

HANSEN, Joseph. *Dynamics of the Cuban Revolution.* A Marxist Appreciation. Nova York, Pathfinder, 1994.

HARNECKER, Marta. *Cuba*: democracia ou ditadura? Trad. A. Silva. São Paulo, Global, [197-?].

HARRIS, Seymour E. *Economic Planning*: The Plans of Fourteen Countries with Analyses of the Plans. Nova York, Alfred A. Knopf, 1949.

HARRISON, James P. Peking's Remembrance of Things Past. *Problems of Communism*, Washington, v. XV, n. 3, maio/jun. 1966. p. 11-6.

HART DAVALOS, Armando. Che, un eccelente ammistratore socialista. *Quaderni della Fondazione Ernesto Che Guevara*, Bolsena, n. 4, 2001. p. 118-20.

HEINRICH, Michael. *Karl Marx e o nascimento da sociedade moderna*, v. 1 (1818-1841). Trad. Claudio Cardinali. São Paulo, Boitempo, 2018.

HERNÁNDEZ GONZÁLEZ, Enrique et al. *Cuestiones fundamentales de la dirección económica.* Havana, Editora Politica, 1984.

HOOK, Sidney. Marx's Second Coming. *Problems of Communism*, Washington, v. XV, n. 4, jul./ago. 1966. p. 26-9.

HOUGH, Jerry. The Soviet Elite: I, Groups and Individuals. *Problems of Communism*, Washington, v. XVI, n. 1, jan./fev. 1967. p. 28-35.

HOY. *Periódico Hoy, aclaraciones.* Havana, Editora Política, 1966.

HUBERMAN, Leo. Preguntas sobre el socialismo. *Monthly Review*, Nova York, ano 2, n. 16, [1965?]. p. 17-28.

_____. Why Socialism is Necessary. *Monthly Review*, Nova York, v. 20, n. 8, jan. 1969. p. 1-14.

_____; SWEEZY, Paul. *Cuba, Anatomy of a Revolution.* Nova York, Monthly Review Press, 1960.

_____. El futuro de la economía cubana. *Monthly Review*, Nova York, ano 1, n. 9, 1964. p. 5-22.

_____. *Socialism in Cuba.* Nova York, Modern Reader, 1970.

IGNÁTIEV, V. (org.). *La lucha del partido bolchevique contra el trotskismo después de la Revolucion de Octubre.* Moscou, Progreso, [197-?].

ITIN, L. I. *Economía de la industria socialista.* Havana, Pueblo y Educación, 1983. v. 1.

JACKSON, Bruce D., Whose Men in Havana? *Problems of Communism*, Washington, v. XV, n. 3, maio/jun. 1966. p. 1-10.

JAGUARIBE, Hélio et al. *A dependência político-econômica da América Latina.* São Paulo, Loyola, 1976.

JAMES, Joel. *Entrevista.* Entrevistador: Luiz Bernardo Pericás. Santiago de Cuba, jan. 1999.

JOBIC, Bernard. La revolución cultural y la crítica del economicismo. *Cuadernos de Pasado y Presente*, Córdoba, n. 46, 1973. p. 167-201.

KAMENITZER, S. E. *Organización, planificación y dirección de la actividad de las empresas industriales.* Havana, Pueblo y Educación, 1981. Segunda parte.

KAROL, K. S. *Les guérilleros au pouvoir.* Paris, Robert Laffont, 1970.

KAUFMAN, Edy. *The Superpowers and their Spheres of Influence.* Londres, Croom Helm, 1976.

KELLNER, Douglas. *Che Guevara.* São Paulo, Nova Cultural, 1990.

KLÁREN, Peter F.; BOSSERT, J. (org.). *Promise of Development.* Boulder, Colorado, Westview Press, 1986.

KLOFÁC, Vladimir. Guevara e la Cecoslovacchia. *Quaderni della Fondazione Ernesto Che Guevara*, Bolsena, n. 4, 2001. p. 65-8.

KOHAN, Néstor. El Che Guevara y la filosofía de la praxis. *Debates Americanos*, Havana, n. 3, jan./jun. 1997. p. 55-70.

_____. *En la selva*: los estudios desconocidos del Che Guevara, a propósito de sus Cuadernos de lectura de Bolívia. Barcelona/ Buenos Aires, Amauta Insurgente/Yulca/La Llamarada, 2013.

_____. Che Guevara, lector de *El capital*, publicado originalmente em 2 de julho de 2003. Disponível em: <http://contrahegemoniaweb.com.ar/che-guevara-lector-de-el-capital>. Acesso em: 8 abr. 2018.

_____. Che Guevara: el sujeto y el poder. Disponível em: <www.rebelion.org/docs/122027.pdf>. Acesso em: 26 jun. 2018.

KOONT, Sinan. Cuba: An Island Against All Odds. *Monthly Review*, Nova York, v. 46, n. 5, out. 1994. p. 1-18.

KOWALEWSKI, Zbigniew Marcin. Il riferimento a Guevara nella Polonia degli anni 60. *Quaderni della Fondazione Ernesto Che Guevara*, Bolsena, n. 4, 2001. p. 51-8.

KUCZYNSKI, Jurgen et al. Los pronósticos económicos de la Esso Standard Oil de Cuba. In: GARCÍA BRITO, Horacio (org.). *Monopolios norteamericanos en Cuba*. Havana, Editorial de Ciencias Sociales, 1973. p. 53-76.

KUX, Ernst. El utópico plan de Khrushev. *Estudios sobre el Comunismo*, Santiago do Chile, ano VII, n. 25, jul./set. 1959. p. 1-9.

LANDAU, Saul. Un análisis de la Revolución Cubana. *Lunes de Revolución*, Havana, n. 76, 12 set. 1960. p. 5-6.

LANDAUER, Carl. *Sistemas econômicos contemporâneos*. Trad. Waltensir Dutra. Rio de Janeiro, Zahar, 1966.

LANGE, Oskar. A economia política do socialismo. In: SINGH, V. B. et al. *Da economia política*. Trad. Waltensir Dutra. Rio de Janeiro, Zahar, 1966. p. 79-95.

_____. O marxismo e a economia burguesa. In: SINGH, V. B. et al. *Da economia política*. Trad. Waltensir Dutra. Rio de Janeiro, Zahar, 1966. p. 53-78.

_____. Da economia política. In: POMERANZ, Lenina (org.). *Oskar Lange*: Economia. Trad. Anita Kon, Fausto Roberto N. Pellegrini e Lenina Pomeranz. São Paulo, Ática, 1981. p. 49-76.

_____. Planejamento e teoria econômica. In: POMERANZ, Lenina (org.). *Oskar Lange*. Trad. Anita Kon, Fausto Roberto N. Pellegrini e Lenina Pomeranz. São Paulo, Ática, 1981. p. 93-109.

______; TAYLOR, Fred M. *Sobre la teoría económica del socialismo*. Barcelona, Ariel, 1970.

______; TINBERGEN, J. *Ensaios sobre planificação econômica/política econômica*: princípios e planejamento. Trad. Paulo de Almeida e Nestor Deola. São Paulo, Nova Cultural, 1986.

LASSERRE, Georges. *A empresa socialista na Jugoslávia*. Trad. Vasco Pulido Valente. Lisboa, Morais, 1966.

LAURAT, Lucien. Estadísticas soviéticas. *Estudios sobre el Comunismo*, Santiago do Chile, ano V, n. 16, abr./jun. 1957. p. 54-7.

LAVRETSKI, I. *Che Guevara*. Moscou, Progreso, 1975.

LEAL SPENGLER, Eusebio. La resurrección del Che: una victoria del ideal revolucionario. *Tricontinental*, Havana, ano 30, n. 138, 1997. p. 33-6.

LECHÍN, Juan. *Entrevista.* Entrevistador: Luiz Bernardo Pericás. La Paz, jan 1995.

LÊNIN, V. I. Cartas de longe. In: _____. *Obras escolhidas.* Trad. Antonio Pescada. Lisboa/Moscou, Avante!/ Progresso, 1978. v. 2. p. 1-9.

_____. Mais uma vez sobre os sindicatos, o momento atual e os erros dos camaradas Trótsky e Bukhárine. In: _____. *Obras escolhidas 3.* Trad. Antonio Pescada. Lisboa/Moscou, Avante!/ Progresso, 1979. v. 3. p. 433-62.

_____. Projeto de resolução, as tarefas dos sindicatos e os métodos da sua realização. In: _____. *Obras escolhidas 3.* Trad. Antonio Pescada. Lisboa/Moscou, Avante!/ Progresso, 1979. v. 3. p. 408.

_____. Uma grande iniciativa. In: _____. *Obras escolhidas 3.* Trad. Antonio Pescada. Lisboa/ Moscou, Avante!/ Progresso, 1979. v. 3. p. 152-58.

LENK, Kurt. *Teorías de la revolución.* Barcelona, Anagrama, 1978.

LEÓN COTAYO, Nicanor. *El bloqueo a Cuba.* Havana, Editorial de Ciencias Sociales, 1983.

LEÓN EXPÓSITO, Roberto. 1 de mayo de 1919 en La Habana. In: CHÁVEZ ÁLVAREZ, Ernesto (org.). *Los obreros hacen y escriben su historia.* Havana, Editorial de Ciencias Sociales, 1975. p. 327-36.

LEONHARD, Wolfgang. *O futuro do comunismo soviético.* Rio de Janeiro, Nórdica, 1977.

LE RIVEREND, Julio. Orígenes de la propiedad agraria en Cuba. *Lunes de Revolución*, Havana, n. 19, 26 jul. 1959. p. 14-5.

_____. *Historia económica de Cuba.* Havana, Instituto del Libro, 1967.

LESAGE, Michel. *As instituições soviéticas.* Trad. José Carlos Vieira de Andrade. Coimbra, Almedina, 1976.

LEVESQUE, Jacques. *O conflito sino-soviético.* Varzim, Portugal, Estúdios Cor, 1974.

LEVI, Arrigo et al. *Os homens do Kremlin.* Rio de Janeiro, Editora Três, 1974.

LEZCANO PÉREZ, Jorge. *Entrevista.* Entrevistador: Luiz Bernardo Pericás. Brasília, dez. 2001.

_____. *O sistema político cubano.* Rio de Janeiro, [s. n.], 2001.

LINDSAY, Jack. *Marxism and Contemporary Science.* Londres, Dennis Dobson, [195-].

LINHART, Robert. *Lenin, os camponeses, Taylor.* Rio de Janeiro, Marco Zero, 1983.

LISS, Sheldon B. *Marxist Thought in Latin America.* Berkeley, University of California Press, 1984.

LOBAINA, Esther. *Entrevista.* Entrevistador: Luiz Bernardo Pericás. Havana, nov. 2001.

LOCKWOOD, Lee. *Castro's Cuba, Cuba's Fidel.* Boulder, Colorado, Westview Press, 1990.

LÓPEZ-FRESQUET, Rufo. *Fui ministro de Fidel.* Rio de Janeiro, Laudes, 1969.

LOPEZ SEGRERA, Francisco. *Cuba*: capitalismo dependiente y subdesarrollo (1510-1959). Havana, Casa de las Américas, 1972.

LORA, Guillermo. *Revolución y foquismo.* Buenos Aires, Documentos, 1978.

_____. La guerrilla y las masas. In: SORIA GALVARRO, Carlos (org.). *El Che en Bolivia 3*: análisis y reflexiones. La Paz, Cedoin, 1994. p. 179-92.

LOSADA ALDANA, Ramón. *Dialética do subdesenvolvimento.* Trad. Ignácio M. Rangel. Rio de Janeiro, Paz e Terra, 1968.

LOSOVSKY, D. *Marx e os sindicatos.* São Paulo, Anita Garibaldi, 1989.

LOURENÇO, Maria José. Introdução. In: BARROS FILHO, Omar de. *Bolívia*: vocação e destino. São Paulo, Versus, 1980. p. 3-7.

LOVEMAN, Brian; DAVIES JUNIOR, Thomas M. (orgs.). *The Politics of Antipolitics.* Lincoln, University of Nebraska Press, 1989.

LÖWY, Michael. *O pensamento de Che Guevara.* Lisboa, Bertrand, 1976.

_____. (org.). *Le Marxisme en Amérique Latine de 1909 à nos jours.* Paris, François Maspero, 1980.

_____. *Nacionalismos e internacionalismos*: da época de Marx até nossos dias. São Paulo, Xamã, 2000.

_____. Ni calco ni copia: Che Guevara en busca de un nuevo socialismo II. *La Insignia*, 29 jun. 2001. Disponível em: <www.lainsignia.org>. Acesso em: 2 out. 2001.

_____; BENSAÏD, Daniel. *Marxismo, modernidade, utopia.* São Paulo, Xamã, 2000.

MACHADO, Nery. *Cuba, vanguarda e farol da América.* São Paulo, Fulgor, 1962.

MAGDOFF, Fred. Impressions of the Cuban Agriculture. *Monthly Review*, Nova York, v. 32, n. 2, jun. 1980. p. 35-40.

MAGDOFF, Harry. Are There Economic Laws of Socialism? *Monthly Review*, Nova York, v. 37, n. 3, jul./ago. 1985. p. 112-27.

MAHIEU, Jaime Maria de. La filosofía marxista. *Estudios sobre el Comunismo*, Santiago do Chile, ano V, n. 16, abr./jun. 1957. p. 45-9.

MAIDANIK, Kiva et al. *El pensamiento revolucionario del "Che".* Buenos Aires, Seminário Científico Internacional/Ediciones Dialectica, 1988.

MALLORQUÍN, Carlos. *Ideas e historia en torno al pensamiento económico latinoamericano.* Cidade do México, Plaza y Váldes, 1998.

MANDEL, Ernest. La teoría económica yugoslava. *Monthly Review*, Nova York, ano IV, n. 41, ago. 1967. p. 19-32.

_____. *Introducción a la economía marxista.* Lima, Fondo de Cultura Popular Editores, 1973.

_____. *Da Comuna a Maio de 68.* Lisboa, Antídoto, 1979.

_____. As categorias mercantis no período de transição. In: GUEVARA, Ernesto. *Textos econômicos para a transformação do socialismo.* São Paulo, Edições Populares, 1982. p. 241-60.

_____. O debate econômico em Cuba durante o período 1963-1964. In: GUEVARA, Ernesto. *Textos econômicos para a transformação do socialismo.* São Paulo, Edições Populares, 1982. p. 165-71.

MANKIEWICZ, Frank; KIRBY, Jones. *With Fidel*: A Portrait of Castro and Cuba. Chicago, Playboy Press, 1975.

MARGOLIN, M. S. *Planificación financiera.* Havana, Ministerio de Hacienda Publicaciones, 1962.

MARKUS, Gyorgy. *Teoria do conhecimento no jovem Marx.* Trad. Carlos Nelson Coutinho e Reginaldo Di Piero. Rio de Janeiro, Paz e Terra, 1974.

MARTÍNEZ, Osvaldo. Notas sobre el pensamiento de Ernesto Che Guevara en las relaciones económicas internacionales. *Cuba Socialista*, Havana, n. 35, set./out. 1988. p. 69-92.

MARTÍNEZ HEREDIA, Fernando. *Entrevista.* Entrevistador: Luiz Bernardo Pericás. Havana, jan. 1999.

MARX, Karl. *Manuscritos econômico-filosóficos.* Trad. Jesus Ranieri. São Paulo, Boitempo, 2004.

______; ENGELS, Friedrich. *A ideologia alemã.* trad. Rubens Enderle, Nélio Schneider e Luciano Cavini Martorano, São Paulo, Boitempo, 2007.

_____. Teses sobre Feuerbach. In: _____; ENGELS, Friedrich. *A ideologia alemã.* Trad. Rubens Enderle, Nélio Schneider e Luciano Cavini Martorano. São Paulo, Boitempo, 2007.

_____. *Sobre a questão judaica.* Trad. Nélio Schneider e Wanda Caldeira Brant. São Paulo, Boitempo, 2010.

_____. *Crítica do Programa de Gotha.* Trad. Rubens Enderle. São Paulo, Boitempo, 2012.

MASSARI, Roberto. *Che Guevara, grandeza y riesgo de la utopia.* Navarra, Txalaparta, 1993.

_____. *Entrevista.* Entrevistador: Luiz Bernardo Pericás. Bolsena, dez. 2001. Via internet.

_____. Nahuel Moreno, Che Guevara, héroe y mártir de la revolución. *Quaderni della Fondazione Ernesto Che Guevara,* Bolsena, n. 4, 2001. p. 348.

_____. Periodizzare il Che e il socialismo. *Quaderni della Fondazione Ernesto Che Guevara,* Bolsena, n. 4, 2001. p. 96-101.

_____. Sequenza del "debate económico" dal 1963 in poi. *Quaderni della Fondazione Ernesto Che Guevara,* Bolsena, n. 4, 2001. p. 121-23.

_____. Guevara and Marx: Critical Remake of an Old Film. Texto inédito, 2008.

MATOS, Almir. *Cuba*: a revolução na América. Rio de Janeiro, Vitória, 1961.

MCFARLANE, Bruce. Iugoslávia: perspectivas políticas atuais. In: DEUTSCHER, Isaac et al. *Problemas e perspectivas do socialismo.* Trad. Marco Aurélio de Moura Mattos. Rio de Janeiro, Zahar, 1969. p. 104-29.

MCLELLAN, David; *Marx Before Marxism.* Nova York, Harper & Row, 1970.

_____. *Marxism After Marx.* Boston, Houghton Miffin, 1979.

MEDEIROS, Rui. *A Rússia de hoje.* Rio de Janeiro, Jalkh, 1979.

MEHNERT, Klaus. *Stalin Versus Marx*: The Stalinist Historical Doctrine. Londres, George Allen and Unwin, 1952.

MENDONÇA, Paulo. *Brezhnev.* Rio de Janeiro, Editora Três, 1975.

MENDOZA DÍEZ, Alvaro. The Lessons of the Cuban Revolution. In: AGUILAR, Luis E. (org.). *Marxism in Latin America.* Nova York, Alfred A. Knopf, 1968. p. 180-85.

MESA-LAGO, Carmelo. Economic Significance of Unpaid Labor in Socialist Cuba. In: BONACHEA, Rolando E.; VALDÉS, Nelson P. (org.). *Cuba in Revolution.* Nova York, Anchor Books/Doubleday, 1972. p. 384-412.

_____. *The Labor Sector and Socialist Distribution in Cuba.* Nova York, Frederick A. Praeger, [197-].

MILLS, C. Wright. *A verdade sobre Cuba.* Rio de Janeiro, Zahar, 1961.

MILMAN, Boruch. Carta a Caio Prado Júnior, Camagüey, 21 abr. 1962. In: acervo Caio Prado Júnior no IEB/USP, código de referência CPJ-CP-MIL001.

MINÀ, Gianni. *An Encounter with Fidel.* Melbourne, Ocean Press, 1991.

MIRANDA, Basílio. Estado e partido na transição para o socialismo. *Teoria & Política*, São Paulo, ano I, n. 3, 1980. p. 145-74.

MIRANDA, Carlos. Presentación. In: MORENO, Nahuel. *Che Guevara, héroe y mártir.* Buenos Aires, Ediciones La Montaña, 1997. p. 3-8.

MIRANDA FERNÁNDEZ, Lucinda. *Lazaro Peña, capitan de la clase obrera cubana.* Havana, Editorial de Ciencias Sociales, 1984.

MONIZ BANDEIRA, Luiz Alberto. *De Martí a Fidel*: a Revolução Cubana e a América Latina. Rio de Janeiro, Civilização Brasileira, 1998.

_____. *Entrevista.* Entrevistador: Luiz Bernardo Pericás. St. León, Alemanha, ago. 2001. Via internet.

MORENO, Nahuel. *Che Guevara, héroe y mártir.* Buenos Aires, Ediciones La Montaña, 1997.

MORRIS, George. *A CIA e o movimento operário americano.* Trad. Rodolfo Konder. Rio de Janeiro, Civilização Brasileira, 1967.

MOSCATO, Antonio. Le critiche all'URSS e al sistema sovietico. *Quaderni della Fondazione Ernesto Che Guevara*, Bolsena, n. 4, 2001. p. 29-50.

MUNSLOW, Barry. Is Socialism Possible in the Periphery? *Monthly Review*, Nova York, v. 35, n. 1, maio 1983. p. 25-39.

MYRDAL, Gunnar. *El Estado del futuro.* Cidade do México, Fondo de Cultura Económica, 1961.

NEPOMUCENO, Eric. *Cuba*: anotações sobre uma revolução. São Paulo, Alfa-Omega, 1981.

NORMANO, J. F. *A economia na Rússia.* Trad. Guilherme Boeing. São Paulo, Atlas, 1945.

NOYOLA, Juan. *Carta a Raul Prebisch.* Havana, out. 1960.

_____. Aspectos económicos de la Revolución Cubana. In: _____. *La economía cubana en los primeros años de la revolución.* Cidade do México, Siglo XXI, 1978. p. 111-34.

_____. *La economía cubana en los primeros años de la revolución.* Cidade do México, Siglo XXI, 1978.

_____. Principios de economía. In: _____. *La economía cubana en los primeros años de la revolución.* Cidade do México, Siglo XXI, 1978. p. 142-252.

NUIRY SÁNCHEZ, Nuria; FERNÁNDEZ MAYO, Graciela (orgs.). *Pensamiento y política cultural cubanos.* Havana, Pueblo y Educación, 1986. v. 1.

NUÑEZ JIMENEZ, Antonio. *En marcha con Fidel.* Havana, Letras Cubanas, 1982.

_____.; SOUCHY, Agustín. *Cooperativismo y colectivismo.* Havana, Lex, 1960.

NUÑEZ RODRÍGUEZ, Mauricio. Che más alla de la imagen. *Tricontinental*, Havana, ano 31, n. 138, 1997. p. 22-4.

O'CONNOR, James. Revolution and the Cuban Workers. *Monthly Review*, Nova York, v. 21, n. 1, maio 1969. p. 52-6.

_____. Cuba: It's Political Economy. In: BONACHEA, Rolando E.; VALDÉS, Nelson P. (orgs.). *Cuba in Revolution.* Nova York, Anchor Books, 1972. p. 52-81.

O'DONNELL, Pacho. *Che:* el argentino que quiso cambiar el mundo (Buenos Aires, Sudamericana, 2012).

OELGART, Bernd. *Ideólogos e ideologias da nova esquerda.* Trad. Serafim Ferreira e Maria Julieta. Lisboa, Presença, [ca. 1970].

OIZERMAN, Teodor. *El problema de la alienación en los trabajos de Marx en su juventud.* Havana, Editorial de Ciencias Sociales, 1985.

OLTUSKI, Enrique; FRANQUI, Carlos; HART, Armando. Filosofía revolucionaria. *Lunes de Revolución*, Havana, n. 19, 6 jul. 1959. p. 62.

OQUENDO BARRIOS, Leyda et al. *Las clases y la lucha de clases en la sociedad neocolonial cubana.* Havana, Editorial de Ciencias Sociales, 1981.

OUTHWAIT, William; BOTTOMORE, Tom. (org.). *Dicionário do pensamento social do século XX.* Trad. Álvaro Cabral e Eduardo Francisco Alves. Rio de Janeiro, Zahar, 1996.

PARRA BARRERO, Jesús. *Entrevista.* Entrevistador: Luiz Bernardo Pericás. Havana, nov. 2001.

PARTIDO COMUNISTA CUBANO. The Communist Party and the Cuban Revolutionary Situation. In: AGUILAR, Luis E. (org.). *Marxism in Latin America.* Nova York, Alfred A. Knopf, 1968. p. 112-7.

PÉREZ, Humberto. *El subdesarrollo y la vía del desarrollo.* Havana, Editorial de Ciencias Sociales, 1975.

PÉREZ-GALDÓS, Víctor. *Un hombre que actúa como piensa.* Manágua, Vanguardia, 1987.

PÉREZ-ROLO, Martha. La organización y la dirección de la industria socialista en el pensamiento y la acción de Ernesto Che Guevara. In: CENTRO DE ESTUDIOS SOBRE AMÉRICA. *Pensar al Che*: los retos de la transición socialista. Havana, Centro de Estudios sobre América/ Editorial José Martí, 1989. v. 2. p. 257-82.

PERICÁS, Luiz Bernardo. *Che Guevara e a luta revolucionária na Bolívia.* São Paulo, Xamã, 1997.

_____. Carlos Baliño, pioneiro do marxismo na América Latina. *Revista eletrônica da ANPHLAC*, ano XIII, n. 20, jan.-jun. 2016. p. 126-40.

_____. Breve comentário sobre a historiografia soviética e a Revolução Russa. *Lutas Sociais*, v. 21, n. 39, jul.-dez. 2017. p. 137-49.

_____. Economia e revolução. *Caros Amigos*, São Paulo, ano XXI, n. 88, 2017. p. 28-9.

_____. Lênin e Che Guevara. *Germinal*: Marxismo e Educação em Debate, Salvador, Universidade Federal da Bahia (UFBA), v. 9, n. 3, 2017. p. 255-61.

_____. Caminos cruzados. *Sudestada*, Buenos Aires, n. 149, set.-out. 2017. p. 8.

_____. A revolução de Outubro e Cuba. *Mouro*, ano 9, n. 12, jan. 2018. p. 121-36.

_____; BARSOTTI, Paulo (org.). *América Latina*: história, crise e movimento. São Paulo, Xamã, 1999.

PETRAS, James. Problems in the Transition to Socialism. *Monthly Review*, Nova York, v. 35, n. 1, maio 1983. p. 14-24.

PINO-SANTOS, Oscar. *El asalto a Cuba por la oligarquia financiera yanki.* Havana, [s. n.], 1972.

POMERANZ, Lenina. (org.). *Oskar Lange*: Economia. São Paulo, Ática, [198-?].

_____. *Entrevista.* Entrevistador: Luiz Bernardo Pericás. São Paulo, set. 2001.

PORCARO, Mimmo. Charles Bettelheim, um longo adeus. *Outubro*, São Paulo, n. 5, 2001. p. 59-81.

PRADO JÚNIOR, Caio. *O mundo do socialismo.* São Paulo, Brasiliense, 1962.

_____. *Estruturalismo de Lévi-Strauss/Marxismo de Louis Althusser.* São Paulo, Brasiliense, 1971.

PREBISCH, Raúl. Aspectos econômicos da Aliança para o Progresso. In: DREIER, John C. (org.). *A Aliança para o Progresso.* Trad. Ruy Jungmann. Rio de Janeiro, Fundo de Cultura, 1962. p. 55-102.

_____. *Dinâmica do desenvolvimento latino-americano.* São Paulo, Fundo de Cultura, 1964.

_____. Prefácio. In: RODRÍGUEZ, Octavio. *Teoria do subdesenvolvimento da Cepal.* Rio de Janeiro, Forense Universitária, 1981. p. 7-12.

RADOSH, Ronald. Incentives, Moral and Material. *Monthly Review*, Nova York, v. 25, n. 10, mar. 1974. p. 59-64.

RAMOS, Jorge Abelardo. Dangers of Empiricism in Latin-American Revolutions. In: AGUILAR, Luis E. (org.). *Marxism in Latin America.* Nova York, Alfred A. Knopf, 1968. p. 186-91.

RATLIFF, William E. Chinese Communist Cultural Diplomacy Toward Latin America, 1949--1960. *Hispanic-American Historical Review*, North Carolina, v. XLIX, n. 1, fev. 1969. p. 53-79.

REGALADO, Antero. *Las luchas campesinas en Cuba.* Havana, Comisión de Educación Interna del Comité Central del Partido Comunista de Cuba, 1973.

RIERA, Pepita. *Servicio de inteligencia de Cuba comunista.* Miami, Service Offset Printers, 1966.

RIMALOV, V. *La cooperación económica de la Unión Soviética con los países subdesarrollados.* Moscou, Ediciones de Lenguas Extranjeras, [1961 ou 1962].

RIVERO, Nicolas. *Fidel Castro, um dilema americano.* São Paulo, Dominus, 1963.

ROBINSON, Joan. Cuba-1965. *Monthly Review,* Nova York, v. 17, n. 9, fev. 1966. p. 10-8.

ROCA, Blas. *Los fundamentos del socialismo en Cuba.* Havana, Ediciones Populares, 1961.

_____. Batista, Grau and the Roads to National Unity. In: AGUILAR, Luis E. (org.). *Marxism in Latin America.* Nova York, Alfred A. Knopf, 1968. p. 133-38.

RODRIGUES, Miguel Urbano. *Opções de revolução na América Latina.* Rio de Janeiro, Paz e Terra, 1968.

RODRÍGUEZ, Carlos Rafael. *Cuba en el tránsito al socialismo (1959-1963)/Lenin y la cuestión colonial.* Cidade do México, Siglo XXI, 1978.

_____. *La clase obrera y la revolución.* Havana, Vanguardia Obrera, 1960.

_____. *Letra con filo.* Havana, Editorial de Ciencias Sociales, 1983. v. 1-2.

_____. *Letra con filo.* Havana, Unión, 1987. v. 3.

_____. *Palabras en los setenta.* Havana, Editorial de Ciencias Sociales, 1984.

_____. Sobre la contribución del Che al desarrollo de la economía cubana. *Cuba Socialista*, Havana, n. 33, maio/jun. 1988. p. 1-29.

RODRÍGUEZ, José Luis. Cuarenta años de planificación en Cuba, nuestro modelo no es el que falló en los ex-socialistas. Entrevistadora: Arleen Rodriguez Derivet. *El Economista de Cuba,* Havana, n. 38, 2000. Disponível em: <http://www.eleconomista.cubaweb.cu>. Acesso em: 14 dez. 2001.

RODRIGUEZ, Octavio. *Teoria do subdesenvolvimento da Cepal.* Rio de Janeiro, Forense Universitária, 1981.

RODRÍGUEZ, Rolando. *Entrevista.* Entrevistador: Luiz Bernardo Pericás. Havana, jan. 1999.

RODRIGUEZ FARIÑAS, Ricardo. *Apuntes sobre la planificación de la economía nacional.* Havana, Universidad de la Habana, 1986. v. 2.

RODRÍGUEZ FERREYRO, Zobeida. *Entrevista.* Entrevistador: Luiz Bernardo Pericás. Havana, nov. 2001.

RODRÍGUEZ GARCÍA, José Luis et al. *Cuba*: revolución y economía 1959-1960. Havana, Editorial de Ciencias Sociales, 1985.

ROJO, Ricardo. *Meu amigo Che.* Trad. Ivan Lessa. São Paulo, Edições Populares, 1983.

ROMUALDI, Serafino. *Relatório à American Federation of Labor sobre a situação política e sindical de Cuba.* Havana, abr. 1959.

_____. *Presidents and Peons.* Nova York, Funk & Wagnalls, 1967.

ROSSANDA, Rossana. Poder y democracia en la sociedad de transición. *Cuadernos de Pasado y Presente*, Córdoba, n. 46, 1973. p. 27-43.

ROTHMAN, Stanley. Understanding Marxism. *Problems of Communism*, Washington, v. XV, n. 4, jul./ago. 1966.

ROTHSTEIN, Andrew. *Man and Plan in Soviet Economy.* Londres, Frederick Muller, 1948.

ROUGIER, Louis. La mística soviética y sus consecuencias económicas. *Estudios sobre el Comunismo*, Santiago do Chile, ano VII, n. 25, jul./set. 1959. p. 25-30.

RUMIÁNTSEV, A. *Comunismo científico.* Moscou, Progreso, 1981. Dicionário.

SACHS, Ignacy. *Obstáculos al desarrollo y planificación.* Havana, Edición Revolucionaria/ Instituto del Libro, [entre 1967 e 1969].

SADER, Emir (org.). *Fidel Castro.* São Paulo, Ática, 1986.

SÁENZ, Tirso W. *O ministro Che Guevara*: testemunho de um colaborador. Rio de Janeiro, Garamond, 2004.

SALAZAR MONTEJO, Carlos. The "Stalinist" Parties in Bolivia and Cuba. In: AGUILAR, Luis E. (org.). *Marxism in Latin América.* Nova York, Alfred A. Knopf, 1968. p. 232- 9.

SALVADORI, Massimo. *Desenvolvimento do comunismo moderno.* Rio de Janeiro, Ipanema, [195-].

SAMBÓRSKI, G. *União Soviética, 1959/1965.* Rio de Janeiro, Vitória, 1960.

SÁNCHEZ, Edwin Maurício Cortés. Roger Garaudy y la reforma de la educación em Cuba (1962). Disponível em: <www.researchgate.net/publication/305304536_ROGER_GARAUDY_Y_LA_REFORMA_DE_LA_EDUCACION_EN_CUBA_1962>. Acesso em: 26 jun. 2018.

SANTA PINTER, José Julio. La educación y su reforma en la URSS. *Estudios sobre el Comunismo*, Santiago do Chile, ano VII, n. 25, jul./set. 1959. p. 77-9.

SAVIN, S. L.; FONTE, R. S.; JORSOV, S. E. *Breve diccionario de economia concreta.* Havana, Editora Política, 1981.

SERGUERA RIVERI, Jorge. *Entrevista.* Entrevistador: Luiz Bernardo Pericás. Havana, jan. 1999.

SETTEMBRINI, Domenico. *Socialismo y revolución después de Marx.* Salamanca, Sígueme, 1978.

SHER, Gerson S. (org.). *Marxist Humanism and Praxis.* Nova York, Prometheus, 1978.

SILVA, Arnaldo. *Entrevista.* Entrevistador: Luiz Bernardo Pericás. Havana, jan. 1999.

SINCLAIR, Andrew. *Guevara.* Londres, Fontana, 1970.

SINGH, V. B. et al. *Da economia política.* Trad. Waltensir Dutra. Rio de Janeiro, Zahar, 1966.

SKIDMORE, Thomas E.; SMITH, Peter H. *Modern Latin America.* Nova York, Oxford University Press, 1989.

SMOLINSKI, Leon. Economics and Politics: IV, Reforms in Poland. *Problems of Communism*, Washington, n. 4, v. XV, jul./ago. 1966. p. 8-12.

SOLER, Rafael. *Entrevista.* Entrevistador: Luiz Bernardo Pericás. Santiago de Cuba, jan. 1999.

SOLGANICK, Allen. Las reformas económicas soviéticas, el peligro de los incentivos materiales. *Monthly Review*, Nova York, ano IV, n. 37, abr. 1967. p. 41-9.

SOLIUS, G. *Economía política del socialismo.* Havana, Orbe, 1976.

SORIA GALVARRO, Carlos (org.). *El Che en Bolivia 3*: Análisis y reflexiones. La Paz, Cedoin, 1994.

SORO, Javier Muñoz. *Cuadernos para el diálogo (1963-1976):* una historia cultural del segundo franquismo. Madri, Marcial Pons Historia, 2006.

STÁLIN, Joseph. *Problemas econômicos do socialismo na URSS.* Rio de Janeiro, Vitória, 1953.

_____. *Em defesa do socialismo científico.* São Paulo, Anita Garibaldi, 1990.

STEELE, Jonathan. *The Limits of Soviet Power.* Middelsex, Penguin Books, 1984.

STRUMILIN, Stanislav G. *Ensayos sobre la economía socialista.* Havana, Publicaciones Económicas, 1966.

SUÁREZ SALAZAR, Luis. Inmortalidad del Che: un reencuentro Tricontinental con el comandante Manuel Piñeiro Losada. *Tricontinental*, Havana, ano 30, n. 138, 1997. p. 41-9.

SUCHLICKI, Jaime. *Historical Dictionary of Cuba.* Metuchen, Nova Jersey, The Scarecrow Press, 1988.

SURGANOV, Boris. *Socialismo e capitalismo, perspectivas econômicas.* Lisboa, Prelo, 1975.

SWEEZY, Paul. Czechoslovakia, Capitalism and Socialism. In: _____; BETTELHEIM, Charles. *On the Transition to Socialism.* Nova York, Modern Reader, 1972.

_____. Hacia un programa de estudio de la transición al socialismo. *Cuadernos de Pasado y Presente*, Córdoba, n. 46, 1973. p. 1-13.

_____. A réplica de Paul Sweezy a Bernard Chavance. *Teoria & Política*, São Paulo, ano I, n. 3, 1980. p. 105-11.

_____; BETTELHEIM, Charles. *On the Transition to Socialism.* Nova York, Modern Reader, 1972.

SZULC, Tad. *Fidel, A Critical Portrait.* Nova York, Avon Books, 1987.

TABARES DEL REAL, José. *Entrevista.* Entrevistador: Luiz Bernardo Pericás. Havana, jan. 1999.

TABLADA PÉREZ, Carlos. *Che Guevara*: Economics and Politics in the Transition to Socialism. Sydney, Pathfinder, 1989.

_____. La creatividad en el pensamiento económico del Che. In: CENTRO DE ESTUDIOS SOBRE AMÉRICA. *Pensar al Che*: los retos de la transición socialista. Havana, Centro de Estudios sobre América/Editorial José Martí, 1989. v. 2. p. 217-56.

TAIBO II, Paco Ignácio. *Ernesto Guevara, também conhecido como Che.* São Paulo, Scritta, 1997.

TANGRI, Shanti S. China and Peaceful Coexistence: Some Considerations. *Problems of Communism*, Washington, v. XVI, n. 1, jan./fev. 1967. p. 76-80.

TARCUS, Horacio (org.). *Diccionario biográfico de la izquierda argentina.* Buenos Aires, Emecé Editores, 2007.

TATU, Michel. *O poder político na URSS.* Trad. Álvaro Cabral. [s. l.], Expressão e Cultura, 1970.

TCHERKESOFF, Varlan. *O marxismo antes e depois de Marx.* São Paulo, Biblioteca Prometheu, 1935.

TENNANT, Gary. Che Guevara e os trotskistas cubanos. In: COGGIOLA, Osvaldo (org.). *Revolução Cubana, história e problemas atuais.* São Paulo, Xamã, 1998.

TOPOROWSKI, Jan. The Contradictions of Market Socialism. *Monthly Review*, Nova York, v. 46, n. 11, abr. 1995. p. 1-7.

TOURAINE, Alain. *Palavra e sangue.* Trad. Iraci D. Poleti. São Paulo, Unicamp/Trajetória Cultural, 1989.

TRAPIÉZNIKOV, S. *En los grandes virajes de la Historia.* Havana, [s. n.], 1977.

TRÓTSKI, León. El ejército del trabajo en la Rusia de los soviets. *Cuadernos de Pasado y Presente*, Córdoba, n. 15, 1972. p. 161-70.

_____. *Escritos latinoamericanos.* Buenos Aires, Centro de Estudios, Investigaciones y Publicaciones León Trotsky, 2000.

TUTINO, Saverio. Ricerca e dibattito critico sullo sviluppo economico a Cuba. *Quaderni della Fondazione Ernesto Che Guevara*, Bolsena, n. 4, 2001. p. 196-8.

ULAM, Adam B. *A nova face do totalitarismo soviético.* Trad. Evaristo M. Costa. Rio de Janeiro, Record, 1964.

_____. *Expansion & Coexistence*: The History of Soviet Foreign Policy, 1917-1967. Nova York, Frederick A. Praeger, 1968.

_____. *Lenin and the Bolsheviks.* Londres, The Fontana Library, 1969.

UREÑA, Enrique. *Karl Marx economista.* São Paulo, Loyola, 1981.

VAIL, John J. *Fidel Castro.* São Paulo, Nova Cultural, 1987.

VAKHRUCHEV, V. *O neocolonialismo e os seus métodos.* Lisboa, Prelo, 1975.

VALDÉZ PAZ, Juan. *Entrevista.* Entrevistador: Luiz Bernardo Pericás. Havana, jan. 1999.

VÁSQUEZ, Euclides. En torno al movimiento 26 de Julio. *Lunes de Revolución*, Havana, n. 19, 26 jul. 1959. p. 4-5.

VENABLE, Vernon. *Human Nature*: The Marxian View. Londres, Dennis Dobson, 1946.

VERA SOSA, Julio. El "Che", teórico de la violencia y la guerrilla. *El Mundo*, La Paz, 24 fev. 1996. p. A6.

VIGNIER, E.; ALONSO, G. *La corrupción política y administrativa en Cuba.* Havana, Editorial de Ciencias Sociales, 1973.

VILABOY, Sergio Guerra; DE LA NUEZ, Iván. Che: una concepción antiimperialista de la historia de América. In: CENTRO DE ESTUDIOS SOBRE AMÉRICA. *Pensar al Che*: desafíos de la lucha por el poder político. Havana, Centro de Estudios sobre América/Editorial José Martí, 1989. v. 1. p. 285-334.

VILLEGAS, Abelardo. *Reformismo y revolución en el pensamiento latinoamericano.* Cidade do México, Siglo XXI, 1986.

VÓLKOV, G. N. (org.). *Fundamentos da doutrina marxista-leninista.* Moscou, Progresso, 1984.

VOROCHILOV, K. *Stalin y las fuerzas armadas de la URSS.* Moscou, Ediciones en Lenguas Extranjeras, 1953.

WALTER, Gérard. *Lenin.* Havana, Editorial de Ciencias Sociales, 2007.

WILCZYNSKI, Josef. *An Encyclopedic Dictionary of Marxism, Socialism and Communism.* Londres, The MacMillan Press, 1981.

WILKERSON, Loree. *A filosofia política de Fidel Castro.* Rio de Janeiro, O Cruzeiro, 1966.

WOLFF, Eric R. *Peasant Wars of the Twentieth Century.* Nova York, Harper Torchbooks/Harper & Row, [1970?].

WOLFF, Lenny. *Guevara, Debray y revisionismo armado.* Chicago, RCP Publications, 1986.

YRARRAZAVAL CONCHA, Eduardo. *América Latina en la guerra fría.* Santiago do Chile, Nascimento, 1959.

ZEA, Leopoldo. El Che y el hombre nuevo. *Casa de las Américas*, Havana, ano XXXVII, n. 206, jan./mar. 1997.

ZEITLIN, Maurice. *La política revolucionaria y la clase obrera cubana.* Buenos Aires, Amorrortu, 1970.

ZIMBALIST, Andrew. A Synthesis of Dependency and Class Analysis. *Monthly Review*, Nova York, v. 32, n. 1, maio 1980. p. 27-31.

Sobre o autor

Luiz Bernardo Pericás é professor de história contemporânea na Universidade de São Paulo (USP), formado em história pela George Washington University, doutor em história econômica pela USP e pós-doutor em ciência política pela Facultad Latinoamericana de Ciencias Sociales – México (Flacso), onde foi professor convidado, e pelo Instituto de Estudos Brasileiros (IEB-USP). Foi também *visiting scholar* na University of Texas at Austin e *visiting fellow* na Australian National University em Camberra.

Che Guevara e o debate econômico em Cuba foi publicado em inglês nos Estados Unidos (Nova York, Atropos, 2009) e em espanhol na Argentina (Buenos Aires, Corregidor, 2011) e em Cuba (Havana, Fondo Editorial Casa de las Américas, 2014). Em 2014, o autor recebeu, por essa obra, o prêmio Ezequiel Martínez Estrada, da Casa de las Américas. Publicou, entre outros livros, *Mystery Train* (São Paulo, Brasiliense, 2007), *Cansaço, a longa estação* (São Paulo, Boitempo, 2012, adaptado recentemente para o teatro) e *Os cangaceiros: ensaio de interpretação histórica* (São Paulo, Boitempo, 2010, e Havana, Editorial Ciencias Sociales, 2014), o qual recebeu a menção honrosa do Prêmio Casa de las Américas em 2012. Por *Caio Prado Júnior: uma biografia política* (São Paulo, Boitempo, 2016), ganhou o Prêmio Juca Pato – Intelectual do Ano (UBE) em 2016 e o Prêmio Jabuti (CBL) em 2017, na categoria Biografia. Teve também diversos artigos publicados em periódicos nacionais e internacionais e integra o comitê de redação da revista *Margem Esquerda*, publicação semestral da Boitempo.

Nota de três pesos cubanos com a efígie de Ernesto "Che" Guevara.

Publicado em agosto de 2018, ano em que o Che completaria noventa anos, este livro foi composto em Adobe Garamond Pro, corpo 11/13,2, e impresso em papel Avena 80 g/m² pela gráfica Rettec para a Boitempo, com tiragem de 2 mil exemplares.